[高等院校会计学专业精品系列教材]

U0892815

会计信息系统原理与应用
——基本原理

KUAIJI XINXI XITONG YUANLI YU YINGYONG
—— JIBEN YUANLI

李立志 著

首都经济贸易大学出版社
Capital University of Economics and Business Press
·北京·

图书在版编目(CIP)数据

会计信息系统原理与应用/李立志著. --北京：首都经济贸易大学出版社，2019.9

ISBN 978-7-5638-2951-4

Ⅰ. ①会… Ⅱ. ①李… Ⅲ. ①会计信息—财务管理系统—高等学校—教材 Ⅳ. ①F232

中国版本图书馆 CIP 数据核字(2019)第 142077 号

会计信息系统原理与应用

李立志 著

责任编辑	彭 芳
封面设计	风得信·阿东 FondesyDesign
出版发行	首都经济贸易大学出版社
地 址	北京市朝阳区红庙（邮编 100026）
电 话	(010)65976483 65065761 65071505(传真)
网 址	http://www.sjmcb.com
E-mail	publish @ cueb.edu.cn
经 销	全国新华书店
照 排	北京砚祥志远激光照排技术有限公司
印 刷	北京市泰锐印刷有限责任公司
开 本	787 毫米×1092 毫米 1/16
字 数	640 千字
印 张	25
版 次	2019 年 9 月第 1 版 2021 年 7 月第 1 版第 2 次印刷
书 号	ISBN 978-7-5638-2951-4/F·1611
定 价	49.00 元

前　　言

计算机应用于经济管理领域大致始于20世纪50年代，最初只是简单地用于一些单项的经济业务核算，但随着计算机技术的深入发展和广泛应用，它所表现出来的强大功能使人们看到了其巨大的应用潜力，以至后来的发展势不可挡！

我国在会计领域应用计算机开始于20世纪70年代末，迄今为止大致经历了三个大的发展阶段：第一个发展阶段在1979—1996年。这一阶段的主要发展特点是在企业内部财务部门中逐渐由IT技术取代人工的作业劳动，软件的研发思路主要是全程模仿传统手工的会计业务处理过程。先是在财务部门实现单项业务电算化，继而实现多项业务电算化，直至后来实现整个财务部门的全面业务电算化（架构企业会计信息系统）。这一阶段可称为企业的"会计电算化"发展阶段。第二个发展阶段在1996—2008年。这一阶段的主要发展特点是在企业内部大规模消除职能部门间的"信息孤岛"，实现职能部门之间、业务与财务之间的一体化协同，实现的途径就是在企业内部架构实施企业资源计划（ERP）系统，以全面实现企业管理信息化。因此，这一阶段也可称为企业管理信息化或ERP发展阶段。第三个发展阶段大致始于2008年，延续至今。这一阶段的发展源于以广泛应用大数据、智能化、移动互联和云计算等技术，实现共享财务、业务财务（业财一体化）和战略财务三位一体的财务信息化革命，它高度支持在线服务。目前这一发展正如火如荼，方兴未艾。不妨将这一时期称为企业管理信息化的"大智移云时代"（本书简称为"云时代"）。云时代的发展主线是云计算技术，核心内涵是大数据、智能化、移动互联和云计算等技术支持下的财务共享、数据挖掘增值、"互联网+"和在线服务技术的广泛应用。它几乎波及所有行业，冲击和影响是全方位的，涉及的信息化内涵创新也是颠覆性的。它全面支持企业实现真正意义上的财务管理转型。

现代信息技术支持下的企业会计信息化革命，对传统会计理论和实务的冲击和影响是巨大的，这种冲击和影响不是简单意义上的"修修补补"，而是一种创新、突破和再造。它正在撼动传统会计学的根基，而且在快速催生其"新主干"的萌芽和发育。将传统会计模型与现代信息技术相结合，在多学科理论和技术广泛交融基础上形成和发展起来的这一应用交叉学科，便是"会计信息系统"（也称为"会计信息化"）。它是构筑在会计理论和实务基础之上，运用现代信息技术，研究关于会计信息系统理论和实务一般规律和一般方法的边缘性交叉学科。

基于会计信息系统学科的特点，本书内容设计为上、下两册。本书上册为《会计信息系统原理与应用——基本原理》，主要阐述的是会计信息系统的基本理论，试图从信息系统和传统会计理论源头出发，对会计信息系统基本原理的架构及脉络进行梳理和探讨，然后逐层递进叙述会计信息系统的开发、实施及其内部控制基本原理；基于云计算技术的最新发展，本书还从不同规模、类型企业的视角归纳和探讨了“云时代”会计信息化的发展演变，以及在此基础上所引发的企业财务转型变革。本书下册为《会计信息系统原理与应用——应用原理》，选用用友软件股份有限公司最新推出的 ERP-U8（V10.1）产品为蓝本，在此基础上归纳和阐述会计信息系统软件的一般应用操作原理。

在写作过程中，笔者参考了许多国内外同行专家的最新研究成果和业界最新的研究发展资讯，在此对相关作者致以深深的谢意！另外，我们在首都经济贸易大学出版社出版过《会计信息系统》一书，该书出版后，十多年来多次再版，得到广大读者的垂爱，借此机会也向大家表达深深的谢意！本书仍然沿用《会计信息系统》所设计的框架及结构，并保留了原书的经典内容。本书由李立志教授著作。王定迅教授在百忙之中通读了全部书稿，并提出了许多宝贵意见，在此深表感谢！在付梓之际，也谨向首都经济贸易大学出版社长期以来的支持及编辑部老师们的辛苦付出表示感谢！

限于笔者的水平，本书在表述上或许仍有许多不当之处，恳请读者朋友不吝斧正！

目　　录

目　　录

1

会计信息系统概述

会计信息系统(Accounting Information System, AIS)是构筑在会计理论及其实践基础之上,以计算机技术为核心,综合运用会计学、经济学、经营学、管理学、经济法、系统论、信息论和控制论等多学科理论,产生和发展起来的交叉应用性学科。本章概述会计信息系统的基本内容。

1.1 信息系统

1.1.1 数据与信息

1.1.1.1 数据与信息的概念

数据,是用来记录客观事物性质、形态、结构、属性和特征的抽象符号,如文字、数字、图表、声音及动画等,它本身并不能确切地给出其具体含义,必须与客观实体及属性联系在一起才能对接收者产生意义。数据是信息系统加工处理的对象。

信息,是对客观事物的存在及其运动状态进行的描述与反映。信息的价值就在于它已包含确定的意义。在信息技术应用领域,一般认为信息是经过加工、具有一定含义并对管理控制和决策具有一定价值的数据,信息的表达是以数据为基础的。

信息与数据之间的区别在于,信息是经过加工处理后的有用数据,是数据加工的结果,是经过解释后的数据,可用于交流思想、反映现实世界,可以通过某种媒介传递和转换为人可以感觉到的信号。这些信号可以表现为各种符号、图形和语言,传递的媒介可以是声、光、电磁等物理介质。数据则是记录下来可以被鉴别的符号,数据本身不具有意义,只有经过解释后才会产生意义,此时便称为信息。数据经过处理后仍然是数据而不是信息,处理数据的目的是便于解释,做出不同的决策。有时信息又可以成为被进一步加工的数据,它表现为更高一级系统要输入的数据。就对事物特定属性进行反映而言,信息和数据具有相同的功能,因而一般情况下,并不对二者进行严格区分,很多时候两种概念可以混用。

关于信息,以下两个方面的关系有助于对其概念进行更深刻的理解:

第一,信息与所反映的客观事物之间的关系。信息是对客观事物存在及运动状态的描述与反映,事物是一种客观存在,但信息不是客观事物,信息是一种意识形态。二者之间的关系可以理解为:客观事物为信息提供了反映的素材和原料,信息则是对客观事物的写真与拍照。在信息对客观事物状态进行描述和反映的过程中,由于种种原因,如噪声的干扰,观察条件、手段及采集成本所限等,有可能产生不真实或不准确的反映结果,这便出现了所谓的信息失真问题。

第二,信息失真与客观事物造假之间的关系。信息失真与客观事物造假是两个不同的概念,客观存在的事物无法修改,也无所谓失真,即便是不合法、不合理的事物,仍然是一种真实的存在。如果对已经存在的客观事物进行修正,那么它就变成了另外一种事物。信息失真则是指对事物状态及运动情况的描述和反映脱离了其客观的原貌。

一般说来,任何有机组织的结构内部总是存在着相互联系、相互作用的物质流和信息流的。信息不会孤立静止地存在,它必须依附于物质流并伴随着物质流的变化形成信息流。例如,商店中的商品变化是物质流,但商品的名称、数量和价格变化等就是信息流。信息流是极其重要的资源,传统环境中人们往往忽视这种资源。

1.1.1.2 信息的特征

信息通常具有以下一些基本特征:

第一,客观性。信息是事物变化和状态的客观反映,其表示的内容具有客观性。信息的客观性是由信息源的客观性决定的。

第二,无形性。信息与物质、能量不同,它没有具体的形态,看不见也摸不到,必须借助物质和能量才能传播和存储。

第三,非消耗性(共享性)。信息不是消耗品,使用过后它仍然存在,交流者不会因为交流而失去信息,反而会为其增加新的内容。信息通过传递和扩散可以共享。

第四,可存储性。信息可借助载体(如纸或磁性介质等)在一定条件下存储起来。

第五,可传递性。信息是物质存在方式的直接或间接显示,它依附于一定的媒体(如声、光、磁、语言、表情、文字、符号、数据和图像等)进行呈现、传递和扩散。信息是内容,而媒体是形式。

第六,可加工性。信息可以通过一定的手段进行加工,如压缩、分类、排序、统计和综合等。加工是有目的性的,人们往往为了某种需要而对信息进行加工。

第七,时效性。信息是有寿命的,一般来说信息的价值与所提供的时间成反比。另外,信息还有一定的滞后性,因为信息是对客观事物的反映,所以必须先有事实,尔后才会产生信息。

第八,可增值性。一般认为信息的价值与信息量成正比,实际则不然,信息量的多寡并不代表信息价值的大小,多条平淡的信息可能远比不上一条信息的价值。信息的价值取决于信息的一些性质,如新颖的信息往往蕴藏着巨大的价值。信息在累积之后也可能产生新的价值,如预测方法就是建立在累积大量历史数据基础上的。此外,信息在生产和传播过程中,也会因不断丰富内容而增值。

第九,可集成性。不同信息之间可进行广泛联系和系统综合,并由此得出全新的信息关系和内容。这具体表现在:同样一条信息与不同的信息联系可以得到不同的解释,而这条信息本身并没有发生变化;一种信息与多种信息之间建立联系,可以产生多种用途。信息的综合不是简单的堆砌,而是指人与信息系统协同工作,使得不同实体的各方面信息有机地结合在一起,从而创造出新的信息。

信息是管理的基本要素和依据,科学有效的管理决策依赖于有价值的信息支持。

1.1.2 系统与信息系统

1.1.2.1 系统

系统,是由一系列彼此关联的若干部分为实现某种目的而建立起来的一个整体。相互关联的部分称为子系统,它们是系统内具备某种功能的单元。例如,一个企业可视为一个经营系统,企业中的车间或职能部门便是其子系统。系统具有一定特性或表现为一定的行为,其特性和行为不是任何单元所具有的,但每个单元的性质或行为都会影响系统整体的性质或行为,系统不是单元的简单叠加。

所谓系统的方法,就是倾向于把事物看成一个整体,从整体出发研究其内部各部分之间,以及内部与外部环境之间相互联系的方法。这是一种综合的方法。系统可以看成是许多单元构成的整体,但从功能看系统是不可分的,分解将会使其失去原有的性质。

系统具有以下特点:

第一,集合性。系统中各元素相互制约、相互支持,围绕系统目标有机地联结成一个整体,与周围环境具有明确的边界。

第二,相关性。系统中各元素之间相互关联,元素与系统之间相互关联,系统与环境之间相互关联。系统的各个元素之间相互依存、相互制约、相互支持,有机地联系在一起。

第三,层次性(结构性)。任何一个系统都是其上级系统的一个元素,同时又构成一个低级系统。系统的各组成元素具有一定的结构与层次。

第四,目标性(功能性)。天然系统有其存在的依据,人造系统有着某种预定的目标。系统的目标反映了系统的功能。

第五,适应性。系统存在于一定的环境之中,必须同环境保持协调并在运行中适应环境。

系统有多种分类方法,按照行业可将系统分为工业系统、农业系统、军事系统、教育系统和商业系统等,按照构造也可以将系统分为自然系统、人造系统和复合系统。还可以按照组成要素将系统分为物质系统和概念系统。

1.1.2.2 信息系统

系统内部同时存在着物质流和信息流。例如,某公司为完成一项生产经营任务,需要组织一定的人力,配备相应的资金、设备、材料等物资条件。在公司的供、产、销经营活动中,这些物质因素各自按照本身特有的规律,相互联系且不断运动着,形成一个物质流。与此同时,反映这些客观事物的数量、质量、速度、形态、结构、特征等方面情况的信息,按照一定的规律运动形成一个信息流。在一个系统中,物质流是活动的主体,物质流的数量、质量、速度等特征通过信息流反映出来,人们通过信息流了解、掌握物质流的情况,实现对物质流的控制,保证物质流的畅通。

在信息流中,各种信息因素相互联系且不断变化,就形成了信息系统。人们把以输入、处理、输出信息为主要目的的系统称为信息系统(Information System,IS)。任何信息系统都具有数据收集与输入、信息加工、存储与传输,以及信息输出功能。信息系统总是伴随物质系统而存在的,其处理的信息来源于物质系统,同时又作用于物质系统。信息系统生存在一定的环境中并与环境不断进行物质、能量与信息交换。

在企业生产经营活动中,为开展经营管理活动形成了许许多多功能性的物质系统,这些系统按功能大致可以分为以下三类:

第一,经营管理控制类。如厂长经理、生产指挥部门、财产管理部门和财务管理部门等,其通过发布管理控制指令,计划、组织、指挥、协调和控制企业的整体经营活动。

第二,经营作业执行类。如采购部门、生产车间、销售部门等,其执行管理控制指令,从事具体的经营、生产与管理活动。

第三,经营服务支持类。如技术设计部门、工艺管理部门、质量检验部门、计划管理部门、统计部门、会计部门、供应部门、仓库、运输部门、维修车间、动力部门、保卫部门等,其执行管理控制指令,为企业的经营管理活动提供支持与保障。

企业上述功能系统间相互协作,构成企业生产活动的物质流,购销存凭证、人力资源计划、原材料消耗定额、工时定额等各种报表数据等伴随着物质流而产生,便形成了企业的信息流。对各种信息进行采集、加工、利用,并为各个功能系统提供相应信息服务,就形成了各种对应的信息系统。例如,与材料供应系统对应的有材料供应信息系统,与生产系统对应的有生产信息系统,与销售系统对应的有销售信息系统,等等。物质系统的物质流和信息系统的信息流构成了企业的两大流。

信息化时代,信息流的作用越来越多地受到人们的重视,因此与之相对应的信息系统的建设和利用,也越来越引起人们的关注。

1.2 会计信息

1.2.1 会计信息及其需求

会计工作中记录下来的会计事实称为会计数据,包括数字数据和非数字数据两类,如各种原始资料、原始单据、记账凭证等都属于会计数据。而按照一定要求,经过加工处理后的会计数据称为会计信息。通常,会计数据只有被加工生成会计信息后,才能满足信息需求者的需要,信息需求者对会计信息的需求是会计信息系统建立、存在和发展的前提。

一般说来,企业会计信息需求者主要包括:企业经营管理者、雇员、投资人、董事会、贷款债权人、商业债权人、潜在投资者、客户、一般公众、竞争对手、中介机构、咨询机构,以及税务机构、审计机构等国家有关机构。不同需求者对会计信息需求的目的和内容是不同的。

按照不同的需求者及其需求内容,可以将会计信息需求分为以下几类:

第一,企业内部需求。其主要反映在企业经营与管理活动中所产生的对各种资源信息的需求。

第二,企业利益相关者需求。其主要反映在企业经营方面因资源流入、流出而导致的资源存量增减信息的需求。

第三,政府需求。其主要反映在企业经营方面所形成的有关资源流入、流出及其所产生的资源存量增减信息的需求。

第四,其他与企业利益非直接相关者的需求。如研究机构、人员以及新闻媒体等对会计信息的需求。

按照企业内外不同,还可以将会计信息需求简单地分为企业内部的个体需求和企业外部的社会公共需求两大类。公共需求反映了会计信息需求的社会性。应当承认,会计信息的个体需求与公共需求间既存在着差异,也存在着共同点,企业个体需求基本包含公共需求的会计信息。

1.2.2 会计信息的来源

按照系统论的观点,企业是存在于社会巨系统中的一个经济组织子系统,企业为了生存和发展需要,不断与外界巨系统之间进行物质、能量和信息(包括资金、材料、技术、设备、劳动力和各种信息等)方面的交换,并且在企业系统内部对这些物质、能量和信息进行加工处理,形成新的物质、能量和信息(包括产品、资金、劳务、技术、服务和信息等),再提供给社会。从某种意义上说,这也正是企业存在的价值,即为社会提供产品(商品)和服务,同时获得利益回报以维持自身的生存和发展。

在企业内部及企业与外界进行物质、能量与信息交换和加工处理的各种经营活动中,具有价值量的内容便成为会计信息的来源,这便是会计的对象。所以,会计要记录和反映的,就是企业经营活动中这些经济联系的价值量。依据企业边界,企业经营活动可分为内、外两类,因此企业信息的来源也可以分为两种,即来源于企业内部经营活动所产生的经济联系信息和来源于企业外部经营活动所产生的经济联系信息。

既是经济联系,必定存在着联系的双方乃至多方,他们之间相互验证、互为条件,这便是会计中"有借必有贷,借贷必相等"核算原则的本质所在。

企业会计信息系统,正是基于企业对会计信息的需求而建立起来的信息加工系统。企业对会计信息的需求是会计活动开展的原始动力。

1.2.3 会计信息的加工层次

按照证→账→表的流程和工序可以将会计信息分为四个层次,其需经三道加工工

序。其中,会计信息的四个层次如下:

第一,原始业务凭证信息。这是会计信息采集的数据源。

第二,记账凭证信息。这是会计信息处理的基础数据。

第三,会计账簿信息。这是会计信息处理的标准数据。

第四,会计报表信息。这是会计核算最终反映的信息。

为完成上述四个层次的信息递变,需要经过三道加工工序:首先,将原始业务凭证经过会计确认和计量,编制成记账凭证,这是会计核算处理的第一道工序。在这道工序中,会计把原始经济业务数据按照来源与去向进行分解,并依据经济性质进行分类,在此基础上附上会计科目的信息特征,为下一步登记会计账簿做好技术准备。其次,将记账凭证信息登入会计账簿,形成会计核算处理的第二道工序。在这道工序中,实现了对原始经济业务所产生经济状况信息的分类汇总。最后,将账簿信息编制成会计报表,这是会计核算处理的第三道工序。在这道工序中,按照报表项目对经济信息做进一步归纳整理,形成会计核算对外正式发布的信息。在上述流程中,上道工序加工产生的信息是下道工序继续加工的原料,随着工序的推进,会计信息逐渐向更高层次转化。

1.2.4 会计信息的加工规则

1.2.4.1 借贷记账规则概述

(1)会计科目和账户体系

会计科目是对企业资源按经济性质进行的分类,而会计账户则是对这种资源分类进行的记录。账户是依科目开设的,科目是账户的标识和名称,账户是记录的内容和格式,账户和科目是“表”与“里”的关系,通常对二者不加区分。

根据企业资源的经济属性和经营性质,可将会计科目(或账户)分为资产、负债、所有者权益、成本、收入和支出六大类,称之为会计要素。所以账户体系实际上就是对会计要素的细化。所谓会计账户结构,是指用以分类、记录、整理和保存数据的结构。经济业务中关于资源或资金价值量的创造、转移、变动和分布的情况,通过账户结构能较清楚地表述出来。会计报表是对经济组织当期状况的总体反映,资产负债表反映了企业的经济状况,利润表反映了企业的经营状况,现金流量表则反映了企业的资金状况。

在会计记录规则里,会计账户体系实际上是一种会计信息的加工模型,也可称之为会计信息的分类归集方法。任何一项经济业务交易或事项(作为会计对象),经过账户模型加工,均会被分解为两个方向相反、数值相同的信息数据。

(2)经济业务发生额

经济业务发生额是对某项经济业务发生时的货币价值反映,反映了这项经济业务发生所涉及的企业资源流量情况。根据经济业务性质和账户性质,规定它们的借贷方向。如果经济业务促成企业资产增加,则为借方发生额,反之为贷方发生额;如果经济业务导致企业负债增加,则为贷方发生额,反之为借方发生额;如果经济业务使所有者权益增加,则为贷方发生额,反之为借方发生额。

(3)账户余额

账户余额是对企业某类资源当前状况的反映,显示资源当前的存量情况。余额变化反映经济业务发生所引起企业资产的变动结果，是企业经济活动价值量创造、转移、变动和分布新情况的反映。

(4)会计借贷符号

用“借”“贷”作为记账符号的方法，是当前普遍采用的一种复式记账方法，称为复式借贷记账法。“借”“贷”符号的使用，产生于15世纪之前的近代会计形成之际，原意是指业主(所有者)将资金“贷给”企业，用于创建和经营企业，企业从业主那里“借得”资金，以创建和经营企业，所以企业的资产是借方，而所有者的权益则是贷方。而现在它已纯粹演绎成为会计核算中的一种记录符号。

(5)借贷记账规则

借贷记账规则又称为会计的分录规则或记账凭证编制规则，是指在每项经济业务发生后，在进行会计记录(编制记账凭证)时，在账户模型中均要被分解为两个方向相反的应借、应贷账户和价值量相同的数据信息。这种规则通常被描述为“有借必有贷，借贷必相等”的记账规则。

以销售业务为例，销售收入的实现使企业资金增加，使库存商品减少，会计分录为：

贷：营业收入——损益类账户

　借：银行存款/应收账款/应收票据——资产类账户

贷：库存商品——资产类账户

　借：业务成本——损益类账户

1.2.4.2　价值量记录规则

在会计中，对价值量的记录主要体现在以下三个公式上：

(1)会计恒等式

体现各会计要素间的联系主要有下述公式：

资产=负债+所有者权益

资产-负债=净资产=所有者权益

收入-费用=利润

资产-负债=所有者权益+利润

资产+费用=负债+所有者权益+收入

(2)记账公式

记账公式反映了经济活动的历史联系。

当科目余额以借方余额反映时，公式为：

本期余额 = 前期余额+(借方发生额-贷方发生额)

当科目余额以贷方反映时，公式为：

本期余额 = 前期余额+(贷方发生额-借方发生额)

若将两个公式合并在一起，则通常表述为：

本期余额 = 前期余额±(借方发生额-贷方发生额)

上述公式把某账户的当前余额建立在前期余额的基础之上，反映了账户纵向历史间的发展联系。需要说明的是，在人工环境中，上述记账公式的执行依靠的是会计人员对科目账户的职业判断，而在计算机会计信息系统中，计算机程序自动登记账簿时须为每个科目账户设立一种判断其余额取向的标志码,以使程序能自动判断如何计算该科目的新余额。

(3)平衡检验公式

平衡检验公式反映了企业资源间的平衡关系。根据“有借必有贷,借贷必相等”的记账规则,平衡检验有以下公式:

Σ一级账户的借方发生额=Σ一级账户的贷方发生额

根据会计恒等式,有如下等式:

Σ资产类一级账户余额=Σ负债类一级账户余额+Σ所有者权益类一级账户余额

根据分类账户的关系,有如下等式:

某分类账户余额=Σ该分类账户下级分类账户余额

1.2.5 会计信息的复式簿记原理与方法

复式簿记原理是传统会计学的精髓,该思想由500多年前的意大利数学家卢卡·帕乔利(Luca Pacioli)提出,而后虽经多次改进但其本质仍没有改变。复式簿记原理是以会计平衡式和会计循环为基础进行设计的,该原理采用一套完整的核算方法对企业的资金运动(价值运动)进行分类管理。

按照企业资金的运动表现形式,可将其分为资产、负债、所有者权益静态会计三要素和收入、费用、利润动态会计三要素。复式簿记原理根据资金的运动规律,从理论上给出了这些要素在经济活动过程中将静态和动态相结合的平衡式,而根据复式簿记原理所编制的会计报表,能较客观地反映企业的财务状况和经营成果。

1.2.5.1 会计平衡式

会计平衡式又称为会计方程式,它是一切会计方法的基础。

(1)静态会计三要素与基本会计方程式

基本会计方程式是对资产、负债、所有者权益静态会计三要素之间一般关系的表述,即

资产=负债+所有者权益

方程式左边的资产,表示企业拥有或者控制的能以货币计量的经济资源,是有货币价值的财物或权利。一项资产必须具有给业主带来经济效益的能力,企业只有具备一定的资产才能进行经济活动。方程式右边的项目,表示企业资产的来源及其所体现的所有者的权益。通过举债获得的资产称为负债,也称为债主权益;通过业主投资获得的资产称为所有者权益。

上述方程式之所以能恒成立,是因为等式两边描述的是同一事物的两个方面。一方面为企业提供了资产,另一方面也必然获得对资产的求偿权(权益)。资产与权益形影相随、互相依存,有资产就有权益,资产丧失权益自然丧失,资产增加权益也相应增加,两者永远互相对应、彼此相等。这便是贯穿于财务会计始末的一条主线,是会计中设置账户、复式记账、编制会计报表的理论依据。基本会计方程式反映了企业某一时点资金运动的静态截面情况,即企业任何特定时点资产的价值量永远等于其相应来源(权益)的价值量。

(2)动态会计三要素与基本会计方程式及其扩充

企业经营的主要目标就是获取利润。在企业进入持续生产经营的动态情况下,一方面生产商品和提供劳务会产生相应的现金流入或使现金要求权增加(会计上称为"收入",当然企业也会有其他方面的收入),另一方面生产商品和提供劳务又会发生各种经济资源的耗费(包括现金的流出,即产生所谓的"费用")。在一定的动态期间,企业所获得的收入与所消耗的费用之间是可以进行价值量比较的,当前者大于后者时企业便获得了利润,反之则企业亏损。这三个要素在一定期间可以表述为这样的价值量关系:

$$收入-费用=利润$$

根据上述公式编制的会计报表便是损益表,反映了企业一定期间的经营成果状况。

企业资金运动的静态与动态是一种辩证统一,它们总是处在一种由相对静止到显著变动,再到新的相对静止,又产生新的显著变动的不断交替过程中。因此,资产、负债、所有者权益、收入、费用和利润之间存在着一种内在的有机联系,它们的数量关系可以表示为以下扩充会计方程式:

$$资产+(收入-费用)=负债+所有者权益+利润(分配前)$$

上述公式说明,在企业存续期间的任何一个时点(通常在期初),资产、负债和所有者权益之间都存在着一种静态的平衡关系。一段时间的动态经营会打破这种平衡结构,收入使资产增加,而费用又减少了资产。如果收入大于费用,则获得的利润会增加所有者权益,否则便减少所有者权益。这样就在一个新的时点(期末),使资产、负债和所有者权益出现一种新的平衡。这个公式说明资产负债表和损益表之间存在着钩稽关系。

扩充会计方程式揭示了企业资金运动中六项会计要素之间的价值量关系,以及动静间的平衡关系,它用科学量化的方法归纳了客观世界中纷繁复杂的经济业务间的内在规律,通过设置账户、复式记账等一系列专门方法,把反映企业经济活动的大量繁杂的原始数据,通过分类、记录、汇总浓缩到易于理解的会计报表中,传递给信息使用者。正是这些独特的理论和方法,使会计成为一门独立的科学和技术。

可以说,会计平衡式是经济组织的一个经济管理模型,但是这个等式本身并不能保证组织在经济上可行或收支平衡,它只是提供了一个看问题的视角,使人们能以财务的观点看待经济组织的活动与资产。

1.2.5.2 设置科目账户与复试记账

(1)设置科目账户

企业的经济业务纷繁复杂、性质各异,要把所有发生的经济业务记录下来,上述六大会计要素划分就有些粗了,无法对原始数据进行登记和处理。设置科目账户,是复式簿记系统中的一种专门方法,是对经济业务的原始数据进行分类记录的手段。通过设置科目账户,可以对经济业务进行科学分类,将杂乱无章的经济信息变成有规律、易识别的经济信息,并为其从一般经济信息转换为会计信息准备条件。

账户的名称即会计科目,它是账户的标志。账户的记录结构一般采用丁字形或 T

字形结构。这个结构分左右两边，可分别表示相应会计要素的增加或减少。而从价值量上看，企业发生的任何经济活动，无非体现为会计要素的增和减两种情况。因此，通过设置账户并在账户中记录，就可以对企业所发生的经济业务进行连续、系统和分类反映。

企业会计核算体系的基本结构就是它的账户体系。设置账户体系需要满足以下要求：

第一，满足会计报表信息揭示的需要。会计最基本的职能就是反映职能，它通过一系列专门方法对企业经济业务进行分类、记录、汇总，最后将结果编制成报表对企业的经营情况进行反映。因此，账户设置的内容必须与会计报表项目相吻合，即报表反映的信息，除了从其他系统得到外，基本应包括在所设置的账户体系内。

第二，满足企业内部管理需要。会计的另一项基本职能就是管理职能，即支持企业的管理决策需要。不同企业的业务经营范围、经营方式及企业经营者对财务信息的需求程度各有不同，因此设置账户要结合企业的具体情况，名称要恰如其分，内容要一致。

第三，满足国家宏观经济管理需要。企业是国家经济的"细胞"，为满足国家宏观经济管理的需要，现行会计准则规定了统一的一级（总账）会计科目，它可以使行业内的会计核算规范化，使财务指标具有可比性。企业可以根据自身管理需要，在准则允许的范围内增减相应科目。

第四，账户体系内部的钩稽关系要完整。首先，总账科目设置要完整。总账科目是对六项会计要素的进一步细化，因此企业发生的任何一项经济事项都必须能归入相应的总账科目中，并且账户体系中的总账科目应存在相互关联、相互依存的内在平衡关系，这种平衡关系集中体现在根据总账科目余额编制的资产负债表上。其次，上、下级科目之间必须满足统驭与被统驭的逻辑关系。下级明细科目是对总账科目所反映的会计要素的进一步细化，因此明细账户体系必然也存在相互关联、互相依存的内在平衡关系。这种平衡关系集中体现在总账科目的余额、发生额与其下级明细科目的余额、发生额的合计等量关系上，以及各级科目的余额、发生额与其下一级明细科目的余额、发生额的合计等量关系上。

（2）复式记账

①复式记账原理

企业在生产经营过程中所发生的经济业务（也称会计事项）种类繁多、千变万化，但是任何会计事项的变化必然表现为价值的增减变动，可以抽象概括为以下基本事项：

第一，资产间的会计事项，即一种资产交换为另一种价值相等的资产。这类会计事项使得一项资产增加，另一项资产等量减少。反映到会计方程式上则为：影响等号左边要素发生等额的增减变化，会计平衡关系不变。

第二，权益间的会计事项，即一种权益交换为另一种价值相等的权益。这种会计事项使一项权益增加，另一项权益等量减少。反映到会计方程式上则为：影响等号右边要素发生等额的增减变化，会计平衡关系不变。

第三，资产与权益间的会计事项。这类会计事项使得一项资产减少，另一项权益发生等量减少；或一项资产增加，另一项权益也发生等量增加。这类会计事项使企业财务状况随时发生变化。反映到会计方程式上则为:影响等号两边要素同时发生等额增减变化,会计平衡关系不变。

以上事项揭示了经济活动变化与被反映对象之间的内在规律。每一项经济业务都至少影响到两项会计要素的变化,这样每项经济业务的发生就可以记录在反映会计要素具体内容的相应账户上,这种存在对应关系的账户被称为对应账户。

复式记账,是指每项经济业务发生后必须同时在两个或两个以上账户上以相等的金额进行登记,以便能全面、系统地反映各会计要素具体内容的增减变动及其结果。这样不仅可以通过账户对应关系观察各会计要素具体内容增减变化的来龙去脉,而且还可以通过钩稽关系试算平衡检验账户记录的正确性。

②借贷记账法

复式记账原理阐明了科学记录经济活动的方法,而这一方法所表述的增减含义,目前广泛使用的是国际上通用的"借""贷"符号。通常把以"借""贷"作为记账符号的复式记账法称为借贷记账法。

借贷记账法,要求对任何一项经济业务做会计分录,都要同时在至少一个账户的借方和至少一个账户的贷方予以登记,而且记入的借贷方金额必须相等,即遵守"有借必有贷,借贷必相等"的规则。将"借"和"贷"符号与T字形会计账户相配合,每一类会计账户的借记或贷记的增减含义可表示如图1-1所示。

借方（左）	账户名称	贷方（右）
资产的增加		资产的减少
负债的减少		负债的增加
所有者权益减少		所有者权益增加
收入减少		收入增加
费用增加		费用减少

图1-1 各类会计账户的借记或贷记增减含义

通过设置账户与复式记账,将动态繁杂的经济业务变为关系清晰、规范和有条理的静态数据并记录下来,这便是会计核算方法的核心。

1.2.5.3 会计数据的组织结构

复式借贷记账法阐述了经济业务记录的会计原理和方法,而承载这一原理和方法的载体与工具则是会计凭证、会计账簿和会计报表。

(1)记账凭证

会计凭证分为原始凭证和记账凭证。原始凭证是一种经济契约,表明经济业务已经发生或已经完成,作为明确经济责任的最初书面证明文件,具有法律效力。原始凭证反映了企业与企业、企业与消费者或不同部门、不同工序之间的物资或资金交换、转移关系,它是企业经营活动中物质流的信息描述,是信息流的表现形式。典型的原始凭证有:商品销售发票、原材料收发货单、工资发放单等。

由于原始凭证类型很多,格式大小不一且很不规范,如果直接依据原始凭证进行记账,容易发生差错,因此会计人员通常要根据原始凭证所反映的业务内容,按照复式记账法和账户加以归类整理,以编制明确会计分录的记账凭证,作为直接登记账簿的书面依据。记账凭证是对经济业务的原始数据进行初步加工后的载体,本质是将一项经济业务中资源变化、转移后的拥有状态变化,依据变动前后资源的经济性质,描述为多个账户之间的关系,为最终反映企业资源的分布情况进行分类。从形式上讲,它规范了记录和表述经济业务的格式和要求。将原始凭证制作成记账凭证,需要依靠会计人员的职业判断。

(2)会计账簿

会计账簿以会计凭证为依据,是全面、系统、连续、综合地反映经济业务的簿记,它的本质是对企业资源分布状况进行反映。记账凭证和会计账簿都起到了分类、整理、记录和存储经济业务数据的作用。记账凭证以每笔经济业务为对象进行分类记录和存储,会计账簿按会计科目进行分类、记录、存储和汇总,它们分类记录的数据源是一致的。为了对会计账簿有更深入的了解,下面对其进行分类归纳。

按照不同标准,可以将会计账簿做如下分类:

①按经济内容分类

按账户所反映经济资源的具体内容进行分类,是账户分类的基础。具体分类结构如表 1-1 所示。

表 1-1　会计账户按经济内容分类

账户大类(会计要素)	账户小类	账户名称
资产类账户	流动资产账户	现金 银行存款 应收账款 其他应收款物资 采购原材料 库存商品 待摊费用
	长期投资账户	长期股权投资 长期债权投资
	固定资产账户	固定资产 累计折旧 在建工程
	无形资产及其他资产账户	无形资产 递延资产 在建工程

续表

<table>
<tr><th>账户大类(会计要素)</th><th>账户小类</th><th>账户名称</th></tr>
<tr><td rowspan="2">负债类账户</td><td>流动负债账户</td><td>短期借款
应付票据
应付账款
预收账款
其他应付款
应付工资
应交税金
预提费用</td></tr>
<tr><td>长期负债账户</td><td>长期借款
应付债券
长期应付款</td></tr>
<tr><td>所有者权益类账户</td><td></td><td>实收资本
资本公积
盈余公积
本年利润
利润分配</td></tr>
<tr><td>成本类账户</td><td></td><td>生产成本
制造费用</td></tr>
<tr><td rowspan="2">损益类账户</td><td>收入(收益)类账户</td><td>主营业务收入
其他业务收入
投资收益
营业外收入
主营业务成本</td></tr>
<tr><td>费用(损失)类账户</td><td>主营业务税金及附加
其他业务支出
营业费用
管理费用
财务费用
营业外支出</td></tr>
</table>

②按账户的用途分类

在按经济内容分类的基础上可以对用途基本相同的账户进行适当的归类。账户用途说明了账户能提供哪些指标。账户用途取决于账户的经济内容。会计账户按用途分类如表 1-2 所示。

表 1-2 会计账户按用途分类

账户用途		账户名称
基本账户	盘存账户	现金 银行存款 原材料 库存商品 包装物 低值易耗品 固定资产 物资采购(余额部分) 生产成本(余额部分) 在建工程(余额部分)
	结算账户	应收票据 应收账款 预付账款 短期借款 应付账款 预收账款 应付票据 应付工资 应交税金 其他应交款
	跨期摊配账户	待摊费用 预提费用
	资本账户	实收资本 资本公积 盈余公积 利润分配
调整账户		累计折旧 坏账准备 材料成本差异

续表

<table>
<tr><th colspan="2">账户用途</th><th colspan="2">账户名称</th></tr>
<tr><td rowspan="5">业务账户</td><td>成本计算账户</td><td colspan="2">集合分配账户——制造费用
生产成本(本期发生额)
物资采购(本期发生额)
在建工程(本期发生额)</td></tr>
<tr><td rowspan="4">集合配比账户</td><td colspan="2">主营业务收入
主营业务成本
主营业务税金及附加
营业外收入</td></tr>
<tr><td>期间费用</td><td>营业费用
管理费用
财务费用</td></tr>
<tr><td colspan="2">营业外支出</td></tr>
<tr><td colspan="2">财务成果计算账户—— 本年利润</td></tr>
</table>

③其他分类方法

按经济内容和用途分类,是会计账户最主要的两种分类标准,但账户还可以按其他标准进行分类,如按账户期末是否有余额可分为实账户和虚账户,按账户与报表之间的关系可分为资产负债表账户和利润表账户。

用于编制资产负债表的账户就是资产负债表账户。资产负债表反映了企业某一时点的资产分布状态及其相应的来源,即负债和所有者权益。除非企业停业清算,将所有的财产分配完毕,否则就必然会拥有一定数量的财产,对这些财产的要求权也自然会存在。一般在期末结账后,资产负债表账户都会有余额,该余额随着经营活动的延续递延至下一个会计期间。这类账户也称为“实账户”或“永久性账户”。它包括资产、负债和所有者权益三大类账户。用于编制利润表(或损益表)的账户是利润表账户。利润表反映了企业一定期间内生产经营的成果。无论过去取得的成果如何,它只代表过去,上个会计期间的成果不能带到下个会计期间,每一个会计期间开始时,经营成果计算都要从零开始,也就是说,利润表账户期末余额不能递延到下个会计期间。本会计期间结束时,与该期间相关的利润表账户应结平,到下个会计期间开始时再重新开设。因此,这类账户也被称为“虚账户”或“暂记性账户”。它包括收入(收益)类和费用(损失)类账户,即损益类账户。

将账户划分为实账户和虚账户、资产负债表账户和利润表账户,对进一步了解账户的经济内容、用途和结构,对正确进行期末结账和编制会计报表有一定的作用。

除上述分类方法外,还可以根据经营管理需要,将账户分为总分类和明细分类账户。这是根据经营管理中所需会计指标的详细程度进行分类的。

会计账户常常按经济性质来使用,据此分为五类会计科目,即资产类、负债类、所有者权益类、成本类和损益类科目。为核算统一,会计制度对科目进行了标准化规范,在划分五类会计科目的基础上,一般细分出 85 个一级科目,在一级科目下还可以设置二级、三级等明细科目。为便于计算机识别和处理,在会计信息系统中对科目进行了编码标准化处理。

(3)会计报表

会计报表,是指根据日常会计核算资料,运用货币价值量信息,以一定的表格形式定期综合反映企业财务状况和经营成果的书面文件,是当期会计核算工作的总结,是为满足有关方面对会计信息需求而进行的最后一道关键工序。会计报表通过对账簿中的数据做进一步归类、汇总和浓缩,用一种简明扼要且集中的形式反映企业财务的经营状况和成果。对外报送的会计报表主要有资产负债表、利润表和现金流量表。其中,资产负债表描述了企业特定时点的财务状况;利润表描述了企业一定期间内的经营成果;现金流量表则是以现金为基础编制的财务状况变动表,它反映了一定期间企业现金(包含库存现金、可以随时用于支付的存款以及现金等价物等)的增减变动情况。目前对外报送的会计报表的结构、内容、编制方法和原则,以及报送时间、报送部门等,在会计准则中都有具体、明确的规定。

1.2.5.4 会计循环

记账凭证、会计账簿、会计报表之间是彼此孤立、互不联系的,为确保账簿记录能够产生管理所需要的会计信息,就需要将它们有序和有机地组织起来,构成一个完整的加工整体,这便是会计循环。基本会计循环体现了传统会计核算的数据处理程序,表现为一系列的顺序和步骤,最终生成财务报表。在每个会计报告期(通常为 1 年),会计循环都会重复发生一次。其主要步骤如下:

(1)初步确认和记录经济业务,识别所需记录的会计事项并填制和审核原始凭证

初步确认和记录经济业务,识别所需记录的会计事项并填制和审核原始凭证是会计循环的起点,即要识别哪些业务事件属于会计事项,并收集与会计事项有关的经济数据。会计事项是指那些导致经济组织的资产、负债或所有者权益发生变动的业务事件,包括企业与外部当事人之间所发生的资产或债务交易事项,发生在企业内部且影响企业资产或债务的事项。通常对有关事件也要求在日记账中做记录,对超越组织控制范围的经济或环境事件,如资产或负债的市值变动和偶然损失等,在日记账中只需要对其中的某些事件做记录。

需要说明的是,传统会计循环通常忽略那些非会计事项的业务事件,即那些难以被会计计量的事项不在会计分录中进行反映,但要在财务报表附注中予以说明。

会计事项发生后,主要的业务数据内容通常被相关人员记录在各种原始业务凭证中,如日常销售发票、运费单和现金收据等。在手工环境中,这些原始凭证一般都是纸质的,记录的数据包括当事人、日期、金额及事项的其他方面信息等。会计人员初步对这些原始凭证按顺序编号,以确定相关的会计事项。原始凭证既是业务交易的原始记录,同时也是司法、财务、审计等进行追踪及追溯的凭据。

(2)根据会计事项的数据记日记账

根据会计事项的数据记日记账,即识别、评估和序时记录交易对企业产生的经济影

响,以与会计科目表相一致的方式将会计事项记录下来,记录的形式应有利于将事项转记到其他账户中去。日记账分录只是一个临时性记录,它并不改变账户的余额,是用借贷记账法对会计事项的日期、账户号和账户名称、金额及经济业务摘要进行的简单记录。日记账通常分为普通日记账和专用日记账两类。非经常发生的分录与涉及非常用账户的分录记于普通日记账中,而重复发生的分录记在专用日记账中。专用日记账有助于经济组织将会计事项按类型分组,如果不使用专用日记账,那么所有会计事项都必须在普通日记账中进行记录。

(3)过账

过账即将日记账中序时记录的会计事项数据按账户分类记入分类账。分类账通常又分为总分类账和明细分类账。总分类账按账户类型分组,每隔一个特定的时段(一周或一个月),各专用日记账的总额要被过入相应的总分类账账户。总分类账又称为控制账户,在编制财务报表时,仅需考虑控制账户。明细分类账则为总分类账提供明细数据,如应收账款明细分类账、应付账款明细分类账、职工工资登记簿、存货明细分类账和固定资产明细分类账等。

在手工条件下,由于日记账分录最终既要过入明细分类账,也要过入总分类账,所以可通过控制账户余额与对应各明细分类账余额之和检验账户记录的正确性。

(4)编制调整前试算平衡表

在会计期末,当所有会计事项都已记入日记账并过入总分类账后,需要编制调整前试算平衡表,它是总分类账户及其余额的列表。调整前试算平衡表提供了检查账户余额借贷平衡的便捷手段,它也是编制调整分录、结账分录和转回分录的起点。编制试算平衡表时,要先对控制账户的余额和其下属各明细账户余额进行对账,然后将对账后的控制账户余额反映在调整前试算平衡表中。

(5)编制调整分录并过账

在会计期末,对隐含的交易所做的记录称为调整分录。编制调整分录的目的是为每一个会计期间的利润表确定恰当的收入和费用金额,按照权责发生制将相应的收入和费用金额分配到每一个会计期间,由于这些分录调整了各分类账户的余额,因此称为调整分录。调整分录一般包括分配已计入成本、分配预收收入、记录未计入费用,以及记录未计入收入等几个主要类型的分录。编制调整分录的原则是权责发生制,而不是以每月的账单或月末发生的经济业务为基础。

按照上述要求,在会计期间的最后一天记录编制日记账调整分录,然后记入普通日记账并过入相应的分类账账户。在调整分录入账前不得编制企业财务报表。调整分录过账后,需要再编制调整后试算平衡表。

(6)编制调整后试算平衡表

编制调整后试算平衡表,是对所有调整分录入账后进行的综合借贷平衡检验。调整后试算平衡表的账户余额反映了日记账调整分录的影响,此时一些在调整前试算平衡表中未出现的账户,在调整后试算平衡表中也可能出现。

(7)编制结账分录并过账和结账

根据“会计分期”假设前提,在每一个会计期末,即在月底、季末和年度终了时都需要进行结账。结账是一项将账簿记录定期结算清楚的工作,是会计核算工作的一个重要环节。通常结账工作包括两方面内容:一是结算各种收入、费用账户,并据以计算本期的利润和亏损,将经营成果在账上提示出来;二是结算各资产、负债和所有者权益的总分类账户和明细分类账户,分别结出它们的本期发生额及期末余额,并将期末余额结转为下期的期初余额。在这里的第一项工作中,需要编制必要的结账分录。

所谓结账分录,是指在会计期末结账时,为结转计算当期损益所编制的会计分录。结清收入、费用等暂记性账户,将各收入、费用账户的余额转入"本年利润"账户,这样,在"本年利润"账户中便汇集了计算损益的各个因素,其贷差反映本期实现的利润,其借差反映本期发生的亏损,最后再将"本年利润"账户的余额转入利润分配账户,自此,收入、费用账户及本年利润账户均不再有余额。编制结账分录的目的,是为了结清损益类账户和利润账户。一般说来,损益类账户的结账分录按月编制,"本年利润"账户的结转分录在年终编制。

(8)编制结账后试算平衡表

编制结账后试算平衡表的目的是在结账后检查试算平衡。它仅列出结账后永久性账户的余额(暂记账户的余额为零)。

(9)编制财务报表

编制财务报表是会计循环的最后一个环节,目的是为相关信息使用者提供有用的会计信息。编制财务报表可基于任意长的一个时间段,但月报、季报和年报最为常见。暂记账户的余额过入利润表,永久性账户的余额过入资产负债表,现金流量表则以现金及现金等价物为编制基础,以收付实现制为原则,反映企业的现金流量情况。财务报表附注为信息使用者提供可能有用的其他附加信息,如有些会计事项的数据可能来自主观估计,但这些数据又会严重影响到信息使用者对组织财务状况进行评估,附注则会为此提供一些相关的信息。

(10)编制转回分录并过账

在下一个会计期初,会计人员可能会编制一些转回分录并将其过账,以消除经济业务实际发生时间与入账时间的差异。这种转回分录的金额与原始分录金额相同,但借贷方向相反。转回分录将上一个会计期末的调整分录冲回,以便处理下个会计期间的业务。例如,某公司每两个星期支付一次工资,有一笔工资是在1月6日支付的,即这笔应付工资是跨会计期间的。会计人员需要在12月31日(上一个会计期末)编制调整分录,以正确反映本会计期间的工资费用和应计工资。若在1月1日编制转回分录以抵消这部分应计工资和工资费用,那么会计人员就可以在1月6日直接将这两个星期的工资计入工资费用。编制转回分录,可能有助于减轻下一个会计期间某些会计分录的编制工作,但其效果取决于公司的会计系统和会计政策的具体情况。这是一个可选的步骤。

在上述基本会计循环中,前三个步骤贯穿于整个会计期间并连续发生,属于期中业务;步骤(4)~(9)仅在财务年度末发生一次,属于期末业务;而步骤(10)转回分录则是可选的,仅发生在下一个会计期间的开始。

上述会计循环框架的最初设计者是意大利传统会计学家卢卡·帕乔利,数百年来,这一设计虽经完善和修改，但基本框架没有太大的变化，它沉淀和积累了广大会计人员在传统环境中的实践经验，为记录和反映企业的资金运动、财务状况和经营成果提供了一套科学完整的信息加工技术和手段。可以看出，这里的许多环节设计都具有明显的手工作业特点，因此要充分利用数据间的钩稽关系，尽量减少会计人员的手工操作差错并使业务数据保持必要的平衡。例如，在账务处理程序中，记账凭证是一切会计处理的数据源，但手工环境中总分类账和明细分类账的登账工作是靠人工平行登记完成的，记账凭证数据被多次转抄，就可能造成账证不符、账账不符的现象，因此便需要设计各环节的试算平衡和账账核对，以校正或避免这些错误。这些环节的工作在手工环境中都是必需的。

另外，在制作会计报表时，报表基础数据主要来自各相关账户的余额和发生额。例如，期末余额的计算公式如下：

资产类账户期末余额=期初余额+本期借方发生额合计-本期贷方发生额合计

负债、权益类账户期末余额=期初余额+本期贷方发生额合计-本期借方发生额合计

上述公式中期初余额是已知的，账簿中的发生额合计源自对凭证分录数据的简单加工，因此如果条件允许，本期发生额合计数据完全可以从记账凭证源头直接加工获得。如此看来，无论是账簿还是报表，实际上都是数出一门，记账凭证是账务处理数据的源头。如果依靠信息化技术能及时加工获得本期发生额合计数，那么会计报表就可以被轻轻松松地及时制作出来。但是，受传统环境中手工作业条件所限，这些数据要靠低效、烦琐的手工计算才能取得，这便导致报表只能在会计期末甚至还要再延续很长时间才能提供出来。

从以上分析可以看出，传统环境中的很多会计处理原理和加工方法并不是会计数据处理本身所必需的，而是源于手工作业局限设计出来的。那么在信息化环境中设计会计信息系统时，就需要仔细分析哪些原理和方法是数据处理最本质的东西，对那些受手工作业所限并不产生加工价值的环节和步骤应大胆简化，从系统目标出发，突破传统定式，以构建出既适合于计算机处理又满足管理需求的信息系统。

1.2.5.5 传统会计信息的生产方式反思

前面说过，会计信息来源于经济活动之间的联系，从经济联系的数据转化为合格的会计信息大概要经过两个过程：一是要从经济联系中搜集原始数据并将之提炼成原始的会计信息；二是要对原始会计信息进行分类、汇总加工和报告，主要包括编制会计记账凭证、登记账簿、制作会计报告等环节。在这两个过程中都存在着会计信息的生产方式问题。这些问题大致可归纳如下：

(1)信息采集与加工方式不能完全真实地还原和反映社会经济活动全貌

会计最基本的职能就是反映职能，即对社会经济活动间的经济联系进行反映。社会经济活动，至少一定是社会上两个或两个以上的企业个体之间的经济联系行为，这些行为是有机的、互为前提和互为条件的，无数相互交错的个体间的活动联系构成了整个社会的经济活动。因此，会计要全面、正确地记录和反映这些经济活动，就必须同时记录参与活动各方的经济内容，这样才能准确、真实地描述和再现经济活动。从国家宏观角度看，企业是国家经济的“细胞”，国家要对宏观经济实施有效调控和管理，不仅需要

了解和掌握企业单方面的信息，而且还要了解和掌握企业间乃至行业间的经济联系活动信息，从而洞察和平衡经济供求关系，科学制定经济政策，合理配置经济资源。但传统会计信息生产方式从一开始就割裂了经济活动间的社会联系，只是站在企业自身的角度确认会计事项和收集原始会计数据。下面举例说明这一过程：

企业会计中有两种典型的经济业务，即交易和事项。前者是指企业与企业（或消费者）间资源与资金交换所产生的行为；后者是指企业内部资源转移变动所发生的事项。以甲企业向乙企业购买计算机设备为例，乙企业计算机设备售价为每台 5 000 元，甲企业要购买 5 台该设备。如果暂不考虑这笔交易所涉及的税费，那么当交易活动发生时，对这一经济活动较完整的会计描述应该如表 1-3 所示（这里采用直观术语表达）。

表 1-3　经济活动的较完整会计描述实例

转移的内容	甲方（购买企业）	乙方（销售企业）
资金	贷：银行存款　25 000 元	借：银行存款　25 000 元
物资	借：库存物资　25 000 元	贷：库存物资　25 000 元

但传统会计在采集数据时，却只是站在企业的自身角度确认和记录交易，丢弃或忽略了交易的另一半，于是便形成通常所见的业务凭证，即甲企业仅做如下会计分录凭证：

贷：银行存款　　25 000

　借：库存物资　　25 000

而乙企业仅做如下会计分录凭证：

借：银行存款　　25 000

　贷：库存物资　　25 000

可以看出，这种仅取一个侧面的数据采集行为直接割断了同一经济活动的关系链，使信息反映内容缺少了相互验证功能。

（2）信息加工与需求主体之间的错位为信息造假、失真和不对称留下了隐患

按照企业主体边界，可以将会计信息需求简单分为企业内部的个体需求和企业外部的社会公共需求两大类。社会公共需求反映了会计信息的社会性。不同信息需求要由不同的信息加工方式得以满足，如果用一种加工方式同时满足两种不同的信息需求，自然就可能产生信息的供求偏差与错位。传统的会计信息加工方式是以个体生产方式存在的，只是兼顾满足社会公共需求。可以通过图 1-2 表达这种供需逻辑关系。

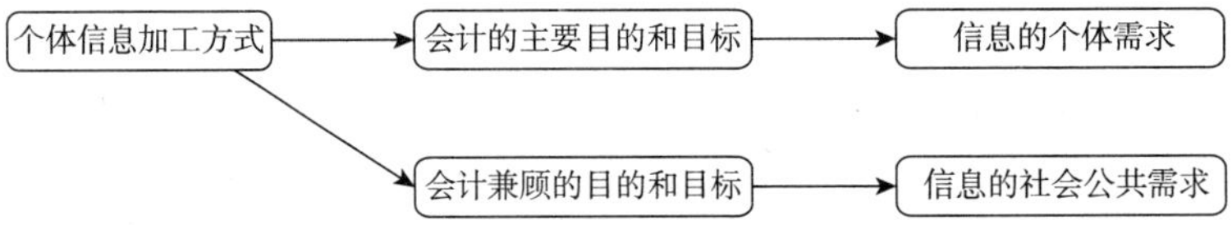

图 1-2　会计信息供需之间的逻辑关系

当这种个体性会计信息生产方式在个体需求与社会公共需求间产生利益博弈时,信息造假和失真就难免出现了。

具有个体性特征的信息生产方式与信息的社会公共需求之间没有直接利益关系,社会对企业会计信息的获取是不需要付出成本的,企业自愿也好强制也罢,都需要定期甚至不定期地通过报表形式向社会公布自己的经营状况。但是就会计信息生产来说,一方面,企业是要付出经济代价的,仅从成本与收益回报关系看,要企业生产会计信息以满足社会公共需求至少是缺少积极性的。另一方面,信息加工必然会导致信息的占有,市场经济条件下企业经营是趋利避害的,为了一定的目的完全可能在信息的加工和供应环节“偷工减料”、“以次充好”或“假冒劣质”。这就是说,企业一方面需要千方百计地搜集和了解对自身决策有用的信息;另一方面又要尽可能地对社会隐瞒真实的情况(至少是对自身不利的情况)。这种具有利益驱动的会计信息加工方式,自然成为会计信息造假、失真和不对称的根源。

(3)传统信息生产方式使企业成为“信息孤岛”

一般来讲,任何个体或者组织无论出于何种目的都在自觉或不自觉地为社会发展做贡献,也就是说,就总量来说自身的贡献要永远大于自身的消费,这样社会才能发展进步。某种意义上国家就代表了社会的公共利益,国家出于公共的需要对经济进行宏观调控和管理,那么信息支持便成为宏观决策的重要因素。从目前情况看,能为国家提供宏观决策服务的经济信息并不集中在社会某一个个体或机构手里,而是广泛散布于社会的各个独立个体成员手中,因此国家经济机制或制度的效率性,实际上取决于其利用分散信息的机制和效率。从以上分析可以看到,传统会计信息加工方式把企业变成了一个个事实上的“信息孤岛”。企业可能出于各种利益考虑,对自身生产和掌控的信息进行隐瞒、取舍和臆改,而不同的政府职能机构也常常仅从自身角度考虑从企业收集信息,这不仅导致资源浪费,而且也使信息的生产和加工成本成倍递增,从而导致社会信息利用机制效率低下。

由以上分析来看,长期以来墨守成规并沿用至今的传统会计信息生产方式实际上存在着巨大的弊端,面对社会越来越强烈的信息需求,必须改变这种传统的会计信息生产方式,信息技术进步恰好为满足这一需求提供了可能性,这便是有学者曾提出的会计信息社会化生产方式学说(对这一专题的进一步深入论述,并不在本书的计划内容中)。

1.3 会计信息系统的概念

1.3.1 从会计电算化到会计信息化

计算机进入经济管理领域是从 20 世纪 50 年代开始的,最初只是将计算机简单地应用于一些单项的经济业务核算,如编制工资表、计算利息等。但是,随着计算机技术的深入发展和在应用中所表现出来的强大功能,人们看到了它的巨大潜力,以至它在经济领域中的应用和发展势不可挡。目前全球在经济领域中使用的计算机,无论在数量还是在机时方面,都占据了计算机总应用的绝大比重。

我国是在20世纪70年代末开始在会计领域使用计算机的。最初只是在工资计算方面简单地应用,后来逐步发展到会计报表编制、账务处理、固定资产核算、材料核算、销售核算和成本核算等方面,现在已实现对财务会计资料一定程度的管理分析。截至目前,我国在财务会计领域应用计算机大致经历了三个大的发展阶段,也称为三次大的发展浪潮。第一个发展阶段在1979—1996年。这一阶段的主要发展特点是在企业内部财务部门中逐渐由IT技术取代人工的作业劳动,软件的研发思路主要是全程模仿传统手工的会计业务处理过程。先是在财务部门实现单项业务电算化,继而实现多项业务电算化,直至后来实现整个财务部门的全面业务电算化(架构企业会计信息系统)。这一阶段可称为企业的"会计电算化"发展阶段。第二个发展阶段在1996—2008年。这一阶段的主要发展特点是在企业内部大规模消除职能部门间的"信息孤岛",实现职能部门之间、业务与财务之间的一体化协同,实现的途径就是在企业内部架构实施企业资源计划(ERP)系统,以全面实现企业管理信息化。因此,这一阶段也可称为企业管理信息化或ERP发展阶段。第三个发展阶段大致始于2008年,延续至今。该阶段的发展源于以广泛应用大数据、智能化、移动互联和云计算等技术,实现共享财务、业务财务(业财一体化)和战略财务三位一体的财务信息化革命,它高度支持在线服务。目前这一发展正如火如荼,方兴未艾。不妨将这一时期称为企业管理信息化的"大智移云时代"(本书简称为"云时代")。云时代的发展主线是云计算技术,核心内涵是大数据、智能化、移动互联和云计算等技术支持下的财务共享、数据挖掘增值、"互联网+"和在线服务技术的广泛应用。它几乎波及所有行业,冲击和影响是全方位的,涉及的信息化内涵创新也是颠覆性的。它全面支持企业实现真正意义上的财务管理转型。

我国是在20世纪80年代初期开始把在财务会计领域中应用计算机及其技术的活动称为"会计电算化"的。这个名词是1981年8月在长春召开的"财务、会计、成本应用电子计算机专题讨论会"上正式提出来的。它是把以电子计算机为核心的信息技术应用到会计实务中去的简称,是指用电子计算机代替人工记账、算账、报账,以及替代部分由人脑完成的对会计信息的分析和判断的过程。

"会计电算化"这一名词的提出,确实概括了当时我国在财务会计领域应用计算机的现状,为规范这一事业(包括其软件业)的发展起到了积极的引导作用,标志着我国已基本完成在企业层面会计核算由计算机替代手工劳动的过程。但从目前来看,随着网络技术的深入应用,以及电子商务、电子政务的快速发展,会计领域的计算机应用又有了更深刻的内涵和更广阔的外延。在技术层面上,先进的网络技术、事件驱动技术、数据仓库(DW)、数据挖掘(DM)、联机分析处理(OLAP)等信息技术将彻底改变传统会计的格局,为会计信息提供广泛的增值空间。因此,在当前环境中,"会计电算化"这一名词的含义及提法,表现出了其传统的历史发展局限性,它不仅不能确切地代表我国这一事业的发展和应用现状,而且还为其理论创新造成了观念上的障碍。

"会计电算化"的理念局限性主要体现在两个方面:一是强调"计算机是工具"的被

动应用理念;二是强调计算机在财务会计领域应用是"模拟传统手工会计"的理念。正是这些理念为其发展和应用,乃至为整个会计学理论和实践在计算机信息技术影响下的深层革命带来了负面的影响。在会计电算化理念主导下研制出来的会计信息系统软件,本质上仍然沿用的是手工会计的处理模式,只是将手工系统与计算机技术进行简单"捏合"。甚至有学者一针见血地指出:中国会计电算化前20年的发展史,其实是一部手工会计的计算机"仿真"史。不仅如此,这种思维理念还忽视了以计算机及其网络技术为标志的信息技术对传统会计理论的反作用和影响,致使该理论不能积极、敏感地吸纳诸多领域的新理论和新技术,限制了其理论的创新发展空间。所以,"会计电算化"这一理念在现代信息技术条件下已远远落后了,以计算机及其网络技术为标志的信息技术在财务会计领域中的应用,绝不仅仅满足于对传统会计理论和实务的简单模仿,它必将对传统会计理论和实务构成巨大的冲击和影响,这种冲击和影响是全方位的、巨大的,不是一般意义上的"修修补补",而是一种创新、突破和再造。它正在撼动传统会计学的根基,而且在多学科理论和技术的影响下,又在快速地催生着其"新主干"的萌芽和发育。财务会计必须适应新的理论和实务发展的需要,将传统会计模型与信息技术完善地结合起来,在多学科理论和技术广泛交融的基础上,提出和构建新的、更加完善和严谨的科学技术理论,这便是"会计信息化",也有学者称之为"会计信息系统"理论。

1.3.2 会计信息化含义的界定

基于多学科综合交叉的视角,可以对会计信息化含义做出界定:会计信息化是构筑在会计实务和会计理论基础之上,运用现代信息技术研究关于会计信息系统理论和实务一般规律、一般方法的边缘性交叉学科。它是以会计理论、方法和实务为指导,以计算机及通信技术所构架的网络为物质基础,以计算机程序软件和数据库为信息技术工具,以经济活动联系中所产生的经济信息为资源对象,运用诸如会计学、经济学、经营学、管理学、经济法、系统论、信息论、控制论等多学科理论和技术,研究关于会计信息系统开发和应用的一般技术学科。它开发会计信息系统的目标是为企事业单位的经营和管理提供决策服务,为政府的社会经济运行、市场调节和宏观调控决策,以及为社会的其他信息需求者提供相关的信息服务。

为了对上述会计信息化概念有一个较全面的理解,下面从不同角度对其进行一些必要的说明。

1.3.2.1 "会计信息化"与"会计信息系统"之间的关系

"会计信息化"一词主要是对应传统"会计电算化"的称呼而提出来的。会计信息化与会计信息系统在理论观念和研究问题的内涵上应该都是一致的。如果有区别的话,二者之间应该是"理论"与"方法"、"基础"与"应用"之间的关系。会计信息化理论研究的是更为基础性的东西,侧重于在会计理论和其他多学科理论和技术影响下,对会计理论体系和内容的创新、突破和再造等问题的探讨,侧重于对处理会计事务一般功能、一般方法和一般规律问题的探讨;而会计信息系统理论则侧重于对系统开发一般方法和技术的探讨。二者无本质上的区别。

1.3.2.2 “会计”与“会计信息系统”之间的关系

用系统论观点看,会计本质上就是一个信息系统。实际上早在 1966 年美国会计学会(AAA)发表的《会计基本理论说明书》中,这种提法就已经出现了。我国最早引进并赞同会计是一个信息系统的是会计学家余绪缨教授。他指出:“根据当前的现实及其今后的发展,应把会计看作是一个信息系统,它主要通过客观而真实的信息,为管理提供咨询服务。”葛家澍在探讨会计定义时也明确提出:“我们是赞同信息系统的……我们对会计所下的定义是:旨在提高各单位活动的经济效益、加强经济管理而建立的一个以提供财务信息为主的经济信息系统。”目前“会计是一个信息系统”的认识,基本上已成为会计理论界的一种主流观点。

基于以上观点可以看到,会计信息系统理论研究的脉络(甚至是内容和体系)应该与现代会计学理论研究的脉络(甚至是内容和体系)是一致的,只不过会计信息系统理论应更加重视在现代多学科理论和技术基础上,对理论内容和体系进行创新和再造。应当看到,这种创新和再造绝不应该仅仅局限在原有理论体系和内容上,它会在有些外延研究的“点”或“面”上进行突破。例如,企业制造资源计划(MRP-Ⅱ)和企业资源计划(ERP)等信息系统,已经集成了企业内部的各种信息资源,而供应链管理(SCM)和客户关系管理(CRM)等信息系统则更是把眼界扩展到了企业的战略联盟。那么,在这种环境中,会计学中对以货币为手段的价值信息应该如何进行反映?又如,传统会计学理论研究主要以建立满足企业个体会计信息需求的会计信息系统为目的,那么有关国家、各级职能管理机构,以及其他利益相关者的会计信息社会需求应该如何满足?再者,随着信息技术应用的快速发展和信息使用者需求的多元化,会计信息系统不仅要提供货币的、财务的和定量的信息,而且还要提供非货币的、非财务的和非定量的信息。这些问题是当前会计学和会计信息化理论界都必须面对的问题,它不仅要求有更高的视野和研究起点,而且要求有广泛吸纳多学科理论和技术的胸怀和能力。

1.4 会计信息系统的模型

1.4.1 基本模型

构造会计信息系统的基本模型,是为了更清晰地描绘经济业务数据在系统中是如何处理的。其基本处理流程是:首先将经济业务的原始数据输入并存储在会计数据库中,然后依据会计制度和规范对其进行加工,将其转化为基本会计信息(如记账凭证、会计账簿、会计报告等)。在此基础上,使用会计分析模型库对相关数据和信息进行更深层次的分析加工,产生分析报告,将基本会计信息和分析报告也存入会计数据库中,最后输出会计记账凭证、会计账簿、会计报告和会计分析报告。会计信息系统基本模型如图 1-3 所示。

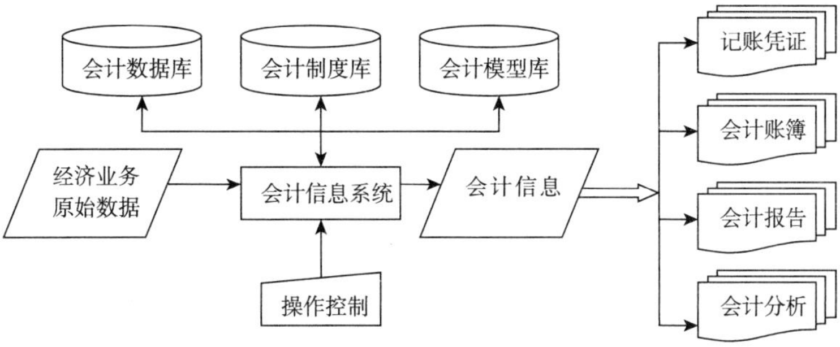

图 1-3　会计信息系统基本模型

1.4.2　分解模型

现代会计学一般将会计分为财务会计和管理会计两大分支。相应的,会计信息系统也可以分为财务会计信息系统和管理会计信息系统两个子系统,如图 1-4 所示。

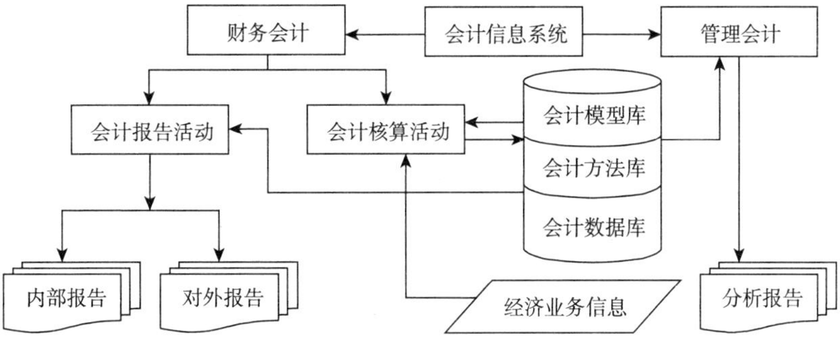

图 1-4　会计信息系统分解模型

图 1-4 中的会计信息系统分解模型说明,管理会计信息系统是从财务会计系统产生的会计数据库中获取数据,然后依据会计模型库中的各种分析方法进行有关分析活动的。另外图 1-4 也说明,财务会计信息系统可以进一步分解为会计核算和会计报告两种活动,前者从经济活动信息中获得数据,依据会计模型库和方法库所给出的模型与方法进行会计核算并将加工后的数据存入会计数据库,后者则是依赖会计数据库中的信息以及会计制度与规范库的标准完成会计报告编制工作的。

1.4.3　细化与扩展模型

在将会计信息系统分解为财务会计信息子系统和管理会计信息子系统的基础上,根据会计的实际需要,还可将会计信息系统按照相关的职能进一步细化为成本会计、库存会计、税务会计、预算会计和人力资源会计等模块,这些模块将依据其职能分别完成一些具体的专项工作,从而形成功能模块。这些功能模块不仅为会计核算工作提供相关服务,同时为管理会计的分析工作提供相关资料。另外,就企业会计信息系统来说,可能根据需要会扩展出一些其他非常规的功能服务,如资产评估、破产清算、企业购并分析和商品评价计价等。这些会计活动通常是由企业外部(如会计师事务所等)所实施的会计活动,当然可以设计在企业会计信息系统中做增值服务。根据上述内容可以将会计信息系统进一步细化和扩展,所得到的模型如图 1-5 所示。

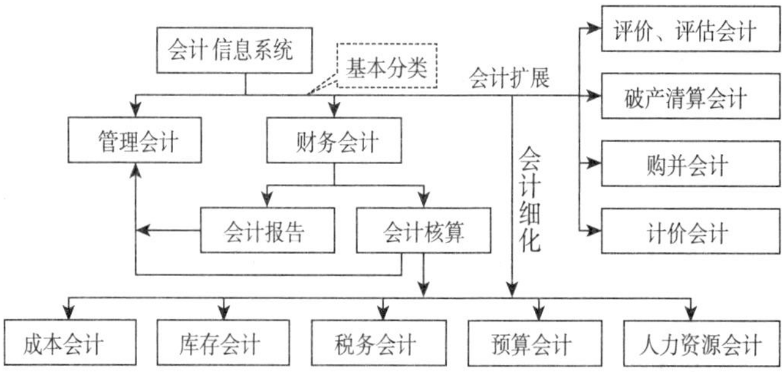

图 1-5　会计信息系统的细化和扩展模型

1.4.4　企业经营活动与会计信息系统功能模块之间的关系模型

会计最基本的职能就是对企业经营活动进行反映,因此各种经营活动都会与会计发生关系。在会计信息系统中与各项经营活动相对应的会计功能模块(或称子系统)如图 1-6 所示。图 1-6 中间是企业各种经营活动,左侧是财务会计对应的功能模块,右侧则是管理会计对应的功能模块。

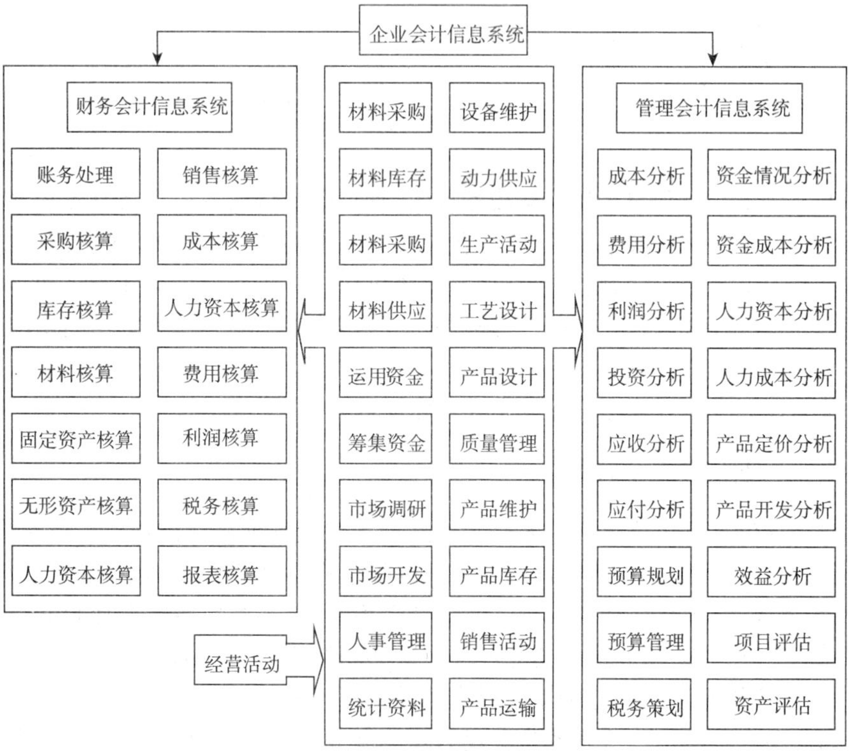

图 1-6　企业经营活动与会计信息系统功能模块之间的关系模型

1.5 会计信息系统的结构

1.5.1 会计信息系统的物理结构

会计信息系统的物理结构,是指会计信息系统是由哪些基本要素构成的。其主要包括硬件、软件、人员、规程和数据五大部分。

1.5.1.1 硬件

会计信息系统的硬件设备一般包括数据采集设备、处理设备、存储设备、输出设备和网络通信设备等,如键盘、光电扫描仪、条形码扫描仪等输入设备,计算机主机等数据处理设备,磁盘机、光盘机等存储设备,打印机、显示器等输出设备。计算机硬件设备的不同组合,构成会计信息系统的不同硬件体系结构,也决定了会计信息系统不同的计算机工作方式。

(1)单机结构

单机结构即在单台计算机上安装会计信息系统,通常适用于小型企业的会计信息化,这是物理结构中最简单的一种。一般说来,如果不考虑其他因素,仅以现有计算机的能力测算,一台计算机足以完成一个小型企业所有进销存管理工作,同时也可解决会计信息的处理问题。

(2)局域网结构——单独安装和运行会计信息系统

当企业规模足够大、会计业务很多时,由于企业会计部门分工详细,需要划分许多专门的业务科室,这时所建立的企业会计信息系统需要架构在企业局域网络上,即运行网络财务会计信息系统。

(3)局域网结构——会计信息系统与企业管理信息系统集成应用

在这种局域网结构中,会计信息系统不是单独存在的,而是成为企业管理信息系统的一个有机子系统。企业资源计划系统,就是这种局域网架构的典型。会计数据的特殊性,使得在该架构中会计信息系统的运行具有相对独立性,需要加以严密控制。

(4)企业网结构

对特大型企业来说,如企业集团或跨国公司等,由于业务跨越地域,所以需要架构跨地域的信息系统。这种网络架构与互联网(Internet)在技术上相近,但却是一种对外封闭的网络,即企业网(Intranet)结构,是一种远程的网络系统。这种远程网络的物理连接可以采用电信、光纤乃至卫星通信等多种线路形式。需要说明的是,企业网与公众网是不同的,公众网无法保证信息安全,而企业网对社会是封闭的,需要身份认定才能进入。有实力的企业,一般不会随意将自己的信息系统构架在公众网上。当然,即使在企业网上,作为企业管理信息系统子系统的会计信息系统,也应当相对独立控制和管理。

当前，互联网技术已经日臻成熟，不少企业集团为了节省开支和共享资源，已经开始直接在互联网上架构自己的远程网络虚拟信息系统，但这种信息系统的运行和管理必须有充分和完善的加密技术来保证。

1.5.1.2　软件

会计信息系统的软件一般包括系统软件、通用应用软件和财务软件。其中，财务软件是最重要的专业软件，缺乏财务软件，会计信息系统便无法实施。

财务软件俗称会计软件，是指专门用于完成会计核算和管理工作的计算机应用软件。财务软件一般由功能模块、数据库和软件文档三大部分组成。

功能模块是程序的有机集合体，一个或数个程序组成一个功能模块，完成一个相对独立的功能，如凭证输入模块、总账打印模块和报表编制模块等。多个相互联系又相对独立的功能模块装配在一起便构成一个独立的财务软件系统，如账务处理系统、工资核算系统等。将多个相互联系又相对独立的软件系统有机地装配在一起，又会构成一个更高层级的软件系统，如财务会计信息系统、财务管理信息系统等。依此类推，还可以组装建立起更高级的软件系统，如企业管理信息系统等。后者称为前者的母系统，前者称为后者的子系统。

数据库是数据的有机集合体，用于存放各种数据，如凭证、账簿和报表数据等。数据库由多个数据文件或表组成，财务软件必须有数据库存放相关数据。

软件文档用于对软件模块和数据库做文字说明，包括用户需求说明书、概要设计说明书、软件测试报告、用户手册等技术和使用文档。国际和国内都对计算机软件文档有一定的标准要求，如国际质量认证标准 ISO 90000、国标 GB/T 19021.3。

按照适用范围，财务软件又可分为通用和专用两种。

所谓通用财务软件，是指在一定范围内都适用的财务软件。通用财务软件又可分为全通用财务软件（如用友软件、金蝶软件等）和行业通用财务软件（如速达软件、管家婆软件等）。通用财务软件的特点一般是不含或较少含有具体的会计核算规则和管理方法，而在软件中预留相应接口，然后由用户结合本单位的实际情况通过软件初始化过程输入具体的核算规则和管理方法。因此，新购的通用财务软件通常是不能直接用于用户单位会计核算的，要经过初始化处理。甚至每个功能模块或子系统的安装和初次运行，都会要求有一个与之相对应的数据初始化过程。通用财务软件的这种设计理念，使软件突破了空间和时间上的限制，实现了通用化。但财务软件的通用化程度越高，初始化工作量就会越大，就具体用户而言，其会计核算的工作细节就越难兼顾。因此，为合理确定财务软件的通用化程度，软件开发商又适时推出了一些行业通用的财务软件，如适用于行政事业单位、工业企业、农业企业、商品流通企业、旅游饮食业、房地产业、铁路运输业、交通运输业、金融企业、邮电通信业等行业的通用财务软件。经过多年运作，通用财务软件市场已经比较规范和健全，评审规则也比较完善，加之通用财务软件具有成本低、见效快、安全可靠、软件公司负责全程售后维护等特点，当前大多数企业（特别是普通中小型企业）在实现企业会计信息化过程中，已将选购通用财务软件作为主要途径之一。由于通用财务软件必须经过初始化才能使用，所以要求会计人员具备与之相适应的知识结构和操作水平。当然，企业在购买通用财务软件时，也可根据自身的核算需要，只购买部分通用的软件模块和程序，然后利用通用财务软件提供的数据接口，自行开发适合自身特殊需要的其他模块，再将其有机装配在一起，形成具有企业背景特色的财务软件系统。

所谓专用财务软件，是指仅满足个别用户会计核算与管理需要的财务软件。它可由企业自行研制开发，也可委托外部机构研制开发。专用财务软件的特点是在软件开发研制过程中，预先将适合本单位特点的核算规则和管理方法植入程序中，使软件在格式、算法和数据输出等方面更加契合用户自身的需要。但专用财务软件的缺点是开发成本高，开发目标受时间和空间限制，适用范围小，只能在个别企业且在一定时期内使用。

1.5.1.3 人员

会计信息系统的人员是指从事研发、使用和维护系统的相关人员。这些相关人员可以分为两类：一类为系统开发人员，包括系统分析员、系统设计员、系统编程人员和测试人员；另一类为系统使用和维护人员。

在手工方式下，会计人员需要掌握和运用的工具是算盘和计算器，而在会计信息化环境中，会计人员不仅要熟悉会计知识和一定的计算机及网络知识，而且应能熟练地运用计算机完成会计业务工作，同时还应具备排除系统运行中一般故障的能力。

在实现企业会计信息化的过程中，参与系统开发和使用的人员，不仅有财会人员，还有计算机专业人员和操作使用人员等。计算机专业人员应掌握一定程度的财会理论知识，对会计工作有比较全面和细致的了解，熟悉基本工作流程、方法和要求。操作使用人员要熟悉软件的基本功能，能熟练地操作计算机并运用软件完成各项工作。会计信息化要求系统人员应是复合型人才，同时具备计算机和财务两方面的专业知识。

1.5.1.4 规程

规程是指各种法令、条例、规章制度等。其主要包括两大类：一是政府的法令、条例；二是基层单位在会计信息化工作中的各项具体规定，如岗位责任制度、软件操作管理制度、会计档案管理制度等。

财政部于 1994 年 6 月 30 日发布了会计电算化管理规章，即《会计电算化管理办法》《商品化会计核算软件评审规则》《会计核算软件基本功能规范》三项规章制度；为指导基层单位开展会计电算化工作，财政部 1996 年发布了《会计电算化工作规范》；为了进一步促进财务及企业管理软件开发规范化，1998 年 6 月由中国软件行业协会财务及企业管理软件分会发起，在国内多家著名厂商的大力支持下，出台了《中国财务软件数据接口标准》；之后，又陆续出台了一系列规章制度。这些都是指导会计信息化工作的重要文件。

1.5.1.5 数据

经济业务数据是会计信息系统处理的对象。在会计信息系统中，数据具有量大、面广、载体无纸化等特点。法律上要求，已经实现会计信息化的企业，所生成的电子凭证、账簿和报表等在格式、内容及资料真实与完整性等方面，都需符合国家的统一制度规定。

1.5.2 会计信息系统的功能结构

1.5.2.1 会计信息系统的总体功能结构

完整的会计信息系统由若干个子系统组成,每个子系统的功能以及相互间的关系便涉及总体功能结构问题。不同企业的会计信息系统的总体功能结构不尽相同。图 1-7和图 1-8 分别给出了会计信息系统简单总体功能结构和财务会计信息系统总体功能结构。

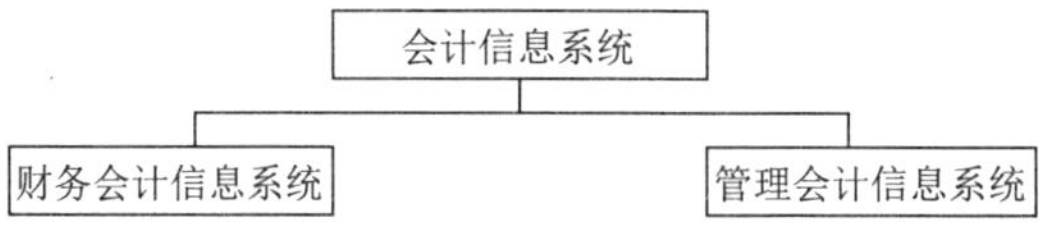

图 1-7 会计信息系统简单总体功能结构

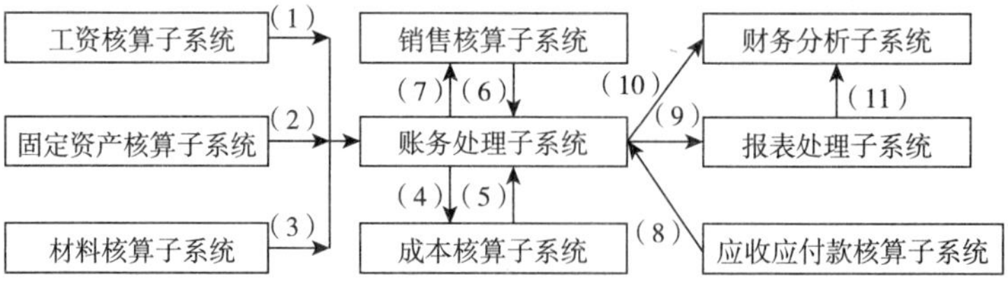

图 1-8 财务会计信息系统总体功能结构

为更详细地理解会计核算各主要子系统间的数据传递关系,下面对图 1-8 中的某些主要子系统间的数据传递关系进行剖析。

(1)账务处理子系统与其他功能业务核算子系统间的数据传递关系

账务处理子系统在整个财务会计信息系统中处于核心中枢地位,因此它与其他各个功能业务核算子系统间存在着密切的数据联系。在财务会计信息系统中,一般明细核算都在相关功能业务核算子系统中进行,然后将核算结果汇总传至账务处理子系统中进行总分类核算。账务处理子系统主要以会计凭证为数据处理对象,因而账务处理子系统与其他功能业务核算子系统间的数据联系也主要表现为凭证传递关系。

①账务处理子系统与工资核算子系统间的数据传递关系

工资核算子系统主要用于完成工资计算、分配和发放等基本核算工作。工资核算所用到的基本数据主要来自职工个人的各种基本档案、考勤和生产统计表。工资计算完成后将工资发生费用进行分配汇总并记入相关会计科目账户。整个工资核算主要涉及的会计科目有应付工资、银行存款、现金、生产成本、制造费用和管理费用等。工资系统除完成对工资的基本核算外,还要对各种福利费进行相应的计算与计提。期末将编制好的工资费用分配凭证传至账务处理子系统进行账务处理。账务处理子系统与工资核算子系统间的数据传递关系可简单地用图 1-9 表示。

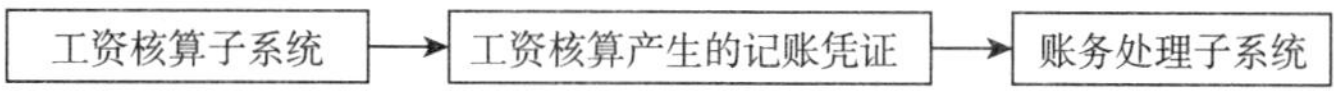

图 1-9 账务处理子系统与工资核算子系统间的数据联系

②账务处理子系统与固定资产核算子系统间的数据传递关系

固定资产核算子系统主要完成固定资产折旧计算、入账等基本核算工作。固定资产核算子系统按设置的折旧方法完成折旧计算，月末编制折旧分配转账凭证，并对发生的固定资产增减、报废、盘盈和盘亏等情况编制相应的转账凭证，然后将这些自动产生的凭证传至账务处理子系统。它们的数据传递关系可用图 1-10 表示。

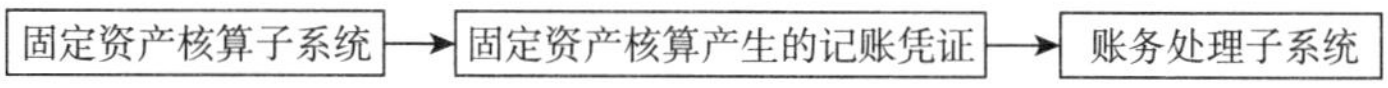

图 1-10 账务系统与固定资产核算子系统间的数据联系

③账务处理子系统与材料核算处理子系统间的数据传递关系

对工业企业来说，材料核算是会计核算中最繁重的工作之一，需要填写各种单据，处理材料的收发与结存，根据业务的发生编制材料采购、材料成本差异结转、材料内部领用等凭证。在会计信息化环境中可以将这些业务凭证的模板在材料核算子系统中预先定义下来，期末由系统自动生成相关凭证并传至账务处理子系统中。通常只在材料核算子系统中处理材料的明细核算，在账务处理子系统中进行材料的总分类核算。账务处理子系统与材料核算子系统间的数据传递关系可用图 1-11 表示。

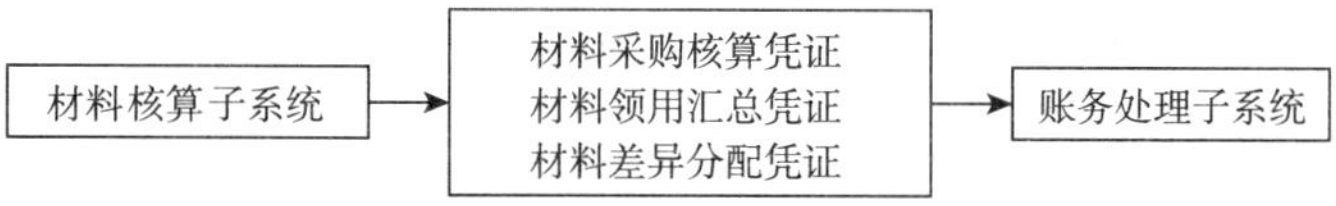

图 1-11 账务处理子系统与材料核算子系统间的数据联系

④账务处理子系统与销售核算子系统间的数据传递关系

销售核算子系统主要处理产品的销售、发出、结存等基本业务核算工作。它通过接收账务处理子系统传来的产品成本数据，计算并生成结转产品销售收入、销售税金、销售成本、销售利润等转账凭证。这些转账凭证由销售核算子系统自动编制后传至账务处理子系统进行总分类核算。账务处理子系统与销售核算子系统间的数据传递关系可用图 1-12 表示。

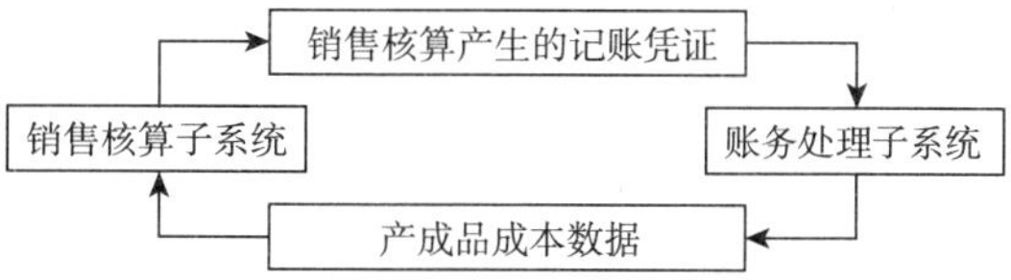

图 1-12 账务处理子系统与销售核算子系统间的数据联系

(2)成本核算子系统与其他核算子系统间的数据传递关系

成本核算子系统的主要任务是归集汇总费用,并按谁受益谁负担的原则,以一定的标准分配到各车间、各产品成本中去。成本核算子系统归集汇总费用的数据大部分来源于其他核算子系统,如构成产品成本的人工工资数据来源于工资核算子系统,生产产品消耗的原材料数据来源于材料核算子系统,折旧费用数据来源于固定资产核算子系统,管理费用数据来源于账务处理子系统等。由于各核算子系统的数据都是在会计期末以记账凭证的形式传到账务处理子系统中,在账务处理子系统中进行汇总、登账完成总分类核算的,因此成本核算子系统所需要的大部分数据都可从账务处理子系统中取得。

当产品成本核算完成后,要结转产品成本并根据入库产品的成本确定产品的销售成本。这部分数据,如产品种类、单位成本、库存数量、库存金额等,由成本核算子系统编制成转账凭证传至账务处理子系统进行总分类核算,然后再由账务处理子系统传至销售核算子系统供计算产品销售成本使用。成本核算子系统与其他核算子系统间的数据传递关系可用图 1–13 表示。

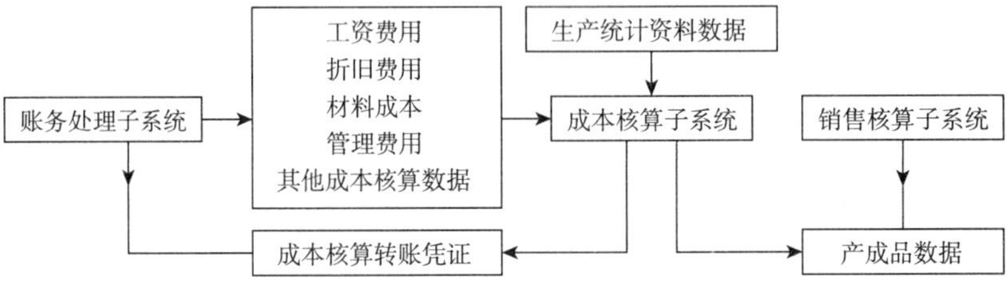

图 1–13 成本核算子系统与其他核算子系统间的数据联系

(3)报表处理子系统与其他核算子系统间的数据传递关系

账务处理子系统综合了所有经济业务的总分类数据,全面反映了企业生产的经营情况,而会计报表的数据是在日常会计核算基础上进一步加工汇总形成的综合指标数据,因此其大部分数据都来自账务处理子系统。报表处理子系统与其他核算子系统间的数据联系可用图 1–14 表示。

图 1–14 报表处理子系统与其他核算子系统间的数据联系

1.5.2.2 会计信息系统各主要子系统的功能模块结构

功能模块结构表明子系统具体是由哪些功能模块组成的,这些模块的功能及其相互间的数据传递关系等。功能模块是程序的集合,一个功能模块通常由一个或几个程序组成,共同完成一个独立处理功能,以其作为后续程序设计的直接参考依据。由于开发背景和开发者不同,所以功能模块结构图的设计可能有所不同。下面给出一些主要子系统的基本功能模块结构图。

(1)账务处理子系统功能模块结构图

账务处理子系统功能模块结构图如图 1-15 所示。

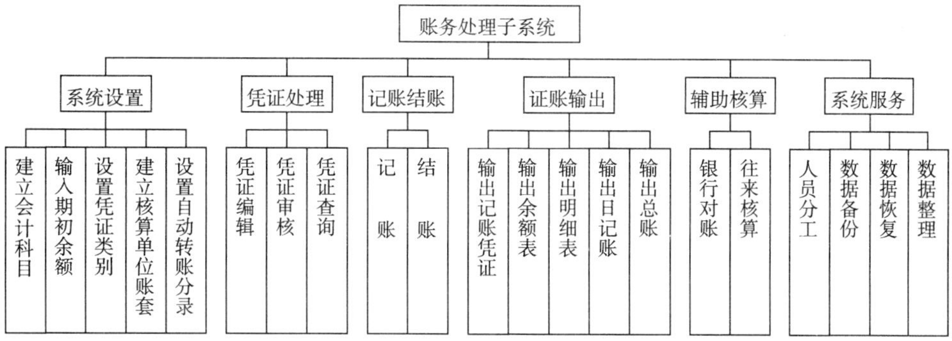

图 1-15　账务处理子系统功能模块结构

(2)工资核算子系统功能模块结构图

工资核算子系统功能模块结构图如图 1-16 所示。

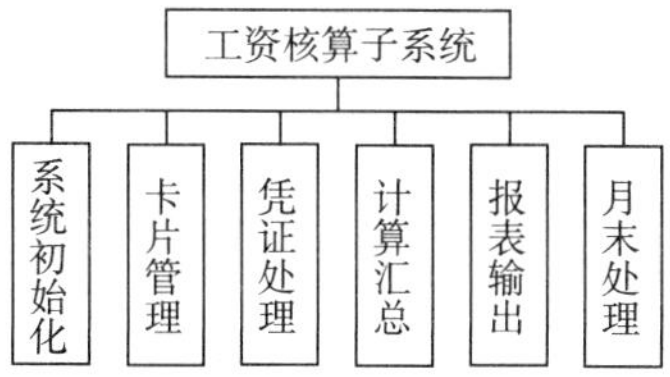

图 1-16　工资核算子系统功能模块结构

(3)材料核算子系统功能模块结构图

材料核算子系统功能模块结构图如图 1-17 所示。

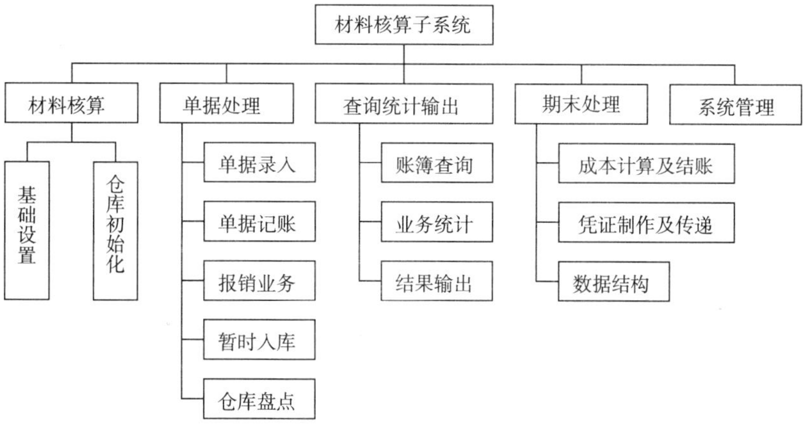

图 1-17　材料核算子系统功能模块结构

(4)固定资产核算子系统功能模块结构图

固定资产核算子系统功能模块结构图如图 1-18 所示。

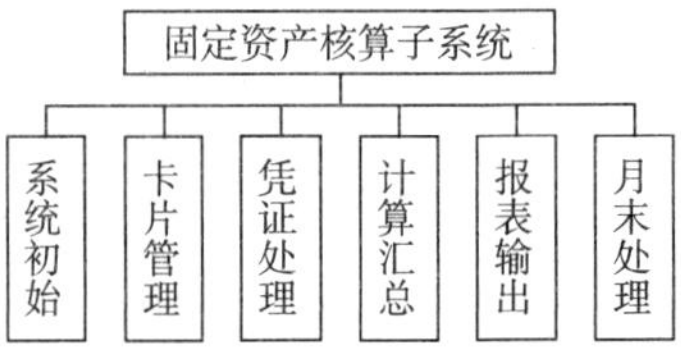

图 1-18　固定资产核算子系统功能模块结构

(5)购销存核算子系统功能模块结构图

购销存核算子系统功能模块结构图如图 1-19 所示。

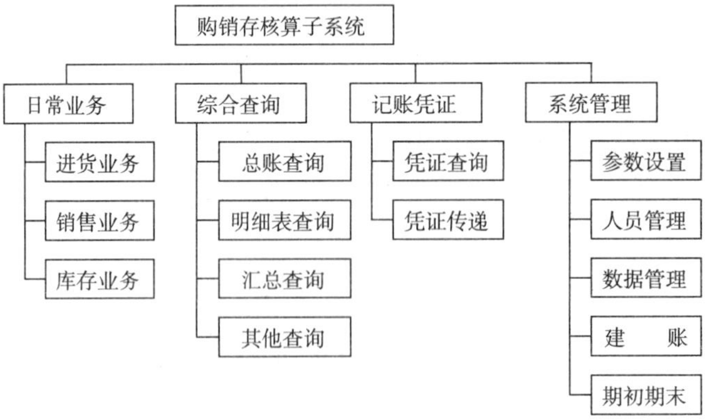

图 1-19　购销存核算子系统功能模块结构

(6)成本核算子系统功能模块结构图

成本核算子系统功能模块结构图如图 1-20 所示。

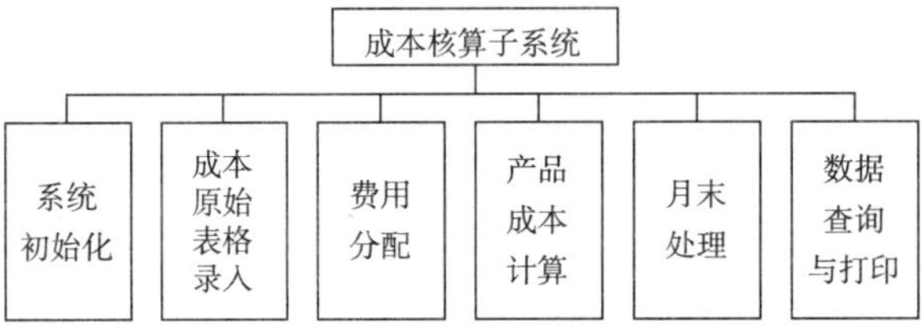

图 1-20　成本核算子系统功能模块结构

(7)报表管理子系统功能模块结构图

报表管理子系统功能模块结构图如图 1-21 所示。

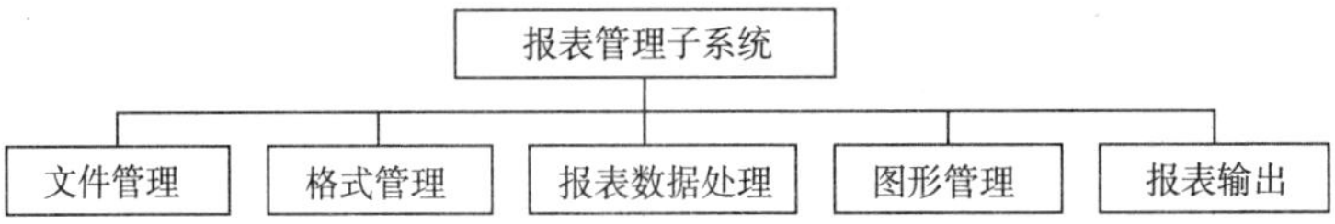

图 1-21　报表管理子系统功能模块结构

1.6　会计信息化对会计实务工作的影响

在传统手工环境中,会计人员所做的工作大部分都是由“前计算机思维”发展而来的。手工环境中会计数据处理流程大概是由几百年前卢卡·帕乔利记录下来的,虽经改进和完善,但至今仍没有发生本质上的改变。自计算机诞生后,伴随着信息化技术在会计领域的广泛应用,传统会计经受了前所未有的冲击和影响。

下面概括分析会计信息化对会计实务工作的一些主要影响。

1.6.1　对会计信息组织形式的影响

在传统会计中,作为一种特定的“商业语言”,会计是对企业经营中价值量创造、转移、变动和分布情况进行的反映。其中,证、账、表是这套商业语言的核心词汇,也是会计信息的主要组织形式,但是随着IT技术的发展,这些核心词汇的作用正在逐渐淡化甚至消亡。首先是对会计凭证的影响。凭证是采集和规范基础会计数据的最基本形式,但在IT环境中,便捷高效的网络技术手段可能会使会计信息源和信息表示结构由一元走向多元,即原来要通过记账凭证形式获取的会计数据,可能会直接从业务过程中获得,从而使传统环境中作为重要载体的记账凭证逐步淡化甚至消亡。其次是对会计报表的影响。传统报表所提供的数据是经过浓缩后形成的精简数据,整个会计期间的所有活动都被高度概括在这些数据中,如果将报表作为信息源进行企业相关会计分析,就只能看到一小部分有用的情况。另外,传统环境中的会计报表在加工过程中,要经过层层低效繁重的手工作业环节,导致信息无法及时提供给信息使用者。在计算机信息化环境中,随着网络和数据库技术的广泛应用,管理者和投资者可能无须再去等待这些由会计工作者历尽艰辛才提供出来的滞后且不全面的账表信息,而是可随时直接通过企业网络访问存储于系统中的信息。因此有人预言,一旦信息使用者能实时访问企业数据库,那么他们将可能会对传统会计报表这种会计信息组织形式失去兴趣。实际上,信息技术的发展进步已经为信息使用者的个性化加工和定制提供了方便和可能,届时代替传统会计证、账、表等会计信息组织形式的,可能是原始信息、加工信息和分析决策信息等,而代替传统会计制作凭证、记账、结账和产生报表等工作的,将可能是纯计算机意义上的数据收集、存储、传递、处理、加工及打印等工序。

1.6.2　对会计簿记的影响

仅就算法工序而言,会计是一门分类与汇总的技术。科目是会计要素的分类,账户以科目为标志而设立,而账簿则是账户的载体与实现形式。在传统手工环境中,账簿是纸介质的实物,账户与账簿之间是形式与内容的关系,二者不可分割,这就决定了账户的信息分类“反映”功能与账簿的簿记“记载”功能不可分割。但在计算机环境中,二者关系却发生了质的变化。首先,计算机系统设立电子数据库存放数据与信息。会计数据一经录入系统,便被存放在记账凭证数据库文件中,数据库文件的存储格式人不可以识别,这便完成了账户的"记载"功能。当人们需要依据账簿的格式和内容查询和打印信息时,计算机系统通过程序瞬间从记账凭证库文件中检索并组织信息,然后以人们熟悉的账簿形式显示在屏幕终端或打印在纸面上,这便完成了账簿的"反映"功能。查询过程结束后,数据仍然被存储于凭证数据库文件中,如图 1-22 所示。

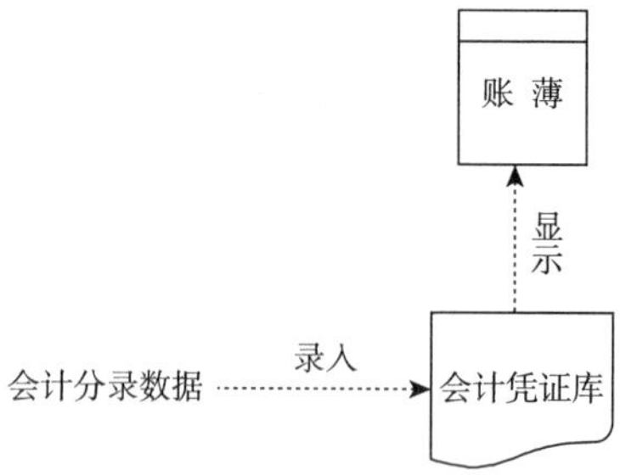

图 1-22 计算机系统中账户的"反映"功能与簿记的"记载"功能

由此看来,在计算机环境中,账户的"反映"功能与簿记的"记载"功能被分开了,计算机系统中并不存在所谓的"账簿"。某种意义上这也可以理解为在计算机环境中有"户"无"簿"。如果非要套用传统"账簿"含义来理解的话,可以把传统手工账簿与计算机环境中的账簿看作是"静"与"动"的关系,手工"账簿"是静态固定的"实物",格式与内容都不可能随查询需要而发生变化,但计算机系统中的"账簿"是瞬间完成任务的"动态过程",其格式和内容都可以随查询需要发生变化,甚至可以对"未记账"的凭证信息进行反映,账簿还可以进行"反记账"操作等。实际上,在计算机会计信息系统中并不存在传统意义上的凭证、账簿和报表等实物,而只存在存放相关数据的库文件和表文件。

1.6.3 对记账、对账、结账及会计报表的影响

在计算机环境中,数据加工具有高效性,系统已不必再为账簿和报表提前加工好数据,而是根据查询和管理需要,从记账凭证库数据源头直接检索、加工和组织数据,然后再以人们熟悉的账簿和报表格式显示并打印出来。这样,数出一门,账为实时账,表也成为实时表。这便使记账、结账、对账及会计报表含义都发生了质的变化。记账的含义变成对凭证库中已审核通过的记账凭证做"已记账"标记,表明该张凭证已入账,不允许再修改。由于数出一门,传统意义上的账证、账账、账表等核对工作已不再有必要,对账的价值主要体现在账实核对上,即除系统内的账实核对外,还要将系统相关账户与银行、往来单位等其他记账主体的账目进行核对。结账过程在计算机环境中变得极为简单,主要功能是检查本期核算工作是否已完成,如输入的凭证是否已全部审核入账,当各项工作均满足条件后做结账标志,并为下期会计核算工作做相应的数据准备,结账后本期不能再输入凭证。另外,由于制作会计报表的基础数据可以随时从系统检索获得,

因而报表的编制不再受时间约束,从而使会计报表真正成为信息使用者可及时使用的信息资料。

1.6.4 对会计核算形式和方法的影响

手工方式下会计核算形式和方法的使用很多时候要考虑到人工作业条件的限制,如总账开设个数及明细账开设级次、账务处理程序的选择(记账凭证式、日记总账式、汇总记账凭证式、科目汇总表式、多栏日记账式等)、固定资产折旧方法的选择、存货计价方法的选择等,无不考虑到了人工工作量大小的问题。在计算机环境中,无论时间(运算速度)还是空间(存储量)都解除了会计人员对核算形式和方法选择的顾虑,只要符合制度规定,就可以围绕会计系统的目标进行改造和创新,设计出更加合理且适合计算机处理特点的核算形式和方法。

1.6.5 对会计数据处理流程的影响

数据处理流程反映了数据从产生、传递到处理、审核及存档的全过程。

手工数据处理流程为"填制和审核凭证→登记账簿→编制报表",这一过程也称为会计核算组织程序或账务处理程序。由于各家企业的经济业务性质、管理方式、规模和业务数量不同,手工环境中设计了编制科目汇总表、编制汇总记账凭证等不同会计核算组织程序以适应不同的情况。这些程序的基本区别在于登总账的方法不同。另外,手工环境中为提供详略不同的会计信息,设置了总分类账和明细分类账,总分类账与明细分类账采用平行登记方法进行记录,由于明细账是逐笔记录业务信息的,而总账记录的是相应合计值,所以总账信息不是独立的。手工系统中总账之所以有存在的价值,就因为它对整个账簿体系起统驭和控制作用。通过总账与明细账间的对账,可以发现手工记账中的问题。这种通过低效重复处理以换取数据正确和可靠的做法,是手工会计数据处理的一个特点。对发生的登账错误,手工系统分别采用画线更正、红字冲销、补充登记等留痕迹的方法进行修正。

计算机系统处理流程与手工有相似之处,但具体环节和内容又有自身的特点。计算机系统日常数据处理表现出如下特点:

1.6.5.1 将采集并标准化处理后的会计数据输入计算机记账凭证库

手工环境中为方便会计人员辨识,大多数会计数据都是以中文名称直接标识的,很少使用编码,但计算机系统中为适合电子处理,所有数据都要进行编码化和规范化处理。目前系统的原始数据大部分还需要人工录入完成。由于数出一门,输入后的原始数据将会被整个系统平台共享,因此在人工录入口应尽可能完善地设置有效的数据校验方式。但业财一体化后,数据采集也会在电子环境中实现无缝对接,此时由业务环节产生的原始数据可被直接采集至计算机系统平台中,然后通过网络传输到会计部门,再经会计人员确认后自动生成会计凭证进入初始会计凭证库中。这样不仅会大大节省数据的采集成本,而且也会极大提高数据采集的准确性。

1.6.5.2 凭证审核后由系统自动记账处理

由于计算机系统仍然存在必要的人工干预点,且由于会计数据存在特殊性,因此凭证审核仍是必要的环节。经审核后,将凭证由初始记账凭证库转入正式记账凭证库,此时的凭证将成为系统后续一系列加工的数据源。这里所谓的记账处理,是指根据记账要求在记账凭证库中对已记账的凭证做"记账"标记。早期的流程设计要设置各种账表的数据准备库,记账处理是指根据账簿数据要求,先从记账凭证库中分类检索相关数据,然后进行一系列加工,将加工后的数据转入相应的账的数据准备库。

1.6.5.3 以账表格式查询或输出数据

当需要以账表格式输出数据时,由系统调用相应账表格式程序,从相关数据准备库中瞬间检索数据,再依人们熟悉的账表格式输出数据。查询输出结束后,数据仍在原来的数据库中保存。可以通过一张简图概括这一处理流程,如图 1-23 所示。

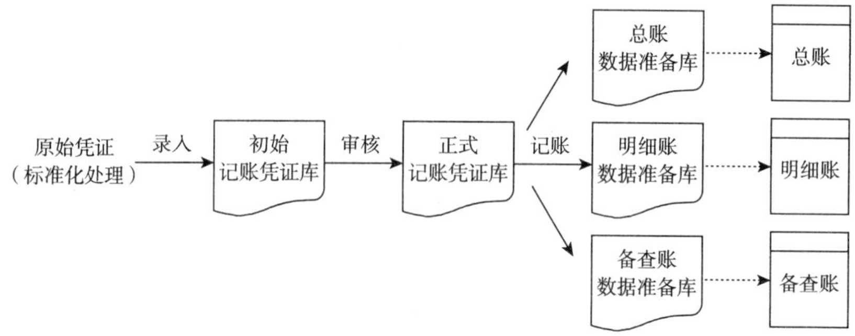

图 1-23 计算机账务数据处理流程

计算机环境中的数据处理除极个别环节需要人工干预(如凭证输入、审核、银行对账等)外,整个处理流程几乎都是由计算机集中自动完成的,所以数据发生错误的概率极少,因此计算机会计系统没有必要采用平行登记的方式进行记账处理,来源于记账凭证库中的数据在记账时不做重复处理,直接记录于各分类账数据准备库中,从而调整和取消了原来由于手工操作而增加的环节,使数据处理流程更加简捷、合理。

1.6.6 对会计数据存储方式的影响

在手工环境中,数据信息载体是由纸张构成的单、证、账、表等。纸介质记录的信息转抄困难,这是手工账务工作量大的主要原因。但纸介质记录的内容具有很强的证据性,这又是其他介质不具备的优点。

在计算机系统中,数据以电子库文件的形式存放在以磁介质为主的载体上,人们不能直接识读。当人们需要查看时,必须通过专门的计算机程序瞬间检索和组织数据,再以人们熟悉的格式显示或打印出来,所以计算机系统需要专门增加信息输出功能。

磁介质记录的信息具有信息量大、复制和删除方便、检索查找迅速等优点,但同时也具有修改删除难以保留痕迹的特点,所以如何采取措施明确操作责任,是开发计算机会计信息系统需要慎重考虑的问题。一般来说,保留痕迹的目的主要就是明确责任,如果能够通过某种计算机操作方式明确责任,实际上也相当于留下了操作的“痕迹”。

1.6.7 对会计职能的影响

会计有两大基本职能,即核算反映职能与管理决策支持职能。在手工环境中,受作业条件限制,会计数据的收集和加工严重滞后,从而使得会计信息利用大多停留在业务的事后核算反映上,很难实施事中管理和事前预测支持,因此管理者的大部分预测决策工作要靠主观判断进行。在计算机环境中,无论是在企业外部还是在企业内部,一旦业务发生,数据可通过先进的信息网络及时传递到计算机系统中,并几乎在同一时间得到加工和处理,再及时以账簿或报表的形式传递到企业主页或呈现给管理决策部门,所以会计参与事中管理和事前预测支持的职能得到充分发挥。借助系统强大的数据分析平台,管理人员可以将大量会计管理模型(如最优经济订货批量模型、多元回归分析模型等)在系统中应用,从中迅速获取大量有效的管理信息,然后准确及时地进行管理预测决策工作。

1.6.8 对会计工作组织的影响

会计工作组织包括人员的组成和工作机构的组织,在这两个方面,计算机会计系统与传统会计相比也有着本质的不同。

在人员的组成方面,传统会计的工作人员是清一色的会计人员,工作责任由级别决定。而在计算机会计系统中,除会计人员外还需要计算机软、硬件方面的操作和维护人员,以及系统分析与设计等人员,他们的分工职责不同于传统会计,因此对知识结构的要求也有很大的变化。

在机构组织方面,为适应手工会计的处理特点,合理分摊人工工作量,传统会计一般以业务内容作为会计工作的组织依据,通常将会计机构分为材料、成本、工资、资金和综合等专业组。对原始数据,按不同性质和用途分别由不同专业组或岗位进行转抄与加工,各专业组或岗位间通过信息资料传递和交换建立联系,并相互稽核和牵制,以保证系统正常运转。由于缺少共享的数据平台,所以相同的会计数据要被多次低效转抄和重复加工,这便导致出现大量的人为差错。因此,在手工环境中需要使用许多校对与修改方法避免错误,账账核对、账证核对及平衡校验等手段都是必需的。而在计算机会计系统中,原来分散在不同专业组或岗位进行的核算工作,改由系统统一集中完成,所以会计工作的组织是以数据的不同形态为基本依据的,一般分为数据收集组、凭证编码组、数据处理组、信息分析组和系统维护组等,随着数据加工形态的转换,专业组行使各自的职能。由于数据加工过程建立在统一的平台之上,所以原始数据一经录入便可在整个系统中共享。另外,系统对数据的加工基本都由计算机自动完成,很少人工干预,因此只要原始数据录入正确,一般不会发生数据库之间信息不符的情况,所以带有明显手工特征的数据校验方法将变得不再重要或没有必要。

1.6.9 对内部控制机制的影响

内部控制机制又称内部牵制机制,它是会计系统安全性、可靠性和正确性的保证。

在手工会计系统中人是主要因素,所以内部控制的出发点主要都是以人为控制目标展开的。其内部控制的具体措施是:通过凭证的传递流程选择控制点,规定每个工作点应完成的任务,然后进行相互校检与核对以保证数据的正确性,如账证核对、账账核对、账实核对,以及各种签名控制措施等都是这种原理的应用。而在计算机系统中,数据处理技术的变化使系统的结构和运行机制等各方面都发生了根本变化,原来只以人作为控制目标的内部控制机制,需要转化为同时以人和计算机系统为目标进行控制的机制,由此便产生了以人作为主要控制目标的一般控制和以计算机系统作为主要控制目标的应用控制相结合的全面控制机制。其内部控制的具体措施是:根据计算机系统的特点,一方面要建立起新的、完善的、适合计算机特点的岗位责任制和严格的内部控制制度;另一方面要在系统的各运行环节设置有效的密码验证机制和数据自动校验机制,以及时发现权限和加工数据等方面的真实有效性问题。例如,注册进入系统或进入模块时,要设置密码验证;对凭证输入时,应设置科目合法性、业务日期合法性及凭证借贷平衡等自动校验措施。

1.6.10 对财务业务整合的影响

在手工环境中,由于缺少共享的基础数据平台和有效的数据传递渠道,企业财务与业务部门之间很少有横向的数据联系,即使有一些必要的联系,也往往是被动地按照手工方式缓慢而且低效地进行,待数据被传递和加工后,信息的时效性已大打折扣,因此信息通常是用于反映过去发生的事情而很难用于管理现在和预测未来。

在计算机系统中,基于强大的系统平台,财务和业务可以实现全面的协同处理。这具体表现在两个方面:一是企业内部业务与财务的协同。企业内部业务流程很多,如以购销链为主的物流和以生产管理为主的生产流等。这些内部业务流程所产生的业务信息可以与资金流管理信息实现有机、实时的协调处理。二是企业外部业务与财务的协同。企业外部业务包括销售与催账、询价与采购、银行对账与结算等。在企业经营供销链上,每一项业务发生所产生的财务信息都可以及时传递到会计信息系统中得到处理,并将有效的处理结果迅速反馈到外部业务流程,从而实现企业外部业务与财务的协同。

会计信息化理论的产生和发展,是会计发展史上的一次重大革命。如前所言,它对传统会计学的冲击和影响是巨大的、全方位的,目前看它所产生的影响仍然只是初步的,而更深层次的冲击和影响还有待进一步关注。

1.7 会计信息系统发展的历史沿革

计算机在会计领域中的应用始于 1954 年 10 月,美国通用电气公司将 UNIAC-1 型计算机第一次应用于计算职工工资,从此便一发不可收拾。经过半个多世纪的发展,目前会计信息系统已经由最初的企业内部单项会计业务信息化,发展到了跨越企业界限价值链的信息化。按照系统的集成应用范围,可以把会计信息系统的发展分为面向企业财务部门、面向企业和面向价值链集成应用几个阶段。

1.7.1 面向企业财务部门集成应用的会计信息系统

计算机进入经济管理领域应用是从 20 世纪 50 年代开始的,这一时期为信息技术发展的早期。由于计算机价格昂贵,计算能力有限,而且不支持联机应用,因此其只是简单地用于一些单项的经济业务核算,如工资核算、固定资产核算、材料核算、销售核算、成本核算以及编制会计报表等,体现在岗位层级的应用上,只是完成不同核算功能的会计核算程序,还没有形成整体的会计信息系统。通过核算程序模拟手工作业,代替部分原来由人工完成的核算工作,可以降低人员的工作强度,提高工作效率。然而,针对专项经济业务核算所开发的软件是分别独立运行的,相互之间没有联系,缺少共享的数据平台,还不能解决相关业务之间的转账问题,以致数据之间的传递要靠人工重复录入或磁盘拷贝得以完成,由此形成财务部门内部的一个个"信息孤岛"。

20 世纪 70 年代后期,局域网和数据库技术的出现为财务部门内部信息集成提供了强大的技术支撑。会计信息系统中各业务功能子系统通过数据库服务器的局域网系统有机地集成在一起(如图 1-24 所示),实现了数出一门和实时共享,真正形成了面向财务部门的整体性会计信息系统。

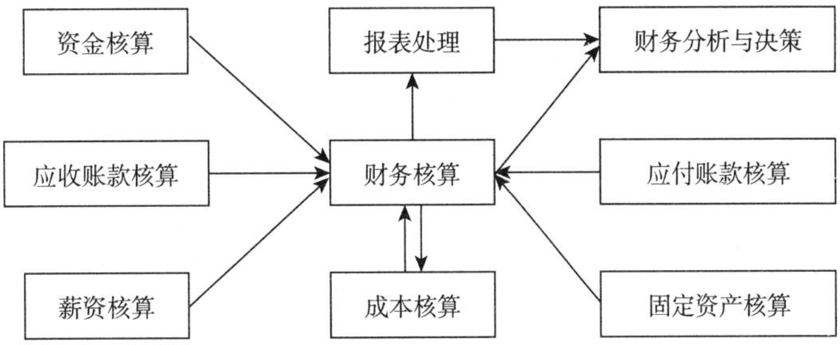

图 1-24 面向企业财务部门集成应用的会计信息系统流程

面向财务部门集成应用的会计信息系统,以财务会计目标为导向,模仿手工会计的作业模式,以电算化会计信息系统取代传统手工簿记系统,实现了会计核算(包括记账、算账、报表生成诸环节)的自动化,在此基础上为企业提供管理和决策所需的财务信息。它基本完成了企业财务部门层面的会计核算电算化,使会计工作效率、会计信息准确性和及时性都得到极大提高,同时也降低了会计核算成本。但是,面向财务部门集成应用的会计信息系统,只是对手工会计系统进行了全程模拟,并没有实现会计价值的飞跃。另外,会计信息系统物理上独立于其他部门而存在,数据仍由其他业务部门被动提供,虽然解决了财务部门内部的信息共享问题,但并没有解决企业内部各职能部门之间的"信息孤岛"问题。这样的系统也只能提供业务的事后统计、分析和评价,并不能有效地对业务实施事中控制。

1.7.2 面向企业集成应用的会计信息系统

从 20 世纪 80 年代开始,市场竞争环境急剧变化,竞争焦点集中到如何提高产品和服务质量、降低成本上,企业生产以精益制造为主,提倡零库存,注重对客户的响应。此时企业要提高市场竞争力,单纯依靠提高某个职能部门的工作效率已远远不够,需要将业务过程中涉及的各个职能部门紧密协同起来,才能从整体上提高效率和效益。这便将信息化技术在企业管理中的应用要求提到了更高的层面,即面向整个企业集成应用。此时要建立的信息系统,应基于企业整体的管理和决策需求,对企业内部各职能信息系统进行有机集成。在这一背景下,会计信息系统的研发特点是强调过程集成。过程集成即利用计算机软件工具,实现高效、实时的企业事务处理系统间的数据资源共享,实现应用间的协同工作,将一个个独立分散于企业内部各职能部门的应用系统集成为一个协调的管理信息系统(MIS),如图 1-25 所示。这种集成应用所采用的计算机网络架构是客户/服务器(C/S)结构技术。

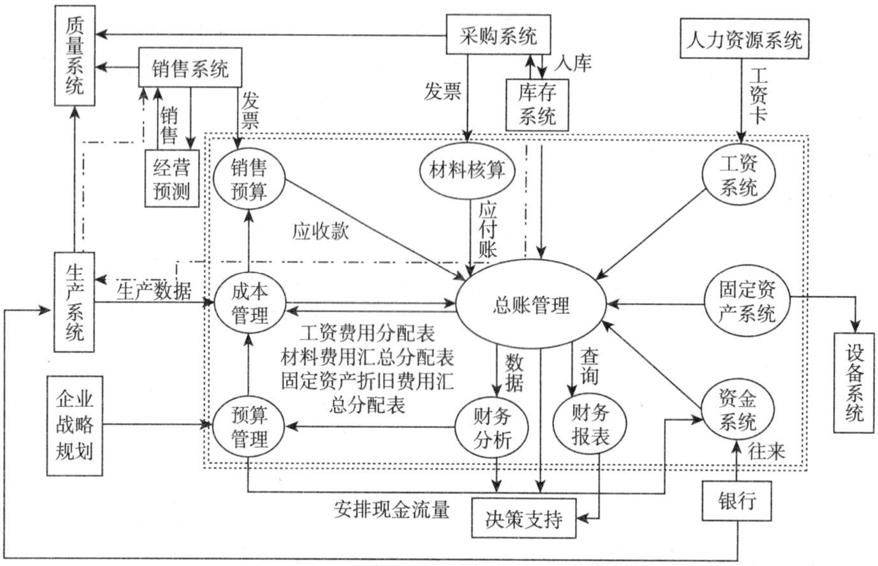

图 1-25 面向企业集成应用的会计信息系统流程

在 MIS 环境中,会计信息系统不再是物理上独立的系统,而是整个企业管理信息系统的一个有机组成部分,它与其他子系统(如质量系统、生产系统、人力资源系统、设备系统和经营预测系统等)高度集成,实现无缝连接,实时采集业务发生时的全面信息。从采购、生产、销售等业务开始,MIS 系统的所有数据都被采集进入企业的中央数据库,并自动完成信息的加工和输出,各子系统共享数据库,任何一种数据变动都能实时地反映给所有相关部门,并按照规范化的数据处理程序进行管理和决策。例如,采购/销售活动都是从填制采购/销售订单开始的,在开入库单/出库单时,系统都自动进行账务处理,自动生成记账凭证传到财务部,财务人员可自动审核、记账。财务数据随经营活动实时进入系统,动态地反映企业经营情况,全方位反映、控制和优化企业资源,实现财务与业务的全面协同。这时的会计信息系统不仅能够完成事后的分析和评价,而且能够对经济业务进行实时的事中控制。

面向企业集成应用的会计信息系统,极大地提高了企业内部的管理效率,但是这种系统仍然没有解决企业之间的数据交换问题,特别是处于同一价值链上的企业,彼此之间无法随时随地沟通信息,仍是一个个"信息孤岛"。

1.7.3 面向价值链集成应用的会计信息系统

20世纪90年代,社会由工业经济时代进入知识经济时代,竞争环境发生了很大的变化。此时的市场特征主要表现为产品生命周期短、更新快,客户需求多样化,定制化服务增加,交货期缩短,市场全球化等。经济环境的变化使企业及其运作模式产生了巨大的变革,产品竞争力不再由单个企业决定,而是决定于从原料供应到产品完成乃至销售的全过程,企业不仅要协调内部职能,而且要加强整个供应链各节点企业之间的协作,企业利益的最大化逐渐依附于整体供应链效益的最大化。此时需要面向基于供应链所形成的价值链集成应用会计信息系统。

面向价值链集成应用的会计信息系统的核心是实现对企业价值链的管理。价值链概念最早是由哈佛大学商学院的迈克尔·波特(Michael Porter)教授提出来的。波特认为,价值链是由各个互不相同而又相互关联的价值创造活动(如产品设计、采购、生产、销售、发送和服务等)按照特定方式连接而成的链条,不同企业之间价值链的差异是形成企业竞争优势的源泉。价值链管理是以企业内外部供应链为基础,由内到外整合企业资源,实施组织内部协作、外部协同的开放式链条管理,它通过价值分析消除链条上不增值环节,通过优化业务流程、会计流程和管理流程,最终实现整个价值链的增值。

电子商务模式的出现为企业实施供应链管理和客户关系管理提供了有力的信息技术支持,尤其是B2B模式(企业与企业间通过互联网进行产品、服务及信息交换),不仅使供应链上各节点企业之间信息共享、联系更加紧密,而且使供应链的整体运作更加高效。电子商务化的供应链管理,优势在于通过网络技术能方便、快捷地收集和处理大量的供应链信息,通过信息在供应链上的顺畅沟通,使企业与客户、供应商在需求、生产和供货计划上实现高效协同,从而提高供应链运作效率,实现企业价值增值。

会计信息系统通过互联网将企业业务系统与客户、供应商紧密联结起来,并对供应链上的经济业务实施高效协调、管理和控制。企业内部的会计信息系统在与内部业务执行系统紧密融合的同时,也与供应链上的其他企业信息系统交换信息并进行协同处理,实现了面向供应链的业财一体化协同管理。例如,企业内部会计信息系统生成的采购订单可直接进入供应商的会计信息系统实施处理,采购订单的确认、交货日期安排等信息也能快速反馈到本企业会计信息系统,生产企业根据反馈信息及时调整生产交货计划,然后通知客户。由此可以看到,尽管供应链上不同企业的会计信息系统物理上分布于不同位置,但逻辑上已然形成一个无缝连接的整体,使企业决策者能更好地把握市场变化,更加及时、准确、细致地了解企业内外部环境,从而对供应链上的经营业务事项进行实时有效的控制、管理,最终实现整个企业价值链的增值。实际上,会计信息系统只有到了面向价值链集成应用阶段,才真正做到了对企业经营全过程进行计划、执行、控制和分析,并从价值反映和管理的角度实现会计的管理职能。

面向价值链集成应用的会计信息系统，实现了与企业资源计划、供应链管理系统、客户关系管理系统及电子商务系统的全面融合，其计算机网络结构建立在由浏览器/服务器(B/S)提供的技术支持上，如图 1-26 所示。

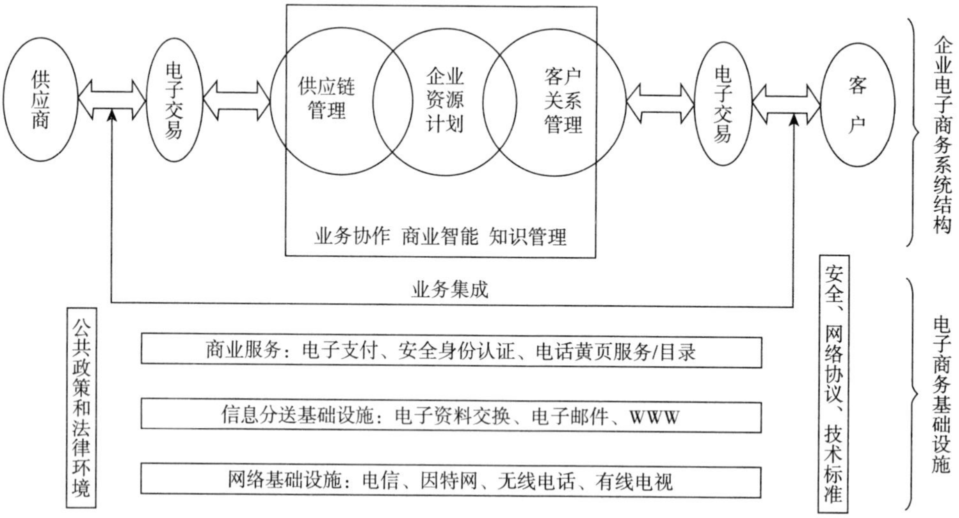

图 1-26 面向价值链集成应用的会计信息系统流程

思考题

1. 简述数据与信息之间的关系。
2. 信息有哪些基本特征?
3. 按照不同的信息需求者及其需求内容，可以将会计信息需求分为哪些类型?
4. 基于计算机信息化技术视角反思传统会计核算工作，你有哪些体会?
5. 简述传统会计信息生产方式的弊端。
6. 简述会计电算化与会计信息化含义之间的联系与区别。
7. 会计信息系统的物理结构包括哪几个主要部分?
8. 简述会计信息化对会计实务工作的主要影响。
9. 简述会计信息系统发展阶段的主要内涵。

2

云计算环境中企业会计信息化发展与财务转型

云时代的发展主线是云计算技术,核心内涵是大数据、智能化、移动互联技术和云计算等技术支持下的财务共享、数据挖掘增值、“互联网+”和在线服务技术的广泛应用,它几乎波及包括不同规模和类型企业在内的所有行业,而且冲击和影响是全方位的,涉及的信息化内涵创新是颠覆性的,它全面支持企业实现真正意义上的财务管理转型。本章基于云计算视角,试图厘清不同规模和类型企业会计信息化的发展演变,以及在此基础上引发的企业财务转型变革。

2.1 云计算、大数据与会计

2.1.1 云计算

2.1.1.1 云计算的概念及其分类

“云计算”这一概念是由谷歌首席执行官埃里克·施密特(Eric Schmidt)于 2006 年 8 月 9 日在搜索引擎大会上首次提出来的。云计算究竟是什么,在业界从不同研究视角会有不同的说法,现阶段广为接受的是美国国家标准与技术研究院(NIST)所做的定义:云计算是一种能够通过网络,以便利的、按需付费的方式获取计算资源(包括网络、服务器、存储、应用和服务等)并提高其可用性的模式,这些资源来自一个共享的、可配置的资源池,并能够以最省力和无人干预的方式获取和释放。

按照应用范围,云计算可分为公共云、私有云、混合云和社区云四种基本部署模式。

公共云在互联网上对外提供云计算服务或应用,其软件和基础设施为服务于任何外部用户而设计。公共云的规模一般都比较大,如云供应商巨头亚马孙(Amazon Web

Service，AWS），国际商业机器公司（IBM）、谷歌（Google）、微软（Microsoft）等，在全球布设的服务器均在数百万台以上。

私有云，是指其软件和基础设施专为某企业或组织内部提供专用服务而设计的，居于企业防火墙内的一种更加安全稳定的云计算环境。

混合云，是兼有公共云和私有云特点的混合型应用模式。

社区云，是指在一定地域范围内由云计算服务商统一提供计算资源、网络资源、软件和服务能力所形成的云计算形式，即基于社区内的网络互连优势和易于技术整合等特点，将区域内各种计算能力按统一服务形式整合，结合社区内的用户需求共性，实现满足区域用户需求的云计算服务模式。由于用户数比公共云少，所以社区云费用一般比公共云高，但私密度、安全性和规范性都比公共云要好。

本书论述的范围主要限于公共云架构下的云计算模式。

公共云按服务交付模式又可分为软件即服务（Software as a Service，SaaS）、平台即服务（Platform as a Service，PaaS）和基础设施即服务（Infrastructure as a Service，IaaS）三种。

SaaS 模式是指服务商将软件统一部署在服务器上，并负责所有前期的开发、实施与运行，以及后期的维护管理与升级等一系列投资与服务，用户只需根据自己的个性需求，通过互联网向软件服务商订购所需软件服务，并按约定根据使用计量付费的一种服务模式。对用户来说，SaaS 模式节省了架设和应用系统所需的各种人力、物力和财力，而仅需像使用类似水、电、气等公共设施那样按需付费即可。服务商则可以通过共享软件服务与设施降低运营成本并实现规模效益。

PaaS 模式是 SaaS 模式进一步延伸或拓展的产物。它将云计算的开发环境（平台）作为一种服务向使用者提供，软件服务商可通过租用这一平台开发自己的应用程序，并通过互联网借助平台向用户提供软件商业化服务，软件服务商不再负责有关开发平台方面的投资与管理。实际上在这种平台上，终端用户也可以自助开发并应用软件。

IaaS 模式是指供应商在互联网环境中将外包设备（包括机房、硬件、网络设施、存储设施、数据中心以及相关的服务器等）用于支持业务，也就是将基础设施作为一项服务提供给用户，由此获取商业服务利益。设施提供商拥有设施的所有权，并负责其投资、运行和维护更新等，使用者依约按需付费。

实际上，无论是 SaaS 模式、PaaS 模式，还是 IaaS 模式，都是互联网环境中基于云计算技术和共享理念对外交付的商业服务模式，具有质优价廉的特点。

上述云计算的内涵可以进行简单概括，如图 2-1 所示。

云计算是互联网环境中一种全新的商业服务模式，其彻底颠覆了传统 IT 应用模式，为传统企业信息化带来了前所未有的革命。

自 2010 年起，云计算便被列为国家重点发展的战略性新兴产业，并得到了政府多项政策扶持。工信部与国家发改委联合下发了《关于做好云计算服务创新发展试点示范工作的通知》，并于 2011 年下拨 6.6 亿元的云计算专项扶植基金至 5 个试点城市的 15 个示范项目。2012 年，云计算成为国家“十二五”发展的重点工程之一，产业规模得到快速发展。2014 年，随着“十三五”规划的正式启动，云计算产业迎来了黄金发展期。

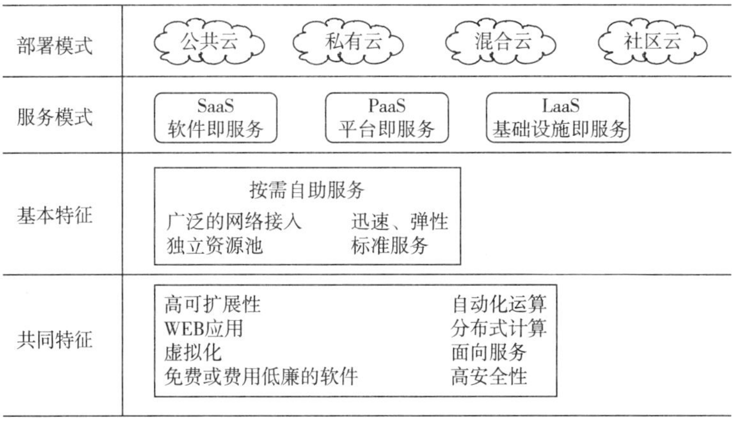

图 2-1 云计算的基本内涵

2015 年,国务院在《关于促进云计算创新发展 培育信息产业新业态的意见》中提出,政府部门应加大采购云计算服务的力度,出台政府和重要行业采购使用云计算服务的相关规定,完善政府采购云计算服务的配套政策。2016 年年底,“第六届中国云计算标准和应用大会”发布了一系列云计算标准化成果。在政府一系列政策的积极推动下,云计算已逐渐进入一个蓬勃发展的新阶段,这也将加快推动以云计算技术为基础的云会计应用发展步伐。因此,从政策角度讲,云会计必将朝着更加健康的发展方向努力前行,且终将是我国企业会计信息化发展的必然选择。

2.1.1.2 云计算的特点

较传统 IT 技术而言,云计算具有十分鲜明的应用特点,概括如下:

(1)运算与存储能力

“云”资源池中庞大的服务器规模集群资源,可以赋予用户前所未有的计算和存储能力。

(2)资源规模优势

“云”资源池中的资源规模具有可动态伸缩扩展和自我任意调配的能力,可解除用户应用数量的无限增长所带来的资源匮乏压力。

(3)通用性

云计算并不针对特定的应用,但却能在“云”支撑下构造出千变万化的应用能力,能满足不同客户的各种个性化定制需求,且统一云平台可以支撑多个应用同时进行。

(4)便捷、廉价性

“云”资源池中的各种资源对用户来说是被封装在服务平台内部的,用户无须投入精力和财力关注云计算技术层面与服务平台本身的各种架构与原理,而只要按需购买,便能享用各种质优价廉的应用服务,服务商与用户之间是一种按需付费的租赁关系。

(5)共享性

云计算将各种数据存储在云端,具有互联网环境中的应用特征,用户只要拥有权限,便可借助电脑或移动终端通过网页随时随地访问应用,这种特点不仅使云计算具有

"在线"服务的便捷特征,而且应用数据以及资源池中的资源都实现了最大限度的共享。

2.1.2 大数据与大数据技术

对大数据的概念,目前也有多种提法。麦肯锡全球研究所给出的定义是:一种规模大到在获取、存储、管理和分析等方面,大大超出了传统数据库软件工具能力范围的数据集合。大数据具有海量的数据规模、快速的数据流转、多样的数据类型和价值密度低四大特征。

大数据包括结构化、半结构化和非结构化数据。结构化数据是指可以用关系型数据库表示和存储的数据,如 MySQL、Oracle、SQL Server 等,表现为二维形式的数据,特点是数据以行为单位,一行数据表示一个实体的信息,每行数据的属性是相同的。结构化数据的存储和排列很有规律,这对查询和修改等操作很有帮助,但结构化数据的扩展性不好,如数字、符号等便属于结构化数据。非结构化数据是指没有固定结构的数据,一般直接进行整体存储,且一般存储为二进制的数据格式,如文本、图像、声音、网页和音频/视频信息等属于非结构化数据。结构化数据可以看作非结构化数据的特例。半结构化数据是指可以通过灵活的键值调整获取相应信息的数据,且数据格式不固定,同一键值下存储的信息可能是数值型或文本型,也可能是字典或者列表。常见的半结构化数据有 XML 和 JSON。当前,非结构化数据越来越成为数据的主要部分,美国国际数据集团(IDC)调查报告显示:企业中 80%的数据都属于非结构化数据,这些数据每年都会按指数增长 60%。

所谓大数据技术,简而言之就是提取大数据价值的技术,即根据特定目标,经过数据收集与存储、数据筛选、算法分析与预测以及数据分析结果展示等,为做出正确决策提供依据。大数据技术有五个核心部分,即数据采集、数据存储、数据清洗、数据挖掘和数据可视化。大数据技术的战略意义不在于掌握了多么庞大的数据信息,而在于对这些含有意义的数据进行了怎样的专业化处理。换而言之,如果把大数据比作一种产业,那么这种产业实现盈利的关键在于如何提高对数据的"加工能力",通过"加工"实现数据的"增值"。从技术上看,大数据与云计算的关系就像一枚硬币的正反面密不可分,对大数据的挖掘和利用无法使用单台计算机进行,而必须依托云计算的分布式处理、分布式数据库、云存储和虚拟化技术。

随着云计算技术的进步和广泛应用,那些原本看起来杂乱无章很难收集和使用的数据,特别是非结构化数据将会得到很好的利用,大数据技术会逐步为社会创造出更多的价值。

2.1.3 云计算与会计

在企业的所有职能部门中,财务部门处于中枢地位,对企业经营所形成的交易数据具有天然的垄断优势。与经营相关的各种内外部数据几乎都要流经财务职能机构,这些数据既有会计数据也有非会计数据,既有结构化、半结构化数据也有大量的非结构化数据,这些数据庞大而复杂,蕴藏着许多具有潜在价值的信息。因此,如何厘清这些数据，并让这些数据在支持企业经营管理和决策服务时开口“说话”，为管理和决策服务，是信息化技术在会计领域应用的主要研究方向和内容。

在云计算环境中，企业各层面、各环节的业务人员均可随时随地借助各种终端登录访问系统，进行数据的读写与更新，因此此时系统所拥有的已不单单是传统环境中的历史数据，而是包含了大量的业务交易的实时发生的数据。这些数据海量而且丰富，这便为数据的深度挖掘与加工增值提供了基础。在大数据技术支持下，系统可以对大量碎片化的数据进行实时收集、整理、分析和报告，从而满足企业各种核算、控制和战略决策的需要。

在云时代，大数据正迅速成为企业宝贵的资产和财富，也将成为财务管理的重要对象。在这种环境中，掌握的数据量越大，分析方法越有效，分析得出的结论就会越可靠，企业据此做出的管理和规划决策的科学性和准确性就会越高，越有利于在激烈的竞争环境中抢占经营的先机。所以，以云计算、大数据为代表的新兴技术，正在改变着人们的生活，改变着企业的运营模式，也在彻底改变着整个会计行业。

2.2　云计算环境中不同规模和类型企业的会计信息化发展

我国企业会计信息化大致始于20世纪的1978年，目前已基本覆盖各个行业、各类规模的企业。为后续论述方便，本书依企业规模与会计信息化之间的关系，将企业界定为大型、中小型和小微型三种规模。实际上《公司法》中并没有大型企业集团一说，只有有限责任公司和股份有限公司的提法，现实中所谓的企业集团，可理解为以一个或多个实力强大、具有投资中心功能的大型企业为核心，以若干个在资产、资本和技术上有密切联系的企业、单位为外围层，通过产权安排、人事控制和商务协作等纽带所形成的一个稳定的多层次经济组织。本书论述的企业集团主要是指拥有诸多分支机构的大型经济体，中小型企业是指那些没有诸多分支机构的企业，小微型企业是指没有能力（或不符合成本效益原则）聘请专职会计和组建内部会计机构的企业。

迄今为止，我国企业会计信息化发展大致经历了三个大的发展阶段（见本书第1章第1.3节）。第一个阶段掀起的是一场以IT技术广泛取代会计人工作业劳动的“会计电算化”变革，由于实现电算化，企业不仅需要在软、硬件设施方面进行初期投资和后期维护，而且还要在会计工作组织、作业习惯和知识技术等方面进行不同程度的变革，因此这一时期初期受影响的大多是一些中型以上类型的企业，小微型企业由于受规模和技术等条件限制，仍多沿用传统代理记账方式完成基本核算和报税工作，初期靠手工而后期则多使用单机版软件完成代理记账工作。在第二个阶段，伴随着ERP技术的广泛应用，中型以上企业大多实现了企业层级的管理信息化革命，甚至在这一阶段的后期，不少大型企业集团更是借助快速发展的互联网技术，进行跨地区乃至跨国的集团财务集中式管理。在这一阶段，受技术和规模等条件限制，小微型企业几乎仍然与这次信息化浪潮无缘,继续沿用传统代理记账模式,只是代理机构的手工作业已越来越少,运用更多的是具有一定管理功能的、更为先进的单机版代理记账软件。大致从 2008 年起,延续至今,是企业会计信息化的第三个发展阶段,即所谓的企业管理信息化发展的"云时代"。"云时代"的发展主线是云计算技术,其核心内涵是云计算、大数据、移动互联技术和物联网等技术支持下的财务共享、数据挖掘增值、在线服务和"互联网+"等服务的广泛应用,它几乎波及包括不同规模和类型的企业在内的所有行业,而且冲击和影响也是全方位的,涉及的信息化内涵创新也是颠覆性的,它全面支持企业实现真正意义上的财务转型蜕变。

上述不同规模和类型企业的会计信息化发展演变,可以进行简单概括,如图 2-2 所示。

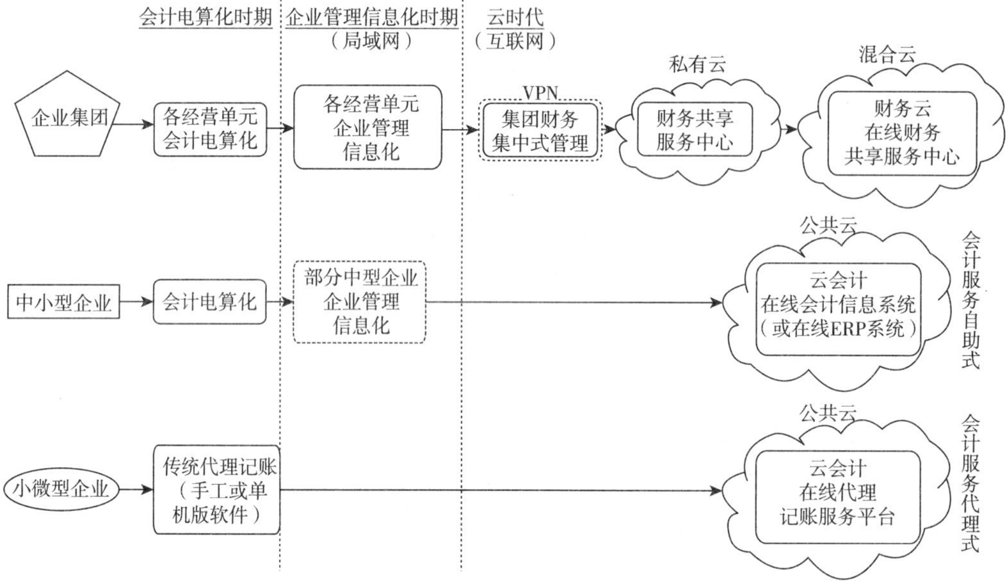

图 2-2　不同规模和类型企业的会计信息化发展演变

下面分述在云时代不同规模和类型企业的会计信息化发展模式。

2.2.1　大型企业集团与在线财务共享服务中心模式

在企业信息化历史上,无论是从深度还是从广度上,大型企业集团总是受技术进步影响最早、最大和最直接的群体,几乎经历了信息化技术在财务会计领域应用的全部过程,即从最早的企业会计电算化、局域网环境中的企业管理信息化、互联网环境中的财务集中式管理、财务共享服务,到目前云计算环境中的在线财务共享服务。

共享服务中心(Shared Service Center,SSC)的概念始于 20 世纪的美国,是企业内部一种集约化的管理模式,原理是将组织内部原来分散在各业务单元中重复性的工作(如财务、信息系统、人力资源、法律、采购和研发等)分离出来,成立专门的部门运作,使企业将有限的资源和精力专注于自身的核心业务,通过对人员、技术和流程的有效整合，实现组织内部的服务市场化，从而整合资源、提高效率、降低成本、发挥规模效益。这种模式也有助于保证共享职能的质量和一致性。一般而言，采用共享服务中心模式的多为跨国、跨区域的大型企业集团，因为只有规模达到一定程度，共享服务模式才会产生更大的经济性。

财务共享服务中心（Financial Shared Service Center，FSSC）是共享服务理念在财务领域中的应用。20 世纪 80 年代初美国福沃德（Ford）公司率先建立了全球第一个财务共享服务中心，此后这种模式便如雨后春笋般在大企业特别是大型企业集团兴起。20 世纪末，共享服务中心模式开始传入中国，中兴集团是我国第一个建立财务共享服务中心的企业集团，此后华为、海尔、长虹及万科等越来越多的国内大型企业集团也开始构建和应用这一模式。据统计，目前至少已有超过 50%的《财富》500 强和超过 80%的《财富》100 强企业建立了财务共享服务中心。

基于云计算理论视角的理解，传统财务共享服务中心实质上是一种私有云架构的运营机制。这种模式需要企业自行负责整套系统的投资与管理，因此它有一些不可回避的应用局限，如物理位置的选址、不同地域或国家的信息化基础设施及人文条件等，都会对服务中心的设立造成不可估测的难度。另外，传统财务共享中心系统的应用端多被限制在固定的电脑终端并通过安装专用软件才能接入使用。因此，无论在成本效益还是在使用便捷性方面，传统架构都存在着一定的应用局限性。据 ACCA（特许公认会计师公会）与中兴集团财务云、通用电气全球运营中心联合完成的《2017 中国共享服务领域调研报告》显示，“100 亿元以上规模的企业才有更强的动力建立共享服务中心。年收入 100 亿元人民币以上的受访企业中，76%的企业建立了共享服务中心；而在年收入 100 亿元人民币以下的受访企业中，这一比例下降到了 38.1%”。由此可见，只有当企业规模达到一定程度时，这种架构模式才会产生出更大的经济性。

在云时代，云计算、大数据、物联网和移动通信技术的广泛应用，打破了这种传统架构的时空限制，借助混合云甚至公共云，企业可以将财务共享服务中心架构在“云端”，且在移动互联网技术支持下随时随地“在线共享”。基于这一特点，人们把这种共享中心的创新模式称为“在线财务共享服务中心”，也有专家把这种“以云计算与财务共享服务的有效结合为依托，推动企业财务管理变革和流程再造”的服务架构，称为“财务云”服务模式。

在线财务共享服务中心模式打破了传统的时空限制，不仅可以最大限度地节省企业构建与维护共享中心的软、硬件投入，而且借助云计算可以实现资源的动态分配和延伸拓展。因此还有专家把这种架构在“云端”的“在线财务共享服务中心”形象地比喻为“财务的 GOOGLE”，它能为企业提供“5A”式的最佳用户体验，即任何时间（Anytime）、任何地点（Anywhere）、任何人（Anyone）都可以通过任何工具（Anydevice）获取相关的财务服务（Anything）。

在云计算环境中的在线财务共享服务中心模式，已经不再仅限应用于大型跨国、跨地域企业或企业集团，有学者研究认为，“只要一家企业具有多重业务，且每重业务单元都需建立独立的财务体系，那么就可以推行财务共享服务模式”。《2017 中国共享服务领域调研报告》认为，未来的共享服务中心发展趋势是“进一步使用新兴技术提高业务处理的自动化与智能化，将共享服务中心转型成大数据处理及分析中心，为企业实现价值创造，向更创新、更拓展的全球共享服务模式发展”。

在线财务共享服务中心的架构原理，可用图 2-3 做出概述。

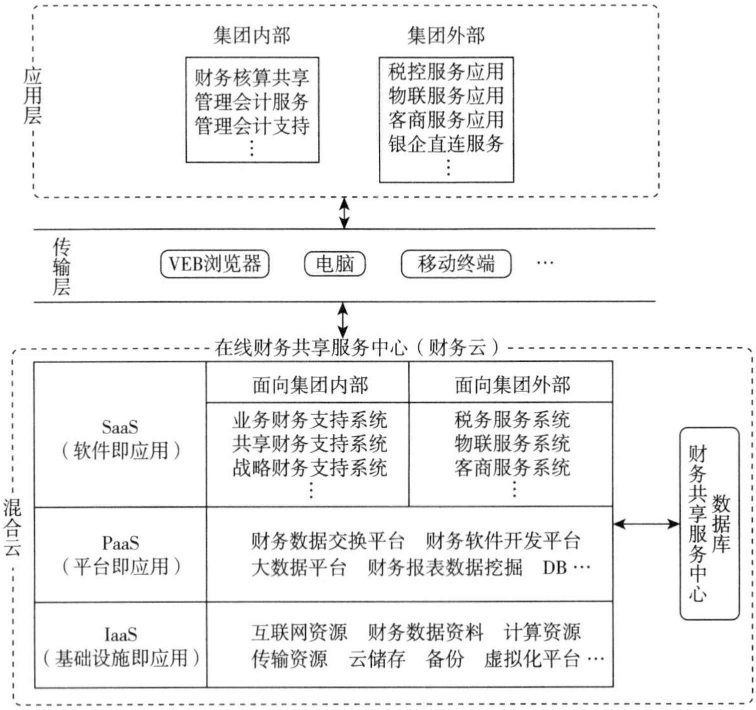

图 2-3 在线财务共享服务中心架构原理

2.2.2 中小型企业与云会计模式

中小型企业在我国各行业均有大面积分布，拥有十分广泛的社会与经济基础，为国民经济发展发挥着巨大的作用。但是由于存在规模小、融资难、信息化水平低等问题，中小型企业的生存和发展长期受到限制。

传统企业会计信息化建设，需要投入大量的人力、物力和财力成本用于架构和运营系统，且建设周期长，后期还需要继续投入各项成本用于系统的升级和维护，这对一般中小型企业而言，显然是一项十分艰难甚至难以完成的工程，因此一直以来久负盛誉的 ERP 管理理念未能覆盖诸多的中小型企业。在“云时代”，借助云计算先进技术，中小型企业也可以轻松地跨越自建会计信息系统或 ERP 系统的发展环节，直接完成“云计算+会计信息系统”（也称“虚拟会计信息系统”）或“云计算+ERP”（也称“虚拟 ERP 系统”）的构建应用，这便是俗称的“云会计”应用模式。

云会计的概念最早是由我国会计信息化专家 2011 年提出来的，此后该概念便逐渐被理论界所关注、接受、研究和应用。至目前为止，我国在该实践领域已经有了不少成功的服务供应商和越来越多的中小型企业应用者。

所谓云会计,通俗理解就是"云计算+会计信息系统"或"云计算+ERP",是利用云计算技术将 SaaS 模式搭建在互联网平台上,向企业提供会计核算、管理和决策服务的虚拟会计信息系统或虚拟 ERP 系统。它包括软件服务商和企业用户两个方面的运营要素。作为供方,软件服务商负责云端虚拟会计信息系统或虚拟 ERP 系统的建设、管理和服务,关注点主要集中在架构虚拟系统的各种组件、系统租给用户时的性价比,以及系统使用的安全可靠性等方面;作为需方,企业用户只需借助互联网通过合理付费便可获取虚拟系统的相关会计服务,其衡量标准就是使用系统的满意度,就像购买普通商品一样只关注所获取的服务是否质优价廉,以及是否安全可靠性等,用户并不拥有系统的所有权。

云会计服务架构使用的是网络虚拟技术,但从应用层面说,虚拟系统又是透明可见的,用户感觉就如同自建系统,租用后便可随时随地使用电脑或移动终端方便快捷地登录,完成企业经济业务的核算、会计管理和决策支持工作。另外,系统所提供的拓展功能,还能帮助用户通过相关接口实现与国家机构以及其他第三方系统之间的对接,高效完成自动缴税、缴费和远程审计等工作。

云会计服务架构解决了中小型企业便捷地构建企业会计信息系统或 ERP 系统的梦想,为企业财务增值服务提供了巨大的空间,而且云会计赋予的功能还能使中小企业低成本、高效益地享用以往只有大型企业集团才能应用得起的财务共享服务,有效降低了企业的管理成本,极大提升了中小企业的财务管理水平。

对云会计的基本架构可进行简单概括,如图 2-4 所示。

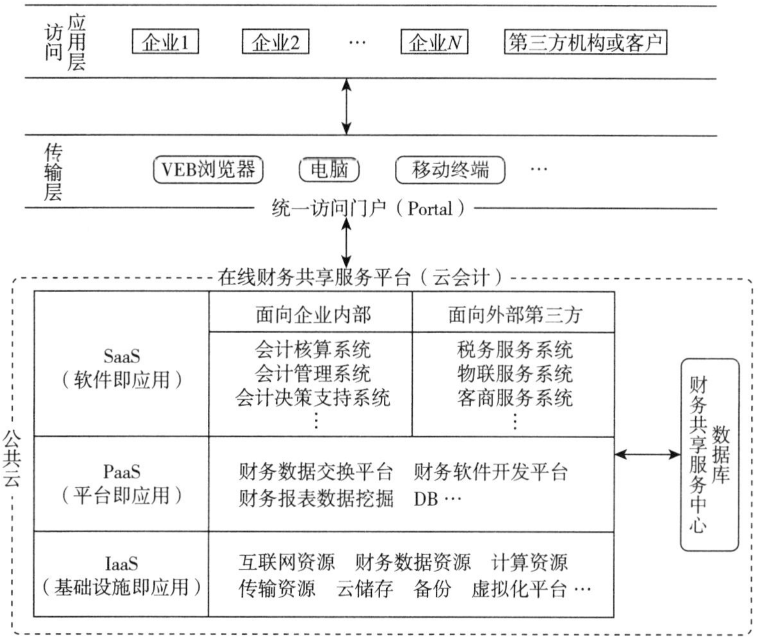

图 2-4 云会计的基本架构

由于中小型企业占企业总量的绝大多数,因此这种虚拟、便捷的云会计技术一经产生,便在国内外企业会计信息化应用领域引起了广泛的关注并得到快速应用,云会计相关产品的市场份额在逐年扩大。2016 年,面向中小型企业市场的用友"畅捷通"云会计产品客户数量超过了 225 万家,较 2015 年同期增长 253%。截至 2016 年 3 月,面向中小型企业云会计市场的金蝶友商网已覆盖超过 200 万家企业和组织,相比上年增长了近 50%;其线上 SaaS 服务收入同比增长 112%,付费客户的续费率继续保持在 80%以上。浪潮也是国内领先的云计算服务商,其 2017 年面向中小型企业发布的"浪潮云会计"产品,标志着浪潮正式进军这一市场,该产品上线 3 个月便拥有超过 3 700 家企业用户。

2.2.3 小微型企业与第三方在线代理记账模式

小微型企业是经济发展的生力军、就业的主渠道和创新的重要源泉。目前我国小微型企业已有近 5 000 万家,解决了大量的人口就业问题,对国民经济的支撑作用越来越大。然而受各方面的条件所限,小微型企业信息化水平普遍不高,不足 3%,由于缺乏信息化技术支持,大多数小微型企业的经营管理都呈粗放无序的状态,导致它们在市场竞争中常处于不利地位,很难经得起市场的考验。

从会计角度看,小微型企业具有资源有限、缺乏专职财会人员、岗位权责不明、业务流程简单、业务与财务关联度不高等特点,但在企业基本核算和纳税申报的要求下,小微型企业同样需要基本的会计服务。在聘用专职会计与使用代理记账服务之间做选择时,大多数小微型企业倾向于使用代理记账服务模式,理由是二者服务效果差异不大,且代理记账服务成本低廉,特别是在全国各行业全面实行"营改增"的大背景下,纳税申报业务变化驱使小微型企业寻求更加专业的会计职能服务。因此,代理记账成为小微型企业群体的刚性需求。由于小微型企业数量庞大,所以培植起了一个越来越大的会计代理记账服务市场,由此可见代理记账行业是社会发展进步和产业细分的产物。

"代理记账"的概念最早是在 1993 年 12 月全国人民代表大会常务委员会第五次会议讨论修改《会计法》时提出来的。规范意义上的代理记账,是指依法取得代理记账许可的机构(包括代理记账公司、会计师事务所等),接受企事业单位和个体工商户等会计主体以会计核算为基础,辅以税务、工商、财务管理咨询及税收筹划等业务模块的外包委托,依法与委托方签订书面合同,并履行合同约定,为客户提供高附加值的产品服务。财政部于 2016 年 5 月 1 日正式施行新的《代理记账管理办法》,规定除会计师事务所以外的单位,从事代理记账业务需经县级以上人民政府批准,领取代理记账许可证书后才能从事代理记账业务。但在《税收征管法》中又规定,生产规模、经营规模较小的企业确实无建账能力的纳税人,可以聘请经批准的从事代理记账业务的专业机构或者经税务机关认可的记账人员代为建账和办税业务。显然,从两项法规相关内容对比看,代理记账行业的执业主体目前并不完全明确,这有利于代理记账市场的繁荣,但也容易为行业无序竞争和不规范管理留下空间。

实际上,代理记账行业在我国已走过了近 30 个年头,其行业发展生态确实并不令人满意。这集中表现在两个方面,即行业混乱和信息化程度低。所谓行业混乱,可概括为"乱""小""低""窄""快"几个方面的特点。"乱",表现为执业主体乱、代理记账方法和执业规则乱、市场监管乱,以及市场竞争乱;“小”,表现为代理机构服务客户的平均规模小;“低”,表现为代理机构的服务价值低和盈利水平低,代理机构仅能为客户完成基本的代理记账和报税业务,而无法为客户创造更高的财务管理价值,低价值服务和市场的无序竞争又导致整个行业普遍处于微利甚至无利的经营状态;“窄”,表现为服务区域窄,由于传统代理记账机构缺乏网络信息化技术的支持,因而很难进行跨区域代理作业,这便极大地限制了行业的发展进程;“快”,表现为行业市场的供需发展快。由于传统代理记账行业的入户门槛低且小微企业的数量和需求增长快,所以市场呈快速发展势头。据统计,目前我国代理记账的机构已达到 1 万多家,从业人员达数十万,业务市场规模近千亿元,而且预计未来很有可能会持续增加。在“万众创业、大众创新”的时代背景下,每天新增 1 万多家小微型企业,市场呈供需两旺势头。

从另一方面讲,信息化水平普遍不高极大限制了代理行业的发展。财政部 2013 年进行的抽样调查结果显示,在我国代理记账机构中,仍然有 17%沿用的是手工记账的作业方式,45%采用的是单机版记账软件。传统信息化环境中机构与客户之间、机构与机构之间的信息化程度差异、数据接口不统一、财务与业务不对接,形成一个个“信息孤岛”,很难发挥出信息化的综合优势。因此,代理记账行业变革已迫在眉睫,而云计算技术的发展恰为上述需求提供了机遇,一种基于“互联网+”思维和云计算技术支持的第三方在线代理记账服务平台及服务模式,为这一行业带来了颠覆性的应用创新,并迅速在代理记账行业应用领域形成扩张趋势。由于这种创新模式的应用发展历史很短,所以至今在理论界还没有形成一个统一的定义,有“云会计代理记账”、“云代理记账”和“互联网+”代理记账等多种称谓。人们把这种模式称为第三方在线代理记账模式。

第三方在线代理记账模式,是基于云计算 SaaS 原理架构起来的一套商业运营服务体系。较传统方式而言,这种模式的代理记账服务由以往代理记账机构与小微型企业二者之间的双方关系,变为代理记账机构、代理记账平台服务商及小微型企业三者之间的关系。小微型企业与代理记账平台服务商之间的关系是服务买卖关系,代理记账平台服务商与代理记账机构之间的关系则是合作与租赁关系。在这种模式下,代理记账平台服务商承接了过去理应由代理机构负责完成的信息系统软、硬件架构及后期维护等方面的投资与管理工作,代理记账机构现在只需负责软件层面的应用服务,小微型企业通过平台官网或移动 APP 端购买代理记账服务,代理记账服务平台在双方之间起到纽带的作用,享受提供服务所带来的利益分成。代理记账机构的工作模式由传统条件下的自己找业务变为从服务平台接业务。

从运作原理看,第三方在线代理记账模式应该可以看作云会计应用模式的一种延伸,本质上仍属于云计算的 SaaS 服务架构。代理记账平台服务商是软件的服务(提供)商,小微型企业和代理记账机构均是软件服务的需求客户。云会计应用模式下软件使用的终端企业是会计服务自助式的,多是有一定信息技术应用实力的中小型企业,而第三方在线代理记账模式下的终端企业是会计服务代理式的,多是一些未设立专职会计岗位的小微型企业,借助代理记账机构提供的会计代理服务实现对云端虚拟系统的使用。

第三方在线代理记账模式对代理记账平台服务商、代理记账机构和小微型企业都带来了极大的好处。对代理记账平台服务商而言,其获得了平台应用的规模经济效益;对代理记账机构而言,其不仅省去了架构和管理平台及软件的经济成本,而且获得了技术先进、流程优异、业务协同、处理安全和服务及时便捷等应用优势,另外对以代理记账为刚需的小微型企业群体来说,代理记账平台良好的黏性也为与之签约的代理记账机构提供了一个十分便捷、良好的获客通道;对小微型企业而言,平台有利于帮助小微型企业消除信息不对称,选择和获得优质代理记账服务,并借助平台的扩展功能获得代理记账机构更多的财务管理、纳税和融资等方面的增值服务。

图 2-5 概括了第三方在线代理记账模式的架构原理。

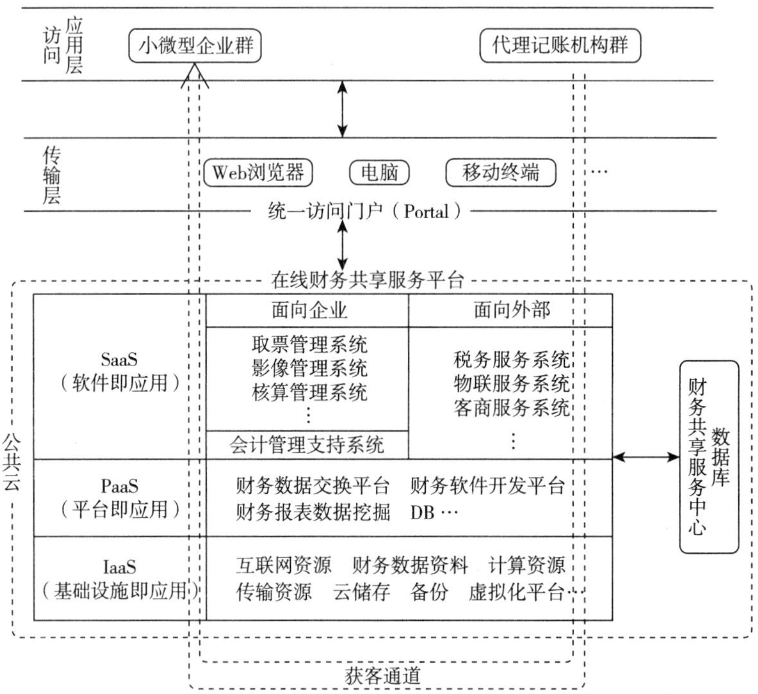

图 2-5 第三方在线代理记账模式的架构原理

2.3 云计算环境中的企业财务转型

2.3.1 会计职能与企业财务转型的内涵

会计具有核算反映和管理支持两大职能。其中,核算反映是基础职能,管理支持是会计职能的拓展和延伸。将二者结合起来看,会计职能的内涵就是通过对企业经济业务的监督和完整记录,并通过对财务数据的进一步分析加工和挖掘增值,做出专业的预测和判断,进而为企业管理和决策提供支持依据。会计的管理支持职能可进一步分为支持企业业务层面的管理和支持企业战略决策层面的管理两个层次。

从工作内涵看,核算是业务的“事后”反映,属于财务会计的工作范畴,包括会计核算、交易处理、资金结算和报表编制等,主要满足企业外部利益相关者对企业财务信息的需求;支持企业业务层面的会计管理是业务的“事中”控制,是管理会计的工作范畴,包括预算控制、成本控制、风险控制、经营分析和融资支持等,侧重于以实现企业最佳经济效益为目标,在业务运营层面利用会计信息为企业各环节(包括市场销售、研发、采购、产品生产和售后等)提供管理支持;而支持企业战略层面的会计管理则是业务的“事前”预测决策,是财务管理的工作范畴,包括并购支持、风险管理和经营预测等,以资本管理、体系建设、资源整合、决策支持和价值管理为工作核心,全面支持企业的战略决策。会计的职能如图 2-6 所示。

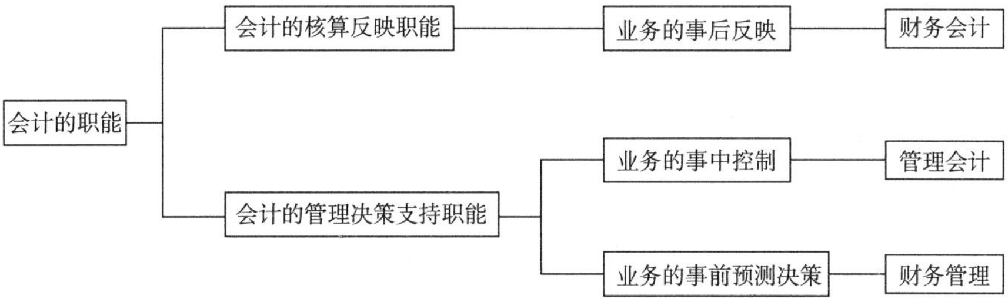

图 2-6 会计的职能

财务会计、管理会计和财务管理三者之间的关系是:财务会计是基础,通过核算加工得到财务数据,并将财务数据提供给管理会计;管理会计将财务数据加工转化成为各个业务环节的管理信息,并用于业务运营支持和控制;财务会计和管理会计共同为企业财务管理提供财务数据和管理信息,财务管理将这些信息转化为有价值的决策支持信息,为企业决策层就战略规划与实施提供支持。财务会计、管理会计和财务管理三位一体,共同为企业整体经济效益服务,构成企业管理的财务会计服务支持体系。企业的经营过程是一个价值不断增值的过程,在企业运营的每一个环节,都需要发挥财务管理的支持作用。会计职能之间的关系如图 2-7 所示。

据统计,目前在我国 1 400 万财务工作者中,有 80%~90%的人员在从事财务会计方面的工作。而在企业内部的财务部门,会计人员 80%~90%的时间和精力用在了会计核算方面的工作上。即便是会计人员腾出了时间,落后的技术条件也往往使得会计的管理职能流于形式,既无法实施事中控制,也无法进行事前预测和决策支持。面对当前越来越复杂、越来越激烈的竞争环境,企业迫切需要调整财务组织结构,整合财务资源,将财务人员从大量低端重复的会计核算工作中解脱出来,使其全身心地投入价值链管理和战略决策工作中,这便是企业财务转型的含义。

在云时代,以云计算为代表的信息技术广泛应用,积极呼应了这种企业财务转型的时代要求。一方面,无论大型企业所应用的在线财务共享服务中心模式,还是中小微型企业所使用的云端虚拟会计信息系统(或 ERP)模式,都不同程度提供了除基础财务服务功能以外的各种丰富的会计管理功能。另一方面,在云计算模式下,系统基础财务功

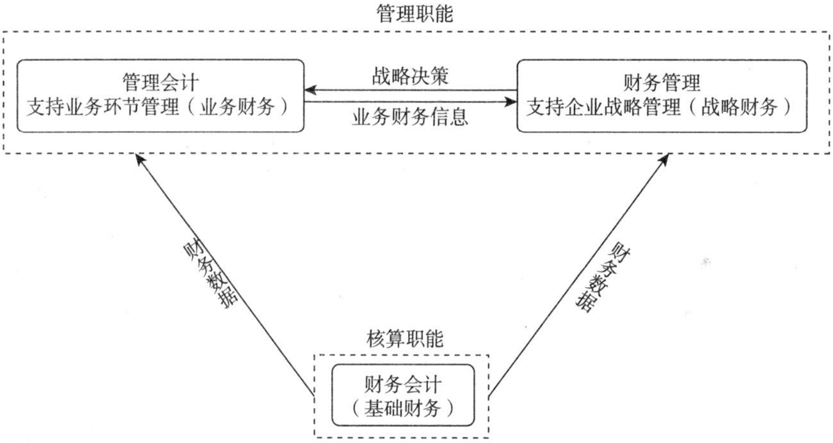

图 2-7　会计职能之间的关系

能应用的前提是企业按照专业化、制度化、标准化和流程化的作业方式对相关业务进行流程再造，然后将这些业务纳入系统的作业平台，实现自动化处理，操作者仅需按照标准化的流程作业，即可高效完成基础财务的工作，这便释放了大量的财务人员及其精力，为发挥会计管理职能提供了充足的人力。所以，在云计算环境中，无论是大型企业还是中小微型企业，都存在着会计工作职能转型的问题，当然这也是竞争环境中企业经营的内在必然要求。

2.3.2　不同规模和类型企业的财务转型

2.3.2.1　大型企业集团的财务转型

采用在线财务共享服务模式后，企业集团将以往分散在各分支机构的基础财务工作，按照专业化、制度化、标准化和流程化的作业方式进行业务流程再造。参照中兴集团的做法就是实行“五个统一”，即统一会计政策、统一会计科目、统一会计流程、统一信息系统和统一数据标准，进而依据规范统一的核算流程进行业务管理和专业分工，然后将这些业务纳入共享服务中心。在此基础上对集团财务组织架构进行调整，传统的财务职能和财务人员开始分化。在传统财务人员总量不变的前提下，基本按照“集中的更集中、分散的更分散”原则，实现向以财务共享服务为基础，战略财务、共享财务和业务财务三位一体的财务管理与服务创新模式转型。这里所谓的集中，是指将会计核算、交易处理和资金结算等财务会计的业务工作集中纳入共享服务中心，将以体系建设、决策支持和价值管理等为核心的财务管理工作集中到集团财务层面。而所谓的分散，则是指将以数据分析及成本、预算、绩效管理等为主的管理会计的工作纳入各业务单元（或分支机构），以实现财务与业务的深度融合。

战略财务设于集团总部，为企业集团的指导层级，是集团战略的支持者，以财务管理的主要内容为工作核心，参与战略的制定与推进，进行全面预算管理、绩效管理、风险管理和资源配置等体系建设；集中于财务共享中心的共享财务，处于执行层级，是企业财务基本信息的提报者，以财务会计的主要内容为工作核心，负责会计核算、交易处理、资金结算、报表编制和会计归档等基础工作；业务财务则深入企业各业务单元（分支机构），处于控制层级，是分支机构的业务合作伙伴，向企业经营的各业务链前端延伸拓展，使财务工作嵌入企业研发、采购、生产、营销、物流和售后等业务流程，实现财务和业务的有机融合，为业务单元提供成本管理、预算管理、投融资管理和营运管理等服务支持，参与价值创造，支持全价值链各业务环节的管理，同时，业务财务还要为战略财务提供管理信息，并及时将业务环节发现的问题反馈到集团财务总部。在线财务共享服务模式下的大型企业集团财务转型如图 2-8 所示。

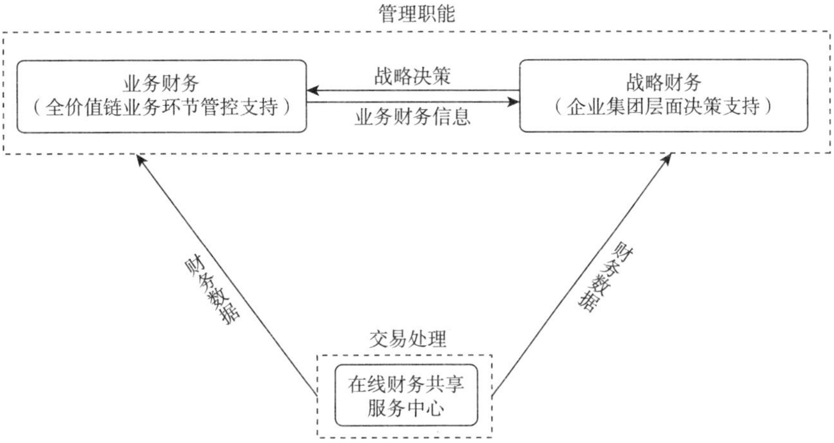

图 2-8 在线财务共享服务模式下的大型企业集团财务转型

可以看出，上述在线财务共享服务模式下的财务转型完全呼应了会计职能的内涵，让财务管理的价值支持有机渗透到企业集团管理的方方面面。基于在线财务共享服务模式架构，大型企业的财务人员也分别按照共享中心、业务层和集团决策机构三个工作层面划分为基础财务人员、业务财务人员和战略财务人员三个层次。那么，三个层次的大致结构比应为多少呢？以中兴集团和海尔集团为例，前者为 4∶4∶2，后者为 2∶7∶1。显然，会计管理职能得到很大发挥。实际上，在美国、英国、日本等国家具备一定规模的企业中，从事会计管理工作的人员比例（美国要占 90%以上）都远远高于从事基础财务工作的人员比例。

2.3.2.2 中小微型企业的财务转型

在云计算环境中，采用会计自助式服务的中小型企业，在应用云端虚拟会计信息系统模式后，受企业条件所限，财务转型更多意义上是指财务人员时间和精力方面的工作重心转移。据统计，在云计算环境中，中小型企业财务人员用于处理基础事务性财务工作的时间和精力，往往也只是传统环境中的 30%以下，其他大部分的时间和精力都可用于参与企业价值创造的会计管理性工作。当然，实力较雄厚的中小型企业，财务人员相对充足，也可采用财务机构重组的方式实现人员的转型，如将财务机构按照从事基础财务、业务财务和战略财务的工作范畴，将财务人员分为基础财务组（科）、业务财务组（科）和战略财务组（科）。在云计算环境中中小型企业会计管理职能的基本性质和内容与大型企业大致相同，只是工作内容不会像大型企业那么复杂。

采用会计代理服务模式的小微型企业,除基础财务由代理机构全权代理外,也可以适度地根据企业管理发展需要,由代理机构借助代理平台的相关功能,提供适合企业个性化需求的会计管理职能增值服务。

2.3.3 云计算环境中财务转型的知识和能力需求内涵

从以上分析看,在云计算环境中,无论是大型企业实施的人员转型,还是中小微型企业实施的时间和精力转型,基础财务、业务财务和战略财务所要求的能力和知识内涵会各有侧重,从而对会计人才的需求也各有不同。

2.3.3.1 基础财务

基础财务属于日常操作性的工作,具有重复性高、业务类型单一的特点。在云计算环境中,与核算、交易处理、结算和电子档案保管等有关的基础业务,已经标准化、流程化和高度信息化,操作者只需按已有的规程作业便可完成。因此,这些工作对操作者的知识和能力要求并不高,甚至并不要求操作者系统学习会计和财务管理等专业知识,只要熟练操作办公软件,熟悉企业某一业务的具体处理流程,具有一定的沟通能力和良好的协作执行能力即可。一般而言,具有专科学历层次的人员就可以胜任这些工作。

2.3.3.2 业务财务

在云计算环境中,云系统支持财务与业务的一体化融合,业务财务所扮演的是"业务中的财务专家,财务中的业务专家"角色,需要在企业的销售、研发、采购、生产和售后等业务环节,以及预算控制、风险控制、成本控制和经营分析等方面提供财务管理支持。因此,业务财务对人员的综合素质要求比较高,即要求具有较高的学习能力、写作能力、沟通能力和协作执行能力,要深度了解价值链各环节的业务流程,能基于财务视角对业务环节各种风险具有很敏锐的专业判断能力,并能有针对性地提出合理化建议,对企业决策层制定的方针、战略能在业务层很好地传达和贯彻执行。因此,业务财务工作者除必须掌握较扎实的财会专业知识外,还要有系统的计算机科学、统计学、运筹学、管理学和财经法规等方面的知识储备,并具有能在信息化平台式上熟练运用信息论、控制论、系统论和各类财务工具与方法的技能。可以说,业务财务已突破了传统财务领域的工作范畴,业务财务工作者从事的大部分是非财务性质的工作,在企业内部管理的各关键环节发挥着财务支持的作用,是典型的"复合型"人才。一般要求业务财务工作者具有财会专业本科以上学历,具有一定复合叠加的知识架构储备和业务执行能力。

2.3.3.3 战略财务

在云计算环境中,战略财务扮演的是决策层财务参谋或首席财务官(CFO)的角色,担负着企业价值创造管理和战略风险管理的重任。战略财务要求具有一定的战略思想与宽阔的视野,对集团整体的经营发展具有较强的洞察力和预见性,能纵观企业全局和结合行业发展趋势规划有限的财务资源,为实现战略目标提出建设性意见,能基于财务视角对企业层面的全面预算管理、投融资战略、资本运作、税务筹划、财务风险把控和绩效评价等提供战略财务支持。因此,一般要求战略财务人员具有财务分析、财务预测、成本管理、预算管理、风险管理和绩效管理等多方面的综合知识储备,具有管理类专业硕士研究生以上学历,有一定的专业眼界和全局把控能力。

表 2-1 提出了云计算环境中财务人员的职能以及对能力和知识架构的一般要求。

表 2-1 云计算环境中财务人员的职能、能力和知识架构

	基础财务	业务财务	战略财务
层次	初级会计人才	中级会计人才	高级会计人才
职能	核算 交易处理 结算 电子档案保管等	信息分析与预测 运用管理会计工具方法	资本运营 风险管理 决策支持
能力	执行能力 归纳能力 学习能力	综合应用能力 沟通协调能力 管理能力与问题解决能力	规划能力 决策能力 领导能力
知识架构	财会与财经法规基本知识、计算机技术等	财会专业与财经法规知识、管理学、计算机科学、统计学、预测学、运筹学等	财会专业与财经法规知识、战略管理、价值链管理、公司治理、绩效评价等

思考题

1. 简述云计算的含义及其特点。
2. 何为大数据？大数据技术对会计有何影响？
3. 简述我国企业会计信息化发展史上三次发展浪潮对会计的影响。
4. 简述云计算环境中在线财务共享服务中心模式的架构原理。
5. 云会计模式对中小型企业会计信息化有何影响？
6. 什么是第三方在线代理记账模式？其对小微型企业会计信息化有何影响？
7. 简述企业财务转型的内涵。
8. 云计算环境中大型企业集团的会计人员是如何实现财务转型的？
9. 分别简述云计算环境中对不同层次财务人员的知识及能力的需求。

3

企业开发会计信息系统的基本过程与原理

会计信息系统是企业管理信息系统的一个职能子系统,同时也是一个典型的计算机软件系统,其开发过程同样遵循一般的计算机软件开发原理。本章基于企业自行开发会计信息系统软件的视角,运用软件工程学方法体系阐述其基本的开发过程与原理。

3.1 计算机信息系统的一般开发方法概述

关于软件系统开发方法的研究是20世纪60年代后期伴随着"软件危机"诞生的。当时,计算机软件越来越复杂和庞大,开发成本越来越高,但质量却越来越差,由软件错误引起的事故及其代价也越来越大。人们遇到的一系列严重问题突出表现在这几个方面:对软件开发成本和进度的估计常常不准确;产品不符合用户的实际需求;软件产品质量靠不住,后续故障频发,补丁一个接一个;软件可维护程度非常低;软件通常没有适当的文档资料;软件的成本不断提高;软件开发生产率的提高跟不上硬件的发展和人们需求的增长。这些现象当时被称为"软件危机"。"软件危机"的概念最早是在1968年由北大西洋公约组织(NATO)的计算机科学家在德国格密斯(Garmish)举行的国际学术会议上首次提出来的。"软件危机"产生的原因主要有两个:一个与软件本身的特点有关;另一个与软件开发和维护的方法不正确有关。通过分析"软件危机"的表现及其产生的原因,加上不断实践和总结经验,人们逐渐认识到研制一个软件系统是一项复杂的系统工程,应该像管理建筑工程等其他工程一样管理软件研制的全过程,由此便诞生了软件工程学。

3.1.1 软件工程学

软件工程学是一门专门研究计算机软件系统开发方法和技术的学科,它的核心思想是将软件开发视为一项工程,按照工程化的指导思想开发软件,要求每一项工作都按照规程与标准进行,就像制造业那样,无论设备多么复杂,有多少零部件,生产者相距有多远,只要严格按照图纸与统一工艺流程工作,最后都可以装配成运转良好的机器。

软件工程学吸收了许多学科中有益于软件开发与维护的先进技术与方法,并将它们有机结合起来,形成软件开发与维护的方法学,它是指导计算机软件开发与维护的工程科学。软件工程学也注重研究软件不同于其他工业产品的一些独特性,它针对软件特点提出了许多有别于一般工业工程的技术模型和方法,其中,具代表性的有生命周期瀑布模型、快速原型模型,以及结构化方法和面向对象方法,等等。

3.1.1.1 软件工程的定义

软件工程有各种各样的定义,1983 年国际电气与电子工程师协会(IEEE)将软件工程定义为:开发、运行、维护和修复软件的系统方法。其中,软件的定义为:计算机程序、方法、规则、相关的文档资料以及在计算机上运行时所必需的数据。

3.1.1.2 软件工程项目的基本目标和指导原则

实施软件工程项目,基本目标就是研制出费用低、质量好的软件产品。费用低是指软件开发运行的整个开销能够满足用户需求的程度,而软件质量则是指该软件能满足明确的和隐含的需求能力的有关特征的总和,包括功能、可靠、易使用、效率、可维护和易移植性六个评价指标。

软件工程项目开发要遵循的指导原则有以下四条:

第一,能适应变动的软件需求。软件工程项目的开发必须充分认识软件需求的变动性,保证提供满足用户需求的产品。要根据模块化、抽象化、信息隐蔽、局部化和一致性原则进行软件设计。

第二,采用精良的开发工具。采用精良的开发工具,创造良好的开发环境,可以大大方便软件开发,以达到软件工程项目开发的目标。

第三,采用高效的软件开发支持技术。软件工程项目的质量和效益取决于其支持技术的质量和效用。

第四,进行有效的过程管理。只有对软件工程开发过程进行有效的管理,才能产生有效的软件工程。

3.1.1.3 软件的生命周期

软件工程学认为,就像人需要经过婴儿、幼年、少年、青年、中年和老年各个阶段一样,计算机软件也存在着类似的生命周期。这一生命周期包括软件产品从立项开始,经过开发、使用和维护,直到最后更新换代为止的全过程。目前关于软件生命周期各阶段的划分尚不统一,但基本内涵是一致的,即由系统分析、系统设计、系统实施、系统运行与维护等各阶段组成。

(1)系统分析阶段

系统分析阶段也称为系统逻辑设计阶段。该阶段的主要任务是对原系统的数据内容及处理过程进行全面系统的调查和剖析，确定新开发的系统应该能做什么，具有什么样的功能，然后提出系统的业务流程图和数据词典，确定新系统的目标，并撰写新系统开发的可行性研究报告，提出新系统的数据内容及处理流程，最后确立新系统的逻辑模型和逻辑设计说明书，以此作为下个阶段即系统设计阶段的依据和目标。简单地说，系统分析就是“了解老系统，构思新系统，论证新系统”。

(2) 系统设计阶段

系统设计阶段也称为系统物理设计阶段。系统分析阶段得到的逻辑模型只是指出了新系统应该“做什么”，而系统设计阶段则要解决“如何做”的问题。系统设计阶段要依据新系统的逻辑模型，设计出一个具体实现此模型的物理方案，即建立起系统的物理模型。现实中这一阶段的任务又可分为总体设计和详细设计两个步骤来实施。总体设计又称为框架设计，其根据系统分析阶段所描述的数据处理流程、数据词典等反映新系统的逻辑设计说明书，进行系统的下一级子系统和功能模块的结构划分。详细设计又称为算法设计，其给出每一模块的具体实现方法和步骤，为程序设计提供详细的设计说明书，同时还要进行代码、输入、输出及文件存储等方面的设计。

(3) 系统实施阶段

系统实施阶段将系统设计阶段的成果付诸实施，任务包括计算机等设备的购置、安装和调试，程序的编写与调试，人员培训，数据文件转换，系统调试与转换，等等。要按照实施计划分阶段完成工作任务，每个阶段都应写出实施进度报告。系统测试之后制作操作手册、完成系统测试分析报告等。

(4) 系统运行与维护阶段

在系统运行与维护阶段首先要把已开发完成的软件系统安装到实际工作环境中进行试运行，对系统进行检验，及时改进所发现的遗留问题，然后再将系统正式投入运行，这称为系统的“试航(piloting)”。在系统后续运行和使用过程中，一些软件中的错误或缺陷可能会被发现，或用户对系统产生了新的功能需求，或软件的运行环境发生了新的变化，于是便产生了对系统进行修改和完善的新需求。这个一边运行一边维护的过程将一直延续到软件系统报废、软件生命终结为止。

3.1.1.4 软件工程学体系

作为一门专门研究和开发计算机软件的现代学科知识体系，软件工程学包括三个层次要素，即开发模型、开发方法和开发工具。

(1) 开发模型

系统开发模型描述了软件开发的工作过程。它规定了开发过程各个阶段的划分方法，各阶段要完成的工作目标、任务和内容，以及要求交付的文档资料，还定义了各阶段使用的开发方法、工具和技术，以及各个阶段之间的关系。软件工程中最常用的开发模型有生命周期瀑布模型和快速原型模型。

(2) 开发方法

开发模型规定了各个阶段的任务，但并没有明确如何完成任务。软件开发面临的问题非常多，即使在相同的开发阶段，对不同的问题或许也要采用不同的开发策略。通过对软件开发各个阶段的经验加以总结，就有了软件的开发方法。开发方法指出了非常明确的工作步骤,给出了描述软件产品的文档格式、评价标准,为开发高质量的软件产品提供了具体的过程。同工程上的规范一样,开发方法是软件产业所需的规则。常见的开发方法有结构化方法、面向对象法和计算机辅助开发方法等。

(3)开发工具

开发模型和开发方法是一种工作原则和规范,应用这些模型和方法开发软件,需要做很多具体的工作,要付出大量的劳动,而开发工具便可用于辅助实施开发方法。在相当长的时间内,软件开发工作大部分都是由人手工完成的,效率低下,因此研制相应的软件工具用于辅助开发方法的实施,可以使开发过程中的具体工作自动或至少半自动地完成,是软件工程学的一项重要研究课题。开发方法提出明确的工作步骤和标准的文档格式,是开发工具的基础。

3.1.2 信息系统的开发模型

开发信息系统最常使用的模型便是传统的软件生命周期瀑布模型,以及在计算机辅助软件工程支持下发展起来的快速原型模型。

3.1.2.1 生命周期瀑布模型

生命周期瀑布模型是软件工程中基于软件生命周期建立起来的传统开发模型,如图 3-1 所示。它规定了软件生命周期各个阶段的软件工程活动:系统分析、系统设计、系统实施及系统运行与维护。各个阶段严格按顺序进行,前一阶段的任务没有完成,不能进入下一阶段工作;每一阶段的工作成果需经过评审,确认无误后才能作为下一阶段的输入依据。若评审认为有问题且问题源于前面的阶段,则要返回到前一阶段甚至更前的阶段重新进行。

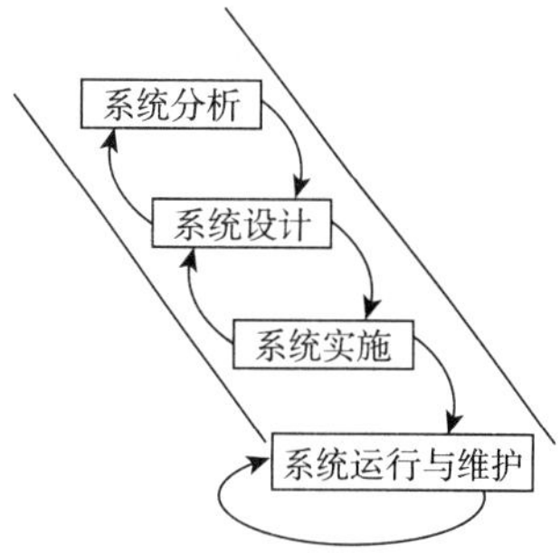

图 3-1 生命周期瀑布模型

每个阶段结束要求提交规定的软件文档资料,作为评审的依据和下一阶段工作的依据,如系统分析阶段的可行性分析报告、软件开发计划和系统需求分析说明书,系统设计阶段的系统软件设计说明书,系统实施阶段的源程序清单和系统测试报告,系统运行与维护阶段的软件维护报告,等等。

软件生命周期瀑布模型应遵循以下设计准则:

(1)认识抽象

软件开发过程就是从现实世界的问题论域向软件系统的映射,其中,抽象是认识复杂现象强有力的思维方法。在建立软件的设计模型时常采用分层抽象的办法。在最高的抽象层次上,可以采用问题的环境语言概括地描述问题的解法;在较低的抽象层次上,则采用过程化的方法描述问题的解法。

抽象的内容包括过程抽象、数据抽象和控制抽象等。抽象与模块化相结合,使软件生命周期的每一个步骤都是对软件问题解法的抽象层次的一次精化。当软件的源代码编写完成时,即完成了最低层次的抽象,完成了软件系统的开发。

(2)模块化

软件模块(Module)是由数据说明、可执行语句等构成的一段程序,它可以实现某个功能。软件模块有唯一的名称,可以通过模块名标识和调用。例如,程序中的procedure(过程)、function(函数)、subroutine(子程序)、macro(宏)、block(块)等都可以是模块。模块化就是将一个程序划分成许多模块,每个模块实现一个子功能,模块与模块之间有机地关联且相互调用。模块的集合就是程序的整体。

模块化将一个复杂的软件系统设计问题转化为若干个较小的、容易处理的模块设计问题,便于分别解决。模块化设计要求模块的独立性强,模块间的耦合强度弱,能有效地缩小程序中出现错误的影响范围,极大地增加软件的可靠性和提高软件开发效率。

(3)信息隐蔽和局部化

信息隐蔽是指每个模块的实现细节(过程和数据)对其他模块是隐蔽和不能访问的。通过抽象,可以确定构成软件的过程(或信息)实体;通过信息隐蔽,可以定义和实施对模块的过程细节和局部数据结构的存取限制。

信息局部化是指将一些关系密切的软件元素物理地就近安置,如模块中使用的局部数据结构。局部化有助于实现信息隐蔽。

信息隐蔽和局部化可以使得在测试和维护期间修改软件所发生的错误被局限在一个或少数模块内,不致波及其他部分。

(4)结构化程序设计

结构化程序设计采用自顶向下逐步求精的方法,而且只使用三种实现单入口和单出口的基本控制结构:顺序、选择和循环。

在系统的总体设计阶段采用自顶向下逐步求精方法,可以把一个复杂问题的解法设计成一个由模块组成的多层次结构的软件;在系统的详细设计阶段采用自顶向下逐步求精的方法,可以把一个模块的功能逐步分解成一系列的具体处理步骤。

(5)软件规范

严格遵守软件规范是软件开发成功的重要保证。当今各国都制定了一系列软件规范,对软件开发的目标、开发方法、开发过程、软件文档和质量标准等都做出了明确的规定。软件规范是软件生产工业化的标志之一。

生命周期瀑布模型是软件开发的完整的管理方法,它使早期的手工作坊式的软件开发转变为软件工程,在消除非结构化软件、降低软件的复杂程度方面起到了显著的作用,使软件的开发有一套严格的计划、步骤、规格和方法,保证软件产品达到预期的质量要求,按时交付。因此,软件生命周期瀑布模型自20世纪70年代以来得到了广泛的传播,而且编入了许多软件工程规范中。

但在实践中生命周期瀑布模型也暴露出了很多缺点,主要的问题是它缺乏灵活性,很难面对和处理软件开发中存在的各种风险。生命周期瀑布模型按照现代工业的工程化生产模式,规定了严格的软件开发阶段和过程,忽略了软件开发本身的特殊性,过于理想化,其中一个很突出的问题就是关于系统的需求分析。瀑布模型假设对系统的功能需求可以预先严格精确定义,要求系统的需求分析在软件设计前完成,并给出明确的、所有的需求定义,在实践中这往往是做不到的。系统在开发之初,无论是该领域专家、终端用户还是软件系统分析人员，都不可能将未来系统的一切需求定义得周到详尽、完整无缺，往往是在以后的设计阶段甚至编码阶段，才发现原来对系统的需求定义必须进行某些修改和补充，这样就会导致开发工作的返工，延误软件交付时间，增加资源和费用的投入，降低软件的质量。于是便产生了基于计算机辅助软件工程支持发展起来的快速原型模型。

3.1.2.2 快速原型模型

按照传统生命周期瀑布模型开发软件，先要进行烦琐冗长的系统分析，将系统的需求完全确定后再进行软件设计和编码测试，这正是造成系统开发困难的重要原因。一方面，系统分析员不可能在系统分析初期就将所有的用户需求考虑周全；另一方面，用户的需求是会变化的，用户对未来系统的认识有一个逐步深化的过程，所以对系统的需求不可能在系统开发之前完全确定下来。为解决这个问题，20 世纪 80 年代随着计算机软件技术的发展，特别是在关系数据系统、第四代程序设计语言和各种系统开发生成环境产生的基础上，提出了一种从设计思想到工具、手段都不同于生命周期瀑布模型的系统开发模型——快速原型模型。

快速原型模型开发的基本思想是：取得基本的需求，迅速构造一个系统原型；运行原型系统，对原型进行评价，提出修改意见；根据新需求，构造新一轮的系统原型；重复上述步骤，直到形成满意的最终系统。

快速原型模型与传统的生命周期瀑布模型的不同之处，是在开发过程中引入了用户评价。系统开发人员首先根据系统最基本的需求，快速构造出一个原型系统，然后在计算机上运行这个原型系统，系统开发人员与用户一道对这个原型进行评价。在快速原型模型开发过程中用户成为程序开发的参与者，这就使用户提出的需求更加明确和具体，使系统的开发能够沿着正确的方向进行。快速原型模型的工作流程如图 3-2 所示。

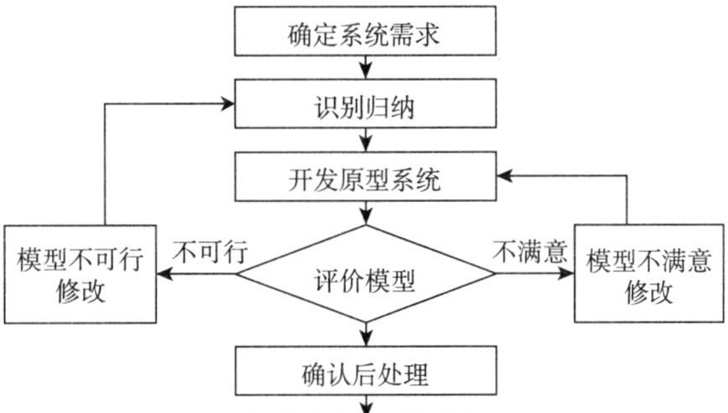

图 3-2 快速原型模型的工作流程

由于快速原型模型强调开发速度，因此快速原型模型的使用一般需要借助计算机辅助软件工程工具，至少要有集成式的程序开发环境，以便实现快速、低代价。快速原型模型系统开发所使用的工具可以与最终系统的相同，也可以不同。

快速原型模型体现了快速、简化,抓住主要问题,尽早得到用户认同的软件开发思想;通过一轮又一轮的原型模型开发和用户评价,不断进行"试用—反馈—修改",逐步求精,形成用户满意的最终系统;在每一轮的原型化开发循环中,一般仍采用生命周期瀑布模型的方法,即经历需求分析、软件设计、编码和测试等阶段。

快速原型模型的主要优点是:系统开发人员与用户直接交流,消除了开发人员与用户之间的通信障碍,可以尽早地获得正确而完整的需求;开发过程简单,在一定程度上能适应需求的变化,设计与编程更快速、更准确,开发效率也显著提高,而且提高了软件质量,总开发费用也会减少。

然而,快速原型模型开发也存在一定的缺陷。如果用户不断地用新的需求否定旧的需求,则软件开发总停留在重构一个新原型的阶段。更可怕的是,如果一个经过多次修改已接近成功的系统模型突然被用户否定,中间修改的成果就将化为乌有。用户的需求常是不全面和不明确的,在开发过程中不断引入用户变化的需求会造成开发过程的不确定性。程序总是在不断地修改,使得系统的规模难以控制,开发人员将迟迟拿不出一个完整的成品。

从以上论述可知,生命周期瀑布模型和快速原型模型各有优缺点。对会计信息系统而言,现在最为流行的开发模型选择为生命周期瀑布模型和快速原型模型相结合的混合模型。这就是说,开发模型依然选择生命周期瀑布模型,但在某一阶段内使用快速原型模型,这样可以兼顾两者的优点而弥补其缺点。例如,在生命周期瀑布模型的系统分析阶段利用快速原型模型,可以得到很好的系统逻辑模型。

3.1.3 信息系统的开发方法

3.1.3.1 结构化系统开发方法

结构是指系统内各组成要素之间的相互联系、相互作用的框架。结构化系统开发方法强调系统结构的合理性以及所开发软件的结构合理性,因此提出了一组提高软件结构合理性的准则,如分解和抽象、模块的独立性及信息隐蔽等。它是一种采用自顶向下的方式开发系统的方法。

在软件工程技术中,控制复杂性的基本手段是分解与抽象。人的理解力、记忆力有限,不可能触及复杂问题的所有方面和全部细节。为了将复杂性降到可以掌握的程度,可以将大问题划分为若干个小问题,然后分别解决,亦即分解。分解可以分层进行,即先考虑问题最本质的属性,暂时将细节去掉,然后再逐层添加细节,直至涉及最详细的内容,即抽象。逐层分解体现了分解与抽象的原则,使人们不至于一下子陷入细节中,而是有控制地逐步了解更多的细节。

任何事物都是相互联系的有机整体,因此,在分析问题时应首先站在整体的角度,将各项具体的业务或组织放在整体中加以考量。在保证全局正确的前提下,再逐层深入地考虑和处理具体的局部问题,即所谓的"自顶向下"分析问题的思路。

采用"自顶向下"的分解方法,可以将一个复杂系统逐级向下分解成尽可能独立的子系统、模块或子模块等。这样用户不但对系统有一个总体概念性的印象,并随着逐级向下扩展,对具体的、局部的组成部分也会有深刻的印象,用户容易理解,就能够评价和提出意见。结构化系统开发方法强调在整体优化前提下考虑具体的分析设计问题，开发过程规范，思路清楚，适合于开发大型、复杂的系统。采用这种开发模式，要求系统开发人员在调查中充分掌握用户需求，了解管理状况以及未来可能发生的风险，开发的工作量很大，开发周期较长。

结构化系统开发方法主要是面向数据流的。它由结构化系统分析、结构化系统设计、结构化程序设计等一整套方法体系构成。结构化系统开发方法是目前仍然被广为采用的一种系统开发技术方法。

3.1.3.2　面向对象系统开发方法

面向对象系统开发方法是由20世纪80年代各种面向对象的程序设计方法逐渐发展起来的，其基本思想是：客观世界是由各种各样的对象组成的，每种对象都有各自的内部状态和运动规律，不同对象之间相互作用和联系就构成了各种不同的系统。面向对象系统开发方法的出发点和所追求的目标是分析、设计和实现一个尽可能接近人们认识的系统，即尽量使描述问题的问题空间和解决问题的方法空间在结构上一致；对问题空间进行自然分割，以便以接近人类思维的方式建立问题与模型，对客观实体进行结构模拟和行为模拟，从而使设计出的软件尽可能直接描述现实世界，构造出模块化、可重用的、维护性好的软件，并能控制软件的复杂性，降低开发维护费用。

面向对象系统开发方法认为，客观世界的问题都是由客观世界中的实体及其相互之间的关系构成的。在将客观世界中的实体抽象为问题空间中的对象时，由于需要解决的问题不同，所以面向的对象也就不同，因此对象是不固定的。如前所述，每种对象都有各自的内部状态和运动规律，不同对象之间的相互作用和联系就构成了各种不同的系统。当设计一个客观系统时，如果在满足需求的条件下将系统设计成由一些不可变的（相对固定）部分组成的最小集合，那么这个设计就是最好的。它把握了事物的本质，因而不再被周围环境（物理环境和管理模式）的变化以及用户需求的不断变化所左右。这些不可变的部分就是所谓的对象。

面向对象系统开发方法以对象为中心，具有四个方面的特点：一是封装性。面向对象系统开发方法中的程序和数据是封装在一起的，对象作为一个实体，其操作隐藏在方法中，其状态由对象的"属性"进行描述，并且只能通过对象中的"方法"得以改变，外界无法得知。封装性构成了面向对象系统开发方法的基础，因而这种方法的创始人认为，面向对象就是"对象+属性+方法"。二是抽象性。面向对象系统的开发方法把从具有共同性质的实体中抽象出的事物本质特征概念称为"类"（class），对象是类的一个实例，类中封装了对象共有的属性和方法。三是继承性。继承性是类特有的性质，类可以派生子类，子类自动继承父类的属性与方法，因此在定义子类时，只需说明它不同于父类的特性，从而大大提高了软件的可重用性。四是动态链接性。对象间的联系是通过对象间的消息传递动态建立的。

面向对象系统开发方法通过组合可重复使用的模块组，自底向上建立信息系统。它从系统的构成入手，希望将系统的最基本结构认识清楚，从现实世界中抽象出系统组成的基本实体，即对象。对象是构成所要开发的信息系统的基本要素，如果将对象描述清楚了，就能以比较大的自由度构建信息系统。外界环境发生了变化，可以通过重新组合对象应对环境的变化。

面向对象是20世纪80年代以来国内外软件行业最关注的技术之一,并已广泛应用于程序设计语言、程序设计方法学、操作系统、数据库管理系统以及系统分析与设计方法等领域。面向对象方法学所引入的对象、方法、类等一系列重要概念和良好机制,为认识和模拟客观世界,为分析、设计和实现大型复杂工程系统奠定了坚实的基础。

应用面向对象系统开发方法具有诸多优势:能更加贴切地模拟现实世界的事物对象;允许自底向上分析系统成分;开发周期短,开发费用少,开发过程容易控制;提供"继承"的特性,在创建新的对象时,可以继承现有对象的某些功能,从而减少编码和编程时间;支持图形化用户界面的实现;对象封装技术使系统具有很好的可修改性和可靠性。目前市场上大多数开发工具都支持面向对象的开发过程和编程,同时提供了面向对象的快速应用开发工具,可以大大节省开发费用,缩短开发时间。但是面向对象系统开发方法的局限性在于对计算机工具要求高,在进行全面的系统性调查分析之前,把握系统的结构有困难,因此目前该方法需要与其他方法结合使用。

与结构化方法相似,面向对象系统开发方法也是由面向对象的系统分析方法(OOA)、面向对象的系统设计方法(OOD)和面向对象的程序设计方法(OOP)构成的。

3.1.3.3 计算机辅助软件工程开发方法

长期以来,系统开发的主要手段是手工方式,系统开发的速度和质量主要取决于系统分析人员、程序设计人员等的个人经验和水平。在这种开发方式下存在着一些难以克服的问题,如系统开发周期长,工作效率低,数据一致性差,质量得不到保证,文档工作不规范,系统维护工作量大,等等。20世纪80年代末,人们将计算机图形处理技术、程序生成技术、关系数据库技术和各类开发工具相结合,形成了支持系统开发的计算机辅助软件工程(Computer-Aided Software Engineering,CASE)开发方法。这种开发方法主要帮助开发者方便、快捷和自动地产生出系统开发过程中的各种图表(如数据流程图、结构图和层次化功能图)、程序与说明性文档,这样基本解决了信息系统开发中的"瓶颈"问题。计算机辅助软件开发方法的出现,根本上改变了开发信息系统的物质基础,从而使得在利用计算机辅助软件开发方法开发一个系统时,在考虑问题的角度、开发过程的做法以及实现系统的措施等方面都与传统方法有所不同。

采用计算机辅助软件开发方法时,必须结合使用一种具体的开发方法,如结构化系统开发方法、面向对象系统开发方法等。计算机辅助软件开发方法只是为具体的开发方法提供支持每一过程的专门工具,因而计算机辅助软件开发方法发挥的作用实际上是将原先由手工完成的开发过程转变为用自动化工具和支撑环境支持的自动化开发过程。计算机辅助软件开发方法集成了多种工具,这些工具可以单独使用,也可以组合使用。

3.1.4 信息系统的开发工具

为了提高软件开发工作质量和效率,改变软件生产的手工作业方式,人们研制了多种软件开发工具,这些开发工具能够使软件开发过程中的具体工作自动或至少半自动地完成。软件开发工具种类繁多,有的只为软件开发过程的某一方面或某一个环节提供支持，有的则为软件开发提供比较全面的支持。

依据对软件开发不同阶段所提供支持的功能分类，软件开发工具大致有以下六种类型：

3.1.4.1 需求分析工具

需求分析工具是在系统分析阶段用来严格定义需求规格的工具，它能将逻辑模型清晰地表达出来。该阶段的工具主要包括数据流程图（DFD）绘制与分析工具、图形化的 E-R（实体—关系）图编辑和数据字典的生成工具、面向对象的模型与分析工具以及快速原型构造工具。

3.1.4.2 设计工具

设计工具是用来进行系统设计的，该工具将设计结果描述出来形成系统设计说明书，并检查说明书中是否有错误，然后找出并排除这些错误。属于系统概念设计阶段的工具主要有系统结构图的设计工具，属于详细设计阶段的工具主要有程序设计语言（Programming Design Language，PDL）支持工具、数据库设计工具及图形界面设计工具等。

3.1.4.3 编码工具

在程序设计阶段，编码工具可以为程序员提供各种便利的编程作业环境。编码工具主要包括各种文本编辑器、常规的编译程序、链接程序、调试跟踪程序以及一些程序自动生成工具等，如可视化编程工具（如 VB Delphi 等）、数据库管理系统开发工具和语言（如 Visual Foxpro for Windows 等）、管理信息系统应用生成工具等。目前广泛使用的编程环境是这些工具的集成化环境。

3.1.4.4 测试工具

测试工具能够支持整个系统的测试过程，包括测试用例的选择、测试程序与测试数据的生成、测试的执行及测试结果评价等。测试工具主要有静态分析器、动态覆盖率测试器、测试用例生成器、测试报告生成器、测试程序自动生成器及环境模拟器等。

3.1.4.5 运行维护工具

运行维护工具主要包括方便程序阅读和理解的程序结构分析器、源程序到程序流程图自动转换工具、文档生成工具及系统日常运行管理和实时监控程序等。

3.1.4.6 项目管理工具

项目管理贯穿于软件系统生命周期的全过程，包括对项目开发人员的组织与管理，以及在开发过程中各种标准、规范的实施，如项目开发人员和成本估算、项目开发资源分配与调度、版本控制、风险分析及项目状态报告和跟踪等内容。目前支持项目管理的常用工具有软件成本与人员估算建模及测算工具、软件质量分析与评价工具以及项目文档制作工具、报表生成工具等。

3.1.5 信息系统的开发方式

信息系统的开发方式有多种，包括自行开发、委托开发、联合开发和购买商品化信息系统软件包等。其中，自行开发方式的优点是可以得到适合本单位的系统，通过系统开发培养自身的力量，但缺点是开发周期较长，需要强有力的领导、足够的技术力量，还要进行一定的咨询。委托开发方式,从用户的角度看最省事,但必须配备精通业务的人员,要经常检查、协调。这种方式开发费用较高,系统维护比较困难。联合开发方式对于培养自身的技术力量最为有利,系统维护也比较方便,条件是双方必须精诚合作,自身要有一定的系统分析和设计能力,这种方式比较适合我国目前的情况。购买商品化信息系统软件包是最为省事的方式,但要买到完全适合本单位需要的满意的会计软件并不容易,需要有较强的鉴别能力。总之,四种开发方式各有特点,企业应根据自身的资源、技术及应用环境等因素进行具体选择。

另外,值得注意的是,软件复用和组件集成也是一种新的社会化的软件开发方式。软件复用是指在构造新的软件系统过程中使用已存在的软件人工制品的技术,软件人工制品可以是源程序代码片段、子系统的设计结构、模块的详细设计、文档和某一方面的规范说明等。组件集成是目前发展最快的软件复用方式,如果能够在组件市场上购买所需要的大部分组件,并可在组件上添加一些功能构成新的组件,或由若干组件组建集成软件,应用系统的开发人员就可将主要精力集中于应用系统本身的研究上。所以,软件复用是在软件开发中避免重复劳动的解决方案,其出发点是应用系统的开发不再采用“从零开始”的模式,而是以已有的工作为基础,充分利用过去应用系统开发中积累的知识和经验,从而将开发的重点集中在应用系统的特有构成成分上。利用已有的软件成分构造新的软件,将极大地提高软件开发的效率,缩短软件开发周期,节省开发费用,有利于提高软件的可维护性和可靠性。

3.2 会计信息系统基本开发原理

本节将按照软件生命周期瀑布模型的逻辑思路,用经典的结构化开发方法简要阐述会计信息系统的基本开发原理与过程,包括系统分析、系统设计、系统实施和系统运行维护的主要环节,如图 3-3 所示。

3.2.1 会计信息系统分析

系统分析是会计信息系统研制过程的第一阶段,通过系统调查和可行性分析解决系统做什么的问题,这是原手工系统与新建立的会计信息系统之间的衔接点。通过对手工业务进行全面细致的调查分析,运用系统分析方法,描述出原会计系统的模型,然后根据计算机的特点和用户要求,以及新系统确定的目标和各子系统要完成的具体任务,对现行系统不合理之处进行调整、修改、取舍和补充,最后建立计算机会计信息系统的逻辑模型,并提交系统分析报告,如图 3-4 所示。

3.2.1.1 系统初步调查与可行性分析

(1)系统初步调查

由用户提出开发会计信息系统的任务书,任务书应简单明了、完整具体,它将成为系统开发的最初依据。依据任务书,开发人员对现行系统及周围环境进行初步综合调

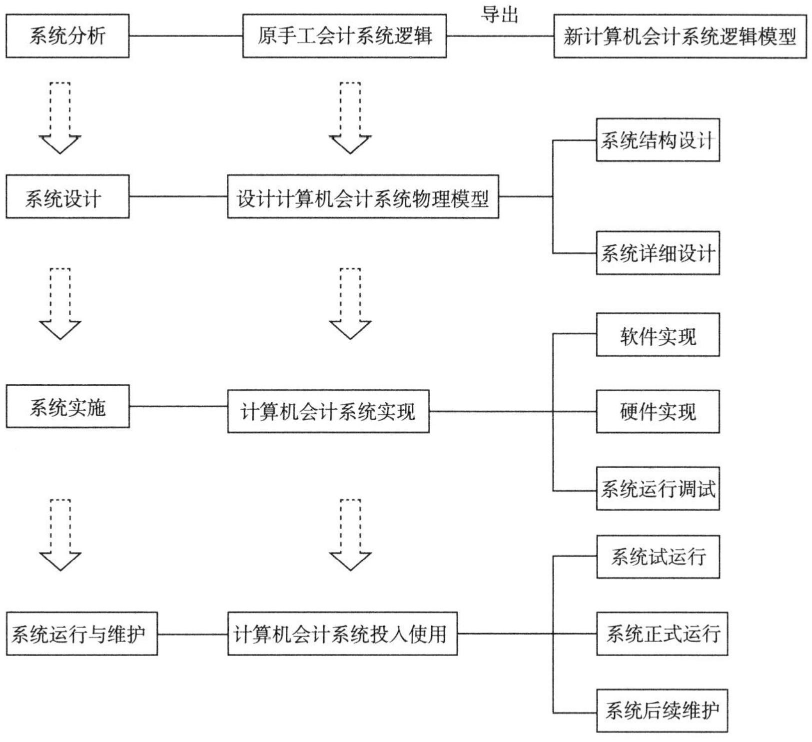

图 3-3 生命周期瀑布模型法开发计算机会计信息系统的逻辑过程

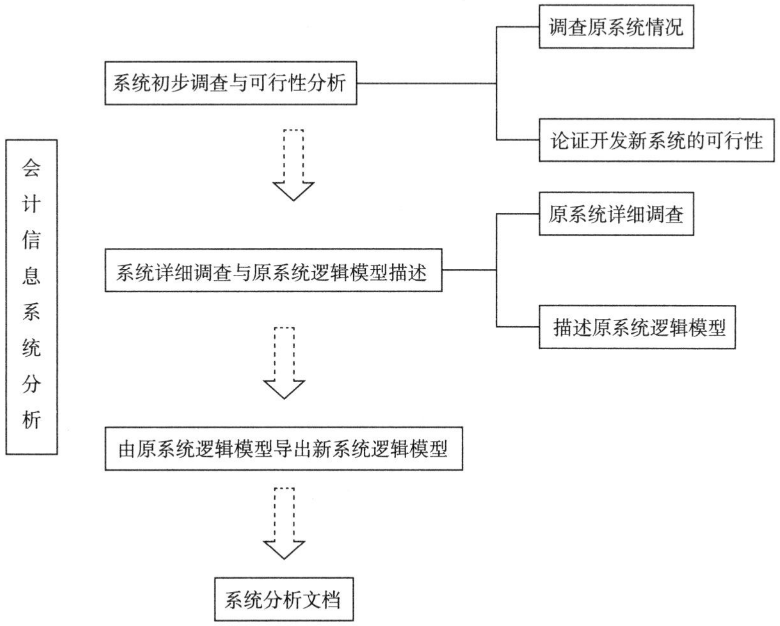

图 3-4 会计信息系统分析

查，这种综合调查是下一环节可行性研究和制定新系统总体规划的依据。

调查包括以下四个方面的内容：

第一，企业内部环境，包括：企业经营层面的情况，如企业规模、管理体制、生产经营状况、市场销售及盈利水平和经济实力等；现行系统运行环境的一般状况，如组织机构、人员分工、业务范围、账户设置、核算方式、人员素质、效率高低及存在问题等；观念认识层面的情况，如企业和部门领导、财务人员对会计信息化工作的认识等。

第二，企业外部环境，包括企业的归属、企业原材料购入渠道、产品销售方向及银行往来情况等。

第三，企业计算机应用状况。

第四，会计信息系统工作中的人力、财力分布状况。

调查结束后，需撰写初步调查报告。调查报告的主要内容有：企业及财务部门机构设置状况，开展信息化基础工作状况，外界环境及内部资源状况，财务部门的中长期发展规划，现有系统的主要业务内容，主要凭证、台账和报表种类，企业方面对系统的改进意见等。

(2)可行性分析

可行性分析是在初步调查基础上进行的。实践表明，未经可行性论证的开发项目，要么困难重重，要么半途而废，因而应重视可行性的分析论证工作。

可行性分析通常要从开发技术、经济效益和组织管理三个方面进行。开发技术方面包括设备条件和技术力量等的可行性；经济效益方面包括开发系统效益是否合算，产出是否大于投入等；组织管理方面是指系统开发是否有较强的组织保证等。

可行性分析论证结束后，应写出书面的可行性报告。其基本内容如下：

第一，初步调查概况，反映现行系统的概况、企业的目标和任务、管理体制和组织机构、开发的环境和所提供的条件等。

第二，系统目标、功能及子系统的划分。

第三，可行性分析，主要包括新系统开发的必要性、可行性分析等。

第四，新系统实施计划，包括开发新系统的目标、范围和功能，计算机系统配置方案和实施进度计划，等等。

第五，可行性分析结论，可能涉及这些方面：开发是必要且可行的，可立即着手开发工作；需改善条件、增加投资或修改调整目标后再投入开发工作；没有必要或者不可行，不能进行开发工作。

经过可行性评审会批准，经用户、业务人员和同行专家评审认可后，就可以可行性报告为依据，转入系统分析的后续工作。

3.2.1.2 系统详细调查与现状描述以及新系统逻辑模型的建立

系统详细调查与现状描述以及新系统逻辑模型的建立是开发新系统的可行性分析论证结束后要完成的工作。基础会计业务信息量大，来源渠道多，因此初步调查并不能全面深入地了解它的内部结构，为了集中、完整、准确地分析信息，进而对手工会计的业务流程做出合理的判断，详细调查工作结束后，系统开发人员及用户应运用结构化分析方法，使用开发者与用户双方都可以接受的文字、符号和图表将现状调查结果描述出来，依此建立现行手工系统的逻辑模型。

(1)原系统的详细调查与现状描述

对原系统的详细调查主要包括以下内容:

第一,会计部门与计划、生产和销售等部门的信息联系状况。

第二,会计部门人员的分工及各专业核算组(如工资组、资金组、材料组和资产组)之间的联系状况。

第三,企业账户及现行簿记的详细要求与方法。

第四,企业各部门的数据信息量,如会计部门每天发生的原始凭证数、报表编制数量和周期等。

第五,用户对数据、加工的要求和限制等。

做详细调查时,会计人员和软件人员应始终保持接触以不断校准研制方向。会计人员应逐步将手工核算过程通过逻辑模型描述出来,即通过专门的工具绘制成业务流程图并附详细文字说明,以供软件人员进行系统分析时使用。

(2)系统分析的方法与工具

建立逻辑模型,需要有合适的分析方法和表述工具,目前广泛采用的分析方法是结构化系统分析法,主要表述工具是数据流程图、数据词典及具体的描述文件等。

①结构化系统分析方法

结构化系统分析方法采用自顶向下逐层分解的思路剖析一个系统,即先把分析对象抽象地看成一个大系统,然后自顶向下层层分解,直到系统足够简单为止。它是一个简单易行且应用很广的方法,以图论技术为工具对分析对象进行现状描述或构造相应的逻辑模型,适合于分析大型的会计信息系统。

如图 3-5 所示,假设用 S 代表上层系统,如果其很复杂,可先将其分解为①②③三个子系统,若①②两个子系统还比较复杂,可再将①分解为 1. 1、1. 2、1. 3、1. 4 四个子系统,将②分解为 2. 1、2. 2、2. 3 三个子系统。无论系统多么复杂,系统分析工作都可以依此思路有条不紊地进行下去,这样就可将系统的全部功能要求清晰地表达出来。对系统做合理分解后,就可以理解系统的每一个细部。

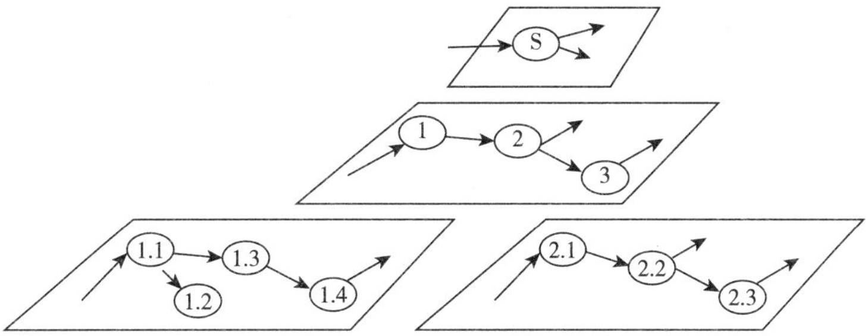

图 3-5　系统自顶向下逐层分解示意

例如,可以先将会计信息系统分解为财务会计信息子系统和管理会计信息子系统,然后再将财务会计信息子系统划分为采购核算、库存核算、销售核算、固定资产核算、工资核算、成本核算、专项核算和账务核算等子系统或功能模块。如此分解下去,直至最后的子系统或功能模块都足够简单为止。

结构化系统分析过程通过一些专门的符号工具将数据系统的组成部分,各部分间的联系,以及各部分内部数据的流向等描述出来,形成系统的数据流程图。

②数据词典

数据流程图描述了系统的“分解”情况,但对组成系统的各部分含义,如数据流的内容、文件的组成、数据加工方法、数据项特征等,并没给予必要的说明。为此需要对数据流程图中的每一数据流、基本加工、文件及数据项等分别给出“严格的定义”(进行必要的文字解释),这些定义按照一定次序汇编成册,形成的便是所谓的数据词典,其中每个定义都是数据词典中的一个条目(项)。简单地说,数据流程图描述了系统的组成部分及相互关系,数据词典则描述了系统的具体细节,两者相互联系、相互补充,共同将系统的逻辑模型表达清楚。数据词典是系统分析阶段的工具,也是系统设计阶段的重要依据,因此,在数据词典的定义中,常常还包括其他信息,如对数据流条目来说,还包括数据流动的次数、范围、峰值和峰谷等。

数据词典的描述也是自顶向下逐步求精的。如数据流 A 由 B 和 C 组成,B 又由 B_1、B_2、B_3 组成,C 又由 C_1、C_2 组成,则分层的数据词典定义如下:

$$A=B+C \quad B=B_1+B_2+B_3 \quad C=C_1+C_2$$

数据词典通常由四类条目组成,即数据流条目、文件条目、数据项条目和加工条目。词典中的条目之间通常不是孤立存在的,会发生一定的联系或引用。例如,一个数据项可能是多个数据流或数据文件的组成内容,一个数据流或数据文件可能被多个加工条目所引用,一个加工逻辑也可能涉及多个数据流和数据存储。因此,在编写数据词典时,一定要注意条目表述的统一、完整和规范,以免发生歧义,为系统分析留下隐患。

对会计信息系统各加工条目进行描述时,一般用结构语言对其处理逻辑进行说明,但有时有些加工条目可能用结构语言仍然难以表达清楚,此时需要借助另外的专门工具和方法做辅助说明,如判断树和判断表等。

(3)新系统逻辑模型

将进行系统分析所得到的所有数据流程图、数据词典和处理逻辑说明组合起来,就得到了原系统的逻辑模型。根据用户的系统开发目标和要求,结合计算机的处理特点,对逻辑模型加以改造和完善,如删除某些带有明显手工痕迹的不合理之处或增加具有计算机特征的处理功能,便得到计算机会计信息系统的逻辑模型。

3.2.1.3 系统分析文档

系统逻辑模型建立起来后,就要对系统分析的全部工作进行文档总结,即编写系统分析说明书。系统分析说明书也是下一阶段(系统设计阶段)工作开展的依据和保证。一份完整的系统分析说明书通常包括以下主要内容:

第一,对原系统的描述,包括单位基本情况,原系统的主要目标、任务、范围及原系统的业务流程图等。

第二,对目标系统的描述,包括目标系统的业务流程、数据流程、数据词典、业务范围、界面划分和处理过程定义等。

第三,对运行环境的要求,如硬件设备、软件环境等。

第四,对目标系统的性能要求,包括合法性、可靠性、保密性及灵活性等。

第五,系统设计实施的工作计划。

系统分析说明书经评审通过后,由用户盖章生效,它是一份具有约束力的规范文件,可作为呈报上级批准的报告和请求财政贷款的依据,同时也是以后各阶段工作的依据。

3.2.2 会计信息系统设计

系统设计是在系统分析基础上进行的。在系统设计阶段,开发人员根据系统分析阶段提出的逻辑模型,解决系统该"如何做"的问题,即确定系统的实施方案——物理模型。系统设计分为结构设计和详细设计两个环节。结构设计的主要任务是如何将一个系统划分为若干个子系统(模块),并确定子系统(模块)间的界面,完成系统结构的分解,使整个会计信息系统的结构由若干个子系统实现,而每一个子系统又由若干个功能模块实现,依此类推;详细设计的主要任务则是确定每一个模块应采用的技术手段和处理方法,即定义每一个模块的功能、算法和内部特征等,它包括文件设计、代码设计、输入设计、输出设计和程序处理流程设计等几个部分。

系统设计的优劣,决定了所开发软件的命运,因此对系统设计阶段的质量标准有以下七项基本要求:

第一,满足用户要求。这是系统设计最重要也是最基本的要求,是衡量系统开发质量最基本的标准。

第二,可维护。这是指所开发的系统对外界变化的适应能力,即系统被修改和扩充的难易程度。应用软件的生命力就在于它的可维护性。

第三,安全、可靠。这是指数据处理结果的真实性、可靠性和准确性,涉及系统的防差错、防破坏和防遗失等功能。

第四,完整、统一。会计信息系统数据量大、结构复杂,系统内部又有多个子系统和多个独立的功能处理模块,因此各部分之间要协调一致、相互衔接。

第五,简便。这是指在满足系统可维护、安全、可靠、完整和统一等条件的基础上,系统结构应尽量简单实用,处理流程应简短。复杂的系统结构不仅故障率较高,而且可靠性难以保证。

第六,实用、经济。实用性是指系统灵活简便以满足用户实用要求的能力;经济性是指系统经济效果的显著程度。

第七,设计文档应齐全。系统设计阶段成果是系统设计说明书制作的重要依据,因此文档资料要齐全完整。

3.2.2.1 会计信息系统结构设计

(1)结构化设计思想

在实际工作中,由于环境或经济业务会发生变化,所以通常要对系统做一些必要的修改,而这些修改往往只是系统局部细节的变化,如修改某一数据结构或执行语句,修改某些子系统的组合关系,等等。显然,这种局部修改并不困难,但问题在于系统各部分间存在相互控制、调用和信息交换关系,若修改某一部分,就很可能影响到系统的其他部分，就犹如一块石头投入水中会波及整个池塘一样。如果系统开发忽略了这种影响，那么很可能就会在系统投入使用后，使系统维护问题贻害无穷。那么怎样设计系统，才能尽量避免这种情况的发生呢？一个重要的解决办法就是采用系统结构化的设计思想。其基本要求包括三个方面：一是尽量把系统划分成一些功能简单明了且易于修改的模块；二是系统划分成模块的工作应按层次进行，越上层的模块功能越笼统、越抽象，越下层的模块功能越具体、越简单，最底层的模块应是不可再分解的模块；三是每个模块的功能应尽可能独立，尽可能减少与其他模块间的联系。

按照上述思想设计出来的系统，是按照层次结构组织而成的，模块间相对独立，功能明确，易于理解和修改，能有效地防止模块修改时模块间发生连锁反应和错误扩散，同时可以有效地提高系统的可靠性。

按照上述结构化设计思想，在进行系统结构化设计时应遵循以下原则：

①按层次结构进行设计

从数据流程图出发，自顶向下逐步求精，将系统划分为内容简明易懂、功能独立的模块。

②提高模块的独立性

所谓模块的独立性，是指每个模块应具备一个相对独立的特定功能，且与其他模块间联系较少，易于理解和修改。在会计信息系统中，完全没有任何联系的模块是很少见的，但如果信息联系方式不当，对某一模块的修改将会引起其他若干模块的修改，从而引发连锁的波动效应，使修改变得十分困难。

③模块的作用域应包含在模块的控制域之内

一个模块可调用的所有下层模块，称为它的控制域。模块调用时若有判断，则该模块判断处理所影响到的所有其他模块的集合称为这个判断的作用域。若某一判断的影响范围（作用域）超出了这个模块的控制范围（控制域），则将会给系统后期的修改和维护工作带来麻烦。因此，系统在设计时，要求模块的作用域包含在其控制域之内，即判断范围必须在控制范围之内。

④每层被细分后的模块大小要适中

模块大小一般是指其源程序编写的行数。对模块大小究竟应定义为多少合适，没有严格的定论，一般情况下模块大小应以一个人能负担的程度为宜。

⑤模块的深度、宽度以及扇出、扇入要适当

模块的深度表示模块结构的层数，层数越多，结构就越复杂，程序就越长。模块深度一般应控制在3~5层为宜。模块宽度是指模块层次结构同层的模块数，宽度越大，系统结构就越复杂。对宽度影响最大的因素是扇出。扇出是指由一个模块直接控制的模块数，扇出数大意味着模块结构过分复杂，而扇出数小则容易增加模块间不必要的接口。扇出的上限一般控制在5~9个。扇入表示直接控制一个给定模块的模块数。扇入越大，表示共享该模块的上级模块数越多，这是有好处的，但不应以违背模块间的独立性原则为代价。

（2）结构化设计工具——功能模块图

功能模块图是在系统设计阶段用于描述系统结构的主要工具，反映了系统的模块组成及其之间的联系方式。功能模块图中的每一个模块都对应着一个独立的功能,许多模块有机地结合在一起,共同完成系统的全部功能,实现系统要求的目标。

功能模块图的组成元素包括:功能模块,代表一个子程序或一个程序段,它能独立完成一个功能,可以被其他模块调用,也可以调用其他模块;调用,模块间调用关系有顺序、选择、重复三种;模块间的通信,表示模块间的信息传递,传递的信息可能是数据,也可能是控制信号。

(3)会计信息系统的结构化设计

会计信息系统的结构化设计,包括功能模块结构图的导出和对功能模块结构图中功能模块的说明两个主要内容。

功能模块结构图的导出是指依照结构化设计思想和原则,从数据流程图导出系统的功能模块结构图。系统结构的标准形式有事务型和变换型两种,因而结构化设计所使用的导出方法也分为事务分析设计方法和变换分析设计方法两种。

功能模块结构图中的功能模块说明,就是编写的各模块的说明书,是对每个模块的处理要求及内容进行的说明。模块说明书也称为程序说明书,它是程序员用来编写程序的依据。

3.2.2.2 会计信息系统的详细设计

会计信息系统的详细设计是在系统结构设计的基础上进行的。详细设计是指确定每一模块应当选用什么技术手段和处理方法来实现,即定义每个模块的功能、算法和内部特征。它包括存储设计、代码设计、输入设计和输出设计等几个部分。

(1)系统的存储设计

存储设计,就是根据系统的数据流程图、数据词典中的有关说明以及业务处理的要求和特点,建立系统的数据库文件。系统设计的优劣、水平与性能的高低,均受系统存储设计的直接影响,因而存储设计是系统设计的一个重要环节。在进行系统存储设计时,首先要将系统的数据分析清楚,然后确定存储设计的原则,在此基础上完成存储设计。

① 会计信息系统的数据分类

a. 原始数据和派生数据

原始数据包括各种原始凭证、记账凭证,计划数据、定额数据,商品或材料的名称、单价、数量,固定资产使用年数、原值,设备名称、单价、数量,等等;派生数据是指可由原始数据加工而成的各种数据,如各种账簿、报表数据等。

b. 公用数据和专用数据

按数据使用范围可将数据分为公用数据和专用数据两大类。公用数据是指各子系统均可使用的数据,如科目名称、编码,日期和报表名称,等等;专用数据是指只在某一部分核算中用到的数据,如工资核算时用到的人民币各种票面的面额值、病假扣款百分比和销售核算中用到的销售计划数据,等等。公用数据和专用数据的区分可随范围的不同而变化,如工资核算中用到的病假扣款百分比,从整个会计信息系统来看是专用的,但在工资核算系统中却是公用的。

c. 不变或基本不变的数据和变动数据

按变动频率,系统数据可分为不变或基本不变的数据与变动数据两大类。不变或基本不变的数据,有科目名称和代码、单位名称和代码、商品名称和代码、基本工资和岗位工资等;变动数据是指在不长的时间(如每天、每几天、半个月、一个月)内,不断更换需要录入的数据和由此不断产生的派生数据,如各种原始或记账凭证中的数据,明细账和总账中的数据,工资核算中的病事假扣款、奖金,固定资产的净值,等等。

② 会计信息系统存储设计原则

a. 数据共享性原则

会计信息系统是一个完整的有机整体,各子系统数据间存在着密切的联系。例如,工资核算系统的数据是账务核算系统制作凭证的原始数据,也是成本核算系统的重要项目,在报表处理系统中也会被使用。另外,会计信息系统是企业经营管理信息系统的一个子系统,会计信息系统的数据量占整个企业经营管理信息系统数据量的近80%。因此,企业经营管理信息系统的其他子系统使用会计信息系统数据是经常的,也是必然的。例如,产品销售的发票不仅是核算利润、核算进销存的重要依据,而且是财务分析子系统中编制产品生产计划、材料采购计划和进行市场分析的基础数据。所以在进行系统存储设计时,既要考虑本系统数据的共享性,也要考虑其他层、更高层系统数据的共享性。

b. 数据低冗余性原则

在会计信息系统中,原始凭证、记账凭证以及各种账、表均是会计信息的表现形式,这些数据之间存在很大程度上的重叠性和衍生性,因此,系统数据的存储如果设计得不合理,将会产生数据的冗余,加大存储空间的占用,降低计算机的处理速度,同时也造成各种资源和资金的浪费。

c. 数据安全性原则

就企业而言,会计信息系统数据不是对任何人都开放的,需设定使用权限和使用范围。另外,除人为因素外,计算机的软、硬件故障也是在设计数据存储时应该考虑的安全性因素。因此,数据存储应满足数据安全性原则。

(2)系统的代码设计

在手工会计系统中,一部分数据已采用了编码的方法,如凭证号、会计科目代码等,但大量数据,如商品、材料、固定资产、家具用具、部门、职工及往来单位等仍然用汉字名称直接进行标识,这符合长期以来人们的工作习惯,不仅不觉得麻烦,而且还觉得方便明了。但在计算机信息化平台上,基于计算机数据的处理特点,需要对系统中的大部分对象和数据(甚至是所有的对象和数据)进行编码化处理。

①编码的作用

对计算机系统中的对象进行编码化处理主要有以下方面的作用:

第一,便于计算机录入。用编码方式标识对象的名称,将使手工录入会计数据时的出错概率降低,而且也使数据的录入速度大大提高。

第二,节省计算机系统的存储空间。

第三,提高计算机处理的速度。编码能有效地提高计算机数据的存取速度,提高数据的处理效率。

第四,提高数据的规范化、标准化程度,从而增强数据的共享化程度。

第五,便于计算机识别和处理。由于采用统一的编码,在查账、检索和校验时,计算机可以很容易地识别处理对象,同时简化了程序设计的工作量。

第六,便于分类。采用科学编码方式,能使会计对象和属性的分类特征在编码中反映出来。例如,用会计科目编码的第一位表示科目类别,用职工编码的前两位表示其所属部门,等等。

②编码的原则

系统中对象的编码体系是否科学、合理,是会计信息系统开发的重要质量标准之一。编码体系的任何维护(增、删、改)都会波及整个会计信息系统,因此系统编码体系的设计事关重大,须仔细推敲。系统编码一般应遵循以下原则:

a. 唯一性

每个编码都代表唯一的实体或属性,反之亦然。

b. 通用性

编码不仅在本企业使用,而且可能会在同行业、同类型的企业中使用,因此编码要尽量采用同行业的、国家的乃至国际的统一标准。

c. 适合于计算机处理

编码是计算机进行加工处理的依据,因而编码设计不仅要考虑管理上的要求,同时要考虑计算机的处理特征。

d. 可扩展性

由于企业在不断地发展变化,所以系统中对象元素也会发生变化,如会计科目、职工数量等,因此编码体系要留有足够可扩充的余地。

e. 简明性

在不影响编码体系容量和可扩充性的前提下,编码应尽量简短,含义应尽量单纯,应容易理解,便于记忆。

f. 合法合规性

系统编码体系设计必须符合国家有关法律、法规和规范要求。例如,一级科目的编码通常由财政部在会计准则中进行规定,企业有权根据自身的情况选择用或者不用,但一般不得随意变动。

③编码的方法

编码有很多方法,采用较多的通常有以下方法:

a. 序码

序码是将编码对象按顺序排列的方法。例如,企业职工代码假设有 3 326 个,则可以编为 0001,0002,…,3326。序码的特点是简单明了、易扩充,但却缺少逻辑含义,不能说明任何信息特征。此外,新增的数据编码只能加到最后,而删除数据则会造成空码。

b. 位码

位码是使编码的某一位或某几位代表一定含义的方法。例如,用科目编码的第一位代表资产类或负债类,用职工编码的第一、二位代表职工所属单位等。

c. 组码

组码是按数字的顺序分组表示不同项目的方法，如科目编码：100 至 199 之间的编码是资产类科目的编码，200 至 299 之间的编码是负债类科目的编码。这样就以两个特定号码之间的编码代表某一类项目。这种方法也适合对商品、部门、职工等对象进行编码。

d. 字母码

字母码是以具有特定意义的字母代表某一类项目的方法。例如，商品代码的第九位为商品级别码，可采用字母 A、B、C 等。

e. 助记码

助记码是用编码对象名的拼音或拼音缩写表示其编码的方法。例如，摘要编码中的“提取现金”用 TQXJ，“收款凭证”用 SKPZ，等等。

f. 混合码

混合码是用上述方法联合进行编码的方法。常用的有以下三种方法：

第一，位码与序码混合使用。如科目代码：

10010102　　1 代表资产类，一级科目 001，二级科目 01，三级科目 02。

20010203　　2 代表负债类，一级科目 001，二级科目 02，三级科目 03。

第二，组码与位码混合使用。例如，对商品编码时，可将商品按大类或小类分为组。

第三，字母与数字混合编码，即编码的某几位用字母，某几位用数字。例如，商品代码采用 11 位，第 1~8 位为数字码，第 9 位为商品级别码，采用字母 A、B、C…，最后两位为产地码，如京代表北京、申代表上海、豫代表河南。

g.校验码

校验码是专门用来检查代码输入错误的一种方法。采用这种方法时，预先在原代码的最后一位加上一个校验码，此校验码是利用原代码中的数字根据一定的公式计算得来的。代码连同校验码一同输入后，由计算机根据原先的公式再计算一遍校验码，如果两个校验码不相同则表明代码输入有误。

校验码的生成过程大致为：首先，确定权因子和模数，以此对代码的各位分别加权，并求出代码每一位与相应权数的乘积之和；其次，用求出的和除以事先确定的模数并保留余数；最后，用模数减去余数，其差即为所求之校验码。

(3)系统的输入设计

按照约翰·冯·诺依曼(John von Neumann)提出的系统基本体系结构理论，任何信息系统都可以分为输入、处理、输出、存储、控制和输出几个大的部分。其中，输入设计是指合理地组织数据源，及时准确地输入计算机，以满足计算机加工处理和信息输出的需要。数据输入是计算机加工处理的基础，其正确性直接影响到系统运行的质量和效果。

系统输入设计的内容主要包括确定输入设备，设计输入内容、格式，设计输入数据的可靠性措施，等等。

①输入设计的原则

a. 源头输入原则

在信息系统中，比较理想的数据输入方式是从产生数据的源头直接输入，尽量减少数据的转抄、传递等中间环节，因为数据每多一次转抄和多一处中间环节，就会多一分出错的概率。例如，在对材料的验收入库单和领料单数据进行输入时，比较理想的输入点是在仓库由仓管员输入，仓管员对自己保管的各种材料数据有简明的认识，因此输入过程中能随时进行账物核对和比较，能保证输入数据的准确性。另外，当数据从源头录入时，一旦发现输入差错也容易及时改正。也就是说，修改从源头处进行可使修改结果一次到位，不会造成数据不一致的情况。

b. 数据共享原则

设计系统数据输入的内容，应尽量全面考虑各部门、各环节的要求，做到录入共享，尽量避免重复输入造成的不一致性和难修改性，从而提高系统的运行效率。

c. 用户友好性原则

就会计信息系统而言，在目前采用微机键盘输入数据的运行方式下，系统运行时间大约50%用于数据输入，10%用于数据处理，40%用于数据输出。因此，数据输入的效率与质量直接影响到整个系统的运行效率，影响系统的质量。所以数据的输入设计要尽量方便用户，做到直观、准确、简便、高效和舒适。

所谓直观，是指各种原始凭证或记账凭证的输入画面，应尽量与熟悉的手工系统保持一致，模拟手工填制的环境与过程，让用户觉得就像手工填制凭证一样亲切和熟悉。

所谓准确，是指录入的各数据项目应能够根据其属性进行逻辑、界限、平衡、匹配、类型和总额等方面的检验，能自动识别非法数据并给予必要提示。

所谓简便，是指充分利用人机对话的全屏幕编辑功能，使操作员感到方便、简单。对于输入过程中的错误，能方便地进行定位修改。

所谓高效，是指将会计摘要代码化或采用汉字词组手段来提高效率。可以利用计算机记数功能自动生成凭证编号和日期等数据项，以减少数据录入项目；还可以提供复制功能，以将上行数据复制下来，减少输入量，提高输入效率。

所谓舒适，是指所设计的输入界面要尽量使用户感到悦目，不易疲惫。

②输入的设备选择

会计信息系统的数据输入主要分两种情况：一是直接录入原始数据，如系统的初始化数据、各种记账凭证数据、材料的收发存数据和产品的出入库数据等；二是通过其他业务子系统自动采集数据，如账务核算系统可从工资、成本等核算子系统自动采集相关数据编制记账凭证等。就第一种情况而言，目前可选择的输入设备有很多，如键盘、鼠标、扫描阅读器等，但目前采用较多的还是键盘。需要说明的是，随着信息化的进步，有望实现部分或绝大部分业务的自动采集。就第二种情况而言，可通过在软件内部各子系统之间设置数据接口来完成数据采集。

③输入的内容设计

在设计会计信息系统输入内容时，应全盘考虑各子系统的数据输入情况，结合各子系统之间的数据传递关系和数据输入方式，统筹分配和布局各子系统的数据输入种类和输入量，使整个会计信息系统及其各子系统间，数据输入既不重复又不遗漏，以保证整个系统设计的效率。表3-1给出了会计信息系统各子系统从键盘输入的数据及从其他子系统采集的数据情况，以供设计参考。

表 3-1　各子系统采集数据的情况

子系统		键盘输入数据	从其他子系统采集的数据
账务处理	运行前	各种初始化数据包括科目代码、名称、余额，企业与银行未达账项，单位代码	工资子系统、固定资产子系统、材料子系统、产成品子系统、销售及利润等子系统的有关数据及接口方法
	运行后	银行存款收、付款凭证，现金收、付款凭证，转账凭证、银行对账单	
工资核算	运行前	职工代码、姓名、基本工资等固定数据，计算公式等核算参数，与账务、成本、报表等子系统的接口方法	单位代码、名称
	运行后	每月的考勤、各种扣款等变动数据，职工调入、调出数据	
材料核算	运行前	材料代码、名称、库存余额，与账务、成本、报表等系统的接口方法	材料代码、名称
	运行后	材料领料单、材料收料单	
固定资产核算	运行前	固定资产卡片、代码、名称等，与账务、成本、报表等系统的接口方法	固定资产代码、名称，使用单位代码名称
	运行后	固定资产验收、调出、领用退库单	
产成品核算	运行前	产成品代码、名称、库存余额，与账务、报表、销售、材料等子系统的接口方法	产成品代码、名称
	运行后	产成品入库单、出库单	
销售及利润核算	运行前	各种税率	产成品代码、名称
	运行后	销售发票、托收单、银行汇款通知单	
成本核算	运行前	核算方法，各种分摊系数，与账务、工资、固定资产、材料、产成品等的接口方法	账务处理、工资、材料、固定资产、产成品、销售及利润的有关数据及接口方法
	运行后	产品产量统计数，生产工时统计数	
报表处理	运行前	各报表的表头、栏目、项目，与其他各系统的接口方法，计算公式	账务处理、工资、材料、固定资产、产成品、销售及利润、成本等子系统的有关数据及接口方法
	运行后	零星录入数据	

④输入的方式设计

输入方式直接与用户见面，是用户评价一个系统质量的重要直觉标志，因此输入方式的设计直接影响到软件的友好性与可用性，对于商品软件系统来说更为重要。

任何数据的输入,一般在技术上都采取以下两种设计方式:

a. 表格式输入方式

会计中人们习惯用表格表示数据,因而在设计记账凭证输入界面时可在屏幕上设计一个与记账凭证基本一致的表格画面,使操作员充分利用人机对话功能和全屏幕编辑功能,通过移动控制光标的功能键,用填表的方式方便地输入数据。由于这种人机界面保持或接近手工格式习惯,因此无疑是友好的。例如,记账凭证的输入界面可设计为如表 3-2 所示的表格画面。

表 3-2 记账凭证

凭证号: 日期: 附单据数:

摘　要	结算方式	原始单据号	科目编码	借方金额	贷方金额
合　计					

录入员: 审核员: 记账员: 会计主管:

b. 浏览式输入方式

虽然表格输入方式更符合会计人员的习惯,且操作方便、容易接受,但受屏幕大小限制,一屏最多只能显示一张记账凭证,且有的记账凭证需要多屏才能完整显示,而用浏览式输入方式就可弥补这一缺陷。浏览式输入方式可将多个实体的数据同时显示于同一屏幕上,使用户有总体感,有利于进行数据间对比。

⑤输入的可靠性设计

可靠性设计,包括数据校验和数据错误修改两个方面。

a. 数据校验

原始数据录入的正确性是保证数据处理质量的关键,但操作员在输入数据时,难免不发生差错。据统计,一个训练有素的数据录入员通常也会有 5/10 000 以上的录入错误,特别是代码化的数据,含义不直观,因而输入时发生错误极不易察觉。因此,为保证输入数据的正确性,就要在输入时或输入后设置可靠性校验机制。校验分为规则合法性校验和逻辑正确性校验两种。

下面通过一个简单例子说明规则合法性校验与逻辑正确性校验之间的区别。

账务系统录入一笔业务为“从银行提取现金 500 元”的会计分录,按照会计“有借必有贷,借贷必相等”的规则,正确的分录应该是“借:现金 500 元,贷:银行存款 500 元”。但在分录录入时,如果录成“借:现金 500 元,贷:银行存款 50 元”,这便发生了规则不合法错误;如果录成“借:银行存款 500 元,贷:现金 500 元”,这便发生了串户错误,属于逻辑不正确错误。

对规则合法性错误,可以将相关规则镶嵌在软件程序中,通过系统自动校验出这类错误。同样类型的校验还有:科目代码合法性校验,在输入会计科目代码时,系统自动链接科目代码文件验证合法性;操作员合法性校验,当操作员登录系统时,系统自动链接合法用户的档案库文件验证登录者身份;凭证日期序时校验,当设置了同类凭证日期序时要求(规则)后,系统能自动校验序时性;等等。

有时输入系统的数据形式上是合法的,但却与事实逻辑不符,这种错误通常无法由系统自检出来,这时就需要采用辅助人工的方法进行校验,即进行逻辑正确性校验,如使用目测法、二次输入校验法(同一记账凭证先后输入两次得以确认),也可以使用嵌入校验码的方式进行逻辑合法性检验。

b. 数据错误修改

当数据被校验查出错误后,应能对错误进行修改。这里的错误分两种情况:一种是在录入的数据未被保存前发现的错误;另一种是数据已被保存后发现的错误。针对不同错误,设计系统时植入的修改方法是有区别的。在录入的凭证被保存前校验出的任何错误,均可全方位修改;但凭证已被正式保存后发现的错误,则要通过增(加)、删(除)、冲(销)、插(入),以及(修)改的方法予以纠正,此时凭证号和录入日期等关键信息是不能修改的,因为原来的凭证已经作为有效凭证被记录。

(4) 系统的输出设计

在系统设计中,输出同样占据很重要的地位,因为系统对输入数据进行加工处理的结果,只有通过输出才能为用户所使用。另外,准确、及时地输出各种会计信息,也是会计信息系统开发的最终目的。

输出设计的内容主要包括输出方式、介质和设备、输出的内容、输出的格式等。

①输出方式、介质和设备设计

目前可使用的输出方式有很多,如显示输出、打印输出、磁带和磁盘输出、光盘输出等。输出方式不同,所使用的输出介质和设备也不同。会计信息系统使用最多的是显示、打印和磁盘三种输出方式。

②输出的内容设计

一般而言,会计信息系统的输出内容主要有日记账、总账、明细账,以及内部会计报表和外部会计报表等。对输出内容的设计,主要是指根据输出对象的特点和使用要求,设计输出说明书。说明书中一般包含的内容为:确定输出信息的名称、功能、输出周期、输出方式、存放的数据库名、要编制的程序名、输出的宽度(输出数据每行输出多少字符)、输出的份数、输出的数据结构(所输出数据的库文件结构)、输出的格式(信息以什么样的格式输出),等等。这些输出的内容应填写在规范的输出设计说明书上。该说明书将作为后续程序员编程的依据和以后对系统进行维护的重要文档资料。

例如,资产负债表输出的内容设计说明书如表 3-3、表 3-4 和表 3-5 所示。

③输出的格式设计

设计输出格式时,首先应考虑各级财政部门的统一规定,以手工系统的格式为基础,同时考虑计算机及打印设备的特点和限制,设计出内容丰富、形式灵活、使用方便的各种格式。输出的格式通常有屏幕格式和打印格式两种,主要通过一定的表格或图形方式将所输出的信息表示出来。不论哪种表格,总是分表头、表尾和表体三部分。表头位于表格上端,用以说明表格名称或表格内容;表尾位于表格下端,如总计、合计或页数等;表体位于表头与表尾之间,是经过处理后的结果信息,是用户所需信息的主体内容。

表 3-3 输出设计说明书

信息名称	输出周期	输出方式	资料代码
资产负债表	月	打印输出	CH01
数据库文件名	应用程序文件名	输出宽度	输出份数
ZCFZ. DBF	ZCFZDY. PRG	132	10

表 3-4 输出设计说明书附表(输出数据结构)

序 号	项目名称	数 据 名	数据类型	位 数	小 数 位	说 明
1	资 产	ZC	C	20		汉字
2	行 次	HC1	C	2		
3	年 初 数	NCS1	N	14	2	
4	期 末 数	QMS1	N	14	2	
5	负债及所有者权益	FZ	C	20		汉字
6	行 次	HC2	C	2		
7	年 初 数	NCS2	N	14	2	
8	期 末 数	QMS2	N	14	2	

表 3-5 输出设计说明书附表(输出信息格式)

<table>
<tr><td colspan="8" align="center">资产负债表
企业名称: 年 月 日 单位:元</td></tr>
<tr><td>资产</td><td>行次</td><td>年初数</td><td>期末数</td><td>负债及所有者权益</td><td>行次</td><td>年初数</td><td>期末数</td></tr>
<tr><td>……</td><td></td><td></td><td></td><td>……</td><td></td><td></td><td></td></tr>
<tr><td>资产总计</td><td></td><td></td><td></td><td colspan="2">负债及所有者权益总计</td><td colspan="2"></td></tr>
</table>

3.2.2.3 会计信息系统设计说明书

会计信息系统设计工作全部结束后,要编写本阶段的系统设计说明书。说明书归纳了系统设计阶段的全部成果,是系统物理模型的文字概括和说明,是面向管理人员的技术手册,也是系统后续开发阶段的重要依据。说明书的主要内容包括:计算机软、硬件配置说明,系统功能模块结构图及详细说明,数据存储设计说明(包括文件结构、文件种类、文件组织形式等),代码设计说明(包括各类代码的名称、功能,相应的编码表、使用范围、使用要求及对代码的评价,等等),输出设计说明书及报表格式,输入设计说明书,等等。

3.2.3 会计信息系统的实施

前两个阶段完成了会计信息系统的逻辑规划和物理规划,这一阶段的工作就是要实施这些规划,即将规划变为现实。这一阶段的主要工作内容包括:系统的软、硬件配置,系统的程序设计,系统的程序测试,系统的试运行与评审。

3.2.3.1 系统的软、硬件配置

系统的软、硬件配置是指根据系统分析说明书所描述的新系统的目标、功能、环境与制约条件确定合适的系统处理方式和结构,确定合适的计算机系统与配置。

传统常采用的物理结构大致有四种:单机结构、单独局域网运行的会计信息系统结构、在企业管理信息系统中运行的会计信息系统局域网结构,以及企业网结构。这些内容在本书第1章(见1.5.1节)中有所介绍,这里不再重复。至于云计算环境中在线财务共享服务中心模式的架构原理,在本书第2章(见2.2节)也做过简单介绍,这里不再赘述。

3.2.3.2 系统的程序设计

系统的程序设计即在系统设计的基础上,根据模块结构及模块处理说明书等进行的具体程序编写工作。

(1)程序设计的基本原则

①通用化

在建立会计信息系统时,应尽量使程序设计与本系统各个功能模块及其他系统之间实现通用化,这将为以后全面建立企业经营管理信息系统奠定良好的基础。

②标准化

程序编写是一项细致且量大的工作,若各行其是,没有统一的标准,就会给系统调试乃至后续使用造成不便,因此,编程各阶段要始终遵循标准化的原则,包括程序框图标准化、程序使用文档说明标准化以及程序编码标准化。编程要使用统一的编码和符号,使程序易读、易维护,调试方便。

(2)程序设计的步骤

程序设计前要阅读有关资料,掌握有关知识,然后再开始动手编写程序。一般来说,应按以下步骤进行:

第一,了解实际使用的计算机系统的性能与环境,包括了解计算机性能、操作系统、程序设计语言和数据库管理系统等。

第二,充分理解系统设计说明书。程序设计是在系统设计的基础上进行的,因此,编程前在充分理解各模块的设计说明后,应考虑通过某种描述工具,将每个模块的处理过程描述出来,以使其设计思想具体化,常用的描述工具便是程序流程图(或称程序框图)。

第三,绘制程序框图。直接依据模块结构图和模块说明书编制程序比较困难,另外,即便比较熟练的程序员,在日后使用维护时也很难完全记清原来的编写思路。因此,编程前应先按模块处理过程编写出程序框图。

第四,编程。完成上述三个步骤后,就可以比较方便地以模块为单位选择合适的程序设计语言进行编程了。目前可供选择的编程工具有很多,限于篇幅这里不再介绍。

第五,检查。编程完成后,就可以通过人工方式静态地对程序进行扫描,找出其中的错误,俗称"走程序"。此时,往往会发现编程时容易疏忽的一些小错误。

通过上述步骤便得到各模块的程序,然后对程序进行逐级测试,就可以逐步连接装配成一个完整的会计信息系统

3.2.3.3 系统的程序测试

程序编制完成后,可能还会有许多语法或逻辑上的错误,需要在计算机上利用各种可能的数据和操作条件对程序进行检测,找出错误并予以纠正。另外,单个程序没有错误并不等于将程序组装起来也没有错误,所以要进行组装测试,以检查各级系统结构是否设计合理,模块间的接口是否存在问题,等等。

(1)程序测试

程序测试是一项复杂的工作,同时也是挑剔和揭短的工作,稍有不慎就会给系统留下隐患。另外,程序测试只能证明错误存在但绝不证明所有错误都不存在,因此测试错误只能做到尽可能地完全彻底。

程序测试时应注意以下事项:选择被测试的数据既要保证能尽可能多地测试各主要路径、主要模块和主要功能,同时又要防止测试工作量过大。应模拟输入各种错误数据和进行错误操作,以检查系统的排错、纠错能力。从操作到各种显示输出都应全面检查和验证,看其是否与设计要求一致。应对所有的计算和分析结果进行核对。

程序测试有很多方法,较常用的有黑盒测试(功能测试)法和白盒测试(路径测试或称逻辑覆盖)法。

所谓黑盒测试法,就是把程序视为一个"黑盒",不考虑程序内部结构和内部特性,只检查程序是否符合它的"功能说明"。使用黑盒测试法时的测试用例完全是根据程序模块说明书设计的,即按程序的要求输入测试数据,按规定检查输出,如果没有生成预期结果,则说明程序有错。想用黑盒测试法发现程序中的所有错误,就须将所有可能的数据输入并进行测试,这显然是不可能的,因为不可能将程序的所有数据都列举完,所以黑盒测试法只是一种非完全测试法。

白盒测试法又称路径测试法,是指设计一组输入数据,使程序的每个语句都至少执行一次,以检测程序中可能隐含的错误。由于从输入到输出的排列组合可能有多个路径,因而要使每个语句都执行一次,则至少应使程序中每种可能的路径都被经过一次,这显然也是不可能的,因而白盒测试法也是一种非完全测试法。

需要说明的是,到目前为止还没有一种可供使用的、科学的完全测试法,能将系统中的所有错误全部测试出来,更多问题还有待系统投入运行后逐渐发现和纠正,这也正是软件升级换代的一个原因。因此,对程序测试要达到的目标,只能尽量从系统的用途和重要性出发,提出相对高的要求,这些要求主要包括:对典型的测试数据要有正确的结果,对无效或错误的数据要有校验和纠错的能力,对设计说明书中的可能测试数据要有正确的结果。

(2)系统测试

①分调

按照结构化设计思想,系统由模块组成,而模块又由一个或几个更小的模块或程序组成。当单个程序调试结束后,尚需进行各个功能模块组装的调试,即将一个功能模块内各程序按次序串联起来进行调试,这项工作称为模块的分调。分调的主要目的是检

查模块中各程序的接口与模块说明书中的要求是否一致,以查找模块内部的逻辑错误。

在进行模块测试时,应预先在模块中安排测试点,以便能从测试输出结果或从程序中断现象中比较直接地确定错误的位置。

模块测试有三个方面的效果目标:模块的基本处理、特殊处理和出错处理。基本处理是系统最基本的、最主要的处理活动,是系统的正常功能。测试基本处理的数据必须完整、系统,以便能使各个方面都测试到。特殊处理虽然不是系统的正常功能,但在数据处理中很可能出现,如文件中无记录,文件不在当前盘上,打印机没有接通电源等。如果系统设计没有考虑到这些特殊处理,就会影响系统运行的稳定性。出错处理则是对输入错误的数据和误操作进行的处理,如输入非法的会计科目代码或输入借贷不平衡的会计凭证等。实际上,出错处理的测试就是检查系统是否具有内部控制功能的测试。

②联调

联调是在分调基础上进行的。当各模块分调工作完成后,要按系统的整体要求将各个模块组装起来进行测试,此项工作称为系统的联调。联调的主要目的就是测试组装后系统的整体性能。系统主要的联调方法有“自顶向下”和“自底向上”两种。下面重点介绍“自顶向下”的联调方法。

“自顶向下”的联调方法要求首先测试顶层(主控模块),然后逐层将下级模块添加上去进行测试,直到将所有模块都联结起来测试完毕为止。按照这种测试方法,在测试上层模块时,暂不要连接下层模块。当上层模块需要调用下层模块时,可在上层模块中设计模拟下层模块功能的桩模块,桩模块主要模拟下层模块的输入、输出参数和显示信息,而将模块本身的处理过程省略。当上层模块调用桩模块时,桩模块根据上层模块传过来的参数进行判断,并回送相应的参数给上层模块。在顶层模块测试完成后,就可以将其中的一个桩模块用实际模块替代,同时为这个实际模块配上所需要的桩模块。这样的逐步替换一直进行到将所有的实际模块联结起来,测试才算完成。

“自底向上”的联调方法是指把一个或多个模块组成模块组,先测试这个模块组,再联入软件系统中。模块组通常由完成系统主要功能的模块组成。

实践中很多时候在对系统进行联调时,往往将“自顶向下”和“自底向上”两种方法结合起来进行。需要说明的是,无论分调还是联调,若使用了应用生成系统进行自动编程,则程序的调试过程将会大大缩短,因为自动生成的程序都是经过反复验证的,因而一般不需要调试。此时系统调试的主要侧重点将集中在某些特殊功能模块的分调和系统联调上。

3.2.4 系统的试运行与评审

系统调试工作完成后,就可以进行系统试运行了。下面以账务核算系统为例,简要说明系统试运行应注意的问题。

对账务系统试运行的数据量,一般选择某一个月发生的全部业务为宜,而且月份最好选择12月,因为年底时的会计业务发生类型比较全面,数据量较大,且年终结算工作和报表输出要求也比较高;另外,选择12月也有利于检测系统跨年度的运行质量。

试运行所需的准备工作包括:准备好上月各科目的余额和年度累计发生额;对原手工账务核算的资料和格式进行规范和加工,以适应计算机系统的运行处理要求。

会计信息系统经过一定时间的试运行后,在正式运行前还需要经过主管部门的组织评审。系统评审通过后,就可以进行系统开发第四个阶段的工作,即会计信息系统的正常运行与维护。一个会计信息系统软件完整的生命周期到此结束,随着后续系统的维护以及用户经营条件和需求的变化,系统将进入下一个升级换代的生命周期。

思考题

1. 简述软件工程项目开发应遵循的指导原则。
2. 简述软件生命周期的含义及其各阶段的主要任务。
3. 软件工程学科知识体系的层次要素包括哪些内容?
4. 软件生命周期瀑布模型应遵循的设计准则是什么?
5. 简述快速原型模型开发的基本思想及其工作流程。
6. 简述结构化系统开发方法的基本思想。
7. 面向对象系统开发方法的主要特点是什么?
8. 系统设计应满足的质量标准主要包括哪些内容?
9. 简述编码的作用及其设计应遵循的原则。
10. 常用的编码方法有哪些?
11. 数据输入的正确性校验常用方法有哪些?
12. 什么是程序测试的黑盒测试法和白盒测试法?

4

企业实施会计信息化的基本过程与原理

企业实施会计信息化项目是一项较复杂的系统工程,涉及许多专门的环节与步骤,本章介绍这一基本过程与原理。

4.1 企业实施会计信息化的基本过程概述

企业实施会计信息化的主要内容包括:制定企业会计信息化总体规划,进行企业现状调研,设计会计信息化实施方案,做好会计信息系统运行前的业务准备,建立企业会计信息系统,进行会计信息系统日常运行维护,等等。每个阶段的工作内容各不相同,如表 4-1 所述。

表 4-1 企业实施会计信息化的主要阶段、目的及工作内容

阶段定义	目 的	工作内容
总体规划	制定企业会计信息化的总体规划	制定会计信息化工作要达到的目标,以及为实现这一目标进行相应规划
企业调研	了解企业的组织结构、业务内容及处理流程,获取计算机实施方案必要的参数信息	企业基本情况及组织结构、企业当前业务内容及处理流程、企业核算及管理方面需求的调研
实施方案设计	将企业需求与软件系统相结合,设计符合企业特点的信息化实施方案	系统配置方案、总体数据流程、各模块基本参数以及业务流程的确定
业务准备	确定和核实系统运行所需的各项基础数据	确定数据编码方案,准备静态数据、动态数据

续表

阶段定义	目　的	工作内容
建立系统	按已设定的实施方案和准备的各项数据初始化计算机系统	企业建账，建立各项基础档案，输入各模块期初余额
日常运行维护	在信息系统上运行企业业务，进行分析处理，不断优化流程，最终确定业务运行模式	日常处理，业务分析

首先，制定总体规划，即制定会计信息化工作所要达到的目标，以及为有效实现这一目标进行的相应规划，是对企业会计信息化工作组织与实施的总体可行性进行的研究。

其次，进行企业现状调研，目的是了解企业现有的组织结构、业务内容及处理流程，获取软件实施必要的参数信息；在全面调研的基础上，进行企业实施方案设计，将企业需求与通用管理软件相结合，创建符合企业特点的、个性化的企业会计信息系统。

再次，进行会计信息系统运行前的业务准备，即按照计算机信息管理要求，将企业启用计算机信息系统之前的相关基础数据进行规范整理，以利于后期集中输入，作为新系统运行的基础平台。

最后，建立企业会计信息系统，这是对方案的实现。为确保系统数据处理的准确性，计算机系统与原来系统要并行运作一段时间，直至取得一致的运行结果，以完成会计系统间的平稳过渡。

在企业会计信息系统成功运行后，还要对系统进行跟踪监督，以实现管理的持续改进。

4.2 制定企业会计信息化总体规划及企业现状调研

4.2.1 制定企业会计信息化总体规划

制定企业会计信息化总体规划主要包括以下内容：

第一，确定企业会计信息化的工作目标。企业要建立一个什么样的信息化系统，要依附于企业发展的总目标。会计信息化不仅能将财务人员从繁重的手工劳动中解放出来，更重要的是能通过核算和财务管理手段的现代化，提高会计信息处理的准确性和时效性，真正实现会计的事前、事中和事后的有效控制，提高会计的辅助管理和决策能力，为提高管理水平和经济效益服务。

第二，确定会计信息系统的总体结构，即系统的规模、业务处理范围、子系统构成及子系统间的联系和界面划分等。应从分析原系统的任务、业务处理过程及部门间的联系入手，确定新系统的特点和信息化目标。确定系统的总体结构，应在企业条件允许的情况下,具有一定的高起点和超前性。

第三,确定会计信息系统建立的途径。企业实现会计信息化有多种途径,可以自行开发会计信息系统软件,可以委托或联合其他机构开发会计信息系统软件,还可以选择购买通用商品化会计软件服务,等等。究竟采用何种途径,要依据企业实际情况和管理需要做出决定。

第四,进行系统的架构与软、硬件资源配置。要结合企业实际情况与未来发展预测,选择系统的架构模式和系统资源的配置档次。

第五,确定工作步骤,即规定系统的实施应具体划分为几个步骤完成,每一个步骤的目标和任务,各阶段资源的分配情况等,以便统筹安排。

第六,确定会计信息系统项目建设的管理体制和组织机构。

第七,制订专业人员的培训与配备计划。

第八,对资金的使用做出合理预算。开展会计信息化工作需要投入较多的资金,因此要对资金的使用做出合理预算。

4.2.2 企业现状调研

企业实施会计信息化项目,需要对会计主体的情况有一个基本的了解,可以通过调研了解企业的基本情况、现有组织结构,以及企业现有的业务处理流程与方式,明确企业核算的特点及管理要求,为制订信息化解决方案做前期准备。

企业现状调研主要包括以下内容:

第一,企业的基本情况,包括企业生产背景情况、企业会计的核算和管理背景情况等。

第二,企业的组织结构,包括企业的组织架构、组织中各岗位设置及其职责等。

第三,企业的业务流程。流程用来描述企业活动及其之间的相互关系,企业流程包括生产流程、工艺流程和业务流程等。其中,业务流程至关重要,是所有流程中容量最大、最关键的流程,企业每一种业务类型都对应着一种业务流程。了解企业现有业务流程,要注重对流程中各项业务的描述,如业务流程涉及的单据及其流转关系,当前业务流程存在的缺陷,改进的目标和方向,等等。

第四,企业的核算制度,包括企业现在正在使用的账务处理程序,以及企业对财务管理的要求,如对外币业务核算的要求,坏账准备的计提,差旅费报销制度,借款利息的处理,对外投资(股权投资、债权投资)的核算办法,税金及附加的核算,公司适用的税率情况,材料核算制度及流程,固定资产和无形资产的核算,生产经营用固定资产与非生产经营用固定资产的确定,计提折旧的政策与方法,费用的归集与分配方法,产品的投产及完工情况,产品成本计算方法及成本费用核算流程,产品发出的计价方法,存货和短期投资的跌价准备,长期投资、固定资产和无形资产减值准备的提取方法,销售收入确认、产品售价确定及销售核算的流程(内销、出口),或有负债的核算方法,利润结转及利润分配方法等。

第五,企业的管理要求,包括会计内部控制要求、采购环节管理和控制要求、销售环节管理和控制要求、库存管理控制要求、财务核算与财务分析管理与要求等。

通过企业现状调研，得到实施会计信息化过程中要设置的各主要参数信息。

4.3 企业实施会计信息化的方案设计

企业实施会计信息化的方案设计即将信息化管理软件与企业目标流程相结合，决定企业个性化的应用模式。实施方案主要包括企业基本情况说明、系统配置方案、总体数据流程设计、企业业务流程设计、基本参数设置、科目体系设计和特殊业务处理方法等。下面就方案的主要内容进行说明。

4.3.1 系统配置方案

系统配置方案的内容包括：会计信息系统软件的来源（选择自行开发、联合开发或购置通用商品软件服务等）及软件系统配置的功能模块；系统的物理架构，如选择单机结构、局域网结构或企业网结构等；所使用的数据库情况；系统管理员的确定；等等。

4.3.2 总体数据流程设计

总体数据流程设计是指根据企业的具体情况，设计计算机信息化环境中的总体数据流程。例如，经分析某企业财务业务一体化系统总体数据流程方案如图 4-1 所示。

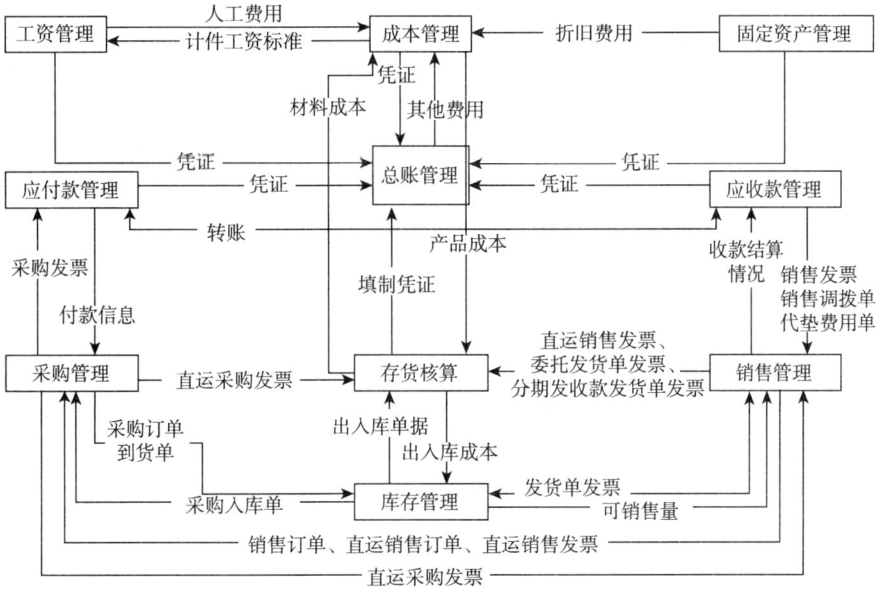

图 4-1 某企业财务业务一体化系统总体数据流程方案

4.3.3 企业业务流程设计

基于计算机会计信息系统的特点，对企业的具体业务流程进行重组和改造，设计出适应新系统的业务流程。例如，某企业销售业务流程采用先发货后开发票的业务模式，由销售部发货，库管部门进行出库确认。其销售业务流程如图 4-2 所示。

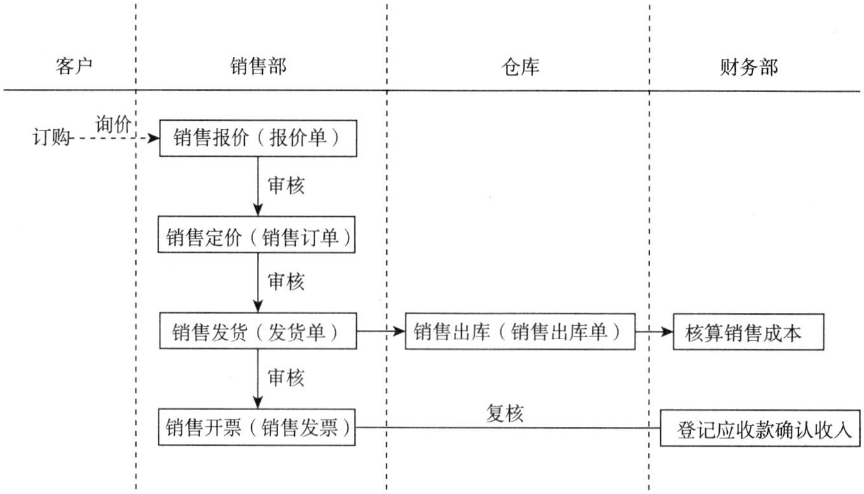

图 4-2　某企业销售业务流程

4.3.4 基本参数设置

为适应不同的企业类型及行业特征，商品软件内置了很多参数，不同参数(值)选择会形成不同的业务处理规则、处理范围、处理流程和方法。企业应根据自身的核算特点和管理要求，合理选择对应的参数。会计信息系统各子系统间关系密切，同一项业务活动的参数约定可能会影响其他子系统，因此应充分了解各项参数的含义，明确参数对业务流程、核算方式造成的影响。

4.3.5 科目体系设计

企业管理要求最终由会计报表体现出来，而报表数据大多来自总账系统账簿，账簿数据来自凭证，凭证记录的经济业务是通过会计科目表现出来的，所以会计科目是支撑会计核算和管理体系的基础，因此应科学规划和设计系统的会计科目体系。

4.4 会计信息系统运行前的业务准备

企业实施会计信息化，对会计工作的规范化程度要求比较高，因此，为适应计算机会计信息系统的运行环境,系统运行前需要做较充分的业务准备。

4.4.1 会计制度方面的准备

《中华人民共和国会计法》(以下简称《会计法》)是我国会计工作的根本大法,也是所有企业必须严格遵守的会计工作规范。《会计法》科学地概括了会计工作的职能和基本任务,它要求一切发生会计事务的企业都必须依法进行会计核算和会计监督。每个企事业单位在制定本企业的会计信息化制度体系时,都要严格遵守《会计法》以及财政部颁布制定的《企业会计制度》《企业会计准则》和会计信息化核算与管理方面的相关制度规定,在此基础上,对企业的会计科目、会计业务处理流程、会计核算方法、会计报表填制方法等,按照信息化的工作方式和数据要求进行规范。

4.4.2 规范企业的会计业务

规范的基本含义是制定统一的规则并严格遵守规则。鉴于会计在经济管理中的重要作用,国家对会计工作始终有规范化的要求,并制定了相应的规范体系。传统手工会计处理的局限性和各企业管理水平、会计人员素质的差异,使企业在不同程度上存在会计基础工作不规范、不统一的问题,这些问题将成为企业实现会计信息化的主要基础性障碍。因此,在企业建立会计信息系统时,必须首先规范企业的会计工作。

4.4.2.1 会计数据的规范化

会计数据的规范化主要包括会计数据收集的规范化和基础数据及历史数据的规范化两个方面。

(1)会计数据收集的规范化

为满足不同管理层对会计信息的需求,需要对会计数据的收集做出明确的规范,内容包括原始数据的收集渠道和内容,各种单、证的格式要求,等等。对数据收集的规范化工作,可以按以下步骤进行:

第一,分析企业管理对信息的要求。企业的类型、规模、经营性质不同,对会计信息的要求也不同。因此,要从企业参与市场竞争、强化经济管理、提高经济效益这一根本需要出发,对会计信息的收集提出具体要求。

第二,分析现有手工会计系统的数据收集、存储和流转情况。由于体制和历史的原因,在手工条件下,现有企业的业务数据往往以部门内的纵向流动为多,而以部门间的横向流动为少。同一经济活动的数据通常要在不同的部门进行归集、汇总和使用,数据重复环节多,各部门之间缺乏必要的数据交流,导致各部门之间数据遗漏、脱节,重复、交叉现象严重,使数据之间差异较大,致使任何部门都难以得到或提供出完整的信息。因此,在实施企业会计信息系统时,要分析现有手工环境中的数据冗余、遗漏和脱节的具体原因,采取措施理顺数据的收集方式、传递渠道和存储方式。

第三,设计科学合理的凭证和单据格式。凭证和单据是业务数据的源载体,因此,设计科学、合理的凭证和单据格式,是保证数据收集质量的前提。

企业的原始会计数据,不仅来源于企业内部,更多的来源于企业外部。对大量的外部原始凭证在内容和格式上无法进行统一要求,但也存在规范化的问题。这种规范化主要是指加强对外来原始凭证的审核，凭证上应有的格式内容要求完整，尤其对凭证上不具备但又是企业核算和管理所必需的内容（如往来企业的联系人、地址、电话、邮政编码等）应采取必要的措施将其记录补充完整。

（2）基础数据和历史数据的规范化

①基础数据的规范化

基础数据主要有两类：一类是进行管理和会计监督所必需的能源、工时、材料等耗用定额和费用开支的标准及预算；另一类是会计核算必不可少的各种材料、零配件、产成品、固定资产等的名称和编码。对第一类基础数据，要结合相关制度，制定出科学、合理、完整的标准，并规定相应的审核、批准权限；对第二类基础数据，应按照计算机作业的要求，进行科学、合理的规范设计。

②历史数据的规范化

历史数据的规范化主要包括对两种账户的清理。一是对往来账户的清理，即对企业以往的呆、乱、错账进行清理，以免使会计信息化系统建立的往来账户过于庞大。不同的会计软件对往来账户的处理不一样，有些软件将往来账户设置为明细账，而有些将其设置为辅助账。对于设置有辅助账核算功能的软件，系统在登记往来账户总账和明细账的同时，还要按企业或个人名称在辅助账数据文件中进行明细登记。所以，若不对往来账款进行必要的清理，那么在信息化系统中就有可能由于往来单位或个人的名称使用不规范而出现记串账的问题。需要规范和清理的往来账户资料主要包括企业名称、个人姓名、地址、电话和邮政编码等。这些资料要做到使用名称规范，相关资料齐全。二是对银行账的清理。企业应将自己的银行存款日记账与银行方面的对账单进行核对，对出现的有关未达账项及时查找原因。会计信息化系统一般都提供了计算机自动进行银行对账的功能，为保证会计信息化系统中银行账初始数据的准确性，应对银行账及时进行清理。

4.4.2.2　会计核算方法的规范化

在信息化环境中，各项会计核算工作都将由计算机完成，因此，客观上要求会计核算方法程序化和规范化，以适应计算机自动处理的特点。会计业务的具体核算方法在《企业会计准则》和有关会计制度中都有原则性的规定。会计核算方法的规范化主要是指在制度允许的各种核算方法中，确定最适合企业特点的具体方法及其工作程序，并使之相对稳定下来。会计核算方法的规范化，可以按以下几个步骤进行：

第一，对原有的核算方法进行分析。首先，要看其是否能符合现行会计制度和其他相关财经法规的规定；其次，要看其是否能满足信息化环境中企业更高层次的管理需要。在会计制度中，往往对一些业务的会计核算方法都提供了数种可选的方案，以保证所有企业都能在不同条件下有适合的方法可用。

第二，对会计核算方法中涉及的有关基础工作进行必要的整理。这种整理包括生产工艺过程的整理，材料进出库计量、检验工作的整理，固定资产归口分级管理及购置、建造、调入、调出、封存和报废工作的整理，等等。企业的会计核算方式方法与企业的生产工艺过程密切相关。例如，成本核算方法需要按企业的生产工艺过程确定，只有明确了企业产品加工工序、每道工序的定额工时、材料消耗定额和产品结构等情况，才能确定出科学、合理的成本核算方法。

第三，确定信息化条件下企业的会计核算方法。有了前两步工作做基础，就可以根据企业的实际状况和管理的需要确定信息化条件下企业的核算方法。在选择企业的核算方法时，应尽量考虑发挥计算机的核算优势，选择尽可能精确的核算方法。例如，可选择分品种方式处理材料的成本差异，选择单台折旧法核算固定资产的折旧，等等。需要指出的是，核算方法的选择还要考虑会计软件功能的限制，特别是商品化的软件，一定要在软件功能允许的范围内进行选择。

4.4.2.3 会计信息输出的规范化

会计信息输出主要分为账簿输出和报表输出两种形式，报表又可分为对外报送的财务会计报表（简称“财务报表”）和对内满足企业管理需要的内部报表（简称“管理报表”）两种。因此，所谓会计信息输出的规范化，主要包括账簿体系规范化、财务报表体系规范化和管理报表体系规范化三个方面。

（1）账簿体系规范化

我国《企业会计准则》和有关行业会计制度都对企业账簿体系的格式和内容做出了详尽、严格的规定。但是需要指出的是，目前我国会计制度中的许多内容一般都是基于手工方式制定的，制度中的有些规定在信息化条件下是很难满足的。例如，随着管理的细化，科目的栏目越来越多，就手工方式意义上的多栏账而言，一般打印机的打印宽度都难以满足它们的输出需要，所以多数会计软件在打印多栏账时都采取一定的变通方法。这些方法从严格意义上说可能并不完全符合会计制度的有关规定，但也并不违反会计核算的基本原则。这在一定意义上暴露出我国现行会计制度在信息化条件下不完善的一面。因此，在信息化方式下对会计账簿体系进行规范化时，一方面要考虑现行会计制度的有关规定，另一方面也要从用户的实际需要出发考虑问题。

（2）财务报表体系规范化

对外报送的财务报表的格式和内容，在现行会计制度中都有严格的规定，因此，财务报表体系规范化，应严格遵守会计制度中的有关规定。

大多数商品化会计软件在报表管理系统中，都采用由用户自己设定报表格式和报表数据计算公式的方法。因此，用户在确定报表的生成方法时，应按照软件对报表生成的要求，结合企业的具体情况，确定报表中各要素的数据来源、取值范围和运算关系等。

（3）管理报表体系规范化

对管理报表的格式和内容，在会计制度中未做特别的规定。因此，管理报表规范化的依据主要是企业各管理层对会计信息的要求。一般说来，可按以下步骤进行：

第一，分析企业原有管理报表体系是否能够满足信息化环境中企业更高层次的管理需要。主要分析原有管理报表体系在提供会计信息的深度、广度、时效性和准确性上是否能满足企业在信息化环境中及时、准确进行会计预测和决策的需要，是否能满足及时实施控制和加强管理的需要，是否能满足进一步提高企业经济效益的需要。若不能满足上述要求，则应及时查找原因，找出相应的解决办法。

第二，确定信息化条件下管理报表的种类、格式和内容。对需要定时编制、定范围报送的常规管理报表，应在以上分析的基础上，将这些报表的构成要素、时效要求和组织格式确定下来，同时制定出相应的编制报送制度。对原有报表体系无法提供的管理信息,特别是用于实施控制和加强管理的非常规信息,应结合数据收集和处理程序的规范化,制定出相应的信息提供办法。

第三,确定报表格式及其数据计算公式。按照以上确定的报表体系要求,结合会计软件的工作特点,进行报表格式及其数据计算公式的设置。

4.4.2.4 企业会计科目体系的规范化

科目体系是会计核算的基础。在会计信息系统中,各种账簿都是通过会计科目登记的,会计报表也是通过先定义会计科目,然后依此从各账簿中自动取数后自动生成的。所以,用户在进行会计信息化之前,需要按照会计信息化环境中的工作特点,对企业的会计科目体系进行科学、合理的设计。

在进行会计科目体系设计时,应考虑以下方面的要求:

第一,应能符合企业会计核算的要求。要根据不同企业的经济业务特点设置企业的会计科目体系,使之能覆盖企业全部经济业务及其相关结果,即企业的全部经济业务应都能在所设置的科目体系中得到反映。

第二,应能符合企业管理的要求。会计信息化的根本目的不单是符合企业核算的要求,更主要的还在于满足企业更高层次的管理需要,即能提供企业管理所需要的管理信息。在手工条件下,受处理条件和人工工作量的限制,会计科目往往不能设得过细,使用也不够规范,因而手工条件下的会计科目体系很难满足企业管理的高层次需要。但在会计信息化条件下可以忽略数据处理速度与工作量的问题,这就为会计科目体系在设置时能充分考虑企业管理的需要创造了良好的条件。例如,费用类的科目可按部门进行明细设置,可进一步考核各部门的费用开支情况;销售类的科目可按地区进行明细设置,可进一步反映市场的明细情况;应收账款科目可按供销人员进行明细设置,以进一步加强应收款的管理,尽量避免坏账、呆账的发生。这种科目体系的细化和优化设置,正是信息化环境中规范企业会计科目体系时需要重点考虑的因素。

第三,应能符合企业会计报表的要求。会计报表是会计核算的基本成果,一个好的会计软件,意味着报表数据应能方便地从机内账中自动生成,报表中的各个要素都能从相应的各级会计科目中找到。在设置会计科目体系时,要尽量考虑使会计报表的各个项目要素都能直接从一个或多个完整的会计科目中取得,这将为软件中会计报表的自动编制带来极大的便利。如果一个报表的项目要素内容只对应一个科目的部分内容,那么在设计软件自动编制报表功能时就会遇到十分棘手的技术问题。

第四,要保持相对的稳定性。保持会计科目体系的相对稳定,是会计核算的基本要求。在会计信息化系统中,数据处理都是由计算机自动完成的,而处理的基本依据是会计科目。为保证数据处理的正确性,在系统投入使用后,一般只有年末结账后才会允许对会计科目体系进行修改,而日常业务中通常只允许少量地增设同级科目。因此,在进行会计科目体系设置时,要充分考虑企业经济活动的发展需要,在科目体系中留出一定的扩充余地。

第五,应能符合会计制度的要求。我国会计制度对一级会计科目的名称、编码和使用范围都有明确规定,企业只能在制度允许的范围内进行适当的增删,但不允许私自进行修改。因此,在进行企业会计科目体系设置时,应充分考虑会计制度的相关要求。

4.4.3 基础数据方面的准备

企业实施会计信息化，在会计业务由原系统向新计算机系统转换时，需要对会计科目账户的期初余额和有关明细资料进行收集及整理，其结果会计核算工作在新系统中延续的数据基础。数据准备的内容涉及两个方面：一是确定数据编码方案；二是收集及整理基础数据。

4.4.3.1 确定数据编码方案

在计算机环境中，与会计核算和管理相关的任何对象都必须在系统中建立电子档案，没有建立电子档案的对象被系统认定为"非法"对象，不能被检索和处理。依据计算机系统的数据处理特点，被处理的对象必须进行编码化处理，系统是以编码作为唯一标识对象的。编码处理前要预先制订出标准的编码方案（又称"编码规则"）。当处理的同类对象很多时，还要对其进行分级分类管理，此时对类别也要制订编码方案并进行编码化处理。分类编码方案一旦设定并使用，一般不允许修改。

确定数据编码方案时，应确保编码的唯一性、易用性，还要考虑将来的可扩展性。

4.4.3.2 收集及整理基础数据

基础数据可以分为静态数据和动态数据两类。所谓静态数据，是指一定时间内数据内容不会随日常经济业务发生改变的数据，如客户信息、供应商信息、存货信息和会计科目信息等。静态数据对应于会计信息系统中的基础档案内容。基础档案涵盖的内容很多，既有为一个子系统所专用的基础档案（如采购类型、销售类型等），又有为多个子系统或所有子系统共享的基础档案。动态数据则是指随企业日常经济业务的改变而发生变化的数据，如各会计科目的期初余额、存货的结存数、往来未达账项等，通常要在各业务子系统初始化的工作中进行设置。

划分静态数据与动态数据的意义在于可以合理安排数据收集及整理的时间，静态数据可于制订系统实施方案后立即确定，而动态数据必须在系统上线前才能确定。

（1）基础档案的整理

基础档案整理工作应在确定分类编码方案的基础上进行，要遵循分类编码方案中既定的规则（包括级次和各级编码长度的设定）。这些基础信息包括组织机构设置、职员、客户、供应商、固定资产分类、人员类别、存货、仓库、采购及销售类型等。手工环境中这些分散的信息由各个部门管理，缺少规范的档案。表 4-2 列示了系统要求的设置基础档案的主要内容。

表 4-2 基础档案的设置

基础档案分类	基础档案目录	档案用途	前提条件	使用的系统
机构设置	部门档案	设置与企业财务核算和管理有关的部门	先设置部门编码方案	所有子系统
	职员档案	设置企业各职能部门中需要对其进行核算和业务管理的职员信息	先设置部门档案，才能在其下增加职员	除固定资产和成本模块外

续表

基础档案分类	基础档案目录	档案用途	前提条件	使用的系统
往来单位	客户分类	便于业务数据的统计和分析	先确定客户分类，然后确定编码方案	总账、应收、销售、库存、存货
	客户档案	便于客户管理和业务数据的录入、统计和分析	先建立客户分类档案	总账、应收、销售、库存、存货
	供应商分类	便于业务数据的统计和分析	先确定供应商分类，然后确定编码方案	总账、应付、采购、库存、存货
	供应商档案	便于供应商管理和业务数据的录入、统计和分析	先建立供应商分类档案	总账、应付、采购、库存、存货
	地区分类	针对客户/供应商所属地区进行分类，便于业务数据的统计分析	先建立地区分类档案	总账、应收、应付、销售、采购、库存、存货
存货	存货分类	便于供应商管理和业务数据的录入和统计分析	先确定存货分类，然后确定编码方案	总账、应收、应付、销售、采购、库存、存货、成本
	计量单位	设置存货的计量单位组和计量单位信息	先设置计量单位组，然后在组内设置计量单位信息	应收、应付、销售、采购、库存、存货、成本
	存货档案	便于存货核算、统计分析和实物管理	先确定存货分类，确定编码方案，然后设置计量单位	总账、应收、应付、销售、采购、库存、存货、成本
财务	会计科目	设置企业核算的科目目录	先设置科目编码方案	总账、工资、固定资产、应收、应付、存货、成本
	凭证类别	设置企业核算的凭证类型		总账、工资、固定资产、应收、应付、存货、成本
	外币	设置企业所用的外币种类及汇率		所有子系统
	项目目录	设置企业需要进行核算和管理的对象、目录	可将存货、成本对象、现金流量直接作为核算的项目目录	所有子系统
收付结算	结算方式	资金收付业务中用到的结算方式		总账、应收、应付、销售、采购
	付款条件	设置企业与往来单位协议规定的收、付款折扣优惠方法		应收、应付、采购、销售
	开户银行	设置企业在收付结算中对应的开户银行信息		应收、应付、销售

续表

基础档案分类	基础档案目录	档案用途	前提条件	使用的系统
业务	仓库档案	设置企业存放存货的仓库信息		采购、销售、库存、存货
	收发类型	设置企业的入库、出库类型		采购、销售、库存、存货
	采购类型	设置企业在采购存货时的各项业务类型	先设置收发类别中为“收”的收发类别	采购
	销售类型	设置企业在销售存货时的各项业务类型	先设置收发类别中为“发”的收发类别	销售
	产品结构	用于设置企业各种产品的组成内容，以利于配比出库、成本计算	先设置存货、仓库档案	库存、存货、成本

根据上述对基础数据方面的要求，企业可结合现有的资料进行整理。

(2)期初数据的整理

企业在实现会计信息化前通常已延续了多年的手工核算方式，在采用计算机信息管理后，为保证手工业务与计算机系统对接，保证会计业务处理的连续性，要将截至目前的手工核算的科目账户余额及有未两清明细业务账户资料整理出来，输入计算机系统中作为系统运行的期初数据。

对科目账户余额的整理，是指要将所有会计科目截至目前的科目余额计算出来，然后作为该科目在会计软件初始运行时的期初余额。

对有未两清明细业务账户资料的整理，包括手工方式下银行日记账的未达账、银行对账单的未达账、各种应收应付账款的未清账项、采购业务中的暂估入库和在途存货、销售业务中的已发货未开票和已发货未结算业务，以及库存和存货业务管理中的各存货结存数等明细资料的收集整理。在实现原系统向新计算机系统转换时，这些账簿只输入一个期初余额是不够的，这些明细资料的整理输入是将来系统软件进行自动银行对账、清理往来账，以及延续以往业务核算的基础。

对科目账户余额和未两清明细业务账户资料的整理，应注意以下几方面的问题：

第一，收集的资料要完整、及时和准确。这些资料是会计软件的初始资料，是软件运行的初始数据平台，它将对后续计算机会计业务处理有直接的影响。因此，收集的资料要完整、及时和准确，要经过多次审核后才能输入计算机。当软件进入日常业务处理程序后(录入凭证、登记账簿等)，科目期初余额不允许再改动。

第二，科目账户余额整理前应先做好有关科目的费用计提和分配等工作。应对成本费用类科目进行必要的结转处理，它将有利于减少科目余额的收集工作量，有利于提高初始数据收集的准确性，同时也有利于通过会计恒等式进行相关的平衡检验。在此意义上说,原系统与新计算机系统的转换时间,一般最好选择在正常会计期末结账后为宜。

第三,对有数量和外币核算信息的会计科目,要同时整理其期初数量和外币数据。对原材料、包装物、低值易耗品和产成品等科目,除正常金额核算外,通常还有数量或外币方面(对有外币业务的企业)的辅助核算,以便为企业材料采购和产品销售等业务提供数量和外币方面的参考数据。因此,针对这些科目,还应对期初数量和外币方面的数据进行整理。

第四,对有未两清明细业务账户的科目,要对业务资料与相关的科目余额进行一致性检查。明细会计资料在经过整理并清除已达账后,应将所有未达账的借方发生额与贷方发生额进行汇总,并由此计算出差额,再将这一差额与相关科目的期初余额进行比较,如果发现二者不一致,说明在清理已达账时可能存在漏清或重复清理的错误,应及时进行纠正,以确保数据在输入计算机前明细会计资料的完整性和正确性。

在财务业务一体化环境中,管理信息系统涉及多个业务部门,数据种类和内容都比较繁杂,为保证系统期初数据的完整和准确,需要按规范的格式指定专人进行整理。下面列示各模块需要整理的期初数据,如表 4-3 所示。

表 4-3 各模块需要整理的期初数据

<table>
<tr><th>模块名称</th><th>期初数据内容</th><th>录入载体</th><th>数据准备负责人</th></tr>
<tr><td>总账</td><td>各科目期初余额、累计发生额
辅助账期初余额、银行未达账项</td><td>期初余额表、银行对账期初余额表</td><td>财务人员</td></tr>
<tr><td>应收款</td><td>按单据整理的各客户应收款、预收款</td><td>销售发票、其他应收单
收款单、应收票据</td><td>财务人员、业务人员</td></tr>
<tr><td>应付款</td><td>按单据整理的各供应商应付款、预付款</td><td>销售发票、其他应收单
收款单、应收票据</td><td>财务人员、业务人员</td></tr>
<tr><td>采购管理</td><td>暂估入库(指货到票未到的存货)
在途存货(指票到货未到的存货)</td><td>期初采购入库单
期初采购发票</td><td>采购人员、财务人员</td></tr>
<tr><td>销售管理</td><td>已发货未开票
已发货未结算(委托代销、分期收款)</td><td>期初发货单
期初委托代销发货单</td><td>销售人员、库管员、统计员、财务人员</td></tr>
<tr><td>库存管理</td><td>各存货期初结存
不合格品结存</td><td>期初结存表
期初不合格品结存表</td><td rowspan="2">库管员、统计员、财务人员</td></tr>
<tr><td>存货核算</td><td>各存货期初结存</td><td>期初余额表、期初差异表</td></tr>
</table>

4.4.4 人员培训与机构岗位设置

会计信息系统项目实施是一项复杂的系统工程,不仅涉及财会部门和人员,还涉及企业其他相关部门和人员。新系统相对老系统而言,在组织机构、知识结构等方面都是一次革新,因此需要对相关人员进行必要的运行前培训。培训内容可以因人而异,也可以按照不同岗位的工作和责任性质区分不同的培训层次。

应根据企业的实际情况和会计信息系统的特点,对企业原来的会计机构和岗位进行调整。不同企业会计业务量和会计管理要求不同,机构和岗位设置也不完全相同,一般情况下可考虑设置如下岗位:

4.4.4.1 总会计师岗位

总会计师负责确定企业会计信息化的发展方向,承担会计软件的开发应用和计算机设备选型等方面的任务,以保证会计信息化工作的健康发展。

4.4.4.2 会计主管岗位

会计主管负责组织本企业会计信息化工作的具体实施,包括参与制定会计信息化的发展规划和总体方案,组织会计核算软件的开发或选型,检查监督会计信息化的日常工作(包括确定岗位分工、人员培训、档案管理等)。如果企业未设置总会计师岗位,会计主管还要担负总会计师的岗位职责。

4.4.4.3 系统管理员岗位

系统管理员的主要职责是:参与制定本单位会计信息化的发展规划及系统总体方案;组织协调会计软件的开发研制或选型,参与系统分析或系统初始化设计工作;制定会计信息化管理制度,并负责检查和监督执行;确定会计信息化系统中的岗位设置及责任,制定岗位责任制,协调管理各岗位有关人员的工作;负责会计软件日常运行和管理工作,每月及时组织收集、整理、输入会计软件运行所需要的各种会计信息和企业数据;当系统发生故障时,组织有关人员尽快恢复运行;负责系统各种输出资料(如报表、凭证)的签字和确认工作;负责会计软件的运行安全,授予或取消操作人员的使用权限;等等。对于大型企业,通常需要专门设置会计信息化系统管理员,以完成上述工作。如果企业会计业务量较小,会计人员数量又不多,则系统管理员也可以由会计主管兼任。

4.4.4.4 系统维护员岗位

系统维护员岗位负责计算机硬件、软件的正常运行,管理机内会计数据。该岗位要求具备较高的计算机知识水平。该岗位在大中型企业中应由专职人员担任。系统维护员一般不对实际会计数据进行操作。

4.4.4.5 系统操作员岗位

系统操作员负责输入、审核、备份系统运行所需要的数据,相关资料通常包括记账凭证、银行对账单、职工考勤记录、企业生产资料等;负责会计软件的日常运行操作,包括汇总登账、结账、工资核算、固定资产核算、材料核算、成本核算、销售核算和报表生成等;负责打印输出、屏幕查询、数据备份工作,处理生成的各种会计凭证、会计报表、总分类账和明细账等。对系统操作员岗位可以根据企业的具体需要进行不同岗位的设置和分工。

4.4.4.6 信息化审查岗位

信息化审查岗位负责监督计算机及会计软件系统的运行,防止利用计算机进行舞弊。审查人员要求具备会计、审计和计算机等方面的知识。此岗位可由会计稽核人员兼任,也可在企业内部审计部门设置。

4.4.4.7 档案保管员岗位

对于会计数据发生量比较大的单位,应专门设置会计档案保管员,负责保存打印输出的各种会计档案和磁盘备份文件,同时负责保存所购买的会计软件磁盘或会计软件的完整开发资料,并负责完成档案登记、账表装订、磁盘定期复制检查等工作。

4.4.4.8 其他操作人员岗位

根据企业会计软件工作的具体操作需要,还可设置诸如专职会计员和凭证审核员等岗位。因为目前多数会计软件仍采用输入的记账凭证数据作为会计数据的主要来源,所以企业可设置专职的会计人员,负责根据原始凭证编制记账凭证的工作,以保证会计凭证中会计科目、摘要、金额的完整和正确无误。凭证审核员可以设置两个职能:一是审核手工编制的记账凭证是否正确,是否符合会计核算软件的操作要求;二是对已经输入计算机的记账凭证进行审核。

会计信息系统对系统运行过程和环境的可靠性、保密性等要求都非常高,无论企业、系统还是法规制度,都要求严格区分不相容岗位,以免出现交叉操作的疏漏。这些岗位包括系统管理员与具体操作员之间、凭证录入员与凭证审核员之间、出纳员与记账员之间、系统开发维护人员与各岗位操作员之间的岗位等。除此之外,原则上如果不是不相容岗位,那么岗位可以根据需要相互兼任。

应建立与计算机会计信息系统相适应的会计制度体系,包括系统运行与操作管理制度、机房管理制度、会计档案管理制度、计算机病毒防治制度等。

4.5 建立企业会计信息系统

基础工作做好后,接下来就可以进行建立会计信息系统的具体工作了。它包括以下内容:

4.5.1 会计信息系统的硬件设备的选择和软件的配置

4.5.1.1 计算机硬件设备的选择

计算机硬件设备一般包括输入、处理、存储和输出设备等,此外还有机房、通信和供电等设施。计算机硬件的设备有多种不同的组合方式,构成了不同的信息系统结构体系,也决定了不同的计算机工作方式和总体功能。

4.5.1.2 计算机软件的配置

计算机软件主要包括系统软件和会计软件两类。

系统软件主要包括计算机操作系统、数据库管理系统、计算机语言系统,以及工具软件和办公自动化软件等。

会计软件的选择涉及许多因素,如软、硬件平台的配置,会计软件的取得方式,企业的规模和管理方式,企业的功能需求,等等。目前会计软件的取得方式主要有三种:一是自行开发会计信息系统软件。这种方式具有针对性强、适应性好,软件能够得到及时维护和更新等方面的优点。但缺点是软件开发周期长、软件开发质量难以保证。因此,中小型企业不宜采用这种方式。二是委托或联合外部机构开发会计信息系统软件。采用这种方式,企业可以选择外部技术力量雄厚的科研单位、高校和软件开发公司,从而保证会计软件的开发质量,并且能使开发的会计软件符合企业核算与管理的要求。但缺点是开发费用可能较高,开发周期也可能很长。因此,这种方式多适用于大中型企业集团或板块性行业等。三是购买通用的商品化会计信息系统软件服务。这是目前用户采用最多的一种方式,也是企事业单位实现会计信息化的一条捷径。这种方式的优点是能在短时间内以较低的成本建立会计信息系统,企业内部不必设置专门的软件开发部门,会计人员只要学会使用软件就可完成一些基本的会计工作;但缺点是软件与企业具体情况之间的默契性较差,需要认真地进行科学、合理的初始化工作,才能发挥系统的功能。这种方式通常适合一些中小型企业。

4.5.2 原系统与新计算机会计系统之间的转换

在系统软、硬件配备完成后,就可以进行系统转换工作了。会计信息系统是企业重要的信息系统,它的数据关系到企业的方方面面,会计信息系统数据处理的任何一个差错都会给企业造成不可估量的损失,所以系统转换应稳步进行。一般而言,正式转换前原系统与新计算机系统要平行运行至少三个月或半年以上的时间,这段时间内原系统所产生的账目要与新系统产生的账目完全相符,并要保存完整的与原系统处理一致的数据资料。

在系统转换时,转换时间的选择是一个重要问题,要根据用户的实际情况确定。根据实际工作经验,将两个时间作为系统的转换时间比较稳妥:一是在年初,因为会计工作是以年度为循环周期的,在年初运用新系统,将会大大减少初始化的工作量;二是在第三季度末,因为系统实施前有一个过渡时期,试运行一个季度会比较合适。

系统的转换方式一般有三种,即直接转换、平行转换和逐步转换。

4.5.2.1 直接转换

直接转换是指在规定的某一时刻,旧系统停止使用,新系统开始启用。这种转换方式最简单,因而费用也最省。但使用这种方式时,一旦计算机会计系统出现问题,而老系统又停止了工作,危害将会特别大。所以要保证这种转换方式获得成功,就必须绝对保证在转换前已做好了扎实的准备工作,如系统测试、人员培训和转换前的组织管理等。

4.5.2.2 平行转换

平行转换是指让新、老系统同时运行一段时间,处理同一批数据,通过对比运行结果,判断旧系统是否可以停止使用,新系统是否可以单独运行。由于在转换期间两套系统并存,因而这种方式是安全可靠的。但这种方式的缺点是运行费用太高,因为在新、老系统同时运行期间,需要设置双份的人员和设备。

4.5.2.3 逐步转换

逐步转换即分阶段让新系统一部分一部分地替换旧系统。这是介于上述两种方式之间的一种转换方式,它既避免了直接转换的风险,又可节省平行转换的双倍费用。这种方式的缺点是,由于新、老系统之间是一部分一部分地进行转换,因此每一部分转换都会产生新、老系统的接口问题,因而控制技术比较复杂;此外,这种方式所需用的转换时间也比较长。

总之,无论采用哪一种转换方式,都要根据系统、企业以及其他各方面的条件确定。

4.6 会计信息系统的运行管理

会计信息系统的运行管理,主要包括运行维护管理、运行安全管理和系统软件的版本升级管理等方面的内容。

4.6.1 会计信息系统的运行维护管理

进行系统维护就是为了保证系统的正常运行,使系统始终处于最佳的运行状态,它是会计信息系统使用后日常必须做的一项工作,也是系统生命周期中最重要、最费时的一项工作。它贯穿于系统的整个生命周期,不断重复出现,直至系统过时和报废为止。统计资料表明,在软件系统生命周期各部分工作量中,软件维护将占50%以上。

按系统维护的性质可分为正确性维护、适应性维护和完善性维护三种。其中:正确性维护是指在软件运行发生异常或故障时所进行的诊断维护;适应性维护是指当企业会计工作发生变化或系统硬、软件运行平台发生变化时,为适应这些变化而进行的软件修改维护;完善性维护是指为了满足用户对系统软件功能进一步提高的要求而需改进软件原来功能所进行的修改维护。

按系统维护的方式又可分为操作性维护与程序维护两种。操作性维护是指通过操作软件自身各种自定义功能调整软件运行功能,以适应系统运行条件变化所进行的维护,它实质上仍是一种适应性维护;程序维护是指通过对软件程序进行修改所进行的维护,主要包括正确性维护、适应性维护和完善性维护三种。

在企业工作量较小时,也可以不配备专职的软件维护员而由指定的系统操作员兼任。自行开发会计软件的用户单位,一般需配备专职系统维护员,他不仅负责系统的硬件维护工作,而且还负责日常的各类代码、标准摘要、数据及源程序的正确性维护和适应性维护工作,有时还要负责系统的完善性维护工作。

系统维护工作一般制定系统维护管理制度组织实施。系统维护管理制度的主要内容包括系统维护的任务、系统维护的操作权限和软件修改的手续等。

系统维护的任务主要包括:实施对系统硬件设备的日常检查和维护,以保证系统的正常运行;及时排除系统故障并恢复系统运行;在系统扩充时,负责新系统的安装、调试和运行；在系统环境发生变化时，随时做好适应性维护工作。

在对系统硬件进行维护时，一般较大的维护工作由销售厂家完成，使用单位通常只完成一些小的维护工作，使用各种软件工具即可满足要求。用户一般不配备专职的硬件维护员，硬件维护工作一般由软件维护员（系统维护员）兼任。系统硬件维护的任务主要包括：定期检查系统硬件运行情况，并做好检查记录；在系统运行过程中，当出现硬件故障时，及时进行故障分析并做好检查记录；设备更新、扩充和修复由系统管理员与维护员共同研究决定，由系统维护人员实施安装和调试。

4.6.2 会计信息系统的运行安全管理

会计数据属于企业机密，除基本报表外不得对外公布，因此应加强信息系统数据的安全管理。在手工条件下，企业会计数据的安全管理是通过制定会计档案管理制度得以保证的，在信息化条件下，由于所有会计数据都被存储在计算机的硬盘或软盘上，受计算机数据传递特殊性和计算机病毒等方面的影响，信息化环境中会计数据的安全管理出现了许多新的特点，因此应制定与新环境相适应的会计数据安全管理方法。

4.6.3 会计信息系统软件的版本升级管理

会计软件版本升级一般出于以下原因：

4.6.3.1 会计软件由于改错而升级版本

会计软件在开发过程中，不可避免会存在一些或大或小的错误，这些错误往往是在软件产品发布推出并经使用后才逐步暴露出来的。一般说来，经过一定时间的问题汇总后，软件公司会集中处理这些错误，并在此基础上进一步改进软件的原有功能，然后推出软件的新版本。软件公司将会针对这种改错版免费为用户进行版本升级服务。对用户来说，这种改错版的升级一般不会导致用户账套体系的本质变化，因此基本上不用改动原有的账目。

4.6.3.2 会计软件由于功能改进、扩充而升级版本

随着国内会计制度改革的深入及软件开发水平的不断提高，软件公司需要对原有软件中的功能模块进行一定的改进、扩充和完善，以推出更加优秀、更加符合用户需要、更具市场竞争力的软件产品。由于软件公司在此类软件版本的升级过程中增加了许多新的技术成分，因此可能会按功能增强的程度或扩充内容的多少适当收取一定的升级费用。对用户来说，这种功能改进、扩充版的升级，可能会导致用户账套体系的某些变化，因此需要根据这些变化对账套中的原有账目进行适当的改动。

4.6.3.3 会计软件由于运行平台升级而升级版本

随着计算机硬件技术的飞速发展和操作系统软件的不断升级，会计软件也将升级而推出新版本。新开发出来的软件版本，通常会充分利用平台技术的强大优势改善自身的性能，特别是在易用性和功能扩充方面。此类软件版本升级后，功能的改变比较大，软件公司用于升级的成本费用一般会远远高于前两种情况，所以此时用户通常需要支付较高的升级费用。另外，由于这种版本升级涉及会计信息系统的许多软、硬件内容，因此用户通常也需要投入较多的精力和财力。

一般在下列情况下，用户需要考虑对现有的会计软件版本进行升级：原有软件功能已不能满足企业的实际需要；原有软件存在质量或功能缺陷；经对比审核，确认新版软件更能满足用户的实际需要。需要指出的是，若原有软件能很好地处理用户现有业务，且运行情况良好，那么用户就没有必要盲目跟随潮流而进行软件升级，因为升级后的软件往往还会出现其他问题，甚至会由于与用户的实际情况磨合不够而干扰用户信息系统的正常工作或增加不必要的工作量。

思考题

1. 企业实施会计信息化的主要过程包括哪些内容？
2. 企业会计信息系统运行前为什么要先规范企业的会计业务？
3. 在规范设计满足会计信息系统要求的会计科目体系时应考虑哪些要求？
4. 在企业实施会计信息化对基础数据进行收集和整理时，对静态数据和动态数据是如何区分的？
5. 原系统与新计算机会计系统之间的转换有哪些转换方式？它们各有何特点？
6. 在对后期会计信息系统的运行进行维护管理时，按系统维护的性质可将维护工作分为哪几种？
7. 对会计软件的版本升级管理通常是出于哪些原因？

5

会计信息系统的内部控制

从传统手工到计算机环境中的会计信息系统，系统内部控制的基本要求和目标没有变，会计核算的复式记账以及借贷平衡的基本原理和方法没有变，但由于会计信息处理方式和方法的计算机自动化，使得会计业务处理程序和工作组织方式发生了质的变化，所以会计信息系统内部控制也出现了一些新的特点和变化。本章阐述计算机环境中会计信息系统内部控制的基本内容。

5.1 会计信息系统内部控制概述

5.1.1 会计信息系统内部控制的概念与控制目标

计算机信息化技术的应用，改变了原手工会计的作业环境，这种环境的改变使原手工方式下的某些风险可能变得无足轻重甚至消失，但又会产生一些新的风险，这些风险贯穿于会计信息系统生命周期从分析、设计、实施、运行、维护直至生命终结的全过程。

所谓会计信息系统内部控制，是指为了保证会计信息系统的正确、可靠和安全，提高会计信息系统的运营效率，确保会计信息的准确可靠，利用各种技术和手段对会计信息系统实施管理和控制的过程。会计信息系统内部控制以信息系统本身为控制对象，根本目的在于通过实施完善有效的内部控制，消除或降低系统风险带来的危害。

由以上概念可以看出，会计信息系统内部控制的主要目标应包括以下方面：

第一，保证系统的合法性。系统的合法性有两层含义：一是设计的会计信息系统是合法的，即系统是按照当前会计法规和财经制度的有关规定，以及财政部颁布的有关会计软件相关要求开发设计出来的；二是会计信息系统所处理的经济业务是合法的，即符合企业既定的会计政策，符合公认的会计准则、法律和法规，等等。因此，在会计信息系统的设计和运行阶段，都要建立严格的内部控制制度和措施，以确保系统及其所处理经济业务的合法性。

第二，保证系统的安全性。会计信息系统安全可靠是其正常运行的前提和基础，因此在系统设计及正式投入运行前，应充分考虑可能对系统安全构成威胁的各种因素，通过建立严密完善的软、硬件及数据安全措施减少和消除可能的风险隐患。

第三，保证系统数据的真实性和准确性。会计数据真实和准确是会计工作最基本的要求，为保证系统处理数据的准确、完整和安全以及财务报告信息的真实、可靠，应将系统内部控制重点放在软件开发质量和人员的行为规范控制上，充分发挥内部审计的监督作用。在系统设计过程中，可将一些控制措施嵌入程序中，如授权控制、数据处理控制、数据准确性控制、数据安全性控制、业务发生与预算监测控制、主要数据处理步骤的留痕控制以及重要数据文件和程序文件非法修改控制等。在系统运行过程中，应通过建立有效的组织管理制度，加强对数据的输入控制，确保输入数据的真实性和准确性。

第四，保护企业的资产和资源。会计信息是企业资产、资源的价值反映，所以保护企业的资产和资源也是会计信息系统内部控制的重要职能。

第五，提高系统的效率和效益。完整、真实、及时、有效的会计信息支持，是企业管理和决策的重要保证，因此，提高会计信息系统运行效率和效益也是系统内部控制的重要目标。

内部控制是会计信息系统质量的重要保证，但是对其作用也要有客观和正确的认识。这种认识主要体现在六个方面：一是设计内部控制措施时，如果明显违背了成本效益原则，那么所设计的控制措施就应该考虑是否放弃；二是设计内部控制措施一般只针对经常发生的事项，而忽略掉那些偶然发生的事项；三是即使设计的控制措施有效，但受执行者的理解错误、疏忽大意、操作疲劳或其他人为因素影响，也可能使措施失效；四是即使设计的控制措施有效，但如果不相容职务操作者相互勾结，串通舞弊或判断错误，也可能使措施失效；五是如果系统管理者越权或滥用职权，同样也会导致内部控制措施形同虚设；六是内部控制措施的实施与环境条件等因素息息相关，如果系统的运行环境发生了变化，那么同样也会使控制措施失效。

设计完善有效的内部控制机制和措施固然是会计信息系统正常运行的必要保证，但也要客观地认识到其作用和效果的局限性。

5.1.2 信息技术对会计信息系统内部控制的影响

计算机及网络通信技术的应用不会改变会计内部控制的目标和原则，但会计数据处理方式及会计工作组织方式等因素的变化会使内部控制的方法和措施发生质的变化，很多在传统手工环境中形成的方法和措施会失去作用，需要根据计算机信息系统的特点，增设和完善新的控制方法和措施。具体说来，信息技术对会计信息系统内部控制的影响可以归纳为以下三个主要方面：

5.1.2.1 内部控制对象的变化

在传统手工会计中，人是会计数据处理的核心要素，所设计的控制点几乎都是围绕人这一对象展开的。但在计算机环境中，除了人的要素外，还有软、硬件和数据组成的计算机系统，因此需要同时考虑对机器系统实施有效的内部控制。

5.1.2.2 风险分布点的变化

手工环境中，所有业务处理都是手工完成的，因此内部控制风险点主要分布在人及其所处理的业务过程及环节中。但计算机环境包括人工处理、信息系统处理及人机交互处理多个过程及环节，因此内部控制点也要在多个过程及环节展开，以形成完整有效的信息系统内部控制体系。

5.1.2.3 内部控制手段的变化

手工环境中岗位与岗位、职能与职能、人与人之间的制约，主要通过手工签名或口头约定实现，但在计算机环境中通常靠密码授权机制完成。例如，系统中的岗位分工和相互牵制机制，几乎都是通过密码授权手段实现的。密码授权不同于手工方式下使用的原始人为式的手工签名，计算机系统具有"只认口令不认人"的特点。就是说，操作者无论通过何种方式（当然也包括非法的方式），只要获取了授权文件或系统的注册密码，就获得了密码授权范围内的一切权利。因此，密码一旦失控而被非法者获取，或一人掌控了多个具有相互制约关系的岗位密码，那么后果不堪设想。

5.2 会计信息系统内部控制的分类与内容

5.2.1 会计信息系统内部控制的分类

对内部控制的正确分类有助于建立完善有效的内部控制体系。按照不同标准，可以对会计信息系统的内部控制进行不同的分类。

5.2.1.1 按照控制的层次分类

按照控制的层次，可以将会计信息系统内部控制分为战略控制、管理控制和业务处理控制。其中，战略控制是指为使企业信息化战略更好地与企业所处的内、外环境及企业目标协调一致，将战略实施后的绩效与既定战略目标进行比较与评价，而对企业信息化战略实施过程进行的控制；管理控制是在战略目标基础上确定企业各阶段、各层次信息化的运作目标，据此对信息系统的管理活动实施的过程控制；业务处理控制是对信息系统、信息处理过程及处理的信息实施的控制。

5.2.1.2 按照控制的实施范围分类

按照控制的实施范围，可以将会计信息系统的管理控制和业务处理控制进一步分为一般控制和应用控制两类。

一般控制又称为环境控制（或制度控制），是对整个会计信息系统及环境构成要素实施的控制，对系统的所有功能模块具有普遍的影响，为进一步实施有针对性的应用控制创造了必要的基础环境。一般控制常以制定规章制度、采用网络安全软件等形式体现出来。一般控制普遍适用于任何单位的会计信息系统和环境。

应用控制是对会计信息系统中具体数据处理过程进行的控制，不同的应用系统可能有不同的数据处理方式和数据处理环境，因此就会有不同的应用控制要求和方式。应用控制主要以程序形式发挥作用。按照信息系统处理环节，应用控制又可分为输入控制、处理控制和输出控制等类型。

一般控制与应用控制之间的关系可以理解为：一般控制是整个信息系统控制体系的基础，为系统数据处理提供了良好的环境，只有在一般控制有效的情况下应用系统才能有效地发挥作用；应用控制在一般控制的基础上实现了对系统内部控制的深化，它将控制措施直接深入到系统的具体业务数据处理环节，为数据处理的准确性、完整性和可靠性提供可靠保证。一般控制与应用控制是会计信息系统内部控制体系相辅相成的两个方面，共同为实现系统的目标发挥出不同的作用。

5.2.2 会计信息系统的一般控制

一般控制是面向整个会计信息系统实施的控制，是会计信息系统可靠运行和数据处理的前提。没有强有力的制度保证和优良的控制环境，无论系统设计得多好，未经授权的人员以及未经批准的非法业务都可能进入系统，致使数据和程序被篡改，造成会计信息失真。因此，拥有相对完善的一般控制体系，是整个系统安全的必要条件。

按照会计信息系统的生命周期过程和环节，一般控制又分为系统规划控制、系统开发与维护控制、系统运行控制和系统外包控制等。在会计信息系统运行后，系统运行控制又分为组织控制、操作控制、系统硬件和软件资源控制、数据资源控制和档案资料控制等方面。

5.2.2.1 组织控制

组织控制是指将组织作为主要的控制对象和手段，通过建立具有控制能力的组织结构、采用满足控制要求的组织流程、构筑认同和重视控制的组织文化达到控制的目标。组织控制是其他控制实施和发挥作用的基础。

会计信息系统的组织控制包括以下两方面的工作：

(1)合理的职责分工

进行合理的职责分工要做好三个方面的工作：一是合理划分人、机间的职责，确定哪些是需要机器做的，哪些是需要人工干预或完成的。二是合理划分岗位职责。划分岗位职责时要考虑不相容职务的分离和岗位间的相互牵制。岗位划分还应该是分层次的，如系统维护员还要进一步分为软件维护员和硬件维护员。业务处理人员的岗位根据具体业务分为凭证处理、审核、成本核算、固定资产核算、工资核算及往来核算等岗位。三是确定岗位的标准。会计信息系统是人机系统，内部控制成败离不开人员的素质，因此要对各个岗位人员的知识、技能及职业道德提出具体的标准和要求。

(2)设置满足控制要求的组织流程

组织流程本身就是一种控制手段，按照组织控制需要，组织中每一项核心工作都应规定明确的流程，通过岗位之间、上下级之间相互牵制，实现对组织流程的控制。

5.2.2.2 操作控制

操作控制是一项重要的制度控制，如果控制不严，很容易造成对系统资源的破坏或给不法分子以可乘之机。操作控制主要表现在上机操作守则和操作规程上。上机操作守则是针对机房工作的一般性规定,制定规定的目的是使机房保持良好的工作秩序,减少数据和程序被破坏的风险;操作规程则是操作程序方面的规定,制定标准化操作规程可以减少差错的发生和防止未经批准使用数据和程序。

5.2.2.3 系统硬件和软件资源控制

(1)对硬件资源的控制

硬件资源控制是由硬件生产厂家在计算机设备中实施的控制技术和方法,其将一些必要的自我监测功能固化在硬件中,能自动检查出某些类型的错误而无须人工输入任何特殊指令。例如,利用设备自检功能自动监测内存储器、磁介质存储器、打印机等设备的良好性,利用冗余校验、回声校验、奇偶校验等功能控制数据传送和计算机处理的正确性。硬件控制可以提高计算机设备的可靠性和系统运行的稳定性;而硬件控制失效会减弱其他控制措施的作用,影响系统的可靠性。

会计信息系统的硬件主要包括网络设施、通信设施、计算机及其辅助设备等。硬件控制包括对计算机硬件本身进行控制、对硬件环境进行控制,以及采用协议和网络安全策略三个方面。

①对计算机硬件本身进行控制

对计算机硬件本身进行控制常用的方法有多种:重复处理控制,即通过重复执行同样的处理操作,比较结果以发现错误;冗余校验,即在数据编码中设置冗余位,依据冗余位编码与数据编码中位数的逻辑关系检测是否存在数据传送或处理错误;回波检验,即输出设备将接收到的数据再传回来源单位,以便和原始数据对照比较,从而检查数据传送(特别是远途传送)过程中是否发生错误;设备检验,即将控制手段构造在计算机集成电路板中,检查并更正错误;有效性校验,即将计算机实际操作与有效操作进行对比,检测错误;二模冗余,即采用两个相同的副本,当出现故障时两个副本不再一致,只要经过简单比较即可检测出来;双电路,在硬件的要害部位和外部关键设备上设置双重电路,有些系统的硬件要害部位甚至设置了三重保险系统。

②对硬件环境进行控制

硬件设备易受环境影响,对周围环境的要求比较严格,因此,应为硬件设备的运行提供安全环境(涉及电源、温度、湿度、静电、尘土、电磁干扰和辐射等方面),以充分发挥计算机的性能,延长计算机系统的使用寿命。

③采用协议和网络的安全策略

网络系统中的协议和网络安全十分重要,是网络信息传输安全的基础。这些安全策略包括三个方面:一是采用信息加密机制。信息加密的目的是保护网内的数据、文件、口令和控制信息,保护网上传输的数据,以防止对消息流的浏览和篡改,以及通信业务流分析、抵赖、伪造和非授权连接。网络加密常用的方法有链路加密和端点加密等。二是采用访问控制策略。访问控制是网络安全防范和保护的重要策略,主要任务是防止对信息系统资源的非授权访问和非授权使用。访问控制的策略有多种,如采用防火墙控制,它是一个用以阻止网络黑客访问企业网络的屏障,也称为“控制进/出两个方向通信的门槛”,是指在网络边界上通过建立相应网络通信监控系统隔离内、外部网络,以阻挡外部网络的侵入。又如,对网络端口和节点进行安全控制,即在网络服务器的端口使用自动回呼设备及静默调制解调器加以保护,并以加密的形式识别节点的身份,自动回呼设备用于防止假冒合法用户,静默调制解调器用于防范黑客运用自动拨号程序对计算机进行攻击。网络还常对服务器端和用户端实施控制,要求用户携带证实身份的验证器(如智能卡、磁卡和安全密码发生器),在验证用户身份后,才允许其进入用户端,然后由用户端和服务器端进行相互验证。三是采用安全认证机制,即通过认证方式确定身份,主要有鉴别机制、数字签名、数字信封、数字证书和数字时间戳等方式。

(2)对软件资源的控制

软件资源控制是指为保证软件系统运行正常,预先在软件内部设计的各种处理故障、纠正错误、保证系统安全的控制。信息系统软件包括操作系统(分为网络操作系统和单用户操作系统等)、工具软件(包括数据库管理系统、编译器和程序设计语言、电子表格处理软件、Web 服务、发布和浏览软件、信息采集、FTP,以及 Telnet 等软件)及应用系统软件三大部分。操作系统处于信息系统软件平台的最底层,操作系统安全是整个软件平台安全的基础。应用系统软件处于最上层,是完成具体业务处理的软件。由于各种业务处理对安全的需求程度不同,因此应用系统软件自身提供的控制措施也有很大区别。工具软件介于操作系统和应用系统软件之间,是应用系统开发所使用的软件。

对操作系统进行的控制主要包括三个方面:一是错误处理。如果计算机在工作中发生读写困难,或者读写的字符溢出,操作系统会指出发生的错误并做出相应处理,如重新读写或停止计算机的操作等。二是文件保护。例如,当发生断电、死机等突发事件时,系统能对有关文件进行一定程度的保护和恢复,以防止文件完全丢失或损坏。三是安全保护。这是指对系统的操作进行控制,以防止未经授权的人使用系统。例如,可以使用密码功能,控制未经授权的用户进入系统。

对应用系统软件开发应实施必要的控制措施:一是防范开发过程中可能在应用系统软件中留下的漏洞和安全隐患;二是制定正式开发规划,对系统开发过程中的软件检测与调试结果进行记录;三是对开发过程中完整的开发文档资料(如系统目标、系统流程图、程序流程图、关键控制点、编码表和源程序清单等)进行保存。

5.2.2.4 数据资源控制

数据是企业的重要资源,它们都以记录的形式存储在系统数据库中,因此对数据资源控制的关键是对系统数据库的控制,主要目的是防止对数据库的非法访问,以及系统故障、误操作或人为破坏对数据库造成的损毁。

对数据资源的控制,主要策略有如下两项:

(1)对数据库的访问控制

对数据库的访问控制的主要措施有三项:一是密码或身份鉴别,即通过密码和身份鉴别限制数据库的访问人员;二是存取权限控制,即根据岗位和工作性质的不同对数据库的访问范围设置权限,包括为不同用户确定数据存取的范围,如哪些用户可更新修改数据,哪些用户只能读取数据;三是对数据存储介质进行管理,如规定磁盘不得随意摆放,磁盘使用后要加锁,以及对重要的数据采用硬加密防复制和防跟踪技术等措施。

(2)对数据的备份和恢复控制

对数据的备份和恢复控制包括两个方面:一是规定对数据库的数据定期或不定期地按需要进行转储;二是实施备份和恢复策略,周期性地转储备份数据,维护日志文件。这样,一旦系统发生故障,能够在最短时间内将数据库恢复到某一正确状态,并且尽可能不影响计算机系统其他部分的正常运行。

5.2.2.5 档案资料控制

所谓档案资料,不仅包括一切与会计核算有关的原始凭证、手工填制或计算机打印输出的各种记账凭证、会计账簿和会计报表等会计核算资料,各时期的分析对比资料、各种相关的经济合同、财务文书文件以及记载会计数据的其他书面文件等,而且还包括会计信息系统所有与硬件和软件有关的全套文档资料,存储在计算机硬盘内或存储在磁盘、磁带及光盘等介质上的源程序、目标程序,以及会计数据备份资料等文件资料。对档案资料的管理,要注意做好防磁、防火、防潮和防尘工作,重要的会计档案应准备双份,并分别存放在两个不同的地点。采用磁性介质保存的会计档案,要定期进行检查、复制,防止由于磁性介质的损坏而致使资料丢失。

另外,在一般控制中,除强调要求建立切实可行的管理制度外,还要重视建立信息系统灾难预警和恢复机制,以便在企业信息平台遭到灾难性打击或破坏后,能以最快的速度恢复系统,并尽可能将灾难损失降至最低。

5.2.3 会计信息系统的应用控制

所谓应用控制,是指对会计信息系统中具体数据处理过程进行的控制。控制内容是否与数据处理有关,取决于数据处理的需要。任何数据处理系统都可以分为输入、处理和存储以及输出三个环节,因此应用控制又分别称为输入控制、处理和存储控制以及输出控制三个方面。

5.2.3.1 输入控制

输入是会计信息系统的主要信息入口,也是出错的主要环节,只有输入正确有效的数据,才能保证系统处理的最终结果正确。因此,必须严把数据输入质量关,保证未经批准的业务不能进入系统,保证经批准的业务无一遗漏地、完整准确地输入系统,保证被系统拒绝的错误数据能在改正后重新输入系统。

会计信息系统的数据输入分为手工原始数据输入和其他系统数据转入两种情况。输入的方式分为手工输入、机器读取、网络传递和磁盘传递等形式。输入控制是为了防止和发现进入信息系统的数据错误而施加的控制。完整的数据输入过程一般包括数据采集和准备、输入数据和数据存储等环节。因此,对输入的控制自然包括这些方面的控制。

(1)对数据采集和准备环节进行的控制

数据采集控制的目的是确保在合理授权基础上,全面、完整、准确地收集经济业务数据。主要控制措施为:合法及合规性检查,授权,原始凭证采用标准化格式,审核原始凭证、开展经济业务履行适当的程序,数据采集采用适当的程序,以及对原始单据进行批量控制等。

(2)对输入数据环节进行的控制

对输入数据环节进行的控制包括以下四个方面:

①授权控制

授权控制即用户只能输入被允许的数据,主要的控制方法是授权和密码。

②正确性控制

正确性控制即保证输入数据的正确性。常用的方法有校验、格式化输入和比较控制。其中,校验控制可采用人工目测核对和计算机校验两种方式。人工目测核对是指在数据录入后,在处理之前,由人工目测屏幕上的数据,核对无误后再处理。计算机校验是指在应用程序中嵌入校验程序,对输入数据的正确性进行校验,包括合理性校验、界限校验、平衡校验和校验码检验等。格式化输入控制即提供标准化输入格式,以减少用户输入出错的概率。比较控制则是指将同样的数据向计算机系统输入两次,由系统自动核对两次输入的结果,并标记不一致的记录,核对后由输入员修改标记错误的记录。

③完整性控制

常见的完整性控制有批总数控制,即对处理的一批业务单证,在数据输入前先以某种特征为基础(如凭证张数和金额)计算总数;输入该批业务后,由计算机程序自动计算该批的总数,通过二者核对判断该批业务数据是否全部输入系统。

④错误纠正控制

错误纠正控制即对输入系统中的错误数据,应提供改正和重新输入的机会,并对改正与重新输入的数据实施控制。

(3)对数据存储环节进行的控制

输入的数据应根据需要保存足够长的时间,确保可以重新查询、分析或检查。输入数据保存时应同时保存输入者信息,包括时间、用户 ID 号和终端号等,以便为审计提供线索。

5.2.3.2 处理和存储控制

处理和存储控制是为保证在合法的权限内数据能按照预先设定的程序正确、完整地进行处理和存储而实施的控制,如数据校验、记账、计算、分类、汇总、访问及纠错等。数据处理和存储过程中的各种控制一般是通过预先编制好的计算机程序自动进行的,目的在于防止系统可能出现的调用顺序错误、计算出错、用错文件或记录等错误处理,从而保证数据处理的正确性和可靠性。

常用的控制措施有如下各项:

(1)处理权限控制

程序中应设计处理权限的授权功能,只有经过授权的人员才能执行处理操作。

(2)业务处理次序控制

在会计信息系统中,业务数据处理的各项功能之间通常都有一定的次序,即某一数据处理的运行结果要取决于一定的相关条件及数据环境,不能随意调用数据。例如,凭证记账前必须经过审核,月末结账前必须将本期的记账凭证全部进行记账处理,结账之后才能输出账表。再如,在记账过程中突然发生意外中断,当再次启动系统时应强制进入中断处理程序,以便恢复记账前的数据状态,然后重新进行记账处理。系统中需要进行次序控制的内容有很多,在软件设计时一定要考虑周全,并通过设置操作状态字参数文件,控制各项操作的先后次序,从而防止因数据处理次序颠倒而引起数据混乱。

(3)钩稽关系检查

应充分利用会计数据之间的各种钩稽关系验证处理的正确性。例如,资产负债表中"未分配利润"项目与利润分配表中"未分配利润"项目数额应一致,利润分配表中"净利润"项目与损益表中"净利润"项目"本年累计数"数额应一致,编制的资产负债表应满足"资产=负债+所有者权益"的等式关系,等等。

(4)数据合理性检验

由计算机程序/数据库为数据处理结果确定一个合理的范围(或预测结果),数据处理时能自动将处理的结果与设定的范围进行比较,若结果超出了范围(或与预测结果不一致),则系统自动报警。例如,借贷记账法下的资产类账户余额在借方,负债及所有者权益类账户余额在贷方,等等。

(5)数据有效性校验控制

数据有效性校验控制的目的是发现用错文件、记录以及数据错误的情况,保证数据处理的准确性。其控制措施包括文件标签控制、记录标识检验、业务代码检验、数据顺序检验和数据合理性检查等。文件标签控制是指当打开并使用文件时,应检查文件的内部标签,保证使用的文件是所需要的文件以及所需的版本,以防止用错文件;记录标识检验是指在顺序处理某个文件中的记录时,软件应检验记录的标识符,以防止各记录处理顺序混乱;业务代码检验是指对某些会计业务文件中存放的不同业务记录的处理代码进行检验,因为业务代码决定系统调用不同的子程序进行数据处理,所以必须确保各记录业务代码的正确性;数据顺序检验是指对文件中记录的排列次序是否正确进行的检验,以防止在处理过程中遗漏记录、排序或合并失败,常采用两次读入的方法进行校验;数据合理性检查是指检查字段的类型是否正确,字段的取值是否在正常范围之内,以保证数据的正确性,防止处理时出现意外。

(6)数据有效性检测控制

数据有效性检测控制是对应用程序的逻辑错误、硬件与系统软件运行错误进行的检测,主要措施有运算正确性检测、数据双重存储检测、数据合理性检测、数据极限检测等。运算正确性检测是指通过使用逆运算、溢出检查等方法控制运算处理的正确性;数据双重存储检测是指对存于两处的同一数据进行比较,判断处理是否正确;数据合理性检测用于发现处理结果超出预期结果或合理性界限的错误;数据极限检验用于检查处理结果超出最大界限值的错误。

(7)出错纠正控制

出错纠正控制是指将数据处理过程中可能出现的错误预先嵌入纠错程序,以便错误发生时及时更正。可能出现的错误有两种情况:一种错误是在数据有效性检测中发现的错误,其处理方法是将出错数据暂存入临时文件,待更正后同下一批数据一起进行处理;另一种错误是在处理过程结束后通过人工审核输出数据才发现的错误,这类错误数据已经影响到主文件的结果,其处理方法是对错误数据作抵销处理,以得出正确的数据,然后再进行下一步骤的处理。另外,在对重要数据进行处理前首先要进行备份,一旦机内数据部分甚至全部被破坏,通过备份文件予以恢复也是一种非常有效的出错控制方法。

(8)断点技术控制

断点是由一条指令或其他条件所规定的程序中的一点,当程序运行到该点时可能被外部干预或为监督程序所中断。程序运行中断后,用户可以进行直观检查,如打印输出或进行其他分析。利用断点技术,可以在断点处计算控制数据(主文件金额数、记录计数和前一程序指令的序号)。如果发现处理错误,就能发现错误出在程序运行的哪一个环节,从而及时进行纠正。

(9)审计线索控制

在数据处理过程中,应产生必要的审计线索,以便对各项交易进行追踪审查。应将成功处理的交易记录在交易日志中,交给相关的用户进行核对;应将未能成功处理的交易记录在错误文件中,交给有关用户纠错后重新提交。

(10)数据存储控制

应根据需要对处理后的结果保存足够长的时间,以确保可重新查询、分析或检查。对处理数据进行保存时,应同时保存操作者的信息,如业务的处理时间、用户 ID 号和终端号等,以便为审计提供线索。

(11)备份及恢复控制

在信息系统运行过程中,偶尔也会出现因意外事件而中断处理的情况,如果此时正在更新处理数据文件,数据的完整性将会遭到破坏。因此,应当做一些必要的备份,一旦处理过程意外中断,可恢复到处理前的状态,从而进行再次处理,保证数据处理的正确性。对重要的数据系统可增设退出系统时的强制备份功能,当用户再次进入系统时该功能可以自动把备份数据与机内数据比较对照,从而及时发现数据文件的改变。

5.2.3.3 输出控制

信息系统数据处理结果的输出,主要有屏幕显示输出、打印输出、存入磁性介质输出以及网络传输等方式。输出控制就是对系统输出结果进行的控制,目的就是要保证输出结果的真实性、完整性和正确性,同时还要确保输出的信息只提供给经过授权的使用者。

对输出进行的控制主要有以下措施:

(1)输出信息控制

输出的信息要符合使用者的要求,内容完整、正确且及时,并且格式清晰,易于使用者理解和把握。

(2)输出授权控制

未经授权人员不能进行输出操作,以防有人窃取或篡改输出资料。

(3)输出资料的正确性控制

对输出数据的正确性控制有多种方法,应针对具体的应用系统设计相应的控制措施。这些措施包括:总数控制,即将初始的输入控制总数与最后输出的控制总数相比较;数据稽核控制,即根据证、账、表之间的钩稽关系设置控制程序,对输出数据进行核对;审校输出结果,即检查数据的正确性和完整性;抽样统计控制,即通过对某些特定的项目进行抽样统计,以判断输出的正确性;对照检查控制,即将输出文件中的有关数据与其他相关文件对照检查;制度保证,即规定纠正输出错误和处理重要数据。

(4)输出数据审核控制

业务职能部门要将收到的机制单证数据与保存的原始凭证清单逐一核对,确定输出数据的完整性和正确性。对与实物有关的数据应核对实物,内部审计人员也要定期审核输出数据与报告。

(5)输出资料的传递控制

重要机密资料泄露往往会给企业带来巨大的经济损失,因此输出的信息要有适当的审核过程和签章,并只能分发给有权接收资料的使用者,对此应建立数据输出登记簿,并设专人审核登记所有输出资料。无论是输出到磁性介质还是打印出的资料,输出后都应立即受到严格控制,并认真检查其完整性、正确性,以及进行详细记录。例如,打印的各种会计报告,要记录使用人、发送份数、送达时间并由接收人及发送人签字等;输出到磁性介质上的会计资料,要登记输出时间、输出内容和磁盘编号等,同时还要及时在磁盘上贴上外部标签及加写保护,并在外部标签上写明文件名称、输出时间,进行妥善保管。

(6)输出错误列表和差错更正控制

无论是数据输出的正确性检查,还是对输出信息的分发控制,都可能发现某些差错,审核员应详细登记列表,以便提交给相关部门进行更正或重新进行处理。对差错进行更正控制时,要设计专门的更正程序,并设置相应的控制日志,以督促和保证错误更正工作及时完成。

思考题

1. 简述会计信息系统内部控制的概念及其控制目标。
2. 简述信息技术对会计信息系统内部控制的影响。
3. 分别从控制的层次和控制的实施范围简述会计信息系统内部控制的分类及其含义。
4. 简述会计信息系统一般控制的主要内容。
5. 简述会计信息系统应用控制的主要内容。

[高等院校会计学专业精品系列教材]

会计信息系统原理与应用
——应用原理

KUAIJI XINXI XITONG YUANLI YU YINGYONG
—— YINGYONG YUANLI

李立志 编著

首都经济贸易大学出版社
Capital University of Economics and Business Press
·北 京·

前　言

计算机应用于经济管理领域大致始于 20 世纪 50 年代，最初只是简单地用于一些单项的经济业务核算，但随着计算机技术的深入发展和广泛应用，它所表现出来的强大功能使人们看到了其巨大的应用潜力，以至后来的发展势不可挡！

我国在会计领域应用计算机开始于 20 世纪 70 年代末，迄今为止大致经历了三个大的发展阶段：第一个发展阶段在 1979—1996 年。这一阶段的主要发展特点是在企业内部财务部门中逐渐由 IT 技术取代人工的作业劳动，软件的研发思路主要是全程模仿传统手工的会计业务处理过程。先是在财务部门实现单项业务电算化，继而实现多项业务电算化，直至后来实现整个财务部门的全面业务电算化（架构企业会计信息系统）。这一阶段可称为企业的"会计电算化"发展阶段。第二个发展阶段在 1996—2008 年。这一阶段的主要发展特点是在企业内部大规模消除职能部门间的"信息孤岛"，实现职能部门之间、业务与财务之间的一体化协同，实现的途径就是在企业内部架构实施企业资源计划（ERP）系统，以全面实现企业管理信息化。因此，这一阶段也可称为企业管理信息化或 ERP 发展阶段。第三个发展阶段大致始于 2008 年，延续至今。这一阶段的发展源于以广泛应用大数据、智能化、移动互联和云计算等技术，实现共享财务、业务财务（业财一体化）和战略财务三位一体的财务信息化革命，它高度支持在线服务。目前这一发展正如火如荼，方兴未艾。不妨将这一时期称为企业管理信息化的"大智移云时代"（本书简称为"云时代"）。云时代的发展主线是云计算技术，核心内涵是大数据、智能化、移动互联和云计算等技术支持下的财务共享、数据挖掘增值、"互联网＋"和在线服务技术的广泛应用。它几乎波及所有行业，冲击和影响是全方位的，涉及的信息化内涵创新也是颠覆性的。它全面支持企业实现真正意义上的财务管理转型。

现代信息技术支持下的企业会计信息化革命，对传统会计理论和实务的冲击和影响是巨大的，这种冲击和影响不是简单意义上的"修修补补"，而是一种创新、突破和再造。它正在撼动传统会计学的根基，而且在快速催生其"新主干"的萌芽和发育。将传统会计模型与现代信息技术相结合，在多学科理论和技术广泛交融基础上形成和发展起来的这一应用交叉学科，便是"会计信息系统"（也称为"会计信息化"）。它是构筑在会计理论和实务基础之上，运用现代信息技术，研究关于会计信息系统理论和实务一般规律和一般方法的边缘性交叉学科。

基于会计信息系统学科的特点，本书内容设计为上、下两册。本书上册为《会计信息系统原理与应用——基本原理》，主要阐述的是会计信息系统的基本理论，试图从信息系统和传统会计理论源头出发，对会计信息系统基本原理的架构及脉络进行梳理和探讨，然后逐层递进叙述会计信息系统的开发、实施及其内部控制基本原理；基于云计算技术的最新发展，本书还从不同规模、类型企业的视角归纳和探讨了“云时代”会计信息化的发展演变，以及在此基础上所引发的企业财务转型变革。本书下册为《会计信息系统原理与应用——应用原理》，选用用友软件股份有限公司最新推出的 ERP - U8（V10.1）产品为蓝本，在此基础上归纳和阐述会计信息系统软件的一般应用操作原理。

在写作过程中，我们参考了许多国内外同行专家的最新研究成果和业界最新的研究发展资讯，在此对相关作者致以深深的谢意！另外，我们在首都经济贸易大学出版社出版过《会计信息系统》一书，该书出版后，十多年来多次再版，得到广大读者的垂爱，借此机会也向大家表达深深的谢意！本书仍然沿用《会计计息系统》所设计的框架结构，并保留了原书的经典内容。

本书由李立志教授编著，石青梅博士、王浩博士、陈义坤老师和李宇佳老师参加了部分章节的编写工作，具体编写分工为：石青梅负责编写第 7 章“固定资产系统的核算与管理”，王浩负责编写第 8 章“往来账款系统的核算与管理”，陈义坤负责整理编写附录“综合练习资料”，李宇佳负责编写第 6 章“薪资系统的核算与管理”。王定迅教授在百忙之中通读了全部书稿，并提出了许多宝贵意见，在此深表感谢！在付梓之际，也谨向首都经济贸易大学出版社长期以来的支持和编辑部老师们的辛苦付出表示诚挚感谢！同时感谢用友软件股份有限公司为本书的写作提供软件参考蓝本！

限于作者的水平，本书在表述上或许仍有许多不当之处，恳请读者朋友不吝斧正！

目　　录

目 录

目 录

1

通用会计信息系统软件应用概述

会计信息系统开发过程存在着需要遵循的基本原理，同样，会计信息系统应用过程也存在着需要遵循的基本操作原理。在本书中，我们将结合用友软件股份有限公司开发的 ERP－U8（V10.1）产品（简称“用友 ERP－U8”），归纳和讲授会计信息系统的一般操作原理。本章概述通用会计信息系统软件应用的基本内容。

1.1 通用会计信息系统软件及其特点

1.1.1 会计信息系统软件及其分类

会计信息系统软件，简称“会计软件”或“财会软件”，是指专门用于完成会计核算与会计管理工作的计算机应用软件，包括各种相关的程序代码及其文档资料。会计软件由软件开发人员根据具体的会计工作，结合计算机特点，使用一种或多种计算机语言编写而成，能在一定计算机平台上操作，完成会计的记账、算账、报账，以及一定的会计管理和辅助决策工作。

在企业实施会计信息化过程中，按照适用范围可将系统中运行的会计信息系统软件分为专用会计信息系统软件和通用会计信息系统软件两种。

所谓专用会计信息系统软件（以下简称“专用软件”），是指仅适用于个别用户会计核算与管理需要的软件。它可由企业自行研制开发，也可委托或联合外部机构研制开发。专用软件的特点是在软件开发研制过程中，预先将适合本单位特点的核算规则和管理方法植入程序中，使软件在格式、算法和数据输出等方面更加契合用户自身的需要；缺点是开发成本高，开发目标受时间和空间限制，适用范围小，只能在个别企业且在一定时期内使用。

所谓通用会计信息系统软件(以下简称"通用软件"),是指在一定范围内都适用的软件。经过严格评估允许上市销售的通用软件称为通用商品化会计信息系统软件。通用商品化会计信息系统软件又可分为全通用商品化会计信息系统软件(如用友软件、金蝶软件等)和行业通用商品化会计信息系统软件(如速达软件、管家婆软件等)。本书后续介绍的用友 ERP - U8 就是一款典型的全通用商品化会计信息系统软件。以下讨论涉及的主要就是这一类软件,简称"通用商品软件"。

1.1.2 通用商品软件的特点

在我国企业信息化发展进程中,通用商品软件始终扮演着主力军的角色。通用商品软件的最大优势在于软件由供应商标准化研发,然后迅速在大范围内复制应用,从而使昂贵的软件研制成本摊薄,软件价格得以降低。用户可以用较低的成本享受到耗资数千万,甚至上亿元开发出来的复杂软件。由于这些软件经过了市场上众多用户的使用检验和质量信息反馈,并进行了长期的升级完善,所以质量十分稳定可靠。

通用商品软件的商品化生产背景,使其要长期生存下来并取得发展,至少需要具备以下能力:

第一,协调和解决通用商品软件标准化研发与企业个性化应用之间矛盾的能力。通用商品软件的研发如同制造其他产品一样,只有进行标准化研发和大批量发售,才能体现产品制造的规模效益。但就用户而言,企业的需求呈现多元化、多维化的背景特征,就如同千人千面,因此,通用商品软件必须具备协调和解决软件的标准化研发与企业个性化应用之间矛盾的能力。

第二,应对客户需求频繁变化的能力。需求是软件项目发展的动力,但如果需求频繁变动,将对软件项目产生巨大的,甚至是致命性的困扰。可悲的是,在企业信息化进程中,企业的需求变化几乎是永恒的,它可能源自外部经营环境的变化(如宏观政策的调控、行业经营规则的调整等),也可能源自企业内部发展的变化(如经营范围的扩大、产品结构的调整等),还可能源自技术进步因素的推动等。与这些变化相比,通用商品软件在每一个研发生命周期结束后,都需要有一个相对稳定的应用期。因为如果通用商品软件时刻妥协于企业的个性化需求,那么就很容易陷入系统程序反复修改的旋涡之中不可自拔,致使软件开发成本持续攀升,使软件开发时间无限延长,最终导致研发项目崩溃。因此,通用商品软件要具备应对客户需求频繁变化的能力。

从上述分析看,通用商品软件之所以能在重重矛盾中生存下来,并逐渐发展成为企业信息化的主力军,原因在于这些软件"天生"具备应对各种外界变化的能力。事实上,这种能力是通过以下客户交付方式体现出来的:在通用商品软件使用时,供应商通常采用套装软件加系统二次开发的方式向客户交付系统。在系统主体结构中固化那些通用的功能,然后留出较为充足和灵便的参数配置接口,以满足未来客户的个性化需求变化。这些参数配置规定了系统的业务处理模式和各种控制要求,是系统自动化、高效率信息处理的前提,同时也是系统各项功能发挥的基础和必要条件。参数接口经过用户个性化配置后,就变成系统运行的相关规则(也可称为"业务处理控制规则")。

通用商品软件的特点,是一般不含或较少含有具体的会计核算规则和管理方法,而在软件中预留相应接口,由用户结合本单位的实际情况,通过软件初始化过程输入具体的核算规则和管理方法。因此,从市场上采购的通用商品软件通常是不能直接用于用户单位会计核算的,必须经过初始化处理,甚至每个功能模块或子系统的安装和初次运行,都会有一个与之相对应的数据初始化过程。这个过程可以理解为通用商品软件由通用变企业专用的过程。

通用商品软件的这种设计理念,使软件突破了空间和时间上的限制,实现了通用化。但需要指出的是,软件通用化程度越高,初始化工作量就会越大,就具体用户而言,其会计核算的工作细节就越难兼顾。因此,为合理确定软件的通用化程度,软件开发商又适时推出了一些行业通用的商品软件,如适用于行政事业单位、工业企业、农业企业、商品流通企业、旅游饮食业、房地产业、铁路运输业、交通运输业、金融企业、邮电通信业及股份制企业等行业的通用商品软件。

经过多年运作,目前通用商品化会计信息系统软件市场已经比较规范和健全,评审规则也比较完善,加之通用商品软件具有成本低、见效快、安全可靠以及软件公司负责全程售后维护等特点,当前大多数企业(特别是普通中小型企业)在实现企业会计信息化过程中,已将选购通用商品软件作为主要途径之一。由于通用商品软件必须经过初始化才能使用,这就要求会计人员具备与之相适应的知识结构和操作水平。当然,用户在购买通用商品软件时,也可根据自身的核算需要,只购买部分通用的软件模块和程序,然后利用通用商品软件提供的数据接口,自行开发适合自身特殊需要的其他模块,再将其有机装配在一起,形成具有企业背景特色的会计信息系统。

1.2 通用会计信息系统软件应用的基本流程

由于通用商品软件具有通用化和市场化等特征,企业在购买和第一次使用软件时,需要通过初始化过程实现软件由通用变专用的过程,大致可以分为软件初始化、功能初始化和功能应用三个层次。实施应用的大致流程如图 1-1 所示。

图 1-1 所示流程可以归纳为三个环节六个步骤:

第一步:在计算机系统中安装通用商品软件。

第二步:在通用商品软件平台上构建独立核算企业的会计账套,即构建具有企业背景特色的电子数据核算体系,其中,背景特色体现在参数值定义上。一个独立核算企业只能建立一个会计账套。鉴于一个企业法人可能拥有多个独立核算的分支机构(如分公司等),通用会计软件一般支持在同一平台上建立多个独立核算账套。

第三步:账套初始化设置。账套只是一个基本的数据架构体系,还缺少与企业背景相关的基础数据、基本核算和管理规则,这就需要通过通用商品软件预留的数据接口进行初始化设置。初始化的基础数据大致有两类:第一类是建立与企业会计核算和管理

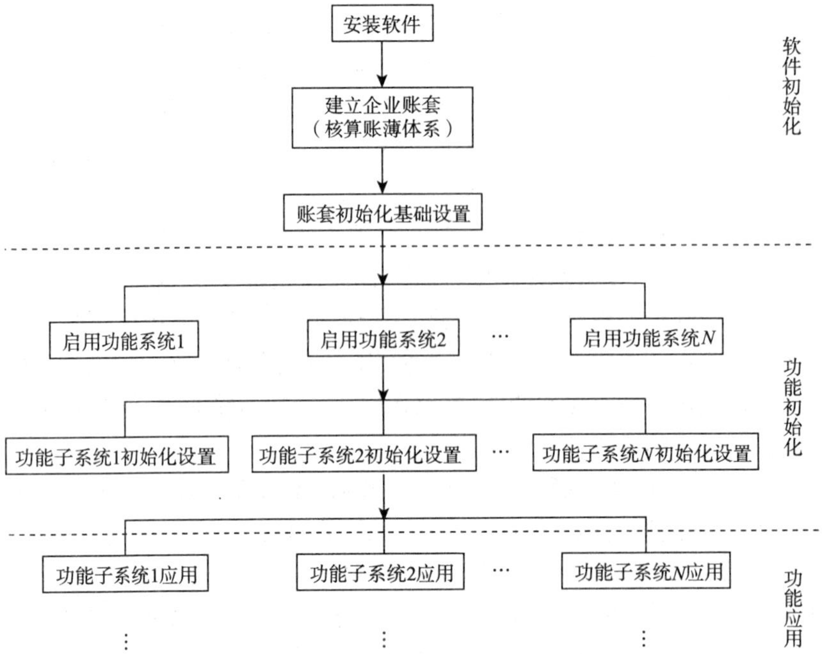

图 1－1　通用会计信息系统软件应用的基本流程

相关的各种对象电子档案（包括人、财、物、规则等），如企业内部的机构人员档案、会计科目档案、库存物资档案、往来单位档案等，可以将这一过程称为核算和管理对象电子档案化的过程。在后续的会计信息系统运行过程中，未建立电子档案的对象都属于"非法"对象，不允许被用于企业的会计核算和管理。这可以理解为原环境与新计算机环境会计核算背景的对接。在计算机环境中建立对象的电子档案时，必须首先将对象进行标准编码化处理，计算机系统是唯一以编码标识对象的，需要预先制定标准的编码规则，然后按规则将对象进行编码化处理。如果处理的同类对象很多，还要对其进行分级分类处理，此时对其类别也要制订编码方案并进行编码化处理。第二类是将原环境中正在发生或进行的业务数据整理出来，然后将这些数据录入系统，以实现原环境中会计业务与新计算机环境中会计业务的对接。

经过以上三步，基本上完成了软件层面的初始化。

第四步：安装启用业务功能子系统。在计算机环境中，会计信息系统对业务的处理是在业务功能子系统中完成的，业务功能子系统类似于企业原来的各职能部门（或机构）。功能子系统在同一个账套平台上实现数据无缝对接，共享数据信息资源，这些功能子系统包括账务核算与管理系统（总账系统）、薪资核算与管理系统、固定资产核算与管理系统、材料核算与管理系统、应收应付核算与管理系统、成本核算与管理系统和报表处理系统等。进行业务处理，必须首先安装并启用该功能子系统，然后才能进入该系统并使用其功能。

第五步：业务功能子系统的初始化基础设置。通用商品会计软件中的功能子系统，也具有通用性的特质，因此在第一次使用时也需要进行初始化基础设置。这种基础设置通常与子系统功能的发挥密切相关，但在整个账套平台是共享的，不需要重复设置。

第六步：软件功能子系统的具体应用。

完成了第五步和第六步，便完成了软件的核算与管理功能的初始化，之后就可以在电子环境中开始软件应用了。

应当说，在上述通用商品软件的基本应用流程中，前五步都与软件首次使用有关，具有系统初始化的本质，第六步才是软件的日常应用内容。

思考题

1. 通过商品软件具有什么样的优势？其使用特点是什么？
2. 通过商品软件应用的基本流程大致可以分为哪三个层次？
3. 账套初始化的基础数据大致可以分为哪两类？

2

建立企业账簿体系

2.1 用友 ERP－U8 系统的安装

用友 ERP－U8 是管理软件及服务供应商用友软件股份有限公司对外研制的一款通用商品软件。这一软件提供了企业信息化全面解决方案，它以销售订单为导向，以计划为主轴，业务涵盖财务、物流、生产制造、客户关系管理、办公自动化、管理会计、决策支持、网络分销、人力资源、集团应用，以及企业应用集成等各个方面。其结构如图 2－1 所示。

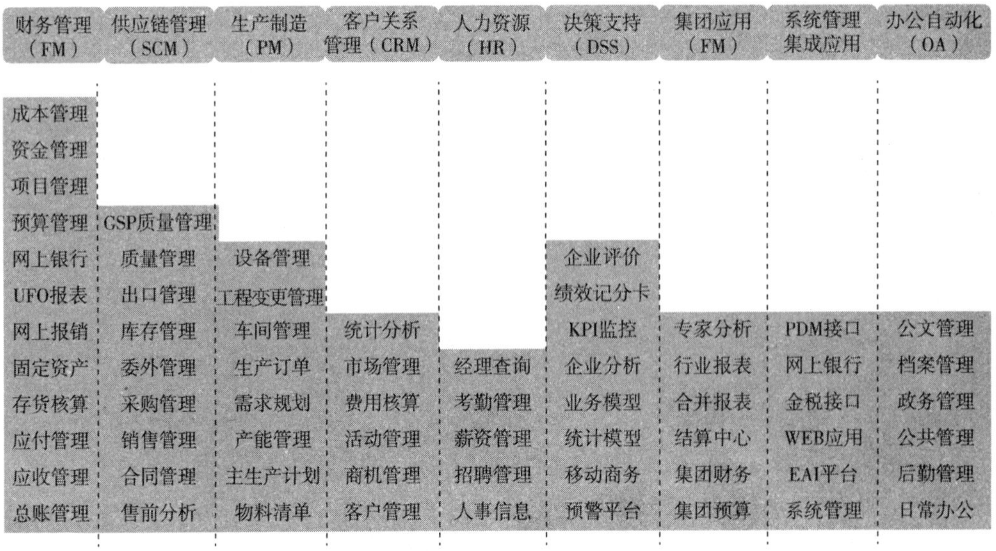

图 2－1　用友 ERP－U8 的总体结构

由图2－1可见，用友ERP－U8是一个集成的企业管理信息化应用平台，它涵盖了企业全面的管理职能并将其有机整合在一个统一的数据管理平台之上。这些职能不同程度地映射在经管类院校多个教育专业或方向上，如财务管理、质量管理、生产管理、市场管理、客户关系管理、物流管理、信息管理、人力资源管理、政务管理等。限于篇幅，本书主要选择财务管理中的总账管理、UFO报表、固定资产、应收管理和应付管理等主要模块，以及人力资源中的薪资管理模块进行论述，以期阐明贯穿和渗透在这一管理软件中以及在企业财务、业务一体化环境中的基本管理思想和原理。

下面介绍用友ERP－U8系统的基本安装要求和安装过程。

2.1.1 用友ERP－U8系统的技术架构

用友ERP－U8（以下简称"用友U8"）管理软件采用三层架构体系，即数据服务器、应用服务器和客户端。这种架构体系可以提高系统效率与安全性，并降低硬件的投资成本。

物理上既可以将数据库服务器、应用服务器和客户端安装在一台计算机上（单机应用模式），也可以将数据库服务器和应用服务器安装在一台计算机上，而将客户端安装在另一台计算机上（网络应用模式且只有一台服务器），还可以将数据库服务器、应用服务器和客户端分别安装在三台不同的计算机上（网络应用模式且有两台服务器）。在系统运行过程中，可根据实际需要随意切换远程服务器，即通过在登录时改变服务器名称访问不同服务器上的业务数据，从而实现单机到网络应用模式的转换。

2.1.2 用友U8系统要求的运行环境

用友U8管理软件属于应用软件范畴，需要按以下要求配置运行环境和准备系统软件。

2.1.2.1 操作系统

用友U8要求的操作系统如表2－1所示。

表2－1 用友U8要求的操作系统

分类	操作系统	IE	IIS	是否推荐
数据服务器 加密服务器	Windows XP＋SP2及以上版本补丁			
	Windows 2003 Server＋SP2（包括R2）及以上版本补丁			是
	Windows Server 2003（X64）＋SP2及以上版本补丁			
	Windows Server 2003（IA64）＋SP2及以上版本补丁			
	Windows Vista＋SP1及以上版本补丁			
	Windows Server 2008＋SP1及以上版本补丁			
	Windows 2008 R2＋SP1及以上版本补丁			
	Windows 7＋SP1及以上版本补丁			

续表

<table>
<tr><th>分类</th><th>操作系统</th><th>IE</th><th>IIS</th><th>是否推荐</th></tr>
<tr><td rowspan="8">应用服务器</td><td>Windows XP + SP2 及以上版本补丁</td><td rowspan="4">IE6.0 + SP1（IE7、IE8、IE9）</td><td>IIS5.1</td><td></td></tr>
<tr><td>Windows 2003 Server + SP2（包括 R2）及以上版本补丁</td><td rowspan="3">IIS6.0</td><td>是</td></tr>
<tr><td>Windows Server 2003（X64）+ SP2 及以上版本补丁</td><td></td></tr>
<tr><td>Windows Server 2003（IA64）+ SP2 及以上版本补丁</td><td></td></tr>
<tr><td>Windows Vista + SP1 及以上版本补丁</td><td rowspan="4">IE7.0（或 IE8、IE9）</td><td rowspan="4">IIS7.0</td><td></td></tr>
<tr><td>Windows Server 2008 + SP1 及以上版本补丁</td><td></td></tr>
<tr><td>Windows 2008 R2 + SP1 及以上版本补丁</td><td></td></tr>
<tr><td>Windows 7 + SP1 及以上版本补丁</td><td></td></tr>
<tr><td rowspan="8">客户端</td><td>Windows XP + SP2 及以上版本补丁</td><td rowspan="4">IE6.0 + SP1 IE8、IE9）</td><td rowspan="4"></td><td></td></tr>
<tr><td>Windows 2003 Server + SP2（包括 R2）及以上版本补丁</td><td></td></tr>
<tr><td>Windows Server 2003（X64）+ SP2 及以上版本补丁</td><td>是</td></tr>
<tr><td>Windows Server 2003（IA64）+ SP2 及以上版本补丁</td><td></td></tr>
<tr><td>Windows Vista + SP1 及以上版本补丁</td><td rowspan="4">IE7.0（或 IE8、IE9）</td><td rowspan="4"></td><td></td></tr>
<tr><td>Windows Server 2008 + SP1 及以上版本补丁</td><td></td></tr>
<tr><td>Windows 2008 R2 + SP1 及以上版本补丁</td><td></td></tr>
<tr><td>Windows 7 + SP1 及以上版本补丁</td><td></td></tr>
</table>

注：如果是单机安装，即将数据库服务器、应用服务器和客户端安装在一台计算机上，需要满足以上配置要求。

2.1.2.2 数据库管理系统

用友 U8 运行需要数据库管理系统的支持。用友 U8（V10.1）支持以下 SQL Server 版本的标准版、企业版和数据中心版：

- Microsoft SQL Server Desktop Engine 2000（MSDE 2000）+ SP4（推荐单机使用）；
- Microsoft SQL Server 2000 + SP4；
- Microsoft SQL Server 2005 + SP2（及以上版本补丁）（包括 EXPRESS）；
- Microsoft SQL Server 2008（SP1 或以上版本补丁）；
- Microsoft SQL Server 2008 R2。

2.1.3 SQL Server 2000 数据库的安装

用友 U8 管理软件要求以 SQL Server 2000 为后台数据库。SQL Server 2000 有个人版、标准版、企业版和专业版等多个版本，建议在服务器上安装 SQL Server 2000 标准版，在客户端视其安装的操作系统安装 SQL Server 2000 标准版或个人版。

下面以 SQL Server 2000 个人版为例介绍安装过程。

【操作步骤】

①执行 SQL Server 2000 安装文件 SETUP 后，打开 SQL Server 2000 自动菜单，选择其中的【安装 SQL Server 2000 组件】命令，打开【安装组件】对话框。

②选择其中的“安装数据库服务器”选项，稍候打开【安装向导—欢迎】对话框，单击【下一步】按钮，打开【计算机名】对话框。选择“本地计算机”选项，单击【下一步】按钮，打开【安装选择】对话框。

③选择“创建新的 SQL Server 实例，或安装客户端工具”选项，单击【下一步】按钮，打开【用户信息】对话框。输入姓名，单击【下一步】按钮，打开【软件许可证协议】对话框。阅读后，单击【是】按钮，打开【安装定义】对话框。

④选择“服务器和客户端工具”选项，单击【下一步】按钮，打开【实例名】对话框。采用系统默认，单击【下一步】按钮，打开【安装类型】对话框。选择“典型”选项，并选择文件安装路径，单击【下一步】按钮，打开【选择组件】对话框。采用系统默认，单击【下一步】按钮，打开【服务账户】对话框。

⑤选择“对每个服务使用同一账户。自动启动 SQL Server 服务”选项，将服务设置为“使用本地系统账户”，单击【下一步】按钮，打开【身份验证模式】对话框。

⑥为了加强系统安全性，选择“混合身份验证模式”，选中“空密码”复选框，单击【下一步】按钮，打开【开始复制文件】对话框。

⑦单击【下一步】按钮，打开【Microsoft Data Access Components 2.6 安装】对话框，按系统提示关闭列表中的任务，单击【下一步】按钮，打开【安装软件】对话框，单击【完成】按钮开始安装。

⑧稍候片刻，系统安装结束，显示【安装结束】对话框，单击【完成】按钮，结束 SQL Server 2000 安装。

⑨安装 SP4 数据库补丁。

2.1.4 用友 U8 管理软件安装

2.1.4.1 安装前的注意事项

为确保系统安装成功，在安装之前应注意以下问题：

① 计算机在安装操作系统和必要的补丁后最好没有安装过任何其他软件。

② 安装前由系统管理员或具有同等权限的人员登录（用户 ID 属于 Administrators 组），进行安装。

③ 机器名不能带字符“一”，不能是中文字符。

④ 安装前关闭所有杀毒软件，否则有些文件无法写入。

⑤ 若系统中未默认安装 IIS（Internet 信息服务），则需要安装该组件。可通过“控制面板”→“添加/删除程序”→“Windows 组件”→“添加 IIS 组件”进行安装。安装过程中需要用到 Windows XP 安装盘。

2.1.4.2 安装用友 U8

下面以单机安装用友 U8 管理软件为例，介绍系统安装操作步骤。

【操作步骤】

①以系统管理员 Administrator 身份注册进入系统，将用友 U8 管理软件光盘放入服务器的光驱中，打开光盘目录，双击 SETUP，运行安装程序。

②根据提示单击【下一步】按钮进行操作，直至出现如图 2－2 所示的选择安装类

型界面。

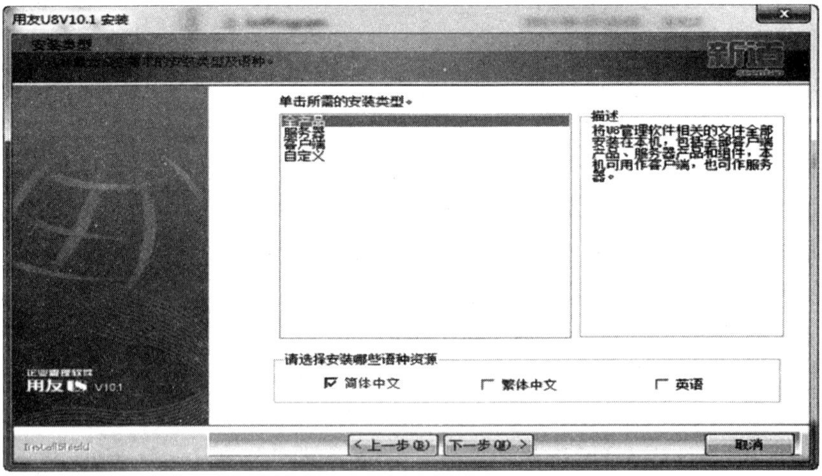

图 2－2 选择安装类型

③因为是将 SQL Server 数据库和用友 U8 安装到一台计算机上，这里选择“全产品”安装类型。

④单击【下一步】按钮，接下来进行系统环境检查，看系统配置是否已经满足所需条件，如图 2－3 所示。

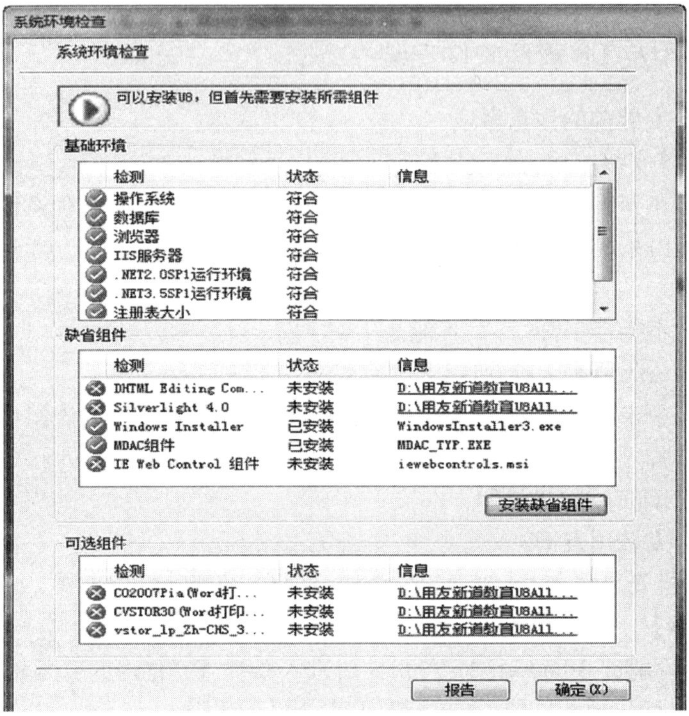

图 2－3 系统环境检查

⑤单击【确定】按钮,即可进行安装(安装过程较长,需耐心等待)。

⑥安装完成后,单击【完成】按钮,重新启动计算机。

⑦系统重启后,出现"正在完成最后的配置"提示信息,如图2-4所示。在其中输入数据库名称(本地计算机名称,可通过"系统属性"中的"计算机名"查看)、SA口令(安装SQL Server时所设置的口令),单击【测试连接】按钮,测试数据库连接。若一切正常,则会出现连接成功的提示信息。

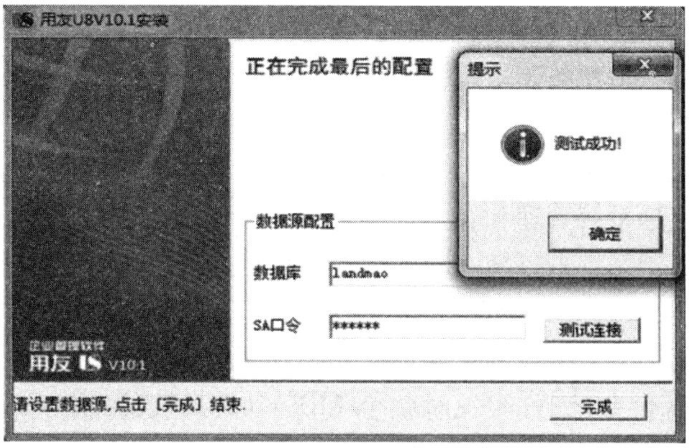

图2-4 测试数据库连接

⑧当系统提示是否初始化数据库时,单击【是】按钮,提示"正在初始化数据库实例,请稍候……"。数据库初始化完成后,出现如图2-5所示的【登录】窗口。

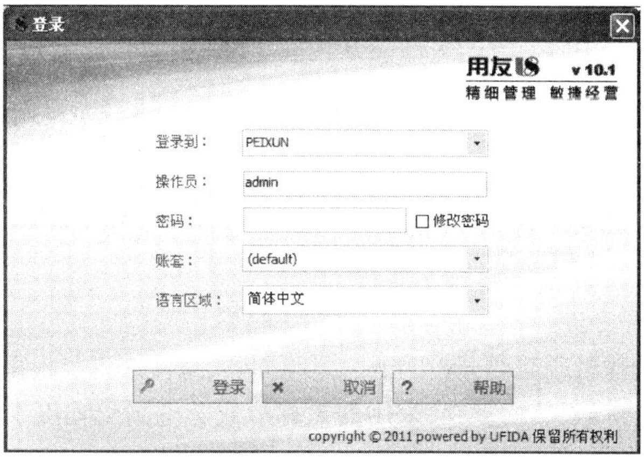

图2-5 用友U8【登录】窗口

⑨单击【取消】按钮。至此用友U8软件系统全部安装完成。用户可通过【开始】|【程序】|【用友ERP-U8(V10.1)】菜单项启动"系统管理",登录企业应用平台。系统登录成功后会在屏幕右下角任务栏中显示SQL Server数据服务管理器图标和U8应用服务管理器图标。

2.2 系统管理功能与企业账簿体系的建立

用友 U8 管理软件由财务管理、供应链管理和生产管理等多个部分组成，每个部分又包括若干个子系统，如财务管理包括总账管理、报表管理、固定资产管理等。在财务、业务一体化管理应用模式下，各子系统之间既独立又彼此紧密联系，共同为统一主体的不同需要提供服务。为使各子系统数据共享，完整地实现企业财务、业务一体化管理，要求各子系统共有一个业务数据库，具有公共的基础信息，拥有相同的账套和年度账，操作员和操作权限实行集中管理。为完成全面的系统服务，系统专门设置了一个基础的系统平台。它包括系统管理和企业应用平台两个组成部分。其中，系统管理的主要功能是对软件中各子系统进行统一的操作管理和数据维护，具体内容包括账套管理、年度账管理、操作员及权限的集中管理、系统数据及运行安全的管理等方面。

系统管理在期初完成企业的主要建账工作，日后则用于系统的正常维护，此时如果以“系统管理员”身份登录，可实现对整个 ERP - U8 系统的维护和管理，而如果以某“账套主管”身份登录，则可实现对软件系统中所建立的某个账套的维护和管理。其中，期初建账工作是企业利用计算机进行会计核算和管理的首要环节。

2.2.1 手工会计建账的含义与内容

任何企业在成立初始都面临建账的问题。所谓建账，就是根据《中华人民共和国会计法》和会计制度，以及企业具体行业要求和将来可能发生的会计业务情况，确定企业账簿的种类、格式、内容及登记方法。从内容上讲，手工会计的建账主要包括账簿启用和账户开设两个环节。

2.2.1.1 账簿启用

启用会计账簿时，应在账簿封面上写明单位名称和账簿名称；在账簿扉页填写启用日期、账簿页数，以及记账人员、会计机构负责人或会计主管人员姓名及签章，然后加盖公章。

2.2.1.2 账户开设

不同企业在建账时所需要开设的账户是不同的，总体来讲要根据企业的规模、经济业务的繁简程度、会计人员的多少、采用的核算形式及电子化程度来确定。一般而言，以下三类账户是必须开设的：

（1）现金和银行存款日记账

所有企业都存在货币资金核算问题，因此现金和银行存款日记账都必须设置，且一般采用订本账的形式。

（2）总分类账

企业可根据业务量的多少购买一本或几本总分类账簿（一般情况下无须一个科目设一本总账），根据企业涉及的业务和科目设置总账。原则上讲，只要是企业涉及的会计科目，就要有相应的总账账簿（账页）与之对应。会计人员应估计每一种业务的业务量大小，将每种业务用口取纸分开，并在口取纸上写明每种业务的会计科目名称，以便在登记时能及时找到相应的账页。

（3）明细分类账

在企业里，明细分类账是根据企业自身的需要和外界对企业信息的需要设置的。日常核算时，依据原始凭证、汇总原始凭证及记账凭证登记各种明细账。无论按怎样的方法分类，各个账户明细账的期末余额之和均应与其总账的期末余额相等。

2.2.2 计算机会计信息系统建账的含义与内容

2.2.2.1 建账的含义

与手工建账相同，计算机会计信息系统的建账也分为企业开立建账和新年度建账两项内容，分别对应于用友 ERP－U8 应用系统中的账套与年度账两个概念。

（1）账套

企业应用计算机会计信息系统处理业务之始，需要在系统中建立企业的基本信息、核算方法和编码规则等，这个过程称为建账，在此基础上启用用友 ERP－U8 系统的各个子系统进行日常业务处理。这里的“账”是“账套”的概念。在计算机会计信息系统中，每个企业的数据都存放在数据库中，因此所谓账套可以理解为由一组相互关联的数据库构成的有机数据体系。理论上讲，账套建立后，随着企业业务的延续（基于持续经营假设），这个账套将始终存在，一个独立的核算主体只能建立和使用一个账套。手工核算方式下，可以为每个独立的会计主体单独设账进行核算，在计算机中则体现为多个账套。用友 ERP－U8系统可以同时为多个独立核算的企业（或企业内多个独立核算的单位或部门）分别设立账套，这些账套之间相互独立、互不影响，ERP－U8 系统最多允许建立 999 个独立核算单位的账套。但是，尽管这些账套相互独立，却共享统一的系统管理平台，共享数据管理资源（如操作员人力资源），共同由一个系统管理员（也称“超级管理员”）负责建立。

（2）年度账

按照会计分期假设，企业核算是分年度进行的，在计算机系统中表现为账套中的年度账。为方便管理，不同年度账的数据被存放在不同的数据库中。采用账套与年度账的两级管理，可以使系统的结构清晰、含义明确、操作性强；对不同年度的会计数据，可以方便地进行查询和比较分析。另外，账套和年度账的分级管理，还可以实现对不同范围数据进行引入和输出，可以方便地进行跨年度数据的结构调整等。账套建立后自动建立了计算机新环境中的首年年度账，以后每个会计年度的开始都需要执行建立新年度账操作。

在计算机系统中，账套和年度账的表现形式是这样的：如 2016 年 1 月新建一个企业账套，账套号为 001，且软件默认安装路径为 C：\U8SOFT\Admin，则账套建立完成后，形成的层级结构为 C：\U8SOFT\Admin\ZT001\2016。其中，ZT001 是企业账套的概念，2016 则对应年度账的概念。2016 中有两个文件：UfErpAct. Lst 和 UfDATA. BAK。前者是事务文件，后者是数据文件。进入 2017 年度，建立新年度账后，又形成 C：\U8SOFT\Admin\ZT001\2017 目录结构，用来存放 2017 年度账。

2.2.2.2 计算机建账的主要工作内容

(1)企业开立时建账

计算机建账的主要工作内容与计算机信息处理的特点息息相关,总体来说,计算机建账的工作内容远比手工建账的工作内容要宽泛,主要包括以下各项:

第一,设置系统操作员并进行岗位权限划分。

第二,设定企业账套的相关信息。

第三,系统启用设置。根据企业核算后购置的模块及管理要求,按顺序启用相关子系统。

第四,账套参数设置。

第五,基础档案建立。

第六,期初数据录入。

计算机建账工作需要分别在系统管理和企业应用平台各模块中完成,本章先介绍系统管理模块中的部分建账工作,其余内容在后续章节中阐述。

(2)新年度开始时建账

新年度账的建立是在已有上个年度账的基础上进行的。建立年度账后,在每个会计期间结束时,能够自动将上个年度账的基本档案信息结转到新的年度账中。上年余额等信息,在年度账结转操作完成后,由上年自动转入下年的新年度账中。

2.2.2.3 系统管理员与账套主管

系统管理模块是用友 ERP－U8 系统公共平台的重要组成部分,鉴于这一平台的重要性和独特性,系统对登录系统管理模块的人员做了严格界定,只允许两种身份人员注册进入:一是系统管理员(超级管理员);二是账套主管。

系统管理员对系统进行总体的控制和维护,处于软件系统的最高管理级别,管理着软件系统及其所建立的所有账套。软件安装时,系统管理员由软件供应商和软件用户共同确定和任命。软件安装后,系统管理员就被唯一确定下来了,这一岗位具有永久稳定性。系统管理员的最高权限体现在对其密码口令的独立拥有和独立行使的相关职责上。由于系统管理员拥有对软件的最高管理权限,为了实现权限之间的相互牵制,一般要求系统管理员不得从事具体账套中的业务操作。当建账工作完成后,日常账套内业务数据的处理工作将全部由账套主管和被授权的操作员完成。账套主管同时负责所辖账套的管理工作。在用友 ERP－U8 系统中,对系统管理员和账套主管的权限做了细分,如表 2－2 所示。

表 2－2 系统管理员与账套主管权限比较

主要功能	功能选项	功能细项	系统管理员权限	账套主管权限
账套	账套建立		Y	N
	账套修改		N	Y
	账套引入		Y	N
	账套输出		Y	N
	账套数据删除		Y	N
年度账	年度账建立		N	Y

续表

主要功能	功能选项	功能细项	系统管理员权限	账套主管权限
	清空年度数据		N	Y
	年度账引入		N	Y
	年度账输出		N	Y
	年度账数据删除		N	Y
	结转上年数据		N	Y
系统	设置备份计划	设置账套数据输出计划	Y	N
		设置年度账数据输出计划	Y	Y
	升级 Access 数据		Y	Y
	升级 SQL Server 数据		Y	Y
权限	角色		Y	N
	用户		Y	N
	权限		Y	Y
视图	刷新		Y	Y
	清除单据锁定		Y	N
	清除异常任务		Y	N
	上机日志		Y	N

2.2.3 系统管理员的操作

用友 ERP－U8（V10.1）在第一次运行时，系统管理员为 admin，其口令为空。系统管理模块的初次操作，只能由系统管理员完成。

2.2.3.1 进入系统管理模块

【操作步骤】

进入系统管理模块，选择【开始】|【所有程序】|【用友 ERP－U8】|【系统服务】|【系统管理】菜单项，即可打开【用友 U8［系统管理］】窗口。屏幕显示如图 2－6 所示。

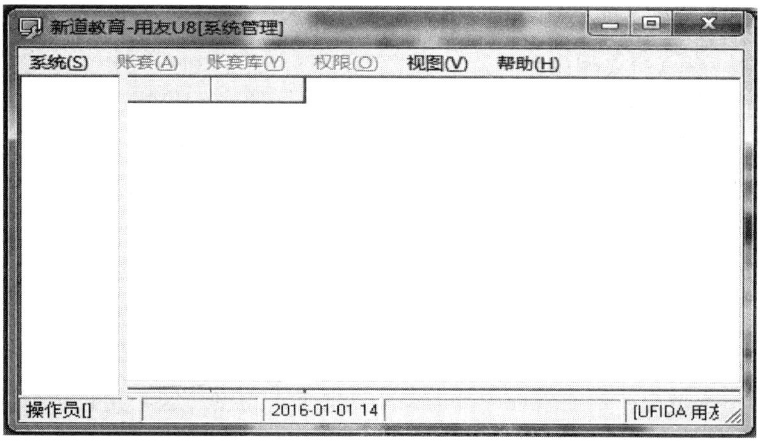

图 2－6 系统管理

2.2.3.2 设置和修改系统管理员密码

进入“系统管理”后，系统管理员的第一项工作就是设置或修改系统管理员的密码，即将系统管理员的初始密码修改设置为自己的专用密码。

【操作步骤】

点击【系统管理】界面菜单【系统】下的【注册】。在操作员栏输入 admin，密码栏输入正确密码（初始密码为空），然后将“改密码”栏选中，点击【确定】按钮，如图 2－7 所示，之后系统要求用户输入新口令并确认新口令。一旦修改成功，就可以进行后续的工作了。

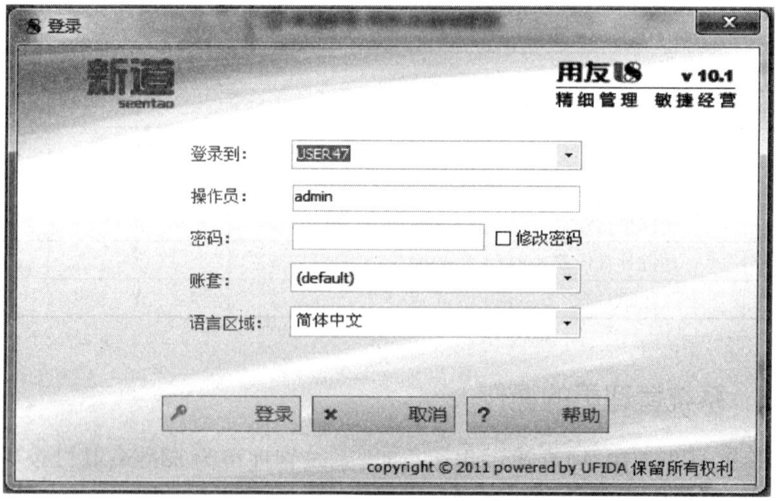

图 2－7 登录系统管理模块

操作注意：

初次进入【系统管理】时，对系统管理员的初始口令（这一口令是在系统安装时由软件供应商告之被任命的系统管理员的）进行修改并保密尤为重要。但在教学演示软件中，由于一台计算机要供多名学生使用，为方便起见建议不要为系统管理员设置密码。

2.2.3.3 设置角色和用户

计算机系统严格限制登录进入系统的操作人员，要求每位操作员必须首先注册合法身份，并通过授权（财务分工）限定每位操作者的权限范围，之后系统会自动在相关的证、账、表操作中予以标志以分清责任。

用友 ERP－U8 系统中有两个概念与岗位设置相关，即用户和角色。

这里的用户不同于企业职员的概念，也非特指“出纳、会计”一类的财务人员，而是涵盖了能操作企业会计信息系统全部模块的操作人员。这里有两个递进的授权层级：只有被注册为合法用户才有资格登录系统，而只有被合法授权才有权操作系统。

这里的角色是指在企业管理中拥有某一类职能的组织，这个角色可以是实际的部门，也可以是由拥有同一类职能的人所构成的虚拟组织。例如，在实际工作中最常见的有会计和出纳两个角色。设置角色后就可以定义角色的权限了，当用户归属于某个角色后，就相应拥有了该角色的权限。设置角色的方便之处就在于可根据职能统一进行权限划分，方便授权。

需要说明的是，用户和角色设置可不分先后顺序，但从可以实现自动传递权限的角度来说，最好先设定角色并分配权限，然后再进行用户设置。这样，在设置用户时就可选择其归属于某一角色，从而自动拥有该角色的权限，包括功能权限和数据权限。角色与用户之间是多对多的关系，即一个角色可以拥有多个用户，而一个用户也可以属于多个不同的角色。

(1)角色的设置

【操作步骤】

①点击【系统管理】界面菜单【权限】下的【角色】，进入【角色管理】界面，系统管理员对角色的设置包括增加、修改、删除、刷新等功能，如图 2-8 所示。

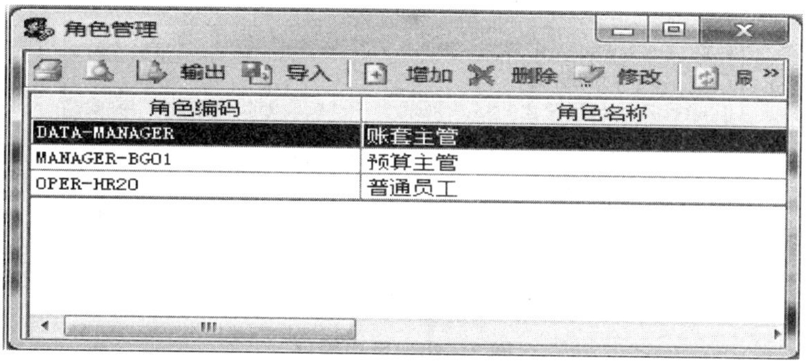

图 2-8　角色管理

②增加新角色。点击该界面中的【增加】，系统将弹出一个用于增加角色的界面。用户可根据实际需要填写相关栏目的内容，如图 2-9 所示。各栏目填写完毕后，点击【增加】按钮表示确认(注意：这里系统没有专设【保存】功能按钮)。

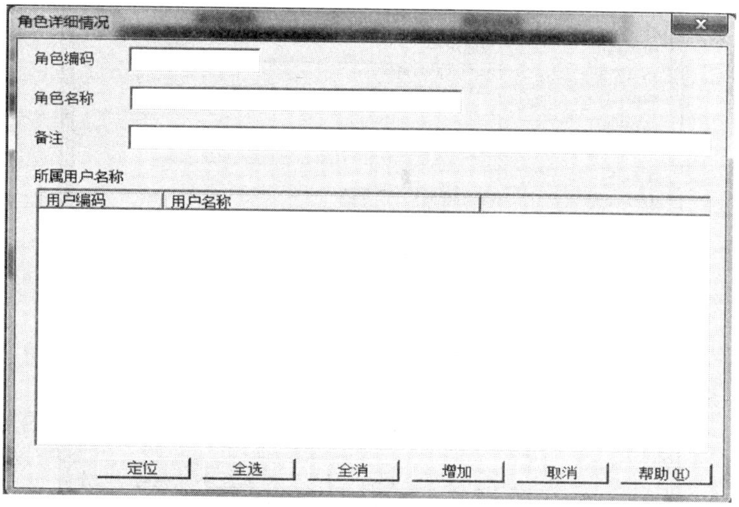

图 2-9　角色详细情况

③修改和删除角色。点取欲修改或删除的用户角色,然后双击鼠标或点击功能菜单中相应的按钮,便可进行有关的操作。

④刷新。当设置的用户角色发生变动后,点击【刷新】按钮,系统将适时地刷新系统管理中有关角色设置的内容。此功能在网络版中尤其重要,在其他系统的功能界面上刷新具有相同的作用。

(2)用户的设置

【例2-1】增加两位操作员:编号0001,姓名林月,口令0001,所属部门为财务部,角色为账套主管;编号0002,姓名汪红,口令0002,所属部门为财务部,角色为出纳。

【操作步骤】

①点击【系统管理】|【权限】|【用户】,即可进入【用户管理】界面,如图2-10所示。

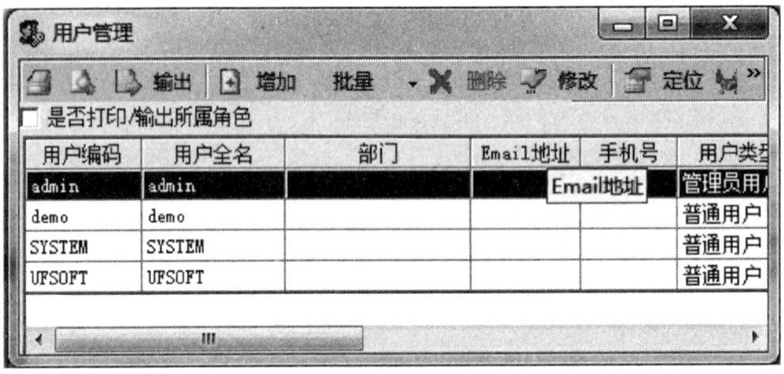

图2-10 用户管理

②增加新用户。点击该界面中的【增加】,系统将弹出一个用于增加用户的界面。根据上例填写相关栏目的内容。各栏目填写完毕后,点击【增加】按钮表示确认,如图2-11所示。重复以上步骤增加操作员汪红。

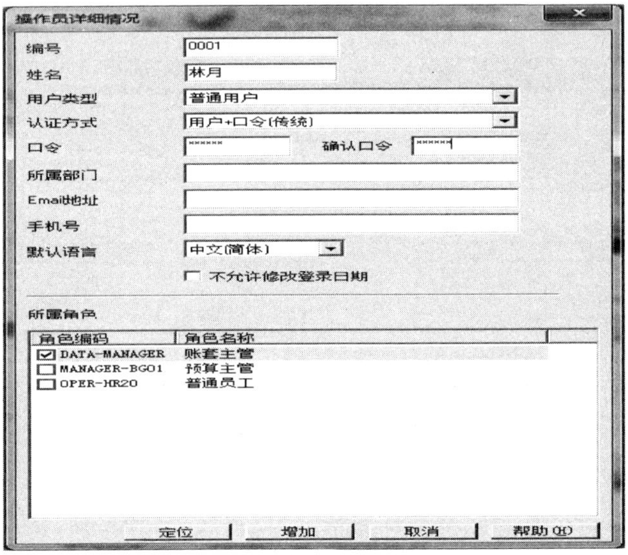

图2-11 增加新用户

③修改和删除用户。点取欲修改或删除的用户,然后双击鼠标或点击功能菜单中相应的按钮,便可进行有关的操作。

操作注意:

①用户编号要唯一。设置的用户一旦被启用,该用户就不能再被删除,但可以使用系统提供的【注销/启用】功能随时注销或重新启用该操作员。处于被"注销"状态的操作员不能登录系统;在实际工作中可随时根据需要增加操作员。

②"合法用户"与"有权从事某岗位的操作"不是一回事,合法注册的用户有资格进入软件系统,但只有经过权限分配后才能进行有关的业务操作。

③操作员初次登录系统的口令是由系统管理员设定的,为了系统的操作安全和分清责任,在该操作员首次登录系统时,建议将口令改为自己的专用口令。改过后的口令对任何人(包括系统管理员)保密,但当该操作员忘记口令或不再担任操作员时,系统管理员可登录系统将该操作员的口令删除(此时仅看到以*号显示的口令串内容),然后重新设置操作员初始口令。系统管理员并不知道操作员的原口令,但可以对其口令进行修改和删除操作,这一点并不违背权限相互牵制和责任划分原则。

④设置用户时可以直接指定该用户所属的某个角色,从而直接拥有被指定角色所拥有的权限。如果不指定用户所属角色,也可通过系统管理模块中的【权限】功能设置该用户所拥有的某账套操作权。

⑤在用友 ERP-U8 教学演示版软件中,系统已经预设了三位操作员,即 DEMO、SYSTEM 和 UFSOFT,初始口令均为其对应名字的大写字母。

2.2.3.4　建立新账套

每个独立核算的企业都有一套完整的账簿体系,将这样一套完整的账簿体系建立在计算机系统中就称为一个账套。一般来说,可以为企业中每个独立核算的单位建立一个账套,系统最多可建立 999 个账套,不同账套的数据之间彼此独立、没有关联。

建立账套工作是由计算机自动完成的,在建立账套之前,企业需要根据自身的情况进行账套有关参数设置。手工环境中的企业会计政策和核算方法,一般是作为内部管理制度的组成部分行文规定的,各岗位都约定俗成地严格遵守这一行文规范,是一种下意识行为。但在计算机环境中,通用商品软件通过内置各种参数适应不同类型的企业和行业特征,不同参数值的选择会形成不同的业务处理流程。企业需要根据自身的核算特点和管理要求设置参数,以确定计算机业务处理的方法和流程,从而将通用商品软件转换为符合企业特点的专用软件。实际上,除账套参数外,用友 ERP-U8 每个子系统也都预置了相关的参数,不同参数规定了该子系统业务的处理规则和处理范围。由于用友 ERP-U8 各子系统联系紧密,对同一项业务活动的约定可能涉及多个子系统,就是说子系统间参数的设置彼此可能会发生影响,因此,要了解各项参数的意义,明晰设置某项参数后对业务流程、核算方式所造成的影响,特别要注意各项参数设置的先后顺序。

在建立核算单位账套时,需要设置的基础参数主要包括核算单位名称、所属行业、启用时间和编码规则等。账套参数决定了系统数据的输入、处理和输出的内容与形式。

【例 2-2】创建一个新账套。账套号:666。账套名称:河南郑东置业股份有限公司。启用会计期:2016 年 1 月。企业简称:郑东置业。单位地址:郑州市郑东新区恒山路8号。法人代表:方远。企业类型:工业。企业执行新会计制度,使用2007年新会计制度科目。企业的记账本币:人民币(RMB)。账套主管:林月。企业要求进行外币核算;对经济业务处理时,需对客户、供应商、存货进行分类。企业的分类方案是:科目编码级次4222,客户和供应商分类编码级次223,部门编码级次122,其余采用系统默认值。该企业默认所有需要核算的小数位均为2。

【操作步骤】

①点击【系统管理】|【账套】|【建立】,即进入建立新单位账套功能。

②输入账套信息,如图2-12所示。

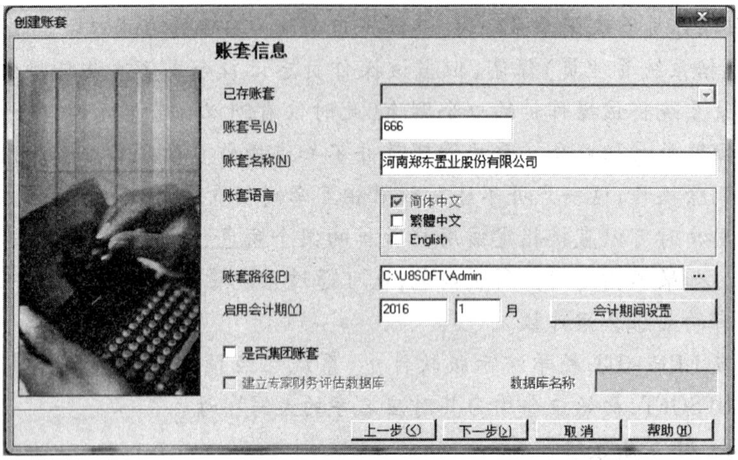

图2-12　输入账套信息

③输入单位信息,如图2-13所示。

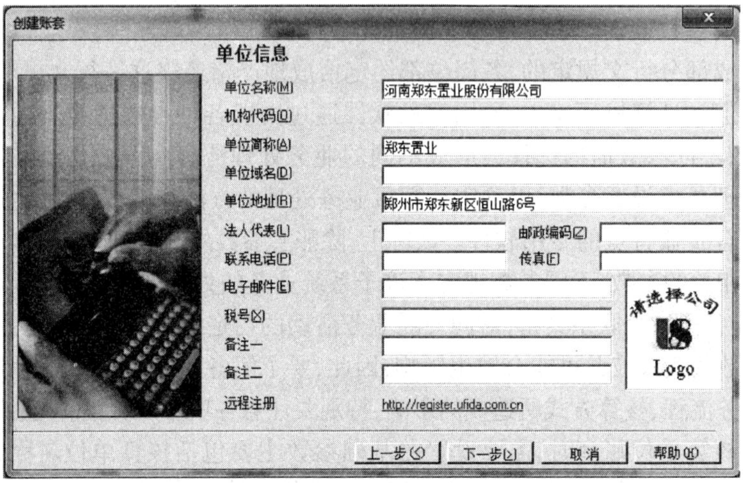

图2-13　输入单位信息

④输入核算信息，如图 2－14 所示。

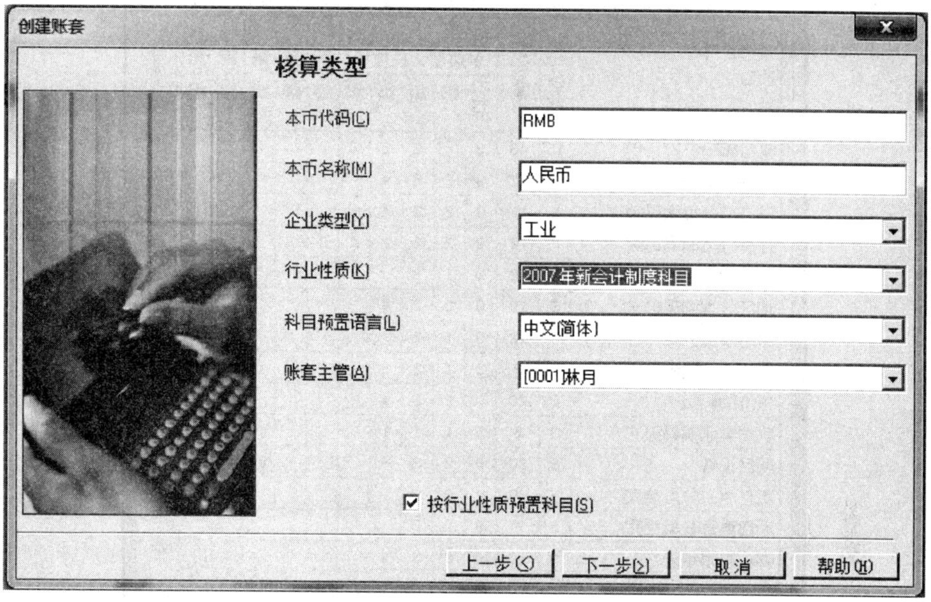

图 2－14 输入核算信息

⑤输入分类信息，如图 2－15 所示。

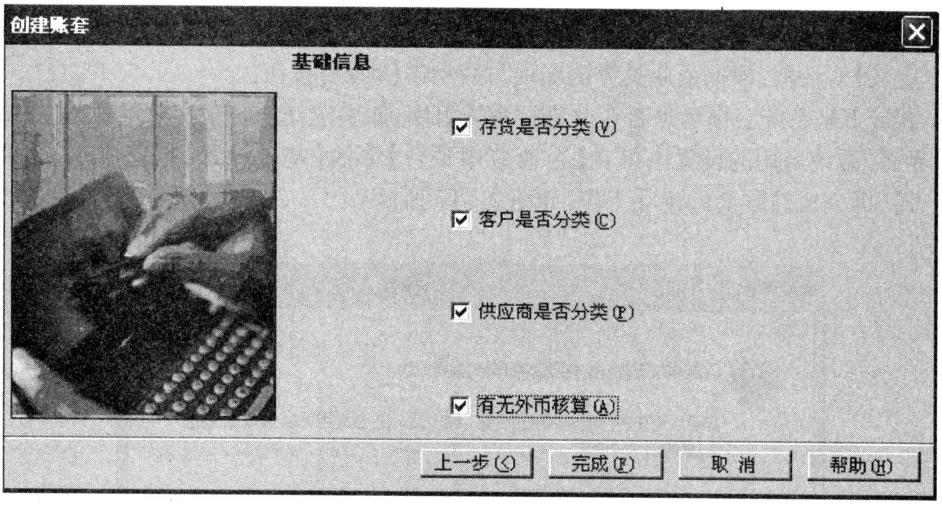

图 2－15 输入分类信息

⑥输入完成后，点击【完成】按钮，系统便会提示是否可以创建账套，点击【是】便完成了创建账套的参数设置。稍候系统将自动打开【编码方案】界面，用户可根据单位的实际情况修改系统编码方案的默认值，如图 2－16 所示。

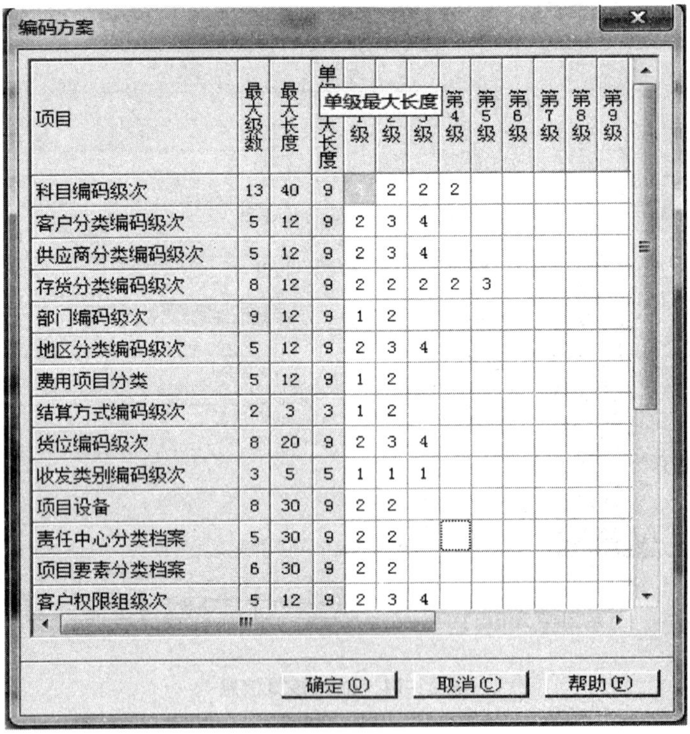

项目	最大级数	最大长度	单级最大长度	第1级	第2级	第3级	第4级	第5级	第6级	第7级	第8级	第9级
科目编码级次	13	40	9	[illegible]	2	2	2					
客户分类编码级次	5	12	9	2	3	4						
供应商分类编码级次	5	12	9	2	3	4						
存货分类编码级次	8	12	9	2	2	2	2	3				
部门编码级次	9	12	9	1	2							
地区分类编码级次	5	12	9	2	3	4						
费用项目分类	5	12	9	1	2							
结算方式编码级次	2	3	3	1	2							
货位编码级次	8	20	9	2	3	4						
收发类别编码级次	3	5	5	1	1	1						
项目设备	8	30	9	2	2							
责任中心分类档案	5	30	9	2	2							
项目要素分类档案	6	30	9	2	2							
客户权限组级次	5	12	9	2	3	4						

图 2－16　设置编码方案

⑦单击【确定】按钮，即完成了分类编码方案的设置。然后系统会自动打开【数据精度定义】对话框，根据企业具体情况填写后单击【确定】按钮。

⑧接下来系统会提示是否在此进行系统启用，如果选择【是】，系统会进入【系统启用】界面（系统启用的设置也可在【企业应用平台】下的【基础设置】里完成）。如果选择【否】，即完成新账套的建立工作，如图 2－17 所示。

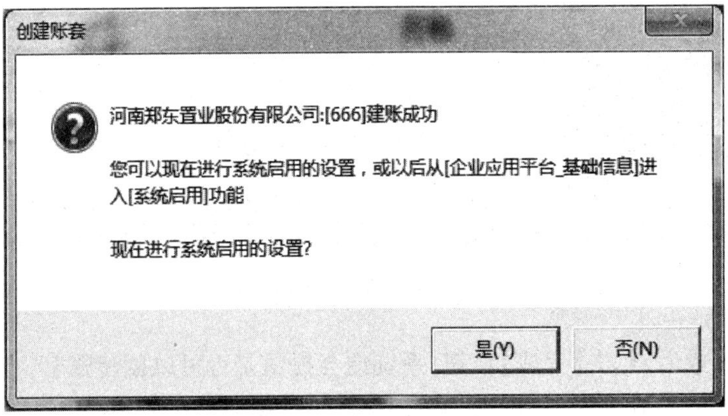

图 2－17　是否启用系统

操作注意：

①账套号作为区分各账套的标志具有唯一性。新建账套号不能与已存账套号重复。对于集团公司用户来讲，最好事先对下属单位的账套号进行统一筹划，以利于后期集团数据的分析、比较及统计。

②账套路径为存储账套数据的路径，可以修改。

③会计期规定了新建账套的启用时间，即原手工系统到计算机系统的交接日期。规定启用日期是为了便于确定计算机方式下账务处理的起点，以保证证、账、表数据的连续性。启用日期具体到"月"。企业可在任何一个会计期间启用计算机信息系统。启用会计期可分为年初启用和年中某月启用两种情况。假定企业 2016 年 3 月购买系统软件，如果设定为 2016 年 1 月启用账套，就意味着企业需要录入 2015 年年末余额，并补录 2016 年 1—2 月的所有业务。这样处理虽然有一定的工作量，但可以保留一年完成的业务，有利于统计、分析工作的进行。因此，企业在决定启用会计期时应权衡利弊后做出决策。另外需要注意的是，启用的会计期不能在机内系统日期之后。在进行系统操作时，几种日期之间的逻辑关系应当注意：计算机的当前机内日期、建账套时选择的新账套启用日期、当前的会计核算年度、日常核算时的业务发生日期以及该业务的录入日期。这几个日期之间一定要符合逻辑关系，如核算的会计年度不能在新账套启用日期之前，业务发生日期必须在当前的会计核算年度之内，业务录入日期必须在当前机内日期之前，等等。除此之外，还要注意在总账系统【选项—凭证】功能中的"制单序时控制"设置。日期之间逻辑关系出错，系统将会警示并拒绝向下执行。

④会计期间设置用于确定会计月份的起始日期和结账日期，单位可根据实际情况自行设定。如果单位的会计年度与日历年度不一致，则可双击"会计期间设置"中的第一行进行修改。系统自动将启用月份以前的日期背景设为蓝色，标识为不可修改部分，而将启用月份以后的日期（仅限于各月的截止日期，至于各月的初始日期则随上月截止日期的变动而变动）背景设置为白色。

⑤单位名称是用户单位的全称，必须输入。企业全称只在发票打印时使用，其余情况可以使用企业的简称。

⑥系统提供了工业、商业两种类型。工业模式不能处理受托代销业务，商业模式可同时处理委托代销和受托代销业务；行业性质决定了系统为该账套提供适合于该行业的基础数据；账套主管可在此确定也可在操作员权限设置功能中修改；系统默认按所选行业性质预置会计科目。如果不选中"按行业性质预置科目"复选框，则不按行业预置会计科目。

⑦如果用户的存货、客户和供应商不多，可以选择对他们不进行分类管理。手工环境中限于人的计算能力及管理信息的能力，往往采用简化的核算方法，对客户、供应商、存货等重要资源不采用分类管理，以至不能获取必要的分类统计信息。计算机信息系统的建立，不仅可以提高信息处理的准确性、及时性，还可以充分考虑各级管理人员的需求，设置多种分类统计口径。如果目前无法确定是否采用分类管理模式，也可以待启动购、销、存系统时再进行设置。若选择各项分类核算，则必须先设置各项分类方案，然后才能设置相应的基础档案。

⑧分类编码方案确定了企业中对会计科目、企业部门等对象进行编码的原则,它便于对经济业务数据进行分级核算、统计和管理。编码方案包括编码的级次方案和各级位长方案,即编码划分的段数,每段的位数。一级至最底层的段数称为级次,每级(或每段)的编码位数称为级长。编码总级长为每级编码级长之和。特别需要说明的是,为适应会计信息化数据处理环境,通常对核算涉及的所有对象都要进行"编码化"和"档案化"处理,包括人、财、物、数据、部门、方法、规则等。这里采用的是群码编码方法,它是一种分段组合编码,每一段都有固定的位数。

⑨由于系统按照账套所选行业会计制度预置了一级会计科目,因此第一级科目编码级次不能修改,而其他均可直接根据需要进行修改;在系统使用前,如果分类编码方案设置有误,可以在【企业应用平台】|【基础设置】|【基本信息】中对其进行适当修改。

⑩账套中的具体业务核算和管理,需要在不同的业务子系统中进行,而各业务子系统在应用之前,需要根据企业的具体情况确定其启用的日期。这些子系统的启用日期之间可以不同步。如果在图 2－17 中单击【是】按钮,就可以直接进行相关子系统的启用设置;若单击【否】按钮,则应到【企业应用平台】中启用。如果不启用任何业务子系统,将不能进行任何业务操作(包括后续的基础信息设置和各子系统业务操作等)。需要说明的是:如果选择在这里启用各业务子系统,则由系统管理员完成;如果选择在【企业应用平台】中启用,则由账套主管完成。

⑪用友演示版软件将练习的业务数据范围限于连续三个月范围内,即如果建账月为某年 1 月,那么只能练习 1 月、2 月、3 月以内的业务数据,超出范围系统将提示"该演示账套数据已到期!",并同时将正在演示的账套作废。

2.2.3.5 设置账套主管和为普通用户分配操作权限

(1)设置账套主管

【操作步骤】

点击【权限】菜单中的【权限】项,系统将弹出用户权限设置界面。首先,选择账套和年度;其次,选取欲设定或放弃账套主管资格的操作员,如选择林月;最后,用鼠标单击界面最上一行的账套主管标记。如果想将该操作员设定为所选账套的账套主管,则打上对钩标志,如图 2－18 所示。

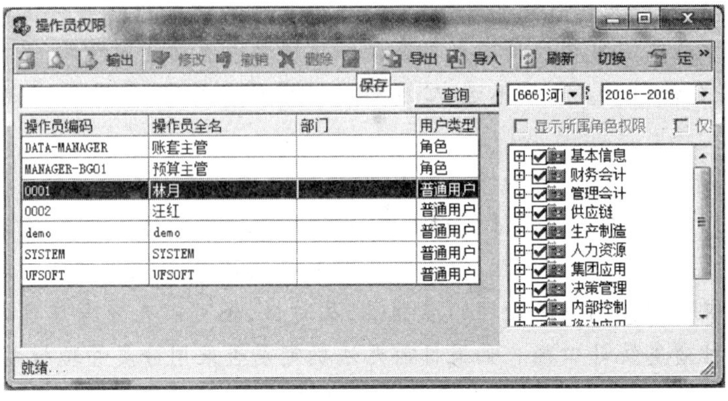

图 2－18 设置账套主管

操作注意：

①为账套设置账套主管的操作可以在建立账套时进行，也可以在该账套建立后进行。

②只有系统管理员才有权进行账套主管的设定与放弃操作。

③系统默认账套主管自动拥有指定账套操作的所有操作权，所以对账套主管来说就不存在对其增删权限的操作，此时权限设置的【增加】和【删除】按钮不能使用。

④操作员是系统所建的所有账套的“公共人力资源”，因此为账套分配权限的操作员只能在已有操作员中选择。一位操作员可在多个账套分配权限，也可兼多个账套的主管。

(2)为普通用户分配操作权限

为使操作员的权责清晰，同时为了企业经营数据的安全与保密，企业需要对系统中所有的操作人员进行分工，设置各自相应的操作权限。用友 ERP－U8 提供了权限的集中管理功能，可以实现以下三个层次的权限管理：

第一个层次是功能级权限管理。为操作员设置功能权限的实质，是限定操作员只能执行与自己岗位相关的操作，不能越权操作其他与己无关的内容。例如，操作员 SYSTEM 是企业的工资核算员，那么系统管理员只授予他工资模块的操作权限，其他模块他是无权登录的。用友 ERP－U8 系统提供了精细的功能权限，包括各功能模块相关业务的查看和分配权限。

第二个层次是数据级权限管理。该权限可通过两种方法进行控制：一种是字段级权限控制；另一种是记录级权限控制。

第三个层次是金额级权限管理。该权限主要用于完善内部金额控制，通过对具体金额数量划分级别，实现对不同岗位和职位的操作员进行金额级别控制，限制他们制单时可以使用的金额数量，不涉及内部系统控制的不在管理范围之内。

功能权限设置在系统管理模块中进行，而数据级和金额级权限设置在【企业应用平台】|【系统服务】|【权限】中进行。必须先设置功能权限，才能进行数据级权限和金额级权限设置。通过各层次权限间的不同组合设置，可实现对操作员更加灵活和有效的权限控制。

只有系统管理员和账套主管才有权进行功能权限设置，两者的级别又有区别，系统管理员可指定账套主管，还可对任意已存账套进行任意操作员权限设置，而账套主管只可对所管辖账套进行任意操作员的权限设置，但无权指定账套主管。

功能权限设置在系统管理模块中完成，有两种方法：一种方法是增加用户时即设定用户所属的角色，角色所拥有的权限将自动传递给用户，对角色进行权限分配时相当于将这些权限同时分配给该角色包含的所有用户，即实现对多个用户批量分配权限；另一种方法是单独为用户进行赋权。

【例 2－3】设置操作员汪红拥有 666 账套“总账”中出纳的操作权限。

【操作步骤】

①增加或修改用户权限。点取界面左侧用户显示区中的非账套主管用户，选取相应的账套和年度，再用鼠标单击功能菜单中的【修改】按钮，系统即弹出权限增加界面，如图 2－19 所示。然后打开总账功能权限菜单，从中选择属于出纳的各种权限选项即可。

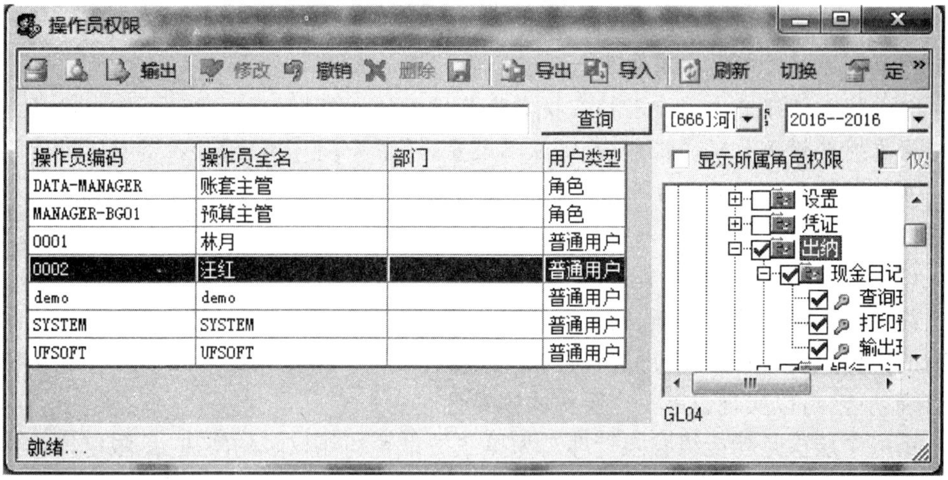

图 2－19　为用户分配权限

②如果要删除操作员权限，则只要选中需删除权限的操作员，在右侧的权限显示区中点取欲被删除的权限，点击【删除】按钮即可。

操作注意：

①为普通操作员分配账套操作权限，必须是在该账套已建立后才能进行。

②在进行权限设置时，要注意所选操作员、账套、年度、业务子系统（注意子系统的代码）以及各级岗位明细权限（注意各权限代码）之间的配置关系。

③所设置的用户权限一旦被该操作员使用（进入过相应的功能操作），则该项权限不能再被修改或删除。

2.2.3.6　账套的输出和引入

（1）输出账套

企业在实际运营中存在很多不可预知的安全隐患，如火灾、计算机病毒侵犯及人为破坏等，任何一种情况都会对系统安全造成致命的影响。为此，系统需要提供能保存机内数据的有效方法，即能定期将机内数据备份出来存储到不同的介质上，以防遭遇不测。用友 ERP－U8 提供了两种方式可用于备份系统数据，即设置自动备份计划和账套输出。系统管理模块提供了账套的输出功能。账套的输出功能除可以完成账套备份外，还可完成删除账套的操作。如果系统内的账套已经不再需要继续保存，可使用账套的输出功能进行账套删除。另外，账套的输出功能还可用于解决异地分公司的审计和数据汇总问题。只有系统管理员才有权输出账套。

【例 2－4】将 666 账套数据输出备份到“我的文档”中的“账套备份”文件夹中。

【操作步骤】

①在“我的文档”中建立“账套备份”文件夹。

②以系统管理员 admin 身份进入【系统管理】窗口，选择【账套】菜单中的【输出】命令，打开【账套输出】对话框，如图 2－20 所示，选择备份目标文件夹“账套备份”即可。

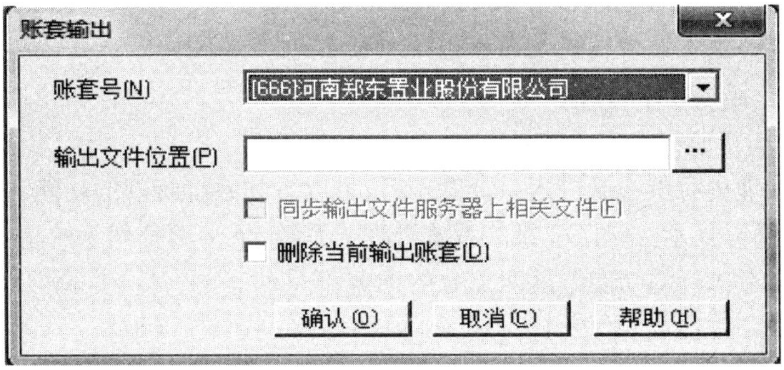

图 2－20　账套输出

操作注意：

在删除账套时，必须关闭该账套的所有系统模块。

(2)引入账套

账套引入(或数据恢复)的目的是当硬盘数据被破坏时，将最新备份数据恢复到硬盘中。系统还允许将系统外某账套数据引入本系统中，从而有利于集团公司的操作。例如，子公司的账套数据可定期被引入母公司系统中，以便进行账套数据的分析和合并工作。

【操作步骤】

①点击【账套】|【引入】，即可进入引入账套的功能。

②在界面上选择要引入的账套数据备份文件。账套数据备份文件是系统输出的文件，前缀名统一为 UfErpAct。选择后，点击【确定】按钮表示确认；若放弃，则点击【取消】按钮，如图 2－21 所示。

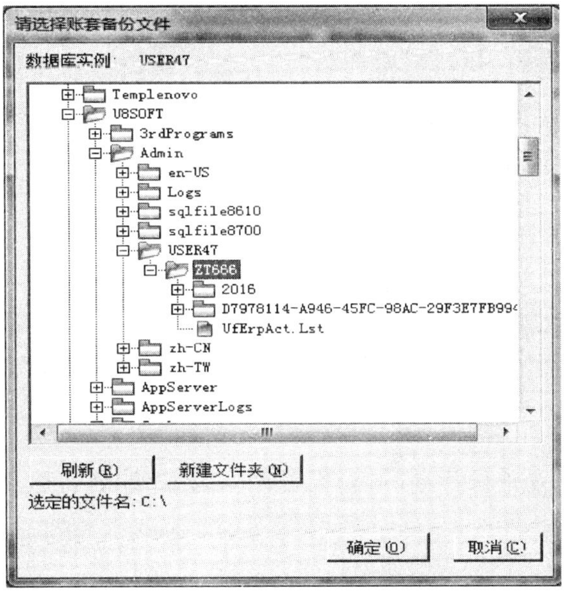

图 2－21　引入账套

操作注意：

只有系统管理员才有权引入和输出一个账套。

2.2.3.7　系统安全管理

(1)系统运行监控

以系统管理员身份注册进入系统管理后,可以看到系统管理的功能列表分为上、下两部分,上半部分列示的是已登录的系统管理子系统,下半部分列示的是登录的操作员在子系统中正在执行的功能。这两部分的内容都是动态的,都会根据系统的执行情况而自动变化。

(2)设置自动备份计划

用友 ERP - U8 提供了设置自动备份计划的功能,作用是自动定时对设置的账套进行输出(备份)。利用该功能可实现定时、自动输出多个账套的目的,有效减轻了系统管理员的工作量,保障了系统数据的安全。

【操作步骤】

点击【系统】下【设置备份计划】,进入【备份计划详细情况】界面,点击【增加】,设置一份新的自动备份计划,如图 2 - 22 所示。

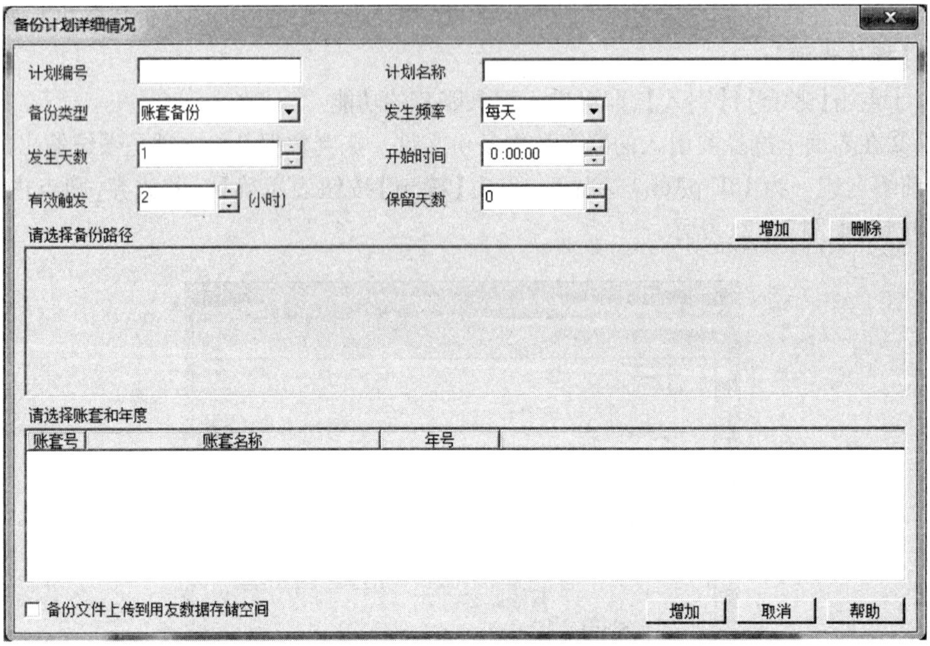

图 2 - 22　设置自动备份计划

栏目说明：在设置备份计划时,应设置计划编号、计划名称、备份类型及发生频率等。

备份计划中的有关内容说明如下：

①备份类型：以系统管理员(admin)身份增加备份计划时,可以选择账套备份和年

度备份两种类型;以账套主管注册进入系统管理模块增加备份计划时,只显示非选项“年度备份”。当选择账套备份时,系统自动将系统中已经存在的账套显示出来,供用户选择需要备份的账套号。

②发生频率:系统提供“每天、每周、每月”三项选择,可根据备份需要进行选择。

③发生天数:系统提供发生频率,确认执行备份计划的确切天数。如果选择“每天”为周期,系统不允许选择发生天数;如果选择“每周”为周期,系统允许选择的天数为1至7之间的数字(1代表星期日,2代表星期一,依次类推);如果选择“每月”为周期,系统允许选择的天数为1至31之间的数字,对每月的时间日期不足设置的天数,系统则按最后一天进行备份。

④开始时间:是指按指定的发生频率中的发生天数内的具体时间开始备份。

⑤有效触发:如果遇到网络或数据冲突无法备份,则以备份开始时间为准,在有效触发小时的范围内,系统可以反复进行重新备份,直到备份完成。

⑥保留天数:是指系统可以自动删除时限之外的备份数据。当数值为0时,系统认为永不删除备份。

⑦备份路径:可选择一个本机或网络路径存放备份数据文件。系统自动根据设置的路径对应每一个账套或者年度账套建立子目录,并自动保存最新的两份数据备份文件。

操作注意:

①已设置了备份计划且该计划正在启用的账套不能再次被选择;选择账套备份时一次可以选择多个账套号,且必须保证有一个账套号;可以随时修改已被选择的账套号。

②当选择年度账备份时,系统自动将系统表中已经存在的年度账显示出来,用户可以选择需要备份的年度账。

③已经设置了备份计划,且该计划正在启用的年度账不能再次被选择。选择年度账进行备份时一次可以选择多个账套的年度账,且必须保存有一个账套的年度账;可以随时修改已被选择的年度账。

(3)注销当前操作员

如果需以一个新操作员身份注册进入系统管理模块,就需要将当前操作员从系统管理模块中注销;如果当前操作员暂时离开,不希望他人对系统管理进行操作,则也应该注销当前操作员。点击【系统】下的【注销】就可完成该项操作。

(4)上机日志

为保证系统的安全运行,系统随时对各个产品或模块的每位操作员的上下机时间、操作的具体功能等情况进行登记,形成上机日志,以便使所有操作都有所记录,有迹可循。上机日志只有系统管理员才有权操作。点击【视图】下的【上机日志】就可进入该界面进行查询和管理。

操作注意:

上机日志是由系统自动记录的,系统管理员可以查看和删除日志,但不能修改。如果查看和删除出现了责任问题,将由系统管理员承担,但如果设置了修改日志功能,那么修改后出现的责任问题就不容易分清了。上机日志是动态的,随系统的使用不断发生变化,因此要想查看最新的上机日志,就要适时地执行【刷新】功能。

2.2.4 账套主管的操作

2.2.4.1 进入系统管理模块

【操作步骤】

打开【系统管理】窗口。在“操作员”和“密码”信息栏分别输入账套主管的身份(ID 号或名字)和密码,此时“账套”信息栏会出现由该操作员所任账套主管的各个账套供选择,选择要进入的 666 账套和操作日期,点击【确定】进入,如图 2-23 所示。

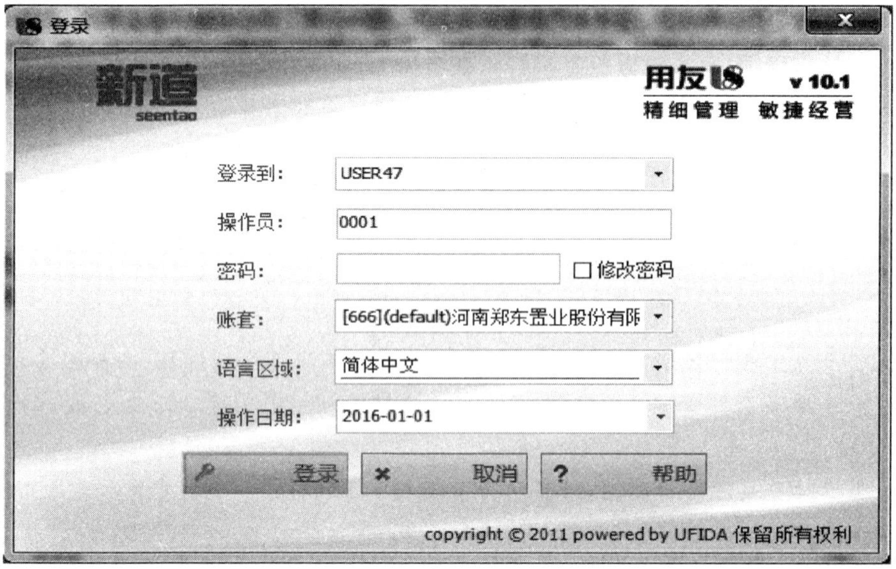

图 2-23 账套主管登录系统管理模块

操作注意:

与系统管理员不同的是。账套主管注册时须选择其主管的账套。

2.2.4.2 修改账套

系统经过一段时间运行后,如果发现账套的某些信息需要修改和补充,可以通过修改账套功能完成。此外,查看某个已创建账套的信息,也通过这一界面完成。只有账套主管才有权使用账套的“修改”功能。

【例 2-5】以林月身份登录系统管理模块,修改已创建的 666 账套信息。

【操作步骤】

①打开【系统管理】对话框,以账套主管林月身份登录“[666]河南郑东置业股份有限公司”账套。

②选择【账套】下拉菜单中的【修改】命令,打开【修改账套—账套信息】对话框。系统自动列出已建立账套的各种信息,如图 2-24 所示。账套主管可通过单击【上一步】

或【下一步】按钮查看或修改相应的账套信息。如果确认已修改的内容，应在修改完成后单击【完成】按钮，否则单击【放弃】按钮，放弃此次修改操作。

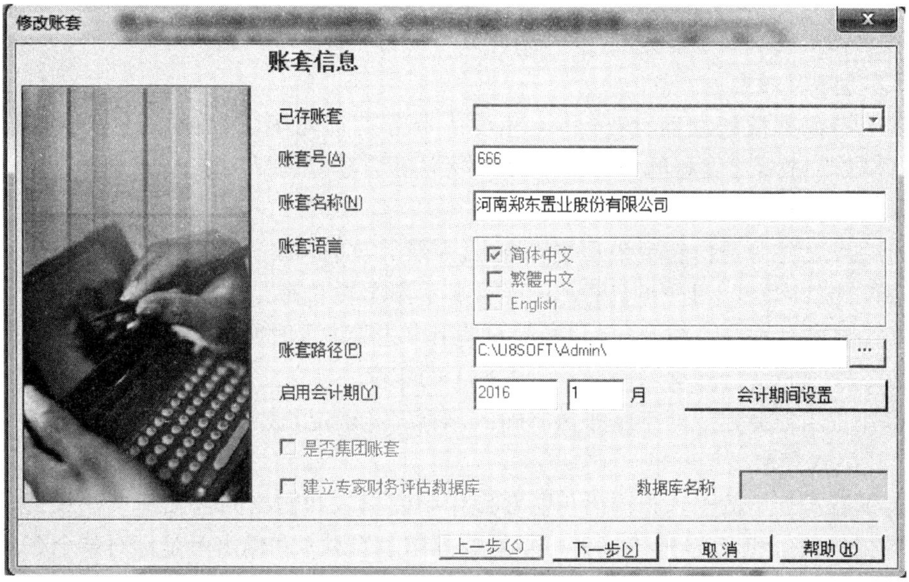

图 2－24 修改账套

操作注意：

账套的某些重要信息，如账套号、账套路径、启用会计期等是不能被修改的。

2.2.4.3 为用户分配权限

【操作步骤】

点击【权限】下拉菜单中的【权限】项，系统弹出用户权限设置界面，如图 2－25 所示。此时账套主管可在自己主管的账套中为普通操作员分配各种普通权限。

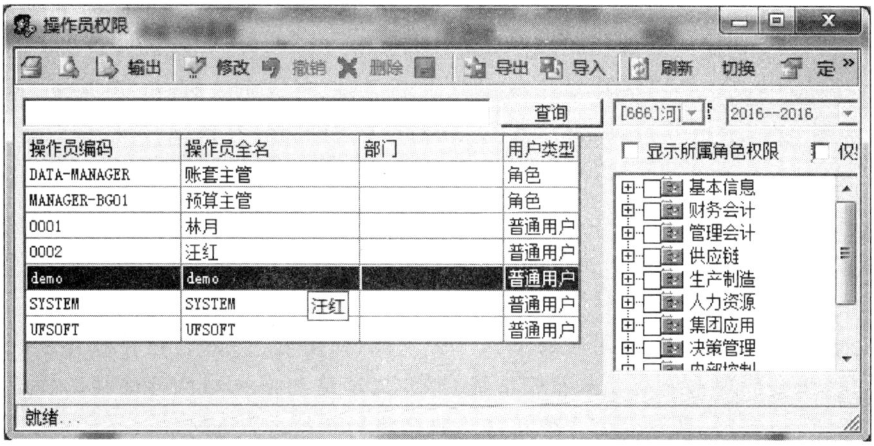

图 2－25 分配权限

操作注意:

账套主管只能为用户分配其所管辖账套的操作权限。

2.2.4.4 年度账管理

年度账的管理属于业务的范畴,因此只有账套主管才能进行。

(1)建立年度账

在建立新年度账之前,应先将上年度的业务处理完毕,然后执行【年度账】下的【输出】功能,做好年度账的备份工作,否则无法正常建立新年度账。

【操作步骤】

①以账套主管身份选定账套注册进入【系统管理】界面。

②单击【年度账】项下的【建立】,屏幕显示两个栏目都是系统默认的,用户不得进行任何有选择的操作。账套:自动显示的是用户注册进入时所选的账套。会计年度:自动显示的是所选会计账套当前会计年度加1的年度。

③用户若对新建立的年度账做出确认,则点击【确定】按钮即可。

(2)引入和输出年度账

年度账操作中的引入和输出与账套操作中的引入和输出的含义基本一致,作用都是对数据的备份和恢复,所不同的是年度账操作中的引入和输出不是针对某个账套,而是针对账套中的某个年度的年度账数据备份文件进行的。

(3)结转上年数据

一般情况下企业是持续经营的,因此企业的会计工作是连续性的,只是人们人为地把它进行了会计分期,每到年末,在启用新年度账时,就需要将上年度账中的相关账户的余额及其他信息结转到新年度账中。结转上年度数据之前应先建立新年度账。

【操作步骤】

①以账套主管身份选定账套注册进入【系统管理】界面。

②在【系统管理】界面单击【年度账】项下的【结转上年数据】即可。

操作注意:

①建立新年度账后,可以执行供销链产品、资金管理、固定资产和工资系统的结转上年数据的工作。这几个系统的账户数据结转不分先后顺序,可以根据需要执行。

②若同时使用了购、销、存系统和应收、应付系统,则应先结购、销、存系统,再结应、收应付系统;若只使用了应收、应付系统,而没有使用购、销、存系统,则根据需要直接执行应收、应付系统的结转工作即可。

③若使用了成本管理系统,同时使用了工资、固定资产和存货核算系统,那么应该先结工资、固定资产及存货核算系统,然后才能结转成本管理系统;否则,根据需要直接执行成本管理系统的结转工作即可。

④若在使用总账系统的同时使用了工资系统、固定资产系统、存货核算系统、应收应付系统、资金管理系统及成本管理系统,那么只有这些系统均执行结转工作后,才能结转总账系统;否则,根据需要直接执行总账系统的结转工作即可。

⑤会计信息系统、账套、年度账三者之间的关系是:在会计信息系统中建立核算账套,在核算账套中建立核算年度账。

⑥结转上年账户余额后，在新年度日常业务开始前，可以对某些事项做调整。例如，可以增加、修改或删除科目，可以对已两清的单位和个人项目执行删除操作等。

概括起来可以将新年度建账过程总结为如下流程：

完成上年工作→年度账备份→建立新年度账→结转年度数据→调整科目、客户、供应商等目录档案情况→调整余额→新年度日常业务。

(4)清空年度数据

有时用户会发现某年度账中错误太多，不希望将上年度的账户余额或其他信息全部转到下一年度，这时便可使用【年度账】下的【清空年度数据】功能。“清空”并不是将年度账的数据全部清空，而是还保留一些信息，保留的信息主要有基础信息、系统预置的科目及报表等。保留这些信息主要是为了方便用户使用清空后的年度账重新做账。

3

账簿体系的基础设置

为使用友 ERP－U8 及其各子系统数据共享，完整实现企业财务、业务一体化管理，系统设置了系统管理和企业应用平台。在上一章中，系统管理模块基本完成了系统的建账工作，而在进行具体业务核算和管理前，还需要根据企业的具体情况进行账套“个性化”的基础设置工作（也称为账套的初始化工作），它包括账套公共基础设置和各业务子系统的基础设置两部分工作。账套公共基础设置工作在【企业应用平台】界面中的【基础设置】窗口完成，而各业务子系统的基础设置工作则分别在子系统中完成，本章主要讲授账套的公共基础设置工作。

基础设置属于业务的范畴，应由除系统管理员以外有基础设置权的操作员完成。

3.1 企业应用平台概述

企业应用平台是用友 ERP－U8 管理软件业务应用的唯一入口，实现了软件各产品的统一登录和统一管理。操作员的角色和权限决定了其是否有权登录系统，是否可以使用企业应用平台中的各功能单元。

企业应用平台主要包括基础设置、业务工作和系统服务三个模块包。

3.1.1 基础设置

基础设置主要包括基本信息设置、基础档案设置和单据设置等功能。

3.1.1.1 基本信息设置

在基本信息中可以进行系统启用设置，还可以对建账时设定的分类编码方案和数据精度进行修改。

系统启用是指设定用友 ERP－U8 管理软件各个子系统开始使用的日期。用友

ERP - U8 管理软件分为财务会计、管理会计、供应链、生产制造、人力资源、集团应用、决策支持和企业应用集成等产品组,每个产品组中又包含若干模块,它们中大多数既可以独立运行,又可以集成使用,但两种用法的数据流程是有差异的。一方面,企业可以按照信息化规划及本身的管理特点选购不同的子系统;另一方面,企业也可以采取循序渐进的策略,有计划地先启用一些模块,一段时间之后再启用另外一些模块。系统启用功能为企业提供了选择的便利,它表明企业在何时点启用了哪些子系统。只有设置了系统启用的模块才可以登录。

系统启用有两种方法:一是由系统管理员在系统管理模块中创建企业账套后进行系统启用设置;二是由账套主管在企业应用平台完成启用设置。

3.1.1.2 基础档案设置

一个企业账套是由若干个业务功能子系统共同构成的,这些子系统共享公用的基础档案信息,基础档案信息是系统运行的基石。企业在启用新账套之始,应根据本单位的实际情况及业务需求进行基础档案的整理工作,以确保初始建账的顺利进行。

设置基础档案的前提是先确定基础档案的分类编码方案。基础档案的设置必须遵循分类编码方案中所设置的级次及各级编码长度的规定。按照基础档案的用途不同,系统将基础档案划分为机构人员信息、客商信息、财务信息和结算信息等。

由于企业基础数据之间存在前后承接关系(如必须在设置客户分类的基础上再设置客户档案),因此基础档案的设置应遵从一定的顺序。

3.1.1.3 单据设置

不同企业在业务处理中使用的单据可能存在细微的差别,用友 ERP - U8 管理软件中预置了常用单据模板,而且允许用户对各单据类型的多个显示模板和多个打印模板进行设置,以满足企业个性化的单据格式需求。

3.1.2 业务工作

在企业应用平台的"业务"页面中集成了登录用户拥有操作权限的所有业务功能模块,它们分类归属于各产品组中,企业应用平台为企业用户提供了进入用友 ERP - U8 管理软件的唯一入口。

3.1.3 系统服务

系统服务包括服务器配置、工具和权限等内容。下面主要对权限一项进行简要介绍。

用友 ERP - U8 管理软件提供了三种不同性质的权限管理:功能权限、数据权限和金额权限。功能权限在【系统管理】中进行设置,主要规定每位操作员对各模块及细分功能的操作权限;数据权限是针对业务对象进行的控制,可以选择对特定业务对象的某些项目和某些记录进行查询和录入的权限控制;金额权限的主要作用体现在两个方面,一是设置用户在填制凭证时对特定科目允许输入的金额范围,二是设置在填制采购订单时允许输入的采购金额范围。

在日常使用功能权限时,不同操作员通过身份识别注册进入企业应用平台后所看到的界面是相同的，但不同操作员却具有不同的操作权限，因此能进入的模块是不同的。需要进入某一模块时，只需在控制台左侧单击选择该模块所属的产品组，在右侧双击对应的功能图标即可。

【例3-1】2016年1月3日，由操作员林月登录666账套的企业应用平台。

【操作步骤】

执行【开始】|【程序】|【用友ERP-U8(V10.1)】|【企业应用平台】命令，打开【登录】对话框，在“操作员”框中输入“0001(林月)”，在“密码”框中输入0001，单击“账套”下拉列表框中的下三角按钮，选择“[666]河南郑东置业股份有限公司”账套，更改“操作日期”为“2016-01-03”。单击【确定】按钮，即可登录用友ERP-U8系统的企业应用平台，如图3-1、图3-2所示。

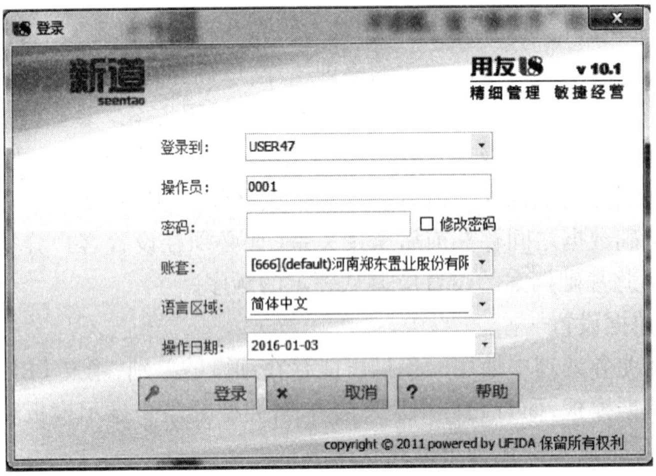

图3-1 注册【企业应用平台】

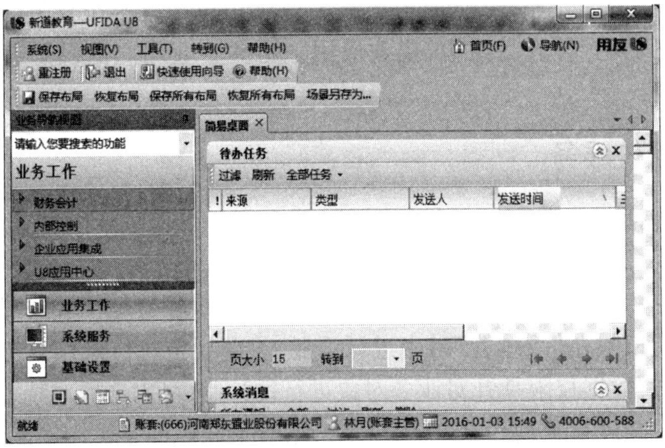

图3-2 用友ERP-U8控制台

3.2 基本信息设置

3.2.1 系统启用

系统启用是指设定用友 ERP－U8 各子系统开始使用的日期。只有启用后的子系统才能进行登录并进行业务处理。由于各模块间存在复杂的数据传递关系，因此无论是系统启用还是月末结账都需要遵从一定的次序。如果在同一月份启用所有的子系统，建议采用以下启用顺序：

①先启用采购管理和销售管理，然后启用库存管理和存货核算。

②先启用购、销、存系统和总账，再启用应收款管理和应付款管理。

③启用总账后，就可以启用工资管理和固定资产管理，且不分先后。

④最后启用成本管理。

【例 3－2】2016 年 1 月 3 日，由 666 账套的账套主管林月注册进入企业应用平台，启用总账系统，其启用日期为 2016 年 1 月 1 日。

【操作步骤】

①由 0001 操作员林月注册进入企业应用平台。在【用友 ERP－U8 企业应用平台】页面单击【基础设置】列表框中的【基本信息】命令，打开【基本信息】对话框，如图 3－3 所示。

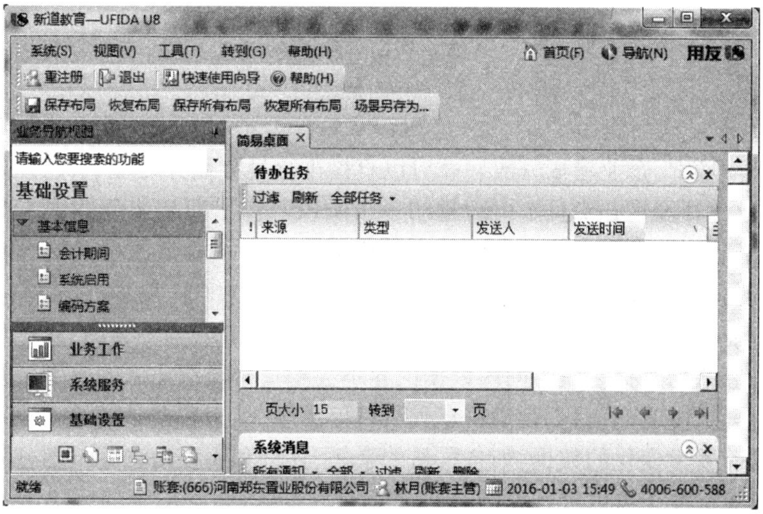

图 3－3 【基本信息】对话框

②双击【系统启用】目录，打开【系统启用】对话框。在【系统启用】对话框中单击选中“总账”前的复选框，弹出“日历”对话框，选择 2016 年 1 月 1 日。单击【确定】按钮后，系统提示“确实要启用当前系统吗?”，单击【是】按钮，如图 3－4 所示。

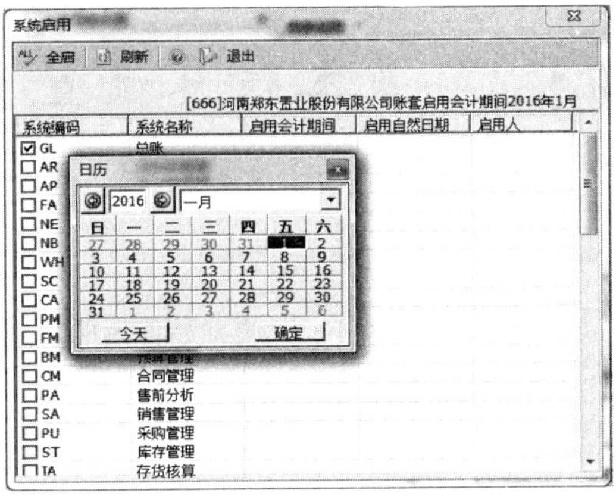

图 3-4 【系统启用】对话框

操作注意：

①系统启用界面所列出的子系统全部是已安装的子系统，未安装的将不予列示。

②各系统的启用会计期间必须晚于账套的启用期间。

3.2.2 编码方案及数据精度的设定

请参阅上一章“系统管理”的有关内容。

3.3 基础档案设置

在手工环境中，企业建账完成后就可以直接进行日常业务处理了，但计算机环境则不同，期初业务处理是必要且不可跨越的一个阶段工作。期初业务处理主要包括账套参数设置、基础档案设置和期初余额录入等内容。关于账套参数设置的内容已在前面讲授过了，这里主要论述基础档案设置和期初余额录入的有关内容。

依据企业基础数据的稳定性，可以将数据准备的主要内容分为两类：静态数据和动态数据。静态数据是指一段时间内数据内容不会随日常经济业务的发生轻易改变的数据，如客户信息、供应商信息、存货信息和科目信息等；动态数据是指随企业日常经济业务的发生随时发生变化的数据，如各科目的余额、存货和库存信息等。划分静态数据和动态数据的意义在于可以合理安排时间，静态数据可于确定系统的解决方案后立即进行设置，动态数据必须于系统上线前才能确定。

在用友 ERP - U8 中，静态数据对应于基础档案。基础档案涵盖的内容很多，既有为一个子系统专用的基础档案（如采购类型、销售类型等），又有由多个子系统或所有子系统共享的基础档案。在用友 ERP - U8 软件中，基础档案是通过选择【用友 ERP - U8 企业应用平台】|【基础设置】|【基础档案】命令，在打开的窗口中进行集中设置的

(内容共有 30 多项)。

动态数据主要是指期初余额,包括各明细科目的期初余额、各种存货的结存数及往来未达账项等,通常要在各业务子系统的初始化工作中进行设置。

基础档案的设置是在已确定了基础档案的分类编码方案基础上进行的,基础档案的设置必须遵循分类编码方案中的既定规则(包括级次和各级编码长度的设定)。

3.3.1 基础档案的设置顺序

部分基础数据之间存在着前后承接关系,因此基础档案的设置应遵从一定的顺序,如图 3-5 所示。图中未列出的项目不存在先后顺序问题。

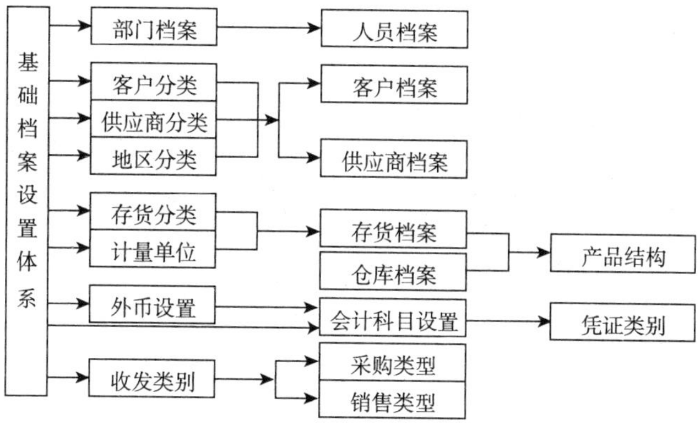

图 3-5 基础档案的设置顺序

3.3.2 机构人员档案设置

机构人员档案设置主要包括本单位信息、部门档案、人员类别、人员档案、职务档案及岗位档案等。这里主要介绍部门档案、人员类别和人员档案的设置,设置顺序依次是部门档案、人员类别和人员档案。

3.3.2.1 部门档案

此处的"部门"不完全等同于企业组织机构中的部门,确切地讲它是从财务核算和业务管理角度确认的。部门档案用于系统按部门进行核算、管理、分类和汇总,下一级将自动向有隶属关系的上一级进行汇总。

【例 3-3】666 账套的部门档案如表 3-1 所示。

表 3-1 部门档案

部门编码	部门名称	部门编码	部门名称
1	综合部	2	研发部
101	人事部	3	市场部
102	财务部		

【操作步骤】

①选择【企业应用平台】|【基础设置】|【基础档案】命令，打开【基础档案】对话框，如图 3－6 所示。

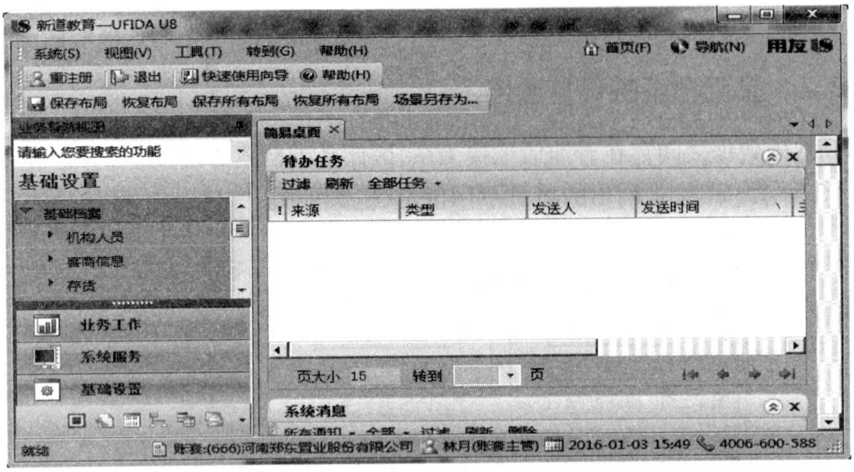

图 3－6　基础档案

②在【基础档案】对话框中打开【机构人员】界面，选择【部门档案】功能，双击打开窗口。

③在【部门档案】窗口中，单击【增加】按钮，在“部门编码”框中输入 1，在“部门名称”框中输入“综合部”，单击【保存】按钮。

④重复步骤③的操作，继续输入其他部门，系统即显示已录入的部门档案。直至全部输入完成后，单击【退出】按钮即可，如图 3－7 所示。

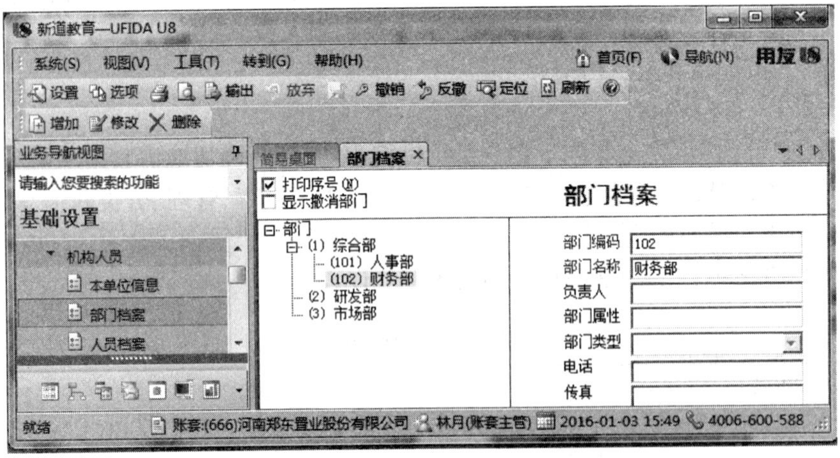

图 3－7　设置部门档案

操作注意：

①部门编码必须符合编码原则；部门档案资料一旦被使用，将不能被修改或删除。

②由于在设置部门档案时还未设置人员档案，因此如果要设置部门档案中的负责人，应在设置人员档案后再回到设置部门档案中，使用修改功能补充设置。

3.3.2.2 人员类别

人员类别与工资费用的分配及分摊有关，工资费用的分配及分摊是薪资管理系统的一项重要功能。人员类别设置的目的是为工资分摊生成凭证设置相应的入账科目做准备，可以按不同的入账科目需要设置不同的人员类别。系统已经预置了正式工、合同工及实习生。

【例3-4】在666账套正式工类别下增设“管理人员”“生产人员”“销售人员”三种人员类别。

【操作步骤】

①在【基础档案】对话框中打开【机构人员】目录，选择【人员类别】功能，双击打开【人员类别】窗口。

②在该窗口选择【在职人员】功能，单击【增加】按钮，依次增加三种人员属性，如图3-8所示。

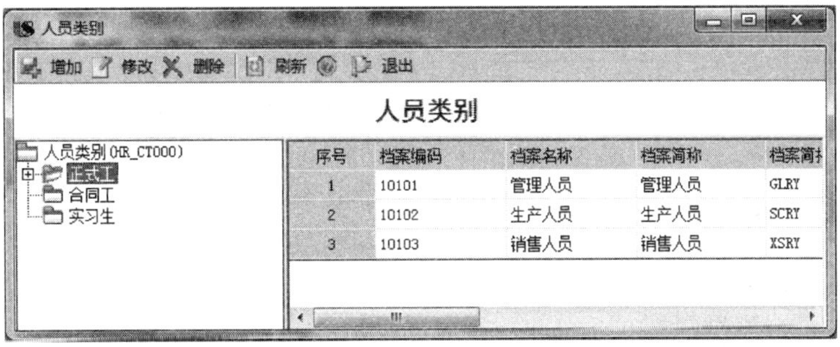

图3-8 设置人员类别

操作注意：

一旦人员类别被引用，就不能再增加下级分类，也不能对其进行删除。

3.3.2.3 人员档案

人员档案主要设置企业各职能部门中需要进行核算和业务管理的职员信息，须先设置部门档案，才能在部门下设置相应的人员档案。除固定资产和成本管理产品外，其他产品均会使用人员档案。

【例3-5】设置666账套的部分人员档案，具体资料如表3-2所示。

表3-2 部分人员档案

职员编码	职员名称	所属部门	人员类别	是否业务员
0001	林月	财务部	管理人员	否
0002	汪红	财务部	管理人员	是

续表

职员编码	职员名称	所属部门	人员类别	是否业务员
0003	张越	人事部	管理人员	是
0004	丁宁	财务部	管理人员	否
0005	邢非	研发部	管理人员	否
0006	武刚	研发部	管理人员	否
0007	尹语	市场部	销售人员	是

【操作步骤】

①在【基础档案】对话框中打开【机构人员】目录，选择【人员档案】功能，双击打开窗口。单击【增加】按钮，依次增加上述人员档案，每次输入后单击【保存】按钮，如图 3－9 所示。

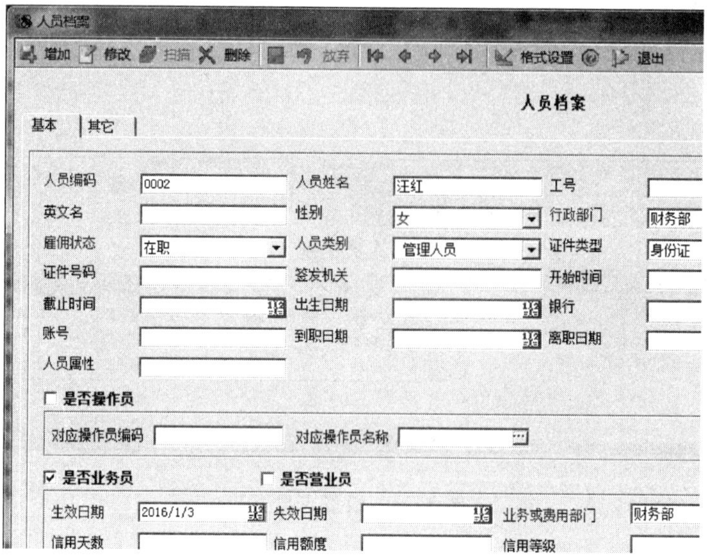

图 3－9　增加人员档案

②全部录入完成后单击【退出】按钮。

操作注意：

①在录入人员档案时，系统默认被选择的部门。如果所属部门不符合要求，应在删除已选择的部门后单击参照按钮重新选择相应的部门。

②人员档案资料一旦被使用，将不能被修改或删除。

③应注意区别操作员、职员和业务员三者之间的关系。在【系统管理】界面注册的“用户”是指操作员，这里【人员档案】界面中注册的“人员”是指职员，能同时经手企业业务的职员是业务员。如果既是职员又是业务员，则在注册其人员档案界面的相关参数位置标注为“业务员”（否则不可经手企业的往来业务）。如果既

是职员又是操作员(可使用本系统),则在注册其人员档案界面的相关参数位置标注为“操作员”。

3.3.3 客商信息设置

客商信息的设置主要有地区分类、行业分类、供应商分类、供应商档案、客户分类、客户级别和客户档案等内容。分类顺序是先设地区分类、行业分类、供应商分类、客户分类和客户级别,再设供应商档案和客户档案。如果在系统管理中建账时没有要求对客户和供应商进行分类,那么客户和供应商分类可不进行定义,直接设置客户和供应商档案即可。如果在建账时选择了客户和供应商分类,就必须先设置客户和供应商分类,再建立客户和供应商档案,要将客户和供应商设置在最末级的客户和供应商分类之下。若客户和供应商档案中不要求设置客户或供应商所处地区和行业,那么地区分类和行业分类也可省略。

3.3.3.1 地区分类

如果需要对客户和供应商按地区进行统计,就应该建立地区分类体系。

【操作步骤】

在【基础档案】对话框中打开【客商信息】目录,选择【地区分类】功能,双击打开窗口。单击【增加】按钮,依次增加地区分类,如图3-10所示。

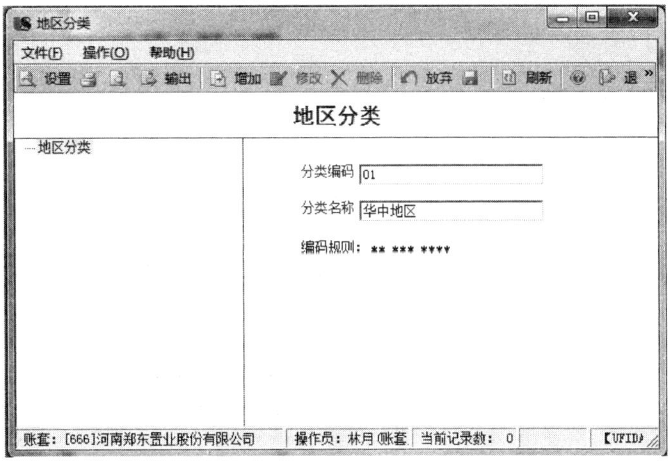

图3-10 设置地区分类

3.3.3.2 行业分类

如果需要对客户和供应商按行业进行统计,就应该建立行业分类体系。

【操作步骤】

在【基础档案】对话框中打开【客商信息】目录,选择【行业分类】功能,双击打开窗口。单击【增加】按钮,依次增加行业分类,如图3-11所示。

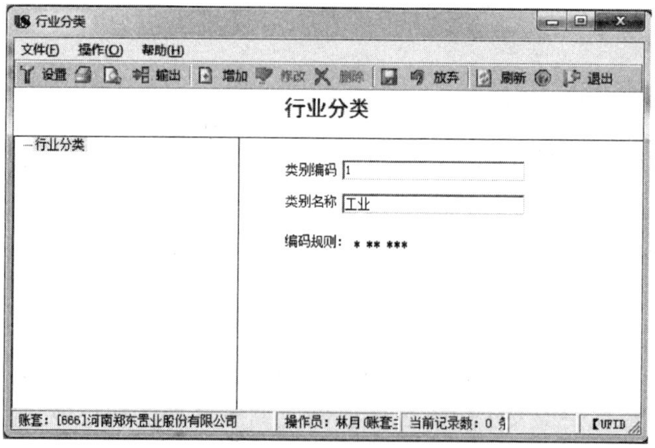

图 3-11　设置行业分类

3.3.3.3　客户分类

当企业往来客户较多时,可以按照某种分类标准对客户进行分类管理,以便分类汇总统计。例如,可以根据合作时间将客户分为长期客户、中期客户和短期客户,也可以按信用等级分类,或按客户所属行业分类。

【例 3-6】将 666 账套客户划分为本地客户和外地客户两类。

【操作步骤】

①增加客户分类。在【基础档案】对话框中打开【客商信息】目录,选择【客户分类】功能,双击打开窗口。单击【增加】按钮,依次增加客户分类,如图 3-12 所示。

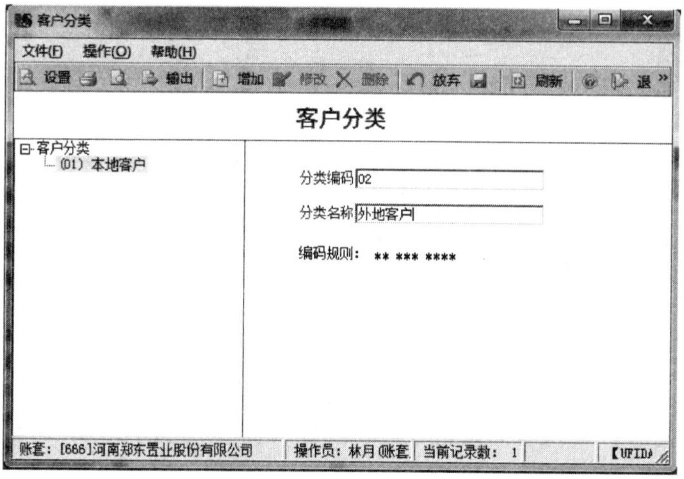

图 3-12　设置客户分类

②修改或删除。选择要修改或删除的分类内容,单击工具栏中的【修改】或【删除】按钮即可。

操作注意：

①客户和供应商分类编码必须唯一，且客户和供应商分类编码必须符合编码原则。

②已建立的客户分类一旦被使用过就不能删除。

3.3.3.4 客户档案

建立客户档案主要是为企业的销售管理、库存管理和应收款管理服务的，用于填制销售出库单和销售发票，进行销售结算和应收款结算。建立客户档案直接关系到对客户数据的统计、汇总和查询等分类处理，平时如有变动应及时在此进行调整。客户档案主要包括客户编号、开户银行等基本信息和联系方式及信用等级等其他信息。

【**例3-7**】666账套的部分客户档案，如表3-3所示。

表3-3 部分客户档案

客户编号	客户名称	客户简称	所属分类码	所属分类	联系人	邮编	税号
001	郑州东海公司	东海公司	01	本地	张林	450000	9900
002	南京江南贸易公司	江南贸易	02	外地	王东	288000	8800

【操作步骤】

在【基础档案】对话框中打开【客商信息】目录，选择【客户档案】功能，双击打开窗口。单击【增加】按钮，按实际情况录入客户信息内容。【客户档案】有【基本】、【联系】、【信用】和【其他】四个页签内容。基本信息如图3-13所示。

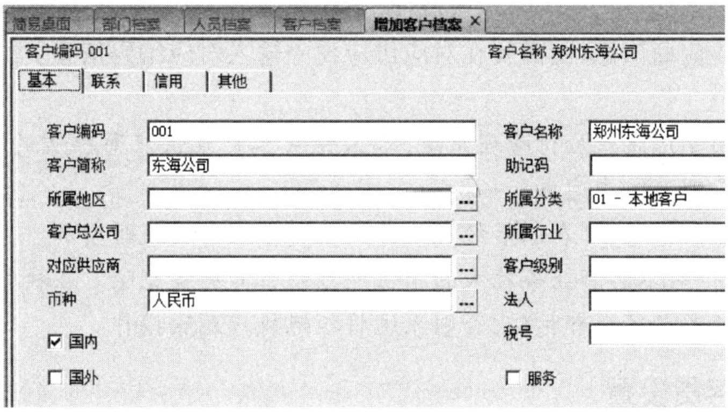

图3-13 增加客户档案

操作注意：

①客户编码、客户简称和所属分类必须输入，其余可忽略。客户档案和供应商档案记录可以设置对应关系，主要是为了处理既是客户又是供应商的往来单位，这种对应关系只能是一对一。

②客户编码必须唯一，且一经保存不能修改。

③客户总公司是指当前客户隶属的最高一级的公司，该公司必须是已经通过"增加客户档案"功能设定的另一个客户。在销售开票结算处理时，同一个客户总公司的

不同客户的发货业务,可以汇总在一张发票中统一开票结算。在此处,可选择输入客户所属总公司的客户编号。输入系统中已存在的编号时,自动转换成客户简称,显示在该项目右侧文本框内。

④在客户档案中输入对应供应商名称时不允许记录重复,即不允许有多个客户对应一个供应商的情况出现。例如,当在001客户中输入对应供应商编码009时,则在保存该客户信息时需要将009供应商档案中的对应客户编码记录存为001。

⑤应收余额、最后交易日期、最后交易金额、最早欠款日期、最后收款金额五个项目,是通过单击【增加客户档案】对话框上的【信用】标签,在应收系统中计算相关数据并显示的,只能查看,不能修改。如果没有启用应收系统,则这五个条件项目不可使用。

⑥如果系统提供的客户档案内容仍不能满足企业的需要,可利用系统提供的【自定义项】功能增加自定义项目,设置自定义项目档案内容。客户档案中自动增加【自定义】标签后,在【自定义】选项卡中可以选择输入客户档案自定义项目内容。

3.3.3.5 供应商分类和供应商档案

供应商分类的设置可比照客户分类的设置过程进行操作。

建立供应商档案主要是为企业的采购管理、库存管理和应付款管理服务的,用于填制采购入库单和采购发票,进行采购结算和应付款结算。供应商档案设置的各项内容基本与客户档案相同,以下仅对不同项目做简要说明。

在供应商档案【信用】选项卡中的单价是否含税,是指所购货物的单价中是否含有税金,单价可以是含税价格,也可以是不含税价格。

在供应商档案【其他】选项卡中的对应条形码,用于存货进行条形码管理时,若存货条形码中有供应商信息,则需要在对应供应商中输入对应编码信息。

操作注意:

①如果启用了应收或应付管理系统,那么销售客户或供应商档案的设置工作也可在应收或应付管理系统中完成。

②往来单位的档案,可在以后经济业务开展时根据需要随时增加。

③在年末时,对不再有业务往来的单位也可以将其档案删除。在执行删除时,该往来单位的所有业务必须全部核销,否则系统将拒绝执行删除操作。

3.3.4 存货设置

会计中的存货包括原材料、包装物、低值易耗品、在产品、半成品、产成品、商品、委托代销商品、受托代销商品和分期收款发出商品等。但是,并非这些存货都要在计算机系统中建立档案,这里有一项原则,即只要对该物品有出入库管理要求,就要建立该物品的档案。

存货设置主要有存货分类、计量单位和存货档案等内容。操作顺序是先进行存货分类和计量单位的设置,再进行存货档案的设置。如果在【系统管理】界面建账时没有要求对存货进行分类管理,那么就不需要对存货进行分类定义。

3.3.4.1 存货分类

对存货分类进行管理,主要是为了方便对业务数据进行统计分析。

【操作步骤】

选择【企业应用平台】|【基础设置】|【基础档案】|【存货】|【存货分类】命令，打开【存货分类】对话框，选择要增加存货分类的上级分类，单击【增加】按钮，在编辑区输入分类编码、分类名称及对应条形码等分类信息，单击【保存】按钮，保存此次增加的存货分类，如图 3－14 所示。

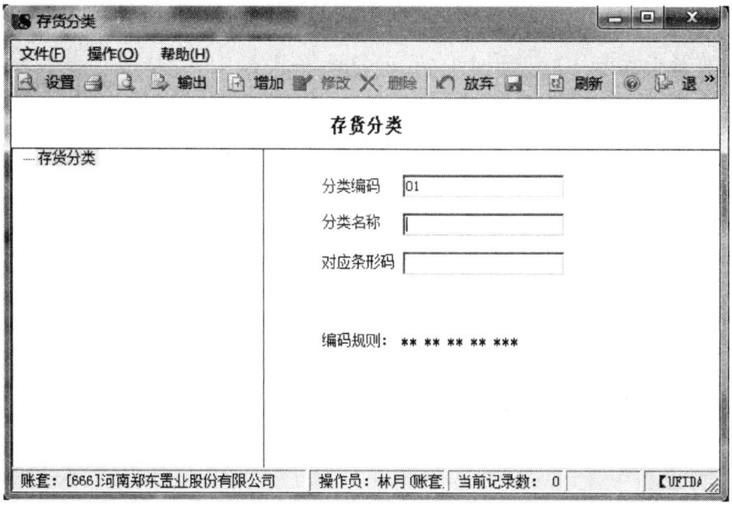

图 3－14 增加存货分类

类似地，也可以做修改和删除存货分类的相关操作。

操作注意：

①存货分类必须逐级增加。除了一级存货分类之外，新增加的存货分类的分类编码必须有上级分类编码。例如，编码级次结构为“××　×××”，那么“01001”这个编码只有在编码“01”已存在的前提下才是正确的。

②对应条形码中的编码需手工输入，可随时修改，可为空，但编码不允许重复。对应条形码位长必须等于在【条形码定义】功能中设置“数据源类型”为存货时定义的长度，否则不能生成相应的存货条形码。已使用的存货分类不能删除，非末级存货分类不能删除。

3.3.4.2 计量单位

货币计量是会计核算的主要计量，如果账套核算的本位币是人民币，那么“元”就是本账套进行会计核算的主要计量单位。在存货核算中，除货币计量外，还要设置一些实物计量单位。在此设置的存货计量单位还可以服务于采购、销售、库存和成本各子系统。

存货涉及的实物计量单位相对较多，为便于应用与管理，先要对其进行分组，然后再增加具体的计量单位。

(1)计量单位组

计量单位组又分为无换算关系、固定换算关系和浮动换算关系三种类别。

无换算关系组中的所有计量单位之间都是独立的，没有换算关系，即各自都是主计量单位，如台、个、件等。

固定换算关系组中的所有计量单位之间存在固定换算关系，其中只能设置一个主计量单位，其他被设置成辅计量单位，如公斤（主计量单位）、吨（换算率 1 000）等。由于每个辅计量单位都可以换算成主计量单位，所以在存货卡片上只显示主计量单位。

浮动换算关系组中只能包括两个计量单位，一个设置成主计量单位，另一个便是辅计量单位。它们之间虽然存在换算关系，但因时因地也有可能发生变化。例如，某香烟生产企业在存货管理时使用的“条”与“盒”之间的关系，“条”作为主计量单位，“盒”是辅计量单位，把男士香烟 10 盒装成 1 条，而把女士香烟 15 盒装成 1 条。

【操作步骤】

①选择【企业应用平台】|【基础设置】|【基础档案】|【存货】|【计量单位】命令，打开计量单位主界面。

②单击【分组】按钮，显示计量单位组新增界面，如图 3－15 所示；单击该界面上的【增加】按钮，根据企业的具体情况输入唯一的计量单位组编码，输入计量单位组名称、计量单位组类别。单击【保存】按钮，保存添加的内容。

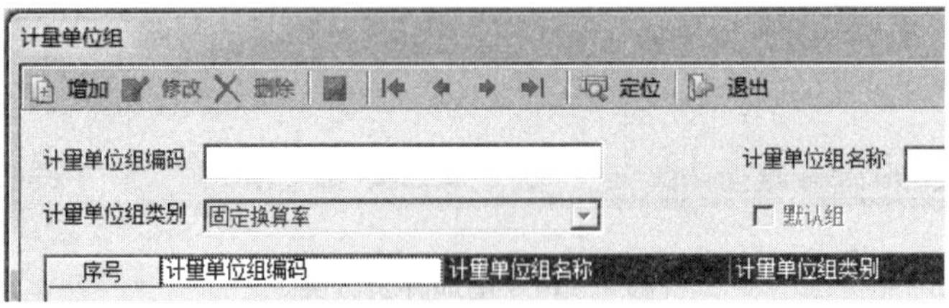

图 3－15　设置存货计量单位组

（2）计量单位

【操作步骤】

①选择【企业应用平台】|【基础设置】|【基础档案】|【存货】|【计量单位】命令，打开计量单位主界面。

②增加计量单位。将光标移至要增加的计量单位组，单击【单位】按钮，弹出计量单位设置窗口，如图 3－16 所示。录入相关内容后，单击【保存】按钮。

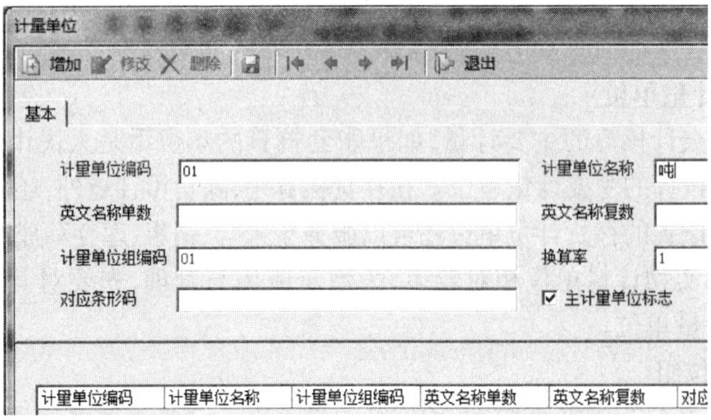

图 3－16　设置存货计量单位

操作注意：

①已经有数据的存货不允许修改其计量单位组。

②已经使用过的计量单位组不能修改其已经存在的计量单位信息。

3.3.4.3 存货档案

建立存货档案主要是为企业的采购管理、销售管理、库存管理和存货核算等服务的，用于填制采购入库单和采购发票、销售出库单和销售发票等，便于对存货进行资料管理、实物管理和业务数据的统计分析。

【操作步骤】

①选择【企业应用平台】|【基础设置】|【基础档案】|【存货】|【存货档案】命令，打开存货档案主界面。

②增加存货档案。在此界面上单击【增加】按钮，弹出存货档案增加窗口。根据具体情况填写基本、成本、控制、其他、计划、MPS/MRP 和图片选项卡，如图 3－17 所示。

图 3－17 增加存货档案

③修改或删除存货档案。在存货档案主界面，选中要修改或删除的存货，单击【修改】或【删除】按钮进行相应的操作。

操作注意：

已经使用的存货不能删除。

3.3.5 财务信息设置

财务信息设置的内容包括外币及汇率、会计科目、凭证类别和项目目录等。

3.3.5.1 设置外币及汇率

如果企业有外币核算业务，就需要事先进行外币及汇率方面的设置。在填制凭证时如果使用了外币核算科目，系统将会自动调用此处设置的汇率，避免了重复录入，也可有效避免差错的发生。

外币设置时需要定义以下项目：

①币符及币名：定义外币的表示符号及其中文名称。

②汇率小数位：定义外币的汇率小数位数。

③折算方式：分为直接汇率与间接汇率两种。直接折算是指：外币 × 汇率 = 本位币。间接折算是指：外币 ÷ 汇率 = 本位币。

④外币最大误差：在记账时，如果外币 ×（或 ÷）汇率 - 本位币 > 外币最大误差，则系统给予提示。系统默认最大折算误差为 0.000 01，不相等时就会提示。

⑤固定汇率与浮动汇率：对使用固定汇率（使用月初或年初汇率）作为记账汇率的用户，在填制每月的凭证前，应预先在此录入该月的记账汇率，否则在填制该月外币凭证时就会出现汇率为零的错误；对于使用浮动汇率（使用当日汇率）作为记账汇率的用户，在填制凭证的当天，应预先在此录入当天的记账汇率。固定汇率适合于币值相对稳定的外币币种，而浮动汇率适合于币值波动较大的外币币种。

【例 3 - 8】设置币符为 USD，币名为美元，2016 年 1 月的记账汇率为 6.832 70 的外币及汇率的内容。

【操作步骤】

①选择【企业应用平台】|【基础设置】|【基础档案】|【财务】|【外币设置】命令，打开【外币设置】对话框。

②单击【增加】按钮，输入币符“USD”，币名“美元”，其他各项默认，单击【确认】按钮，系统需要确认各月记账汇率。在“2016.01”的“记账汇率”栏中输入 6.832 70，然后单击【退出】按钮，如图 3 - 18 所示。

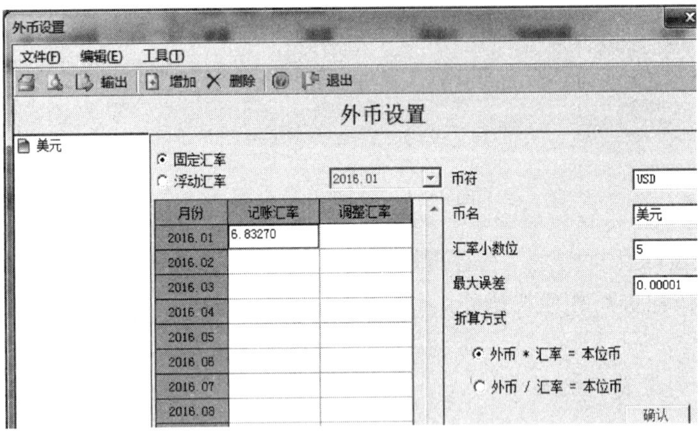

图 3 - 18　外币种类及汇率设置

操作注意：

①按照记账汇率的设定，在平时制单时，系统自动显示所设汇率。如果使用固定汇率，在填制每月凭证前，记账汇率必须输入，否则制单时汇率为 0；如果使用浮动汇率，则填制当天凭证前，应预先输入当天的记账汇率。

②此处选择输入的固定汇率或浮动汇率并不决定制单时就一定使用固定汇率或浮

动汇率，而在总账“其他”选项卡中的“外币汇率方式”设置才决定制单使用的是固定汇率还是浮动汇率。如果使用固定汇率，则应在每月月初输入记账汇率（期初汇率），而在月末计算汇兑损益时再输入相应的调整汇率（期末汇率）；如果使用浮动汇率，则应每天在此输入当日汇率。

③“最大折算误差”指的是在记账时，如果外币×（或÷）汇率－本位币>最大折算误差，则系统给予提示。系统默认最大折算误差为0.000 01，不相等时就会提示。

3.3.5.2 设置会计科目

会计科目是会计核算的基础，会计科目设置得是否完整以及级次的深度，将直接影响会计核算的准确和详细程度。为方便用户使用，软件在【系统管理】建立账套功能中提供了预置会计科目功能。如果选择了预置会计科目，则只需在已预置科目的基础上进行补充或修改即可。对明细科目，各单位可根据实际情况在满足核算和管理要求以及报表数据来源的基础上自行设定。

设置会计科目时应注意三个问题：一是会计科目的设置必须满足会计报表编制的需要，报表所用数据需从系统提取的必须设立相应科目；二是会计科目体系要保持相对稳定；三是设置会计科目要考虑各子系统的衔接。在总账系统中，只有末级会计科目才允许有发生额，才能接收各个子系统转入的数据，因此要将各个子系统中的核算科目设置为末级科目。

需要说明的是，在手工会计中设置会计科目（制订科目计划）与科目开设账户是两项不同的工作。但在计算机会计信息系统中，二者是同步完成的，即在设置会计科目的界面同步完成了其相关账户的开设工作。基本账（总账和明细账）随科目的设置自动开设，不需再专门操作。需要专门进行设置的是各种辅助账（数量核算、外币核算、部门核算、个人往来、客户往来、供应商往来及项目核算），以及日记账和银行账。但在设立辅助账之前，必须预先设置相关的基础档案，如外币汇率、部门、职员、往来客户与供应商、项目等档案。辅助核算有两种设置方法：一是在上级科目和末级明细科目上同时设置辅助核算；二是只在末级明细科目上设置辅助核算。这两种方法的区别在于是否可以查询上级科目的辅助核算账簿。如果末级科目都设置了相同的辅助核算，则建议上级科目也设置相同的辅助核算，否则建议不设置。但不能只在上级科目设置辅助核算而不在下级科目设置辅助核算，这样计算机会拒绝执行。

（1）增加新会计科目

如果所使用的会计科目基本上与所选行业会计制度规定的一级会计科目一致，则可在建立账套时选择预置会计科目，这样在会计科目初始设置时只需对不同的会计科目进行修改或对缺少的会计科目进行增加处理即可。如果所使用的会计科目与行业会计制度规定的会计科目相差较多，则可以在建立账套时选择不预置会计科目，这样可根据自身的需要自行设置全部会计科目。

增加会计科目时，需要输入以下内容：

①科目编码。这是指按科目编码方案对每一科目进行编码定义。对科目进行编码便于反映上下级会计科目间的逻辑关系；便于计算机识别和处理，将会计科目编码作为数据处理的关键字，便于检索、分类及汇总；减少了输入工作量，提高了输入速度；有利

于促进会计核算的规范化和标准化。需要说明的是,设置会计科目编码时,一级会计科目编码要符合会计制度的统一要求,明细科目编码要满足建账时设定的编码规则。

②科目名称。科目名称分为科目中文名称和科目英文名称,两者不能同时为空。科目汉字名称是证、账、表上显示和打印的标志,必须意义明确、用语规范,尽量避免重名。

③六种类型。为便于会计核算与管理,在会计理论中将会计科目按核算内容分为资产、负债、共同、权益、成本和损益六种不同类型。财政部规定科目代码首位"1"代表资产类,"2"代表负债类,"3"代表共同类,"4"代表权益类,"5"代表成本类,"6"代表损益类。系统根据用户录入的科目代码首位数字自动判断与所选科目类型是否相符。

④账页格式。查询和打印的该科目的会计账页格式,一般分为金额式、外币金额式、数量金额式和数量外币式。一般情况下,有外币核算的科目可设为外币金额式,有数量核算的科目可设为数量金额式,既有外币核算又有数量核算的科目可设为外币数量式,既无外币核算又无数量核算的科目可设为金额式。

⑤外币核算。当科目的会计账页格式选择"外币金额式"或"数量外币式"时,就必须设定该科目核算需要的外币种类,而且只能选择一种外币。当一个科目涉及多种外币时,就要分别按会计科目设置,例如,100202 为中行美元存款(外币选美元),100203 为中行欧元存款(外币选欧元)。

⑥数量核算。数量核算的计量单位可以是任何汉字或字符,如千克、件、吨等。

⑦汇总打印。同一张凭证中某科目或同一上级科目的末级科目可能有多笔同方向的分录,如果用户希望将多笔分录按科目汇总成一笔打印,则需要将该科目设置为"汇总打印",汇总的科目设置为该科目的本身或其上级科目。

⑧封存。被封存的科目在制单时不能使用。

⑨科目性质。增加登记在借方的科目,科目性质为借方;增加登记在贷方的科目,科目性质为贷方。只能在一级科目设置科目性质,下级科目的科目性质与其一级科目的相同。已有数据的科目不能再修改科目性质。

⑩辅助核算。辅助核算也称辅助账类,用于说明本科目是否有其他核算要求,系统除完成一般的总账、明细账核算外,还提供五种专项核算功能,即部门核算、个人往来核算、客户往来核算、供应商往来核算和项目核算。

辅助核算是 ERP 财务管理系统的优势特色之一。在传统的手工处理方式下,一般采用设置明细科目的方式满足特殊的细化核算要求。如管理者需要了解每月各职能部门各项费用的发生情况,手工方式下通常设置的科目如表 3-4 所示。

假定管理费用下分设了 10 个费用项目,企业内设置了 10 个职能部门,那么就要设置 100 个明细科目。月末,如果管理者需要"部门费用明细表",那么要查询 100 个明细账才能提供准确的数据。ERP 管理软件借助辅助核算功能采用了全新的设计思路,它保留了一级科目和按费用项目设置的二级科目,共 11 个,将这些科目设置为"部门核算";将部门提取出来设置为部门目录。待业务发生和填制凭证时,只要用到部门辅助核算的科目,系统就自动提示输入部门信息,将业务发生数据记入部门。查账时,系统提供部门辅助账,以部门为对象归集相关费用,简单方便。可见,采用辅助核算方式具有明显的优势，具体可归纳为三个方面：可以大大压缩会计科目体系；可以借助所建的往来单位、个人、部门和项目公共目录库，充分实现数据共享；可以充分利用和发挥计算机总账系统辅助核算的强大功能，使以往来单位、个人、部门和项目为对象的明细核算更加科学、明细、有效和方便。

表 3－4 手工方式下通常设置的科目

管理费（一级科目）
  办公费（二级科目）
    A 部门（三级科目）
    B 部门（三级科目）
    ⋮
    J 部门（三级科目）
  差旅费（二级科目）
    A 部门（三级科目）
    B 部门（三级科目）
    ⋮
    J 部门（三级科目）
  招待费（二级科目）
    A 部门（三级科目）
    B 部门（三级科目）
    ⋮
    J 部门（三级科目）
  报刊费（二级科目）
    ⋮

一般情况下，收入或费用类科目可设部门辅助核算，日常运营中当收入或费用发生时，系统要求实时确认收入或费用的部门归属，记账时同时登记总账、明细账和部门辅助账；其他应收款可设为个人往来核算，用于详细记录内部职工的借款情况；与客户的往来科目，如应收账款、应收票据、预收账款可设为客户往来核算；应付账款、应付票据、预付账款可设为供应商往来核算；在建工程及收入成本类科目可设为项目核算，用于按项目归集收入或费用。

一个科目可同时设置两种专项辅助核算，例如，主营业务收入既想核算各部门的使用情况，也想了解各项目的使用情况，那么可以同时设置部门核算和项目核算。个人往来核算不能与其他专项一同设置，客户与供应商核算不能一同设置。辅助账类必须设置在末级科目上，但为了查询或出账方便，有些科目也可以在末级科目和上级科目同时设置辅助账类。但若只在上级科目设置辅助账核算，系统将不予承认。

⑪日记账。手工核算只对现金和银行科目记日记账，计算机环境突破了记账速度这一瓶颈，企业可以根据管理需要设置对任意科目记日记账。区分日记账设置有两种方法：一种是在会计科目编辑窗口中直接勾选；一种是通过“指定科目”窗口专门设置。

二者的区别在于：前者是普通日记账；后者是出纳专管的日记账，只涉及库存现金和银行存款两个科目。

⑫银行账。对银行科目(发生了与银行有往来业务的科目)需要设置银行账。填制凭证时如果使用了设置银行账的科目，则需要输入结算方式辅助核算信息，以方便今后进行银行对账，也可以进行支票登记。

【例 3－9】在已存在的“银行存款 1002”基础上，增加一个二级明细会计科目。

【操作步骤】

①选择【企业应用平台】|【基础设置】|【基础档案】|【财务】|【会计科目】命令，打开会计科目设置对话框，如图 3－19 所示。

②单击【增加】按钮，打开【新增会计科目】对话框，如图 3－20 所示。

③输入科目编码 100201、科目中文名称“工行存款”(其他项目默认系统设置，不做修改)，单击【确定】按钮。

④如果需要，可以继续增加其他会计科目。

图 3－19 【会计科目】窗口

操作注意：

①增加会计科目时，要遵循先建上级再建下级的原则。编码不能重复且科目编码长度及每级位数要符合编码规则。

②科目性质设置的是该科目的余额方向，它决定了该科目的期末余额是采用“期初余额＋累计借方—累计贷方”还是“期初余额＋累计贷方—累计借方”计算。只需在一级科目设置科目性质，下级科目与其一级科目自然相同。

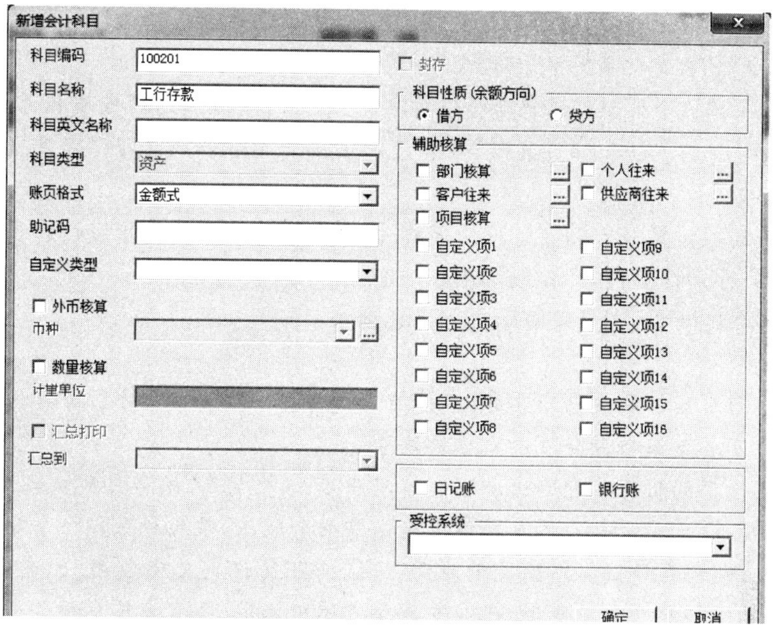

图 3－20　新增会计科目

③科目已经使用后再增加明细科目时，系统自动将上级科目的数据结转到新增加的第一个明细科目上，以保证账账平衡。

④只有处于修改状态的会计科目才能设置汇总打印和封存。汇总打印是指在同一张凭证中存在多个会计科目，它们方向相同并且有相同的上级科目，如果希望将这些分录按科目汇总成一笔打印，可以在修改该科目时设置为“汇总打印”。汇总的科目可以是该科目本身，也可以是它的上级科目；被封存的科目在制单时是不能被使用的。

⑤如果同时启用了应收、应付和存货核算系统，那么与应收、应付和存货核算业务有关的科目业务凭证应分别在应收、应付和存货核算系统中录入，进行专项核算。此时应当将这些科目设置为受控于其对应系统，如设置“应收账款”科目受控于应收系统，“应付账款”科目受控于应付系统。这些系统就是其对应科目的“受控系统”。需要说明的是，受控于应收系统的科目必须首先定义为客户往来辅助核算，受控于应付系统的科目必须首先定义为供应商往来辅助核算。但是，如果在后面总账系统的“选项”中设置了“可以使用应收/应付/存货受控科目”参数选项，那么受控于应收/应付/存货系统的科目业务凭证也可以在总账系统中录入。

⑥科目自定义项是指可以对科目自由设置并在填制凭证时对该科目自由录入的辅助项信息。在填制凭证时，除输入摘要、科目、金额等主要信息外，可能还应输入一些辅助信息说明该业务的情况。例如，固定资产科目发生增加业务时希望录入其增加方式信息（如购建、盘盈、捐赠等），库存商品科目发生业务时希望录入其出库、入库方式信息，等等。这些信息不是凭证的主要信息，也无法通过设定辅助账类反映出来，但在制单时希望对这些信息提供录入地方，以便在查询时可以进行相关统计。那么通过定义科目自定义项就可以方便地实现这些功能。在【会计科目】界面中单击【定义】按钮，即可进入【定义自定义

项】操作窗口。双击科目对应的自定义项,可标上“√”,表示已将该科目设为自定义项;双击标有“√”的自定义项的格,可删除“√”,表示取消自定义项。

⑦为加快建立会计科目的速度和提高准确性,可对下级或同级性质相近的科目进行复制,可选择【编辑】菜单中的【复制】命令完成,这样只需稍作改动即可完成增加工作。

(2)删改会计科目

如果要对已设置完成的会计科目名称、编码及辅助项目等内容进行修改,应在会计科目使用前,在会计科目的“修改”功能中完成。如果某些会计科目暂时不用或不适合用户科目体系的特点,则可在使用之前将其删除。

操作注意:

①删除科目后不能被自动恢复;不能直接删除非末级科目;对已有数据的科目,应先将该科目及其下级科目余额清零后再删除。

②对已使用的科目不能删除。下述情况中有一种成立,该科目就被认为是已使用的科目:已制单、已记账或已录入待核银行账期初余额,已录入科目期初余额,已录入辅助账期初余额,已在凭证类别设置中使用,已在转账凭证定义中使用,已在多栏定义中使用,已在常用摘要定义中使用,已在支票登记簿中使用,已有受控系统。

(3)指定会计科目

所谓指定科目,就是指定由出纳专管的科目。指定科目分为三大类:现金总账类、银行存款总账类和与现金流量表制作有关的科目类。如果某科目被设置为指定科目,那么出纳将对该科目实行以下专管:

①该科目的日记账不能在总账系统的一般日记账查询功能中进行查询,必须在出纳功能菜单中进行查询;该科目可以进行银行对账,可以在制单中进行支票控制和资金赤字控制。

②如果在总账系统的【选项—权限】功能中设置了“出纳凭证必须经由出纳签字”选项,那么凡在填制的凭证中出现指定科目的业务,该凭证必须经出纳签字方可进行记账处理。换个角度也可这样理解会计信息系统中的“出纳凭证”概念:“出纳凭证”就是发生了指定科目业务的凭证。在信息化条件下,不能简单地把“收(付)款凭证”理解为“出纳凭证”。要想把“收(付)款凭证”设置为“出纳凭证”,就需要进行三项设置:一是在收(付)款凭证类别设置时启用“科目限制”功能,且限制“借(贷)必有”科目为“现金”和“银行存款”;二是将“现金”和“银行存款”科目设置为指定科目;三是在总账系统【选项—权限】功能中设置“出纳凭证必须经由出纳签字”选项。上述条件缺少任何一个都不能使“收(付)款凭证”成为真正意义上的“出纳凭证”。

③被指定为与现金流量表制作有关的科目,在填制其有关凭证时,系统提示同时要填制现金流量表中发生业务的有关表项。

另外还需要特别说明的是,即使指定科目从未发生过业务,也没有下级科目,该科目也不能被直接删除,只有将指定科目设置取消后方可执行删除操作。

【例3-10】指定“1001 库存现金”为现金科目,“1002 银行存款”为银行科目。

【操作步骤】

①在【会计科目】窗口中,选择【编辑】菜单中的【指定科目】命令。

②打开【指定科目】对话框,选择【现金科目】单选按钮,在"待选科目"列表框中,将光标移动到"1001 库存现金"所在行,单击【 > 】按钮,系统自动将其列入"已选科目"列表框中,如图 3-21 所示。

③同样,选择【银行科目】单选按钮,在"待选科目"列表框中,将光标移动到"1002 银行存款"所在行,单击【 > 】按钮,系统自动将其列入"已选科目"列表框中。

④单击【确定】按钮。

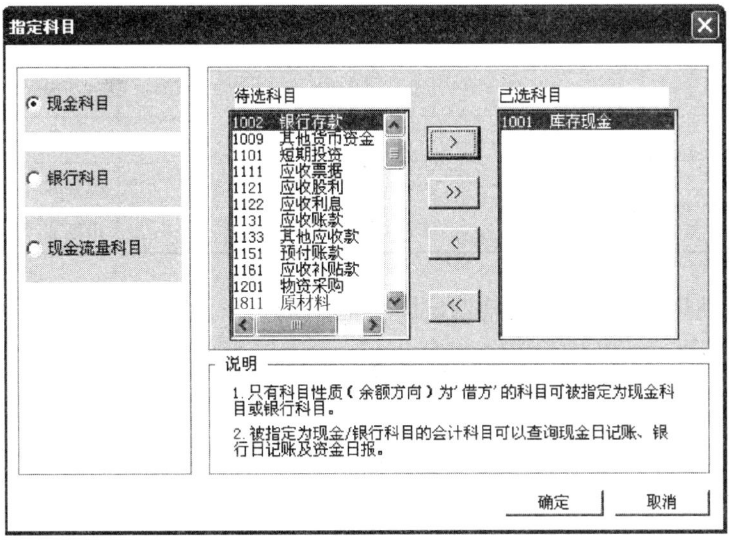

图 3-21 指定现金科目

操作注意:

①若想取消已指定的会计科目,只需做相反操作即可。

②若想完成出纳签字的操作,还应在【总账系统】|【设置】|【选项—权限】选项卡中,选中"出纳凭证必须经由出纳签字"复选框。

(4)设置会计科目的辅助核算

上面在对科目设置进行辅助说明时,已论述了设置辅助核算的好处,它是计算机会计信息系统的一大特色和优势,这一优势的发挥与会计信息系统中的会计科目体系设置有密切关系。下面举例说明如何进行辅助核算设置。

例如,在使用辅助核算功能以前,某公司的原有会计科目体系的部分科目设置如表 3-5 所示。

表 3-5 部分科目设置

科目编码	科目名称	科目编码	科目名称
1122	应收账款	1604	在建工程
112201	郑州日化公司	160401	生产车间
112202	上海第一化工公司	160402	办公楼

续表

科目编码	科目名称	科目编码	科目名称
……	……	160403	宿舍楼
1221	其他应收款	160404	职工餐厅
122101	应收职工借款	……	……
12210101	王浩	……	……
12210102	李驰	……	……
12210103	青梅	6602	管理费用
……	……	660201	办公费
1401	材料采购	66020101	财务部
140101	甲材料	66020102	综合部
140102	乙材料	66020103	市场部

那么，在使用了总账系统的辅助核算功能后，就可以设置为如表 3－6 所示的科目。

表 3－6 调整后的科目设置

科目编码	科目名称	辅助核算
1122	应收账款	客户往来
1221	其他应收款	
122101	应收职工借款	个人往来
1401	物资采购	项目核算
1604	在建工程	项目核算
6602	管理费用	
660201	办公费	部门核算

【例 3－11】将“2202 应付账款”科目修改为有“供应商往来”辅助核算且受控于应付系统的会计科目。

【操作步骤】

①在【会计科目】窗口，将光标移动到“2202 应付账款”科目上，单击【修改】按钮。或双击该会计科目，打开【会计科目_修改】对话框，再单击【修改】按钮。

②选中“供应商往来”复选框。

③“受控系统”栏选择“应付系统”，如图 3－22 所示。

④单击【确定】按钮。

操作注意：

①如果不设置科目“客户往来”或“供应商往来”辅助核算，则不能进行该科目的“受控系统”设置。

②辅助核算是会计信息系统一项十分强大且独特的核算和管理功能，它通过建立公共的目录支持体系（如部门目录、个人目录、客户目录、供应商目录、项目目录和外币

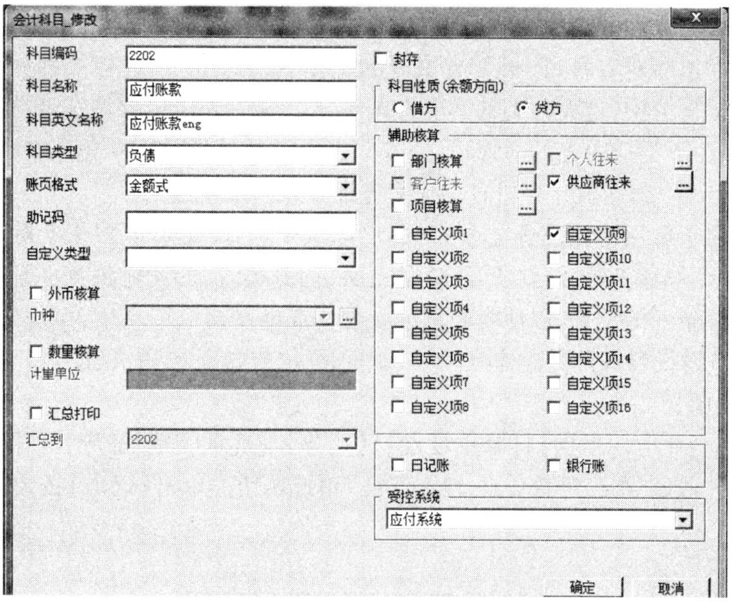

图 3－22　设置辅助核算

档案等),使所有设立了相同辅助核算的科目共享一套基础目录库。一个科目可同时设置两种组合的辅助核算,如对“管理费用”科目,若既想核算各部门的费用情况,又想了解各项目的费用情况,就可为“管理费用”科目同时设置“部门”和“项目”两种组合的辅助核算。概括起来,这种组合形式大致有部门客户、部门供应商、客户项目、供应商项目、部门项目、个人项目六种。其他情况一般不允许组合使用,如客户和供应商辅助核算不能一同设置。

③辅助核算的账类必须设在末级科目上,但为了查询或出账方便,有些科目也可以在末级和上级科目同时设置辅助账类。但若只在上级科目设置辅助账类,而其末级科目没有设置该账类,则系统不予承认;设置辅助核算应尽量慎重,如果科目已有数据,此时再对科目的辅助核算进行修改,那么就可能造成总账与辅助账对账不平的情况。

为科目设置了某种辅助核算,相当于为该科目开设了相应的辅助账,在以后填制凭证时,一旦发生了该科目的业务,必然会在凭证录入界面弹出与辅助账对应的信息录入窗口,而且在该凭证后续记账中,这笔业务就会在科目基本账(总账、各级明细账、日记账等)和辅助账上同时自动登记。

④为科目开设辅助账包括两个环节:一是要预先建立相关的公共目录体系(如部门目录、个人目录、客户目录、供应商目录、项目目录和外币档案等),当然这种目录体系是由所有科目共享的;二是在科目设置窗口的相关辅助核算选项处打上选择标志。

⑤若不启用往来系统,那么往来业务的核算就应在总账系统中进行,此时在设置供应商往来和客户往来款项的辅助核算项时,应不设置受控系统。如果默认了系统设置的受控系统,则往来科目应主要在往来系统中使用。

3.3.5.3 设置凭证类别

手工会计对凭证分类的主要原因在于:一是可将不同类别的凭证印制成不同颜色,有些凭证只需填写对方科目,可节省书写的工作量;二是便于进行某种分类统计和汇总。在计算机环境中,这种分类的必要性消失了。这里之所以保留凭证分类的设置接口,一方面是为了适应手工的习惯,另一方面是为了通过设置不同凭证类别的"限制类型"和"限制科目"属性由计算机自动检测凭证录入的某些错误。

系统提供了常用的凭证分类方式,用户可从中选择,也可以根据实际情况自行定义。如果选择"收款凭证 付款凭证 转账凭证"的分类方式,就应根据凭证分类的特点进行相应限制条件的设置,以便提高凭证处理的准确性。

【例3-12】设置凭证分类方式为"收款凭证 付款凭证 转账凭证"。

【操作步骤】

①选择【企业应用平台】|【基础设置】|【财务】|【凭证类别】命令,打开【凭证类别】对话框,选定"收款凭证 付款凭证 转账凭证"单选按钮。单击【确定】按钮,如图3-23所示。

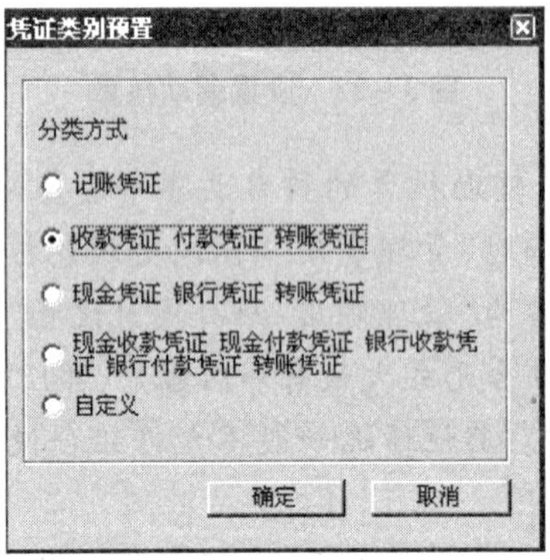

图3-23 凭证类别设置

②在【凭证类别】窗口,在"收款凭证"所在行双击"限制类型"栏,出现下拉列表框的下三角按钮,单击该按钮,从弹出的下拉列表中选择"借方必有"选项;双击"限制科目"栏,单击参照按钮,选择"1001库存现金"和"1002银行存款",或直接输入"1001,1002"。

③重复上述操作,将付款凭证的"限制类型"定义为"贷方必有","限制科目"定义为"1001,1002",将转账凭证的"限制类型"定义为"凭证必无","限制科目"定义为"1001,1002",如图3-24所示,然后单击【退出】按钮。

操作注意:

①凭证分类不同不会影响会计核算的结果,但即使记账凭证不分类编制,也要事先选择(或设定)"记账凭证"这一通用类别。

②设置"机制凭证"类型:机制凭证既可单独分类编号,又可随人工凭证一起分类编号。如果要对机制凭证进行单独编号与管理,用户就必须事先设置"机制凭证"类型。

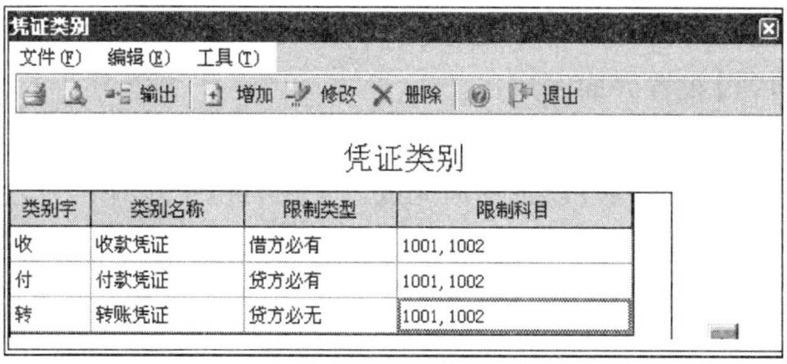

图 3－24 凭证类别

③若选有科目限制(在凭证类别的“限制类型”中不是选择“无限制”),则至少要输入一个限制科目。若限制类型选“无限制”,则不能输入限制科目。若限制科目为非末级科目,则在制单时,其所有下级科目都将受到同样的限制。如转账凭证限制为“凭证必无”1001 及 1002,且 1001 科目下有 100101 及 100102 两个下级科目,那么,在填制转账凭证时,将不能使用 100101、100102 以及 1002 下的所有科目。限制科目数量不限,科目间用英文状态下的逗号分隔。填制凭证时,如果不符合这些限制条件,系统将拒绝保存。

④可以通过凭证类别列表右侧的上、下箭头按钮调整明细账中凭证的排列顺序。

3.3.5.4 设置项目目录

项目辅助核算是财务软件中使用最为广泛的专项辅助核算。部门辅助核算的对象是企业内部的部门,它的公共目录支持库是“部门档案”库;个人往来辅助核算的对象是单位内部的职员,它的公共目录支持库是“人员档案”库;客户往来和供应商辅助核算的对象是与企业有业务往来的外部单位,它们的公共目录支持库分别是“客户档案”库和“供应商档案”库。除此之外,企业可能还会有许许多多的其他专项辅助核算的需求,如在建工程、对外投资、技术改造、融资成本、在产品成本、课题、合同订单等。为满足企业多样的、灵活的专项核算需要,系统提供了“项目辅助核算”功能,它可以将企业中任何需要专项核算且具有相同特性的一类对象进行“归类立项”,定义成一个项目大类,如果需要还可根据性质或用途将这一项目大类继续划分为许多中类、小类等,在此基础上建立项目档案库,以此形成此类项目的专项辅助核算机制。这就是项目辅助核算的原理。

需要指出的是,建立项目专项辅助核算机制,要有与之相适应的会计科目体系,为此,在建立项目专项辅助核算机制之前,要首先计划这些项目核算都会用到的会计科目,然后在建立会计科目体系时预先在这些科目设置界面的“项目核算”选择框打上选择标志,使这些科目成为以后建立项目专项辅助核算机制的备选科目。一个备选科目只能用于一个项目大类的使用。

可以把建立项目专项辅助核算机制的过程归纳为以下步骤:

(1)制订科目计划

考虑这种项目核算都会用到的会计科目,在建立会计科目体系时预先在这些科目设置界面的"项目核算"选择框打上选择标志(当然以后也可以通过修改这些科目信息的方式完成),使这些科目成为以后建立项目专项辅助核算机制时的备选科目。这些工作要在【会计科目】设置界面完成。

(2)建立项目专项辅助核算档案

这项工作要在【项目目录】设置界面完成。主要有以下步骤:

①立项,即建立项目大类名称。对需要专项辅助核算且具有相同特性的一类对象进行"归类立项",定义项目大类名称。

②选择是否针对这些项目进行分类管理,若需要,则需制订分类编码方案。

③建立该项目大类档案库的库结构,即定义档案库的各个库字段。

④建立项目分类定义档案。

⑤录入具体的项目对象档案内容。

⑥在备选科目中选取可以支持该项目大类辅助核算的科目,将这些科目从"待选科目"栏选入"已选科目"栏。此步骤与第⑤步不分前后。

下面以河南郑东置业股份有限公司对将要建立的若干栋楼宇进行专项核算为例,介绍其专项辅助核算机制的建立过程。

【例 3-13】河南郑东置业股份有限公司对若干栋楼宇进行专项核算的资料计划如下:

①立项名称(项目大类名称):在建工程。

②对在建工程的楼宇项目进行分类核算,分类编码方案为 2-2。各项资料如表 3-7 所示。

表 3-7 在建工程楼宇项目的分类方案

大类	编码	01		02		03	
	名称	办公楼		职工宿舍		厂房	
中类	编码			0201	0202	0301	0302
	名称			男职工	女职工	研发	生产

③专项核算所用到的部分科目:"1604 在建工程""1605 工程物资""160501 专项材料""160502 专项设备""160503 工器具"。

④楼宇项目的档案库结构字段:项目编号、楼宇名称、是否结算、所属分类码、开工日期、完工日期和负责人等。

⑤部分楼宇项目资料:行政大楼(编号 001,"办公楼"类);1 号职工宿舍(编号 002,"男职工"类)、2 号职工宿舍(编号 003,"男职工"类)、3 号职工宿舍(编号 004,"女职工"类)、研发大厦(编号 006,"研发"类)、1 号厂房(编号 007,"生产"类)。

【操作步骤】

①打开【会计科目】对话框,将光标移动到"1604 在建工程"科目所在行。单击【修改】按钮(或双击该会计科目),打开【会计科目—修改】对话框。单击【修改】按钮,选择"项目核算"单选钮,单击【确定】按钮,如图 3-25 所示。

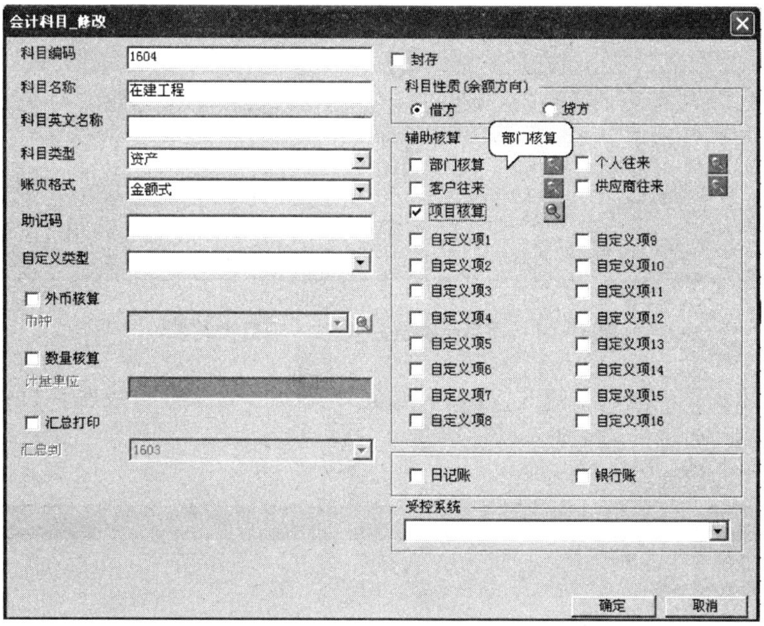

图 3－25　会计科目_修改

②重复上述步骤，为其他需要的科目也设置项目核算。

③选择【企业应用平台】|【基础设置】|【财务】|【项目档案】命令，打开【项目档案】对话框，如图 3－26 所示。

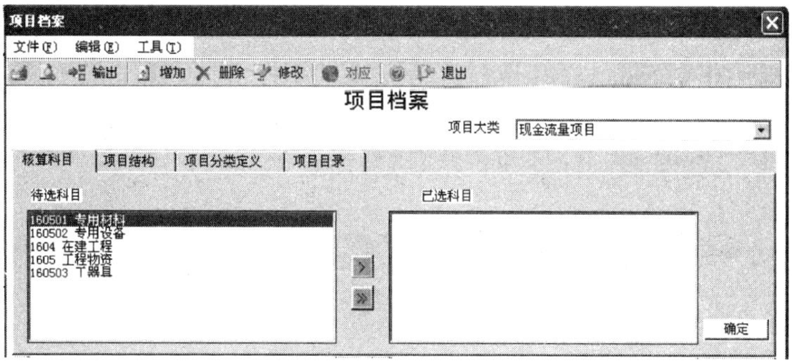

图 3－26　项目档案

④单击【增加】按钮，打开【项目大类定义_增加—项目大类名称】对话框，如图 3－27所示。输入新项目大类名称为“在建工程”。需要注意的是，如果使用存货核算系统，可以在此选择“使用存货目录定义项目”，即使用存货系统中已定义的存货目录作为项目目录。这里的项目大类名称是该类项目的总称，而不是会计科目名称。

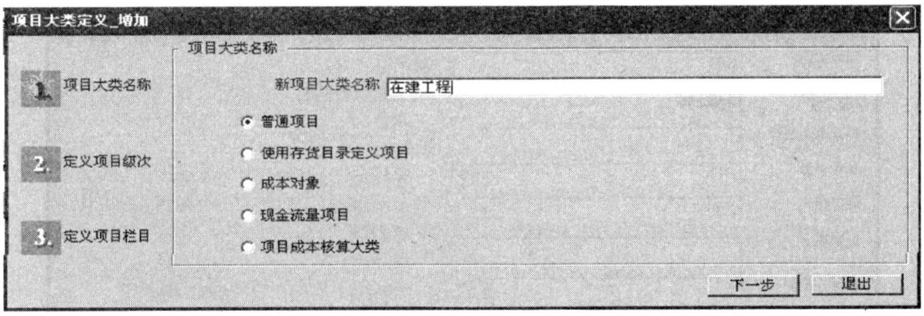

图 3－27 项目大类定义_增加—项目大类名称

⑤单击【下一步】按钮，打开【项目大类定义_增加—定义项目级次】对话框，按需要设置项目级次，如图 3－28 所示。

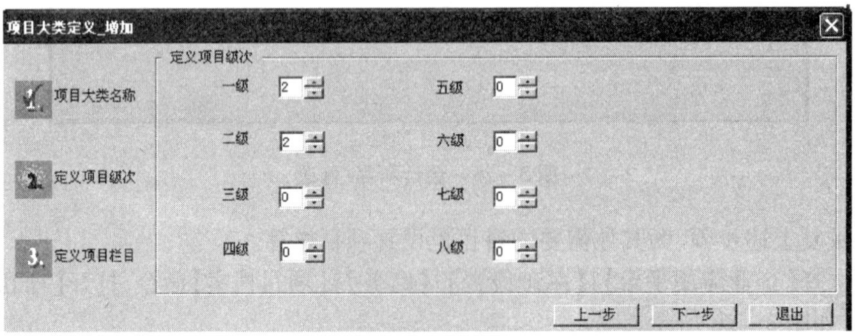

图 3－28 项目大类定义_增加—定义项目级次

⑥单击【下一步】按钮，打开【项目大类定义_增加—定义项目栏目】对话框，然后单击该对话框中的【增加】按钮，录入开工日期、完工日期和负责人等内容，如图 3－29 所示。最后单击【完成】按钮，返回【项目档案】对话框。

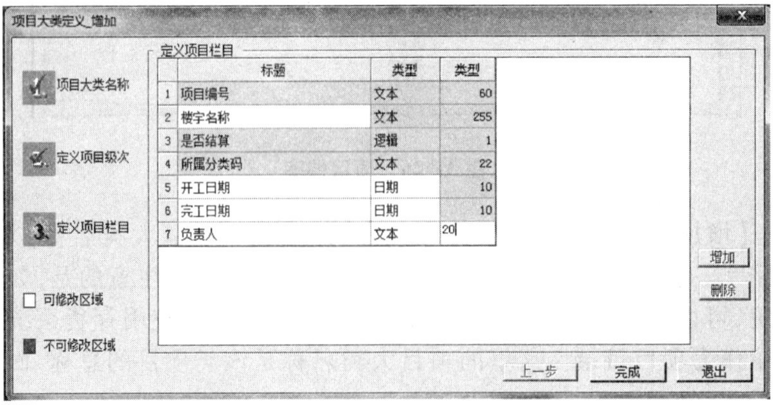

图 3－29 项目大类定义_增加—定义项目栏目

⑦在【项目档案】对话框中打开【项目分类定义】选项卡，然后单击该选项卡右下角的【增加】按钮，在“分类编码”中录入“01”，在“分类名称”中录入“办公楼”，单击【确定】按钮。继续用同样方法录入其他项目各级分类，如图 3－30 所示。

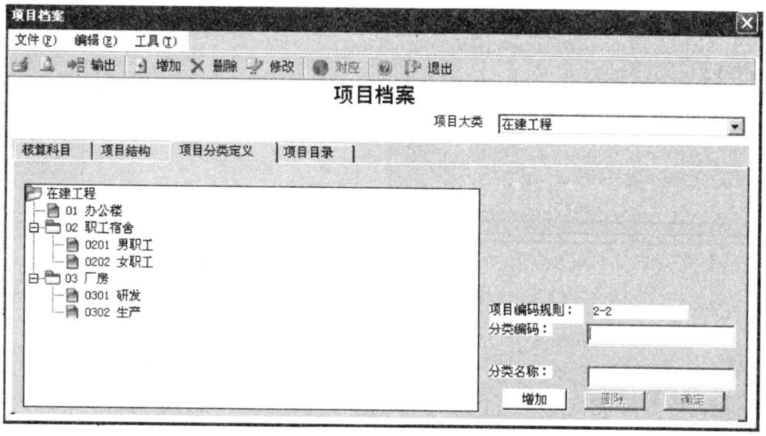

图 3－30 项目分类定义

⑧在【项目档案】对话框中打开【项目目录】选项卡，然后单击该选项卡右下角的【维护】按钮，打开【项目目录维护】窗口，在该窗口单击【增加】按钮，输入项目编号、项目名称、所属分类和开工日期等信息，如图 3－31 所示。最后单击【退出】按钮返回。

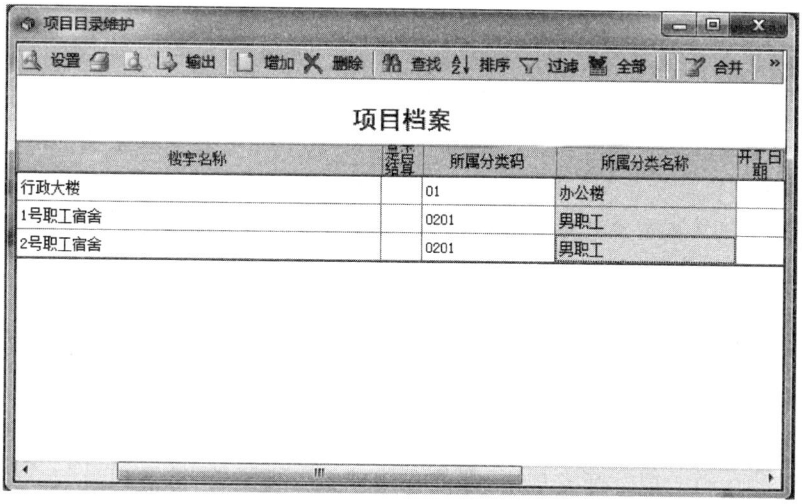

图 3－31 项目目录维护

⑨在【项目档案】对话框中打开【核算科目】选项卡，单击【 ＜ 】按钮（若需一次选择全部的，则可以单击【≪】按钮），将待选科目栏中的“1604 在建工程”“1605 工程物资”“160501 专项材料”“160502 专项设备”选入“已选科目”栏。然后单击【确定】按钮，如图 3－32 所示。

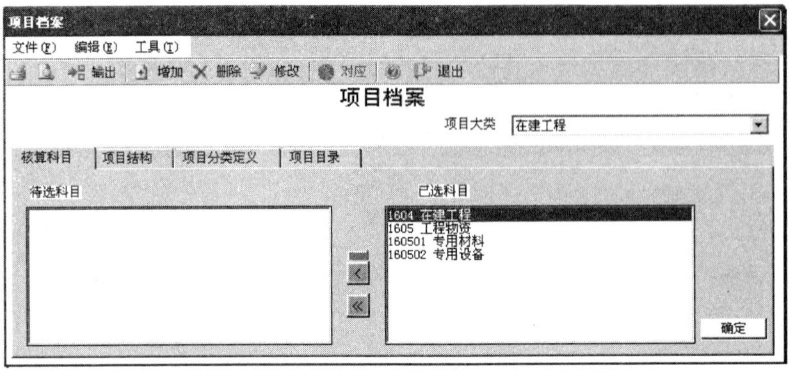

图 3－32　核算科目

操作注意：

①一个项目大类可指定多个核算科目，但一个科目只能用于一个项目大类。若希望一个性质的科目能同时应用于多个项目大类核算，那么可在该科目下设明细科目。

②平时项目目录变动时应及时在本功能中进行调整。在每年年初应将已结算或不用的项目删除。

③按照上面介绍的项目辅助核算原理理解，实际上对部门、个人、往来客户或供应商的专项辅助核算，同样也可以归属为项目专项辅助核算。

④“项目类别”和“项目对象”不是一个概念，前者是对后者的分类。在建立项目档案时，项目对象要建在最末一级的分类上。同一项目大类中的所有项目对象都共建于一个项目档案库中，区分它们的一个重要标志就是“所属分类码”。

⑤标志为已结算的项目将不能再使用。不能隔级录入分类编码。

⑥若某项目分类下已定义项目，则不能删除，也不能定义下级分类，必须先删除项目，才能删除该项目分类及其所定义的下级分类。不能删除非末级项目分类。

⑦若项目核算机制设计得好，那么会计中较复杂的存货核算、成本核算和现金流量表制作等，都可巧妙地利用项目核算完成，可大大地提高这些工作的效率。

3.3.6　收付结算设置

3.3.6.1　结算方式

货币资金结算有现金结算和银行结算两种形式，企业的结算业务只有符合《现金管理暂行条例》中的现金开支规定，才能采用现金办理结算，除此以外，都必须通过开户银行办理存款和转账结算。设置结算方式的目的，一是为了提高银行对账效率，二是根据业务自动生成凭证时可以识别相关的科目。计算机信息系统中需要设置的结算方式与财务结算方式基本一致，通常有现金支票、转账支票、银行汇票、银行本票、汇兑、委托收款、托收承付和商业汇票等。手工系统中一般设有支票登记簿，因业务需要借用支票时需要在支票登记簿上签字，支票使用后报销支票时再注明报销日期。计算机信息系统中同样提供票据管理的功能，如果某种结算方式需要进行票据管理，只需选中“是否票据管理”复选框即可。结算方式编码级次按编码方案中的定义设定。结算方式最多可以分2级。

3.3.6.2 付款条件

付款条件又称现金折扣，用来设置企业在经营过程中与往来单位协议规定的收款、付款折扣优惠条件，主要在采购订单、销售订单、采购结算、销售结算、客户档案和供应商档案中引用。付款条件通常是从编码、名称、信用期等方面来定义的，付款条件一旦被引用，将不能进行修改和删除。

①付款条件编码：用于识别某种付款条件，具有唯一性，可以用数字、字母，也可以数字、字母混编。

②付款条件的名称：通常用如“5/10、2/20、*n*/30”的形式表示，即信用天数是30天，客户如果在10天内支付货款，可享受5%的折扣，只付全款的95%；如果在20天内支付货款，只能享受2%的折扣，要付全款的98%；如果在20～30天支付货款，就要100%全额偿还。这一项目用户不用录入，系统将根据设置的付款条件自动生成。

③信用天数：即最大的可延期付款的天数，如果超过此天数，则不仅要全额支付货款，而且有可能支付违约金及利息。

④优惠天数：即享受折扣优惠的最大天数，应小于信用天数。

⑤优惠率：即在优惠天数范围内付款而享受的优惠率。

3.3.6.3 银行档案

按照《现金管理暂行条例》，每一家单位都必须在银行开立存款户。银行档案就是指企业开户银行总行的编码和名称。现行财务软件一般都预置了多家大银行供用户选用(如中国工商银行、中国银行和招商银行等)，用户也可根据业务需要增加、修改和删除。设置银行档案主要是服务于薪资管理和网上银行等系统办理银行结算。

设置银行档案时，还可以从账号定长和账号长度等指标设置“个人账号”与“企业账号”规则。账号一旦定长，就必须设置账号长度(如19位数)，也必须以此录入企业或个人的账号。在个人账号较长(如19位数)且职工人数较多的情况下，为了提高录入个人账号的速度，可设置“自动带出账号长度”(如15位数)，这样系统就从下一个人开始，根据定义的上一个人账号，自动带出前15位数，用户只需输入后4位数字。

3.3.6.4 开户银行

根据需要，一家单位可以开设多个账户，按用途可分为基本存款户、一般存款户、临时存款户和专用存款户四种类型。其中，基本存款户用于单位办理日常结算及现金支取业务，一家单位只能在一家银行开设基本存款户，且只能开设一个基本存款户；一般存款户是为业务方便而开设的，单位不得支取现金；临时存款户是单位因临时业务需要而开立的；专用存款户是单位根据企业特定需要而开立的具有特定用途的账户。

基本存款户与其他三种类型的存款户既可在同一家银行开设，也可分行开设。不论单位在一家银行还是多家银行开户，都要把所有账户设置齐全，以便在资金管理、应收款管理、应付款管理和销售管理等子系统中调用。开户银行主要设置编号、银行名称和银行账号等项目。

【例3-14】设置结算方式：编码为1，现金结算；编码为2，支票结算；编码为201，现金支票;编码为202,转账支票;编码为3,其他。

【操作步骤】

①在【基础设置】列表框中选择【基础档案】|【收付结算】|【结算方式】命令,双击打开【结算方式】对话框。单击【增加】按钮,输入结算方式编码为"1",结算方式名称为"现金结算",单击【保存】按钮。

②重复上述步骤,输入其他结算方式信息,如图3-33所示。单击【保存】按钮确认。

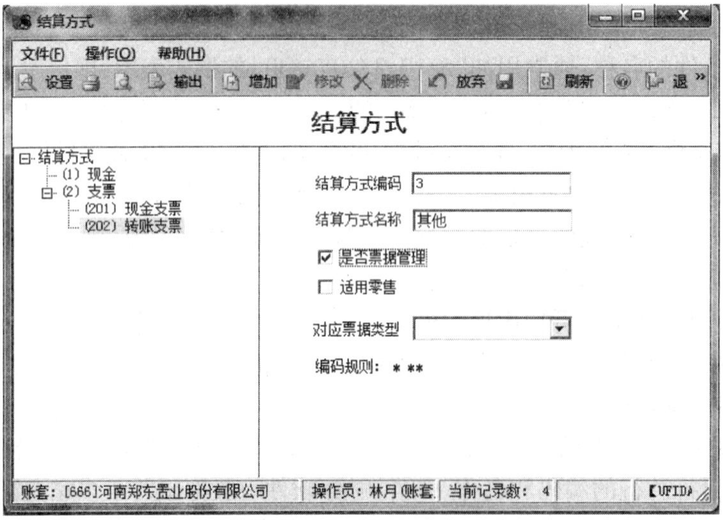

图3-33 结算方式

操作注意:

在结算方式设置中,如果将某种结算方式设置了"是否票据管理",就意味着当发生银行账科目(在科目设置界面选择了"银行账"设置功能)时,系统要求对涉及的结算方式实施票据管理,即启用"电子支票登记簿"管理功能。电子支票登记簿的真正启用还需要在总账系统的【选项—凭证】功能中选择"支票控制"选项才有效。

3.3.7 其他设置

3.3.7.1 常用摘要设置

企业在处理日常业务数据时,因为业务重复发生,输入的单据或凭证中经常会有许多摘要完全相同或大部分相同的情况,可将这些常用摘要存储起来,在输入单据或凭证时随时调用,这样会大大提高业务处理效率。调用常用摘要可以在输入摘要时直接输入摘要代码或按【F2】键或参照输入。

【操作步骤】

①在【基础设置】列表框中选择【基础档案】|【其他】|【常用摘要】命令,双击打开【常用摘要】对话框。

②增加常用摘要。单击【增加】按钮,新增一条常用摘要,录入编号、摘要内容和相

关科目,一些信息(数据)可任意设定并在调用后做修改补充。

3.3.7.2 自定义项设置

为实现信息使用的通用化并尽量减少用户的初始化设置工作量,系统将一些常用的基础信息档案库结构(如客户档案库、供应商档案库和存货档案库等)和凭证、单据数据库结构(如会计凭证数据库、发票数据库和出入库单据数据库等)格式等预先设计出来,这些库结构的字段项目内容基本能满足大多数用户的实际需要。但在实际工作中,有些用户可能还会有一些特殊的信息内容需要录入到数据库,如原始发票中所含的合同号、客户和供应商档案中的个性化信息等,这就需要通过扩展预设的数据库结构的字段项目容纳这些个性化的信息,为此系统提供了自定义项和自由项设置功能,以方便用户在使用时灵活地录入一些系统没有提供但又需要的特殊辅助项目信息。

(1)自定义项分类

依适用对象,自定义项大致分为单据(又分为单据头和单据体)、存货、客户和供应商。

单据是指系统中的各类原始单据,如发票、凭证和出入库单等。系统分别为原始单据头和单据体提供了16个自定义项字段,可在此为每个自定义项字段定义名称、数据类型和数据来源等属性,然后在单据设计中为每类原始单据选择所需要的自定义项。

存货是指存货档案中的存货。系统提供了16个自定义项字段和10个自由项字段,可在此输入这些字段的名称等属性,定义一些在存货档案中没有提供但用户又有特殊需要的信息。例如,就存货的颜色信息而言,可将存货的一个自由项名称定义为“颜色”,在存货档案中录入存货信息时,就可以录入每个存货的相关颜色。

客户和供应商分别是指在客户和供应商档案中的客户和供应商。系统分别为它们提供了16个自定义项字段,可在此输入这些字段的名称,定义一些在档案中没有提供但用户又有特殊需要的信息。

(2)项目

项目包括自定义项和自由项。自定义项是指单据、客户、供应商或存货的一种附加属性。一张单据或一个客户、一家供应商、一种存货的一个自定义项只能有一个值。例如,一张发票只能有一个合同号、一个客户或一家供应商只能有一种规模。尽管自由项也是一种属性,但一个自由项可以有多个值。例如,一个存货的颜色可以是红色、黄色或蓝色等。

3.4 数据权限设置

用友ERP-U8系统可实现三个层次的权限管理:功能级权限管理、数据级权限管理和金额级权限管理。其中,功能级权限分配已在系统管理模块中设置完成,在企业应用平台的系统服务模块中主要完成的是数据级权限分配和金额级权限分配。数据级权限分配和金额级权限分配必须在功能级权限设置完成之后才能进行。

在计算机信息系统中,数据是以二维数据表的形式存储于数据库中的,数据表中的数据纵向称为字段,横向称为记录。一条记录描述一个对象,一个字段描述对象的一个特征。数据权限就是针对这两方面内容进行的控制。例如,张三和李四均为仓库主管,但一个主管原料库,一个主管成品库,因此要从分工上明确定义,以限制其权责范围。

数据权限的分配由账套主管在企业应用平台的"系统服务"中进行,分为两项内容,首先设置对某对象进行数据权限控制,然后为其设定具体的数据权限。

3.4.1 数据权限控制设置

用友 ERP－U8 系统可以为多种对象设置数据权限控制,具体启用哪一项控制取决于数据权限控制的设置。

【操作步骤】

①在【用友 ERP－U8 企业应用平台】窗口中,单击左下角【系统服务】命令,打开对话窗口,双击【权限】图标,打开【权限】列表框。

②单击【数据权限控制设置】命令,打开【数据权限控制设置】对话框。

③针对 21 个记录级业务对象和 6 个字段级业务对象,选择是否进行权限控制。若需要控制,选中"是否控制"复选框即可,如图 3－34、图 3－35 所示。

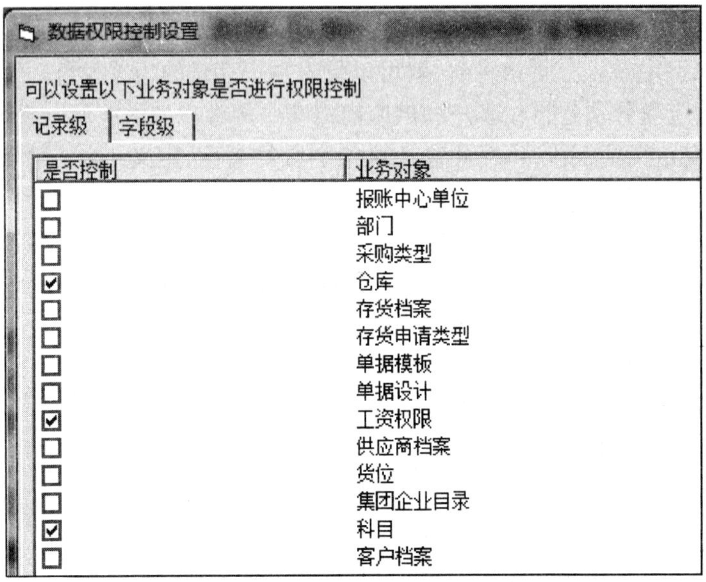

图 3－34　记录级

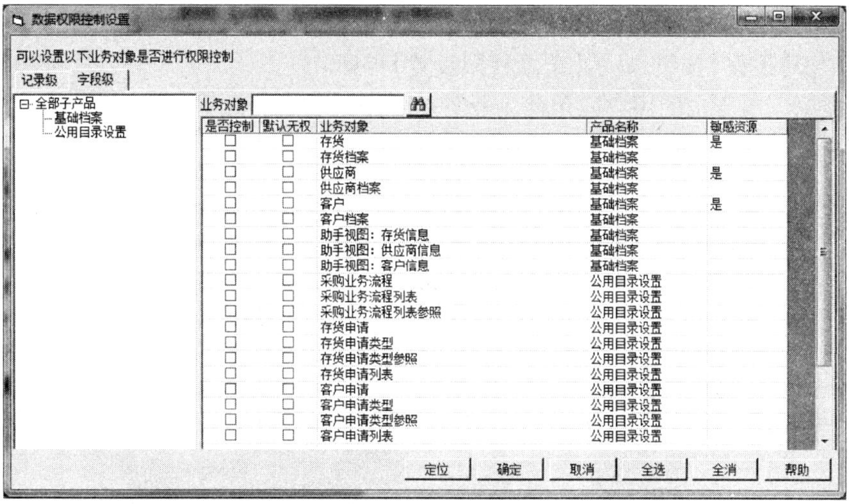

图 3－35 字段级

操作注意：

①账套主管默认拥有所有数据权限，因此不需要设置数据权限。

②对应每一个业务对象，其权限的控制范围在数据权限控制设置界面和数据权限设置界面中均提供相应说明。

③只有对某一对象设置了数据权限控制后，才能在后续数据权限设置中对用户和用户组进行授权。

3.4.2 数据权限设置

数据权限设置的作用是设置用户和用户组能够操作的档案、单据的权限，用于控制后续业务处理中允许编辑查看的数据范围。

进行数据权限设置的前提是：在【系统管理】中已设置角色和用户，且已进行功能权限分配；选择【企业应用平台】|【系统服务】|【权限】命令，在打开的窗口中进行数据权限控制设置。

3.4.2.1 记录级权限分配

记录级权限分配是指对具体业务对象进行权限分配。其使用前提是在“数据权限控制设置”中选择控制至少一个记录级业务对象。需要进行记录级权限控制的项目主要有单据设计（可以对哪些单据进行单据设计处理）、单据模板（可以使用哪些单据模板进行单据的增加）、科目、凭证类别、项目、客户、部门、供应商、业务员、存货、仓库、货位、资金单位、工资项目、报账中心单位和用户（对哪些用户所做的单据或凭证有查询、录入、删除、审核、弃审、关闭的权限）。

【操作步骤】

①选择【用友 ERP－U8 企业应用平台】|【系统服务】|【权限】|【数据权限分配】命令，双击后打开【权限浏览】对话框。在【权限浏览】窗口选择“记录”级权限，再从业务

对象下拉列表框中选择要进行记录级权限分配的对象。选择要分配权限的用户或角色。

②单击【授权】按钮，显示【记录权限设置】界面。

③根据当前所选的用户或角色 + 业务对象进行明细的数据权限分配。

④单击【保存】按钮保存设置，如图 3－36 所示。

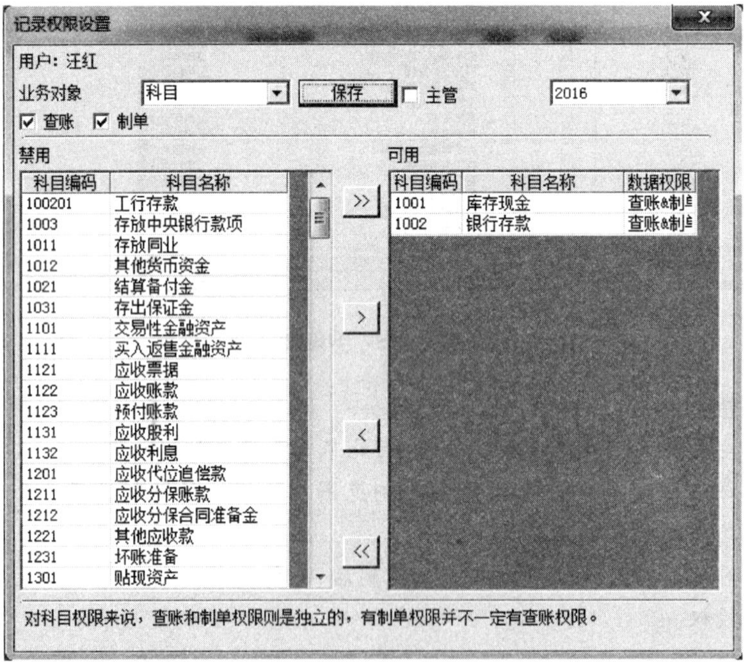

图 3－36 记录权限设置

操作注意：

①对科目、凭证类别、项目、客户、部门、供应商、业务员、存货、仓库、货位和资金单位的数据权限均细化为查询和录入权限。

②对客户、供应商和存货设置记录权限时需要先设置对应的权限分组，再将权限分组与档案记录形成对应关系，然后再直接对用户进行授权。授权的记录不是档案本身，而是对应的权限组记录。

3.4.2.2 字段级权限分配

出于安全和保密的考虑，可对一些单据或列表中某些项目限制查看权限，如限制仓库保管员看到出入库单据上的有关产品（商品）价格信息，为此系统提供了字段级权限分配功能。

【操作步骤】

①选择【用友 ERP－U8 企业应用平台】|【系统服务】|【权限】|【数据权限分配】命令，双击后打开【权限浏览】对话框。在【权限浏览】窗口选择“字段”级权限，再从业务对象下拉列表框中选择要进行字段级权限分配的对象，选择要分配权限的用户或角色。

②单击【授权】按钮，显示【字段权限设置】界面。

③根据当前所选的用户或角色+业务对象进行明细的数据权限分配工作。

④单击【保存】按钮保存设置，如图3－37所示。

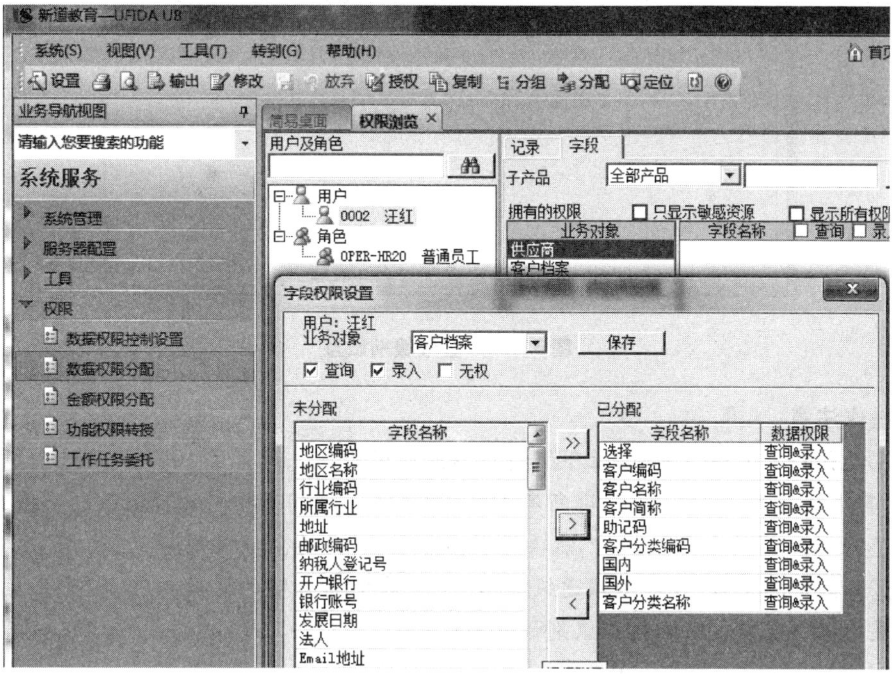

图3－37 字段权限设置

3.4.2.3 金额级权限设置

金额级权限设置的主要作用体现在两个方面：一是设置用户在填制凭证时对特定科目允许输入的金额范围；二是设置在填制采购订单时允许输入的采购金额范围。金额权限设置同样也分两步：首先，设置金额级别（分科目级别和采购订单级别）；其次，设置金额权限。

（1）设置金额级别

【操作步骤】

①选择【用友ERP－U8企业应用平台】|【系统服务】|【权限】|【金额权限分配】命令，双击后打开【金额权限设置】对话框。在【金额权限设置】窗口单击【级别】按钮，打开【金额级别设置】窗口。

②单击【增加】按钮，出现空白行。双击"科目编码"栏，单击弹出的参照按钮，弹出【科目参照】对话框，参照选择科目编码，系统自动显示相应的科目名称。单击【确定】按钮返回。也可以直接输入需要进行金额权限设置的科目编码。

③在【金额级别设置】窗口手工输入级别一至六的金额，如图3－38所示。

④单击【退出】按钮，返回【金额权限设置】窗口。

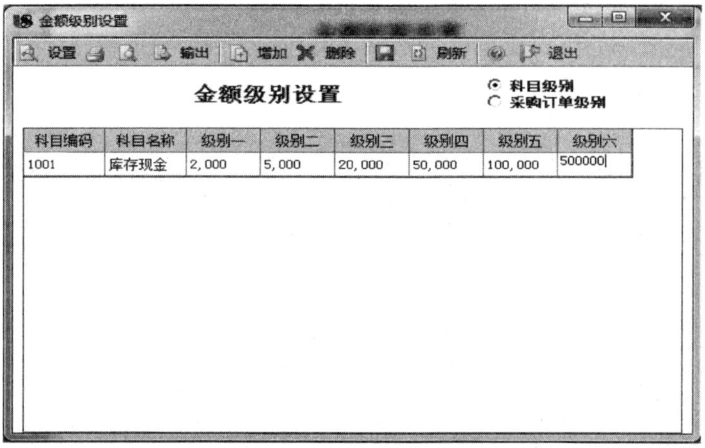

图 3-38 金额级别设置

操作注意：

①设置科目金额级别时，上下级科目不能同时出现。设置了 1001 科目的金额级别后，对其下级科目也全部适用，即所有 1001 的下级科目拥有相同的金额级别。因此，已设置了 1001 科目的金额级别，不能再设置 100101 科目的金额级别。

②从级别一至六，金额必须逐级递增，不允许中间为空的情况存在，但允许最后有不设置的级别存在。采购订单级别设置与此相同。

(2)分配科目和采购订单金额权限

【操作步骤】

①选择【用友 ERP-U8 企业应用平台】|【系统服务】|【权限】|【金额权限分配】命令，双击后打开【金额权限设置】对话框。

②在【金额权限设置】窗口选择“科目级别”或“采购订单级别”，单击【增加】按钮出现空白行，录入金额权限设置的用户和级别信息。单击【保存】按钮，如图 3-39 所示。

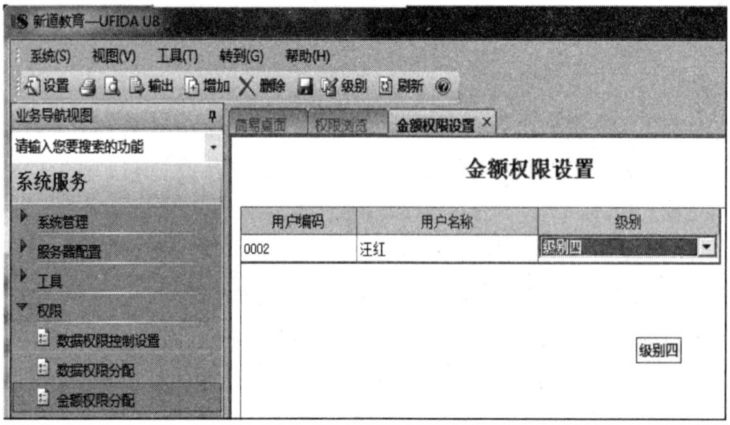

图 3-39 金额权限设置

操作注意：

①户可对“科目”“采购订单”设置不同的级别，分别保存。

②设置科目级别时，对一个用户设置了一个级别，则该用户对所有的科目均具有相同的级别，若该科目没有设置金额级别，即表示该科目不受金额级别控制。

③能直接对用户进行授权，对于一个对象，一个用户只能有一条记录存在。

④若一个用户授权的级别没有对应金额，该级别前面级别有金额，则对于该用户来说其金额权限无限制。

⑤在需要进行金额权限控制时，若申请权限的用户还没有金额权限记录，则作为没有任何金额权限处理。

⑥金额权限控制中有三种情况不受金额权限控制：调用常用凭证生成的凭证、期末转账结转生成的凭证、外部系统生成的凭证。

⑦以上数据权限、金额权限设置必须与各模块相应权限的控制参数配合使用，才会在各模块中起作用。

4

总账系统的核算与管理

总账核算与管理系统是会计信息系统的核心子系统,主要负责账务处理业务工作。操作的主要内容包括总账系统初始化、日常业务处理和期末处理三个部分。本章介绍总账核算与管理系统的基本操作原理。

4.1 总账系统初始化

所谓总账系统初始化,就是结合本企业的实际情况,通过初始设置将一个通用的账务系统转变成适合本企业核算和管理需要的专用账务系统。这项操作主要包括三方面的内容:设置业务处理控制参数、设置操作员的明细权限及会计科目期初余额录入。

业务处理控制参数决定着总账系统的数据输入、处理、输出的内容和形式,规定了总账系统正常运行的技术环境。在总账系统中,业务处理控制参数的设置主要通过选择【选项】相关参数完成;操作员的明细权限通过【用友 ERP - U8—总账】|【设置】|【数据权限分配】和【金额权限分配】项目选择完成;会计科目期初余额录入是手工会计系统过渡到计算机会计系统后会计业务延续的起点,是两个系统之间过渡的桥梁,通过【用友 ERP - U8—总账】|【设置】|【期初余额】项目选择完成。

在使用总账系统之前,应已经建立企业账套并已启用了总账系统,否则不能进行总账系统的相关操作。

4.1.1 设置总账系统业务处理控制参数

用友 ERP - U8 属于通用管理软件,适用于多行业、多企业类型的核算与管理。不同行业有不同的特点,不同类型的企业也有不同的管理要求,为体现这些差异,需要在企业初始建账时选择必要的参数加以明确,由此把通用管理软件改造为适合企业特点的专用软件。子系统的参数选项通常被集成在【选项】模块中,初次启动时【选项】模块已预置系统的各项参数初始值,如果这些参数初始值与实际需要不符,可根据实际情况进行更改。

【例4－1】以林月的身份在2016年1月3日登录注册总账系统666账套。启用总账系统并进行“选项”的相关参数设置。

【操作步骤】

①选择【开始】|【程序】|【用友 ERP－U8】|【企业应用平台】选项,即可打开【登录】对话框。录入相应内容,单击【确定】按钮,即可进入【企业应用平台】工作窗口。

②在【业务工作】列表中,选择【财务会计】|【总账】项目,即可进入总账系统,如图4－1所示。

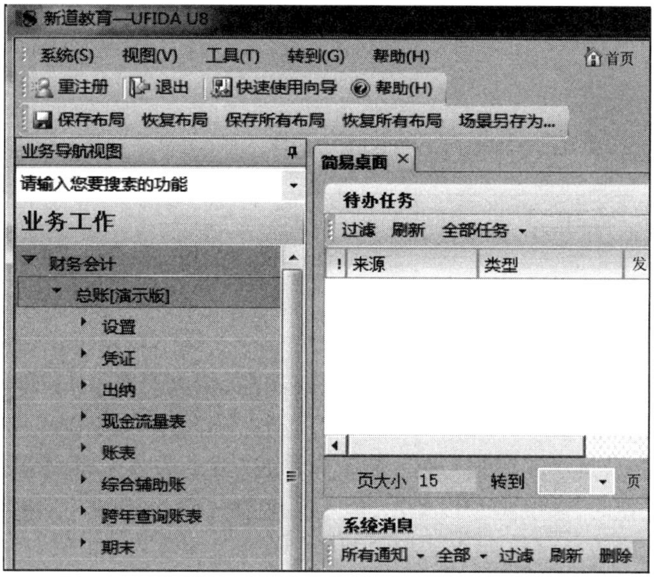

图4－1 登录总账系统

③选择【财务会计】|【总账】|【设置】|【选项】项目,双击即可打开【选项】对话框。选项卡中包括凭证、权限、账簿、凭证打印、预算控制、会计日历、自定义项核算和其他八项内容。初始打开的是“凭证”选项卡,如图4－2所示。对选项卡中的参数进行设置时必须先单击【编辑】按钮,完成后再单击【确定】按钮。

下面分别对选项卡的主要参数进行解释。

4.1.1.1 “凭证”选项卡

①制单序时控制:此项与“系统编号”选项联用,若选中了此复选框,制单时同类凭证编号必须按日期顺序排列。

②支票控制:该功能与电子支票登记簿使用有关。如果在定义某种结算方式时选择了“票据管理”,且在此处选择了“支票控制”,那么在制单用到银行账科目时,系统要求针对结算方式、票号等信息在电子支票登记簿中进行登记。如果输入的支票号在支

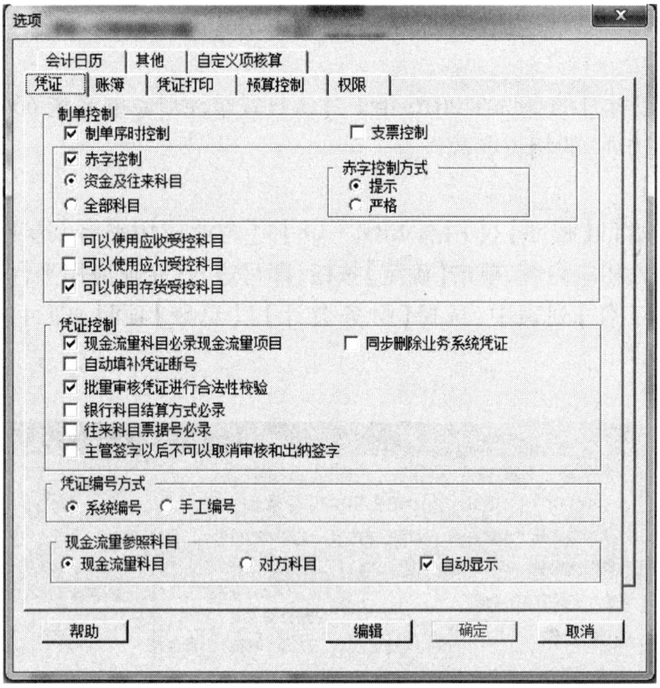

图 4－2 “凭证”选项卡

票登记簿中已存在，系统提供登记支票报销的功能，否则系统提供支票登记簿登记的功能。

③赤字控制：若选中了此复选框，在制单时当“资金及往来科目”或“全部科目”的最新余额出现负数时，系统将予以提示，但不拒绝执行。

④可以使用应收/应付/存货受控科目：若科目为应收（或应付、存货）系统的受控科目，为防止重复制单，只允许应收（或应付、存货）系统使用此科目进行制单，总账系统不能使用此科目制单。但若希望总账系统也能使用这些科目填制凭证，则选择此项。需要注意的是，若总账系统和其他业务系统同时使用受控科目，容易导致应收（或应付、存货）系统与总账对账不平。

⑤现金流量科目必录现金流量项目：选择此项后，在录入凭证时如果使用现金流量科目，则必须输入现金流量项目及金额。

⑥自动填补凭证断号：如果选择凭证编号方式为系统编号，则在新增凭证时，系统按凭证类别自动查询本月的第一个断号，将其默认为本次新增凭证的凭证号。如无断号，则为新号，与原编号规则一致。

⑦批量审核凭证进行合法性校验：批量审核凭证时，针对凭证进行二次审核，提高凭证输入的正确率。合法性校验与保存凭证时的合法性校验相同。

⑧系统编号：在填制凭证时，依照凭证类别按月自动编制凭证编号。

⑨手工编号：在制单时，系统允许手工输入凭证编号。若凭证编号方式选择了手工编号，则凭证中可能出现断号现象，如不希望凭证中出现断号，可执行“填制凭证”中的

“凭证整理”功能,系统将自动清除断号。

4.1.1.2 “权限”选项卡

①制单权限控制到科目:选择此项,则在制单时操作员只能使用具有相应制单权限的科目制单。该功能需要结合【数据权限】功能中对各制单员的科目制单权限范围的具体设置。

②制单权限控制到凭证类别:选中此复选框,意味着在制单时只显示此操作员有权限操作的凭证类别,同时在凭证类别参照中按人员的权限过滤出有权限的凭证类别。该功能需要结合【数据权限】功能中对各制单员的凭证类别制单权限范围的具体设置。

③操作员进行金额权限控制:选择此项,可以对不同级别的人员进行金额大小的控制,例如,财务主管可以对10万元以上的经济业务制单,一般财务人员只能对5万元以下的经济业务制单,这样可以减少由不必要的责任事故带来的经济损失。

④凭证审核控制到操作员:若只允许某操作员审核特定的操作员填制的凭证,则应选择此选项。该项功能需结合数据权限分配的用户设置才能生效。

⑤出纳凭证必须经由出纳签字:若要求现金、银行科目凭证必须由出纳人员核对签字后才能记账,则选择此项。

⑥凭证必须经由主管会计签字:若要求所有凭证必须由主管会计签字后才能记账,则选择此项。

⑦允许修改、作废他人填制的凭证:若选中了此复选框,在制单时可修改或作废他人填制的凭证,否则不能修改。若选择“控制到操作员”,则需要结合数据权限分配的设置。

⑧制单、辅助账查询控制到辅助核算:设置此项权限,制单时才能使用有辅助核算属性的科目输入分录,辅助账查询时只能查询有权限的辅助项内容。

⑨明细账查询权限控制到科目:若希望对查询和打印权限做进一步细化,如只允许某操作员查询或打印某科目明细账,而不能查询或打印其他科目的明细账,则选择此选项。

以上操作参见图4-3。

4.1.1.3 “账簿”选项卡

①按月排页:打印时从所选月份范围的起始月开始将明细账顺序排页,再从第一页开始将其打印输出,打印起始页号为“1页”。这样,即使所选月份范围的起始月不是第一个月,打印结果的页号也必然从“1页”开始排页。

②按年排页:打印时从本会计年度的第一个会计月开始将明细账顺序排页,再将打印月份范围所在的页打印输出,打印起始页号为所打印月份在全年总排页中的页号。这样,即使所选月份范围是第一个月,打印结果的页号也有可能不是从“1页”开始排页。

4.1.1.4 “预算控制”选项卡

①超出预算允许保存:选中“预算控制”复选框后此项才起作用。从财务分析系统取得预算数,如果制单输入分录时超过预算,可以保存超预算分录,否则不予保存。

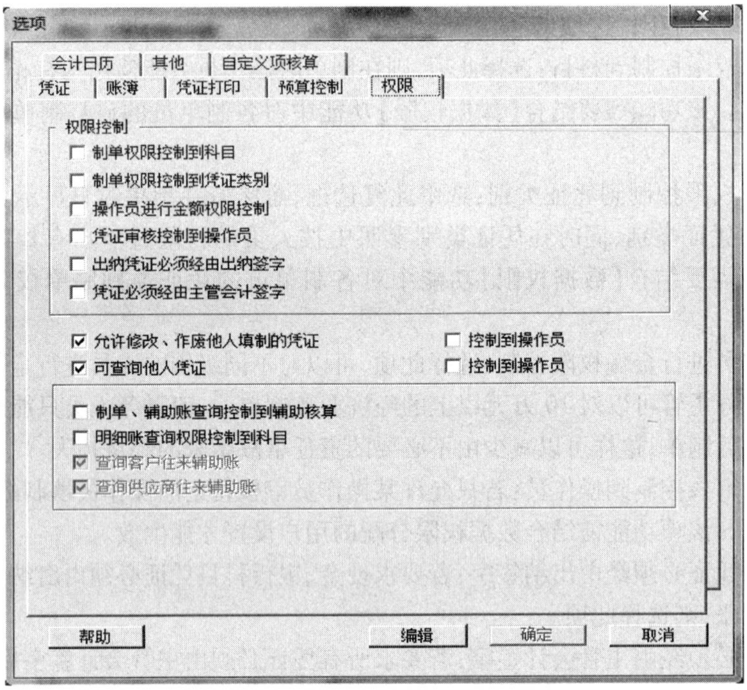

图 4－3 “权限”选项卡

②预算控制方式：系统提供了两种控制方式，即精细预算控制和粗放预算控制。精细预算控制是指按具体科目、部门、项目指定具体的预算数。制单时当某一科目下某一部门或项目的实际借方发生额超出预算数减报警数时，系统报警。粗放预算控制是指按部门、项目对多个科目制定总的预算数。制单时当某一科目下的实际发生数导致多个科目及辅助项的发生数及余额总数超过预算数减报警数的差额时，系统报警。例如，管理费用科目下生产部的 1 月预算为 2 000 元，报警数为 100，若系统采用粗放预算控制方式，则在制单时，当 1 月的实际借方发生数超过 1 900 元时，系统报警。又如，市场部 1 月的管理费用科目、销售费用科目和经营费用科目的总预算为 6 000 元，报警数为 300，若系统采用粗放预算控制方式，则 1 月制单时，当三个科目市场部的总发生数超过 5 700 元时，系统报警。预算控制方式由财务分析系统掌握。

4.1.1.5 “会计日历”选项卡

系统自动将会计期间、开始日期和结束日期列表。在“会计日历”选项卡中可以查看各会计期间的起始日期与结束日期，以及启用会计年度和启用日期。此处仅能查看会计日历的信息，如需修改必须到【系统管理】中进行。总账系统的启用日期不能超过机内系统日期。另外，如果已录入汇率、期初余额或已开始新年度业务，均不能修改总账的启用日期。

4.1.1.6 “凭证打印”选项卡

①合并凭证显示、打印：选择此项，则在填制凭证、查询凭证、出纳签字和凭证审核

时，以系统选项中的设置显示；在科目明细账显示或打印时凭证按照“按科目、摘要相同方式合并”或“按科目相同方式合并”合并显示，并在明细账显示界面提供是否“合并显示”选项。

②打印凭证页脚姓名：在打印凭证时自动打印制单人、出纳、审核人、记账人姓名。

③打印包含科目编码：在打印凭证时，是否自动打印科目编码。

4.1.1.7 “其他”选项卡

如果企业有外币业务并选择固定汇率，则在制单时一个月只按一个固定的汇率折算本位币金额；选择浮动汇率，则在制单时按当日汇率折算本位币金额。

4.1.2 设置操作员的明细权限

结合总账系统【选项】模块中的相关控制参数，可以对系统操作员进行明细权限设置。具体内容可参照上一章“数据权限设置”（见3.4节）的相关内容。

4.1.3 期初余额录入

一般情况下，企业业务是一个连续发生的过程，因此总账系统初始化的另一项重要工作，就是将手工环境中各科目期初余额及有辅助核算要求的科目辅助项期初余额整理出来录入计算机，它是管理软件正常运行的又一重要基础。实际录入时只需录入末级科目的年初余额和系统启用前各月的累计发生额，其余各上级科目相关余额和发生额将由系统自动汇总形成。

总账系统需要录入的期初数据包括各科目的年初余额、1月至建账当前月的累计借方和贷方发生额及期末余额四项数据。这四项数据之间满足以下公式：

$$\text{年初余额} \pm \text{累计借方发生额} \pm \text{累计贷方发生额} = \text{期末余额} \quad (1)$$

基于公式(1)中数据间的钩稽关系，实际录入时只需输入累计借、贷方发生额和期末余额（此为系统启用月上个月的期末余额，即启用月的期初余额），便可反算出年初余额。对于选择1月份建账的企业，由于不存在累计借、贷方发生额，因此只需录入各科目的期初余额即可。

在总账期初余额表中，用不同颜色区别了三种不同性质的科目。白色单元格表示末级科目且没有设置辅助核算，此时可以直接编辑输入；灰色单元格表示非末级科目，不能直接编辑输入，将由末级科目输入的数据自动汇总生成；黄色单元格表示科目设置了辅助核算，此时需要双击该单元格进入辅助账期初余额录入界面，当辅助账期初余额输入完成后，将自动汇总生成相关总账的期初余额。设置了辅助核算的科目，可以直接录入或修改累计发生额数据，但应注意与相应的辅助账保持一致。

4.1.3.1 基本科目（白色单元格区域）的期初余额录入

开始使用总账系统时，应先将各账户启用月份的月初余额（人工环境中的最后一个月的期末余额）和年初至启用月的累计借、贷方发生额整理出来。当科目为末级科目且没有设置辅助核算时，可以直接进行编辑输入。

【例4-2】输入1001“库存现金”科目的期初余额8 000元。

【操作步骤】

①选择【财务会计】|【总账】|【设置】|【期初余额】选项，双击即可打开【期初余额录入】窗口。

②将光标移到1001“库存现金”科目名称的期初余额栏，输入期初余额8 000.00，如图4－4所示。

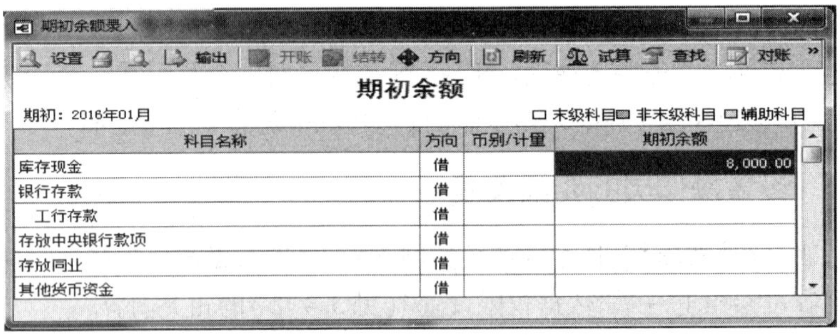

图4－4　期初余额录入

操作注意：

①如果某科目为数量、外币核算，应录入期初数量及单价、外币余额，且必须先录入本币余额，再录入外币余额。

②出现红字余额时，用负号输入。

③修改余额时，直接输入正确数据即可。凭证记账后期初余额将变为浏览只读状态，不能再修改。

4.1.3.2　辅助核算科目（黄色单元格区域）的期初余额录入

（1）对有单位往来辅助核算的科目期初余额录入

往来数据是指往来账中的那些未达账项。此时需要双击科目单元格，打开总账系统中的往来辅助账，然后按整理出来的手工环境中的往来业务凭证输入每笔业务的余额，输入完成后，辅助账中每笔业务余额的总和自动汇总成为总账余额表中该往来科目的期初余额数据。为保证总账和辅助账期初数据一致，此时系统只允许录入辅助账（明细账）期初余额。如果启用总账的同时启用了应收和应付款管理系统，那么总账期初余额表中只记录应收/付账款、应收/付票据、预收/付账款几个科目各自的累计发生额和期初余额，而往来业务的凭证明细要分别在相关的应收和应付管理系统的期初余额中录入。以应收款系统为例，要将启用应收款系统后手工环境中未处理完的所有客户应收账款、预收账款、应收票据等明细数据录入，最好按单据录入，以便在以后的电子环境中核销处理。在应收款系统中输入期初数据使用的单据形式如表4－1所示。在应收款系统中将应收款期初余额全部录入完成后，应通过对账功能将应收账款、预收账款、应收票据几个科目明细数据总额与总账系统中录入的记录总数进行核对。应付款系统的期初数据做类似处理。

表 4－1　应收款系统中输入期初数据使用的单据形式

单据名称	作　用	分　类
销售发票	记录销售产品形成的应收账款	销售专用发票和销售普通发票
应收单	记录销售过程中代垫费用等应收项目	其他应收单
收款单	记录预收客户的各种款项	收款单

(2)存货期初数据的录入

若启用总账系统的同时也启用了库存管理和存货核算系统,则总账系统只记录各存货科目的总数,明细数在库存/存货相关账簿中反映。库存管理侧重于对存货数量进行管理,存货核算侧重于对存货计价进行管理。因此,存货的期初数据就需要分别在这两个系统中录入,且录入的期初数据应一致。为方便用户,用友 ERP－U8 系统提供了两个系统间互相取数和对账的功能。这样,存货的期初数据就既可以在库存管理系统中输入而从存货核算系统中取数,也可以在存货核算系统中输入而从库存管理系统中取数。在将存货的期初数据整理录入时,应首先进行库存的全面盘点,账、实数量核对正确后才能交财务部门录入。对账、实不符的情况,必须查明原因,经有关部门批示后进行相应调整。

(3)录入实例

第一,个人往来科目期初余额录入。科目涉及个人往来辅助核算时,要从打开的"个人往来期初"窗口中输入相关信息。

【例 4－3】假设 1221"其他应收款"科目已设置了个人往来辅助核算,输入该科目的期初余额。相关信息:部门"市场部",个人名称"尹语",摘要"出差借款",方向"借",期初余额 3 600 元。

【操作步骤】

①选择【总账】|【设置】|【期初余额】选项,双击打开【期初余额录入】窗口。

②将光标移动到 1221"其他应收款",双击该科目单元格,打开【辅助期初余额】窗口,录入相应部门、个人等信息,如图 4－5 所示。

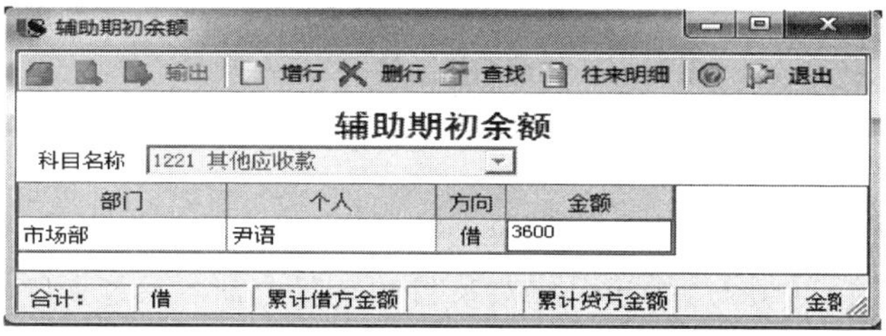

图 4－5　辅助期初余额录入——个人往来

第二,单位往来科目期初余额录入。若科目涉及客户及供应商辅助核算,则需在系统打开的【客户往来辅助期初余额】或【供应商往来辅助期初余额】对话框中输入相关的信息。

【例 4－4】假设"1122—应收账款"科目已设置了客户往来辅助核算,输入该科目的期初余额。明细资料是:客户“东海公司”,业务员“尹语”,金额150 000元。

【操作步骤】

在【期初余额录入】窗口,将光标移动到“1122—应收账款”,双击打开【辅助期初余额】窗口,录入相应客户、业务员和金额等信息。

操作注意:

①在录入往来科目期初余额时,往来单位必须是已经设置客户及供应商档案的单位,如果在录入期初余额时还未设置这些档案,则应先补设档案资料再录入余额。

②如果启用了应收应付系统,则应同时在应收应付系统中录入含客户、供应商账类的科目的明细期初余额,并将总账与应收应付系统余额进行对账。

第三,项目科目期初余额录入。若科目涉及项目辅助核算,则需打开【项目—辅助期初余额】对话框,输入相关信息。

【例4-5】假设“1604—在建工程”科目已设置为项目辅助核算,输入该科目的期初余额。其中,“行政大楼”的期初余额为1 500 000元,1号职工宿舍的期初余额为500 000元,2号职工宿舍的期初余额为850 000元,1号厂房的期初余额为1 950 000元。

【操作步骤】

在【期初余额录入】窗口,将光标移动到“1604　在建工程”,双击打开【辅助期初余额】窗口,录入相应项目和金额,如图4-6所示。

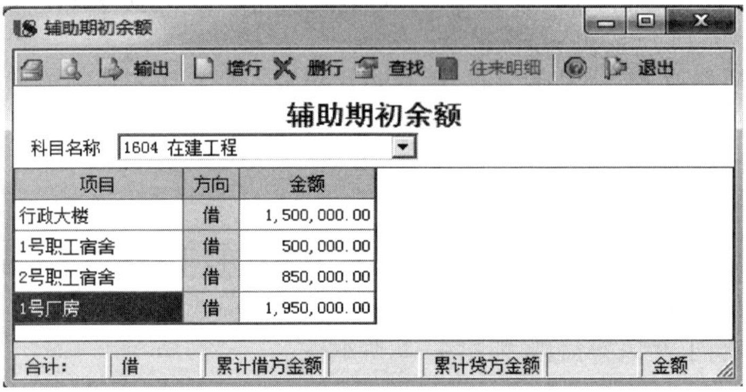

图4-6　辅助期初余额录入——项目

4.1.3.3　调整余额方向

余额表中“方向”栏所指的余额方向,应以科目属性或类型为准,不能以当前余额方向为准。按工具栏【方向】按钮可修改科目的余额方向。只能调整一级科目的余额方向,但要在该科目及其下级科目尚未录入期初余额的情况下进行。当一级科目方向调整后,其下级科目也随一级科目相应调整方向。如果下级科目的方向与上一级科目的方向不一致,可用负数输入。在手工科目体系中,允许存在上级科目与明细科目余额方向不一致的情况,例如,应交税费科目余额方向为“贷”,而“应交税金——应交增值税——进项税额”科目余额方向为“借”。在用友ERP-U8系统中,上级科目与明细科目的余额方向必须一致。这样应交税费科目及其所有明细科目的余额方向均为“贷”,

当期末余额与规定的余额方向不一致时,输入“ - ”号表示。

一般情况下,系统默认资产类科目余额方向为借方,负债及所有者权益类科目的余额方向为贷方。但在实际工作中,有一部分科目与原有的系统设置余额方向不一致,也没有在建立科目时对其进行调整,如“坏账准备”“累计折旧”等科目的余额方向与同类科目默认的余额方向相反,那么应在还未录入会计科目余额时,对其方向进行调整。

【例 4 - 6】将“坏账准备”科目余额方向由“借”调整为“贷”。

【操作步骤】

在【期初余额录入】窗口,将光标移动到“1231—坏账准备”上,单击工具栏【方向】按钮,打开【调整余额方向】对话框,选择【是】按钮,如图 4 - 7 所示。

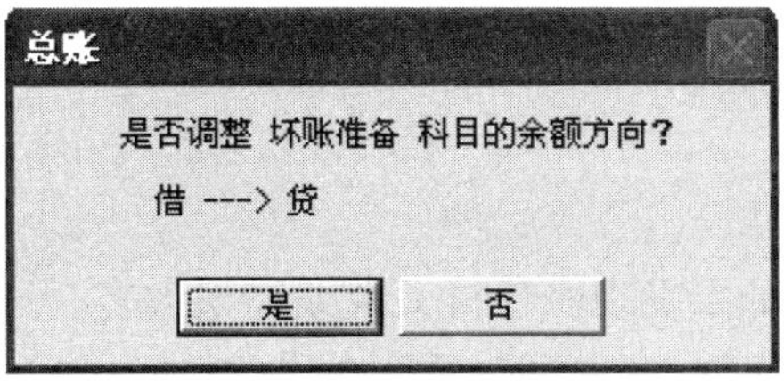

图 4 - 7 调整余额方向

操作注意:

总账科目与其下级明细科目的余额方向必须一致。

4.1.3.4 试算平衡和对账

期初余额及累计发生额输入完成后,为保证初始数据的正确性,要对期初余额表进行试算平衡。试算平衡是依据“资产 = 负债 + 所有者权益 + 收入 - 成本费用”的原则进行的。在【期初余额录入】对话框中,单击【试算】按钮,将由计算机自动完成平衡校验工作。校验完成后系统会自动生成一份校验结果报告。如果试算结果不平衡,则应依次逐项进行检查、更正,之后再次进行平衡校验,直至试算结果平衡为止。对账工作也是在【期初余额录入】对话框中进行的,并且是通过单击【对账】按钮由计算机自动完成的。

【例 4 - 7】对“666”账套的期初余额进行试算平衡。

【操作步骤】

在【期初余额录入】窗口,单击工具栏【试算】按钮,即打开【期初试算平衡表】对话框,显示出试算结果,如图 4 - 8 所示。

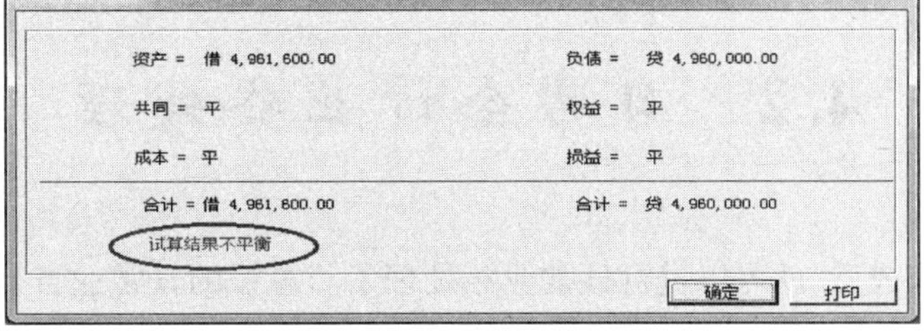

图 4 - 8 期初试算平衡表

操作注意：

①若期初余额试算不平衡，则可以填制凭证但不能进行后续的记账等处理。因此，一定要找出原因并进行修改，使之平衡。

②如果已经使用了总账系统中的“记账”功能记过账，则不能再录入和修改“期初余额表”，只能查询和打印。

③“期初余额表”仅在第一次使用财务系统时使用，以后年度的科目期初余额都由系统自动结转。

4.1.3.5 清零

期初余额清零功能：当此科目的下级科目的期初数据互相抵消，使本科目的期初余额为零时，可以清除此科目的所有下级科目的期初数据。如果已经使用了总账系统中的“记账”功能记过账，则此功能处于不可使用状态。

4.1.4 账簿清理

当年初建账完成后，如果发现账建得太乱或错误太多，可能希望将该账冲掉，然后重新建账，这时可以执行账簿清理功能，系统会将已建好的账全部冲掉，然后重新建账。

执行账簿清理功能将会冲掉本年各账户的余额和明细账，并将上年的会计科目、部门目录、个人目录、客户分类、客户目录、供应商分类、供应商目录、项目目录、凭证类别、常用摘要和常用凭证转入本年。若本年为账套启用年，则冲掉本年各账户的余额和明细账，只保留已建立的会计科目、部门目录、客户目录、供应商目录、项目目录、个人目录、凭证类别、常用摘要和常用凭证等档案。执行账簿清理功能后，应重新调整科目和余额。

操作注意：

①只有账套主管才能使用本功能。

②本功能将冲掉本年录入的所有余额和发生数，所以执行本功能一定要慎重，最好在执行前先进行数据备份工作。单击【不清理】按钮可不进行账簿清理并退出【账簿清理】功能。

③若用其他子系统填制了凭证，则最好不要对总账数据进行清理，否则可能会引起其他子系统无法联查凭证。

④若想清空所有系统的数据，可执行【系统管理】中的【年度账】|【清空年度数据】功能。“账簿清理”与“清空年度数据”功能是不同的。

4.2 日常会计业务处理

初始设置完成后，就可以进行日常业务处理了。总账的日常业务处理主要包括凭证业务处理、出纳业务和账簿业务管理。其中，凭证业务处理的主要内容就是填制凭证、审核凭证、记账、修改凭证、作废及删除凭证以及查询凭证等。

4.2.1 凭证业务处理

凭证是财务数据录入的主要载体,也是总账系统的主要数据源。在总账系统中,财务数据是通过填制凭证获得的,在使用计算机处理账务后,电子账簿的准确与完整完全依赖于记账凭证,因此凭证的填制工作非常重要,将直接影响到整个账套财务数据的正确性。同时,填制凭证也是最基础和最频繁的工作。

4.2.1.1 填制凭证

(1)凭证的结构及填制要求

记账凭证由凭证头和凭证体两部分组成。凭证头包含凭证的基础数据,如凭证编号、凭证日期、附单据数和有关签名等。这些数据具有单值性,即一笔业务一般只有一个值。凭证体包含了凭证的业务数据内容,如摘要、科目和金额等。这些数据具有多值性,即一笔业务一般有多个值,或者说是一条分录一个值,不同内容在输入时有不同的要求。

①凭证头的输入要求:

a. 凭证类别:输入初始化时已定义的凭证类别代码或名称。

b. 凭证编号:一般由系统分类按月自动编制,即每类凭证每月都从0001号开始编制。对网络用户,如果几个人同时制单,则在凭证的左上角,系统先提示一个参考凭证号,真正的凭证编号只在凭证保存时才给出;如果只有一个人制单或使用单用户版软件系统制单,则凭证左上角的凭证号就是正在填制的凭证编号。系统同时也自动管理凭证页号,系统规定每页凭证有5条记录,当某号凭证不止一页时,系统自动在凭证号后标上分单号,如收-0001号0002/0003表示为收款凭证第0001号凭证共有3张分单,当前光标在分录的第二张分单上。如果在启用账套时设置凭证编号方式为“手工编号”,则用户可在此处手工录入凭证编号。

c. 凭证自定义项:自定义项是用户自定义的凭证补充信息。用户根据需要自行定义和输入信息,对这些信息系统只进行保存而不进行校验。输入方法是单击凭证右上角的输入框后,直接输入有关自定义内容即可,自定义项内容也可不录入。应当注意,凭证自定义项与科目自定义项不是一回事,如果科目定义了自定义项,那么凭证中一旦录入该科目业务,系统将弹出录入相应自定义项的提示框。

d. 凭证日期:即凭证填制的日期,而不是原始凭证中列示的日期。凭证日期系统默认为进入系统时的日期。凭证日期包括年、月、日。日期的正确性将影响经济业务在明细账和日记账中的顺序,所以日期应随凭证号递增而递增,日期不能超过日历日期。

e. 附单据数:指本张凭证所附原始凭证张数。

②凭证体的输入要求:

a. 摘要:即对凭证所反映经济业务内容的说明。凭证的每行必须有摘要内容。不同行的,摘要内容可以不同。每行摘要将随该行会计科目在明细账、日记账中出现。

b. 科目:一般输入科目编码,计算机根据科目编码自动切换为对应会计科目的名称。输入的科目必须是已定义的科目,编码必须是末级科目编码,不能有非法对应科目。

c. 方向:每一科目的发生额均应有它的方向,即借方或贷方。

d. 金额:金额不能为"零",但可为红字,红字金额应以" - "号形式录入,输入完成后,系统将负数金额显示为红字金额,但打印时将红字金额仍打印为负数金额。会计科目借贷双方金额必须平衡。按下快捷键"Ctrl + L"可显示/隐藏数据位线(除千分线外)。

(2)填制凭证的具体操作

【例 4 - 8】2016 年 1 月 5 日从工商银行提现人民币 5 000 元。附单据 1 张,现金支票号 XJ22002。

【操作步骤】

①在【总账系统】窗口中,选择【凭证】菜单中的【填制凭证】命令,进入【填制凭证】对话框。单击【增加】按钮,或按"F5"键,增加一张新凭证。

②在"凭证类别"框中单击参照按钮选择"付款凭证"选项。采用自动编号时,计算机自动按月、类别连续进行编号。输入制单日期"2016 - 01 - 05"。采用序时控制时,凭证日期应大于或等于启用日期,但不能超过机内系统日期。输入附单据数 1。

③输入摘要"提取现金"。不同银行的摘要可以相同也可以不同,但不能为空。每行摘要将随相应的会计科目在明细账、日记账中出现。新增分录完成后,按"Enter"键,系统将摘要自动复制到下一分录行;输入现金科目的编码 1001,或单击参照按钮选择"1001 库存现金"科目,或输入科目名称"库存现金",输入科目必须是末级科目;输入借方金额 5 000,按"Enter"键,继续输入下一行。

④输入编码 10020101,或单击参照按钮选择"10020101 银行存款"科目,或输入科目名称"银行存款"。由于本账套"10020101 银行存款"科目是银行账科目,于是系统打开【辅助项】对话框,如图 4 - 9 所示。输入结算方式 201,或单击参照按钮,选择"201 现金支票结算"。输入票号"XJ22002"。单击参照按钮,选择发生日期"2016 - 01 - 05",或直接输入。然后单击【确认】按钮返回。

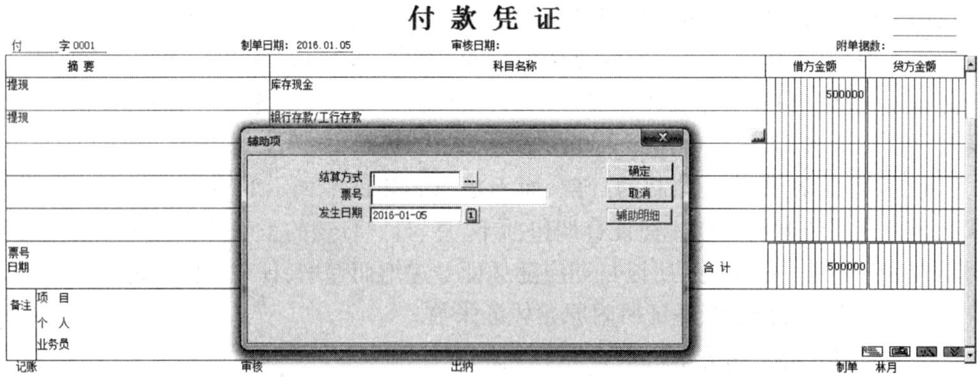

图 4 - 9 输入银行账辅助信息

⑤继续输入贷方余额 5 000 后,单击【保存】按钮,系统便显示一张完整的凭证。

操作注意:

①当在总账"选项"选择支票控制,同时该结算方式"是否票据管理"也被选择时,银行账辅助信息不能为空,且该结算方式、票号应在支票登记簿中有记录。在制单时系

统将对所输入的结算方式、票号自动检索，看此张支票是否已在登记簿中登记。如果已登记，则系统会自动勾销支票登记簿中未报销的此张支票，并在报销日期栏自动填上制单日期。如果未登记，则系统将自动弹出支票登记簿录入窗口供用户补登该支票内容和手工填写报销日期栏。

②输入的结算方式、票号和发生日期将在进行银行对账时被使用。

③若当前分录的金额为其他所有分录的借、贷方差额，则在金额处按"="键即可。

④本账套默认按时间顺序填制凭证（选项中设定为"制单序时控制"），且凭证编号由系统按分类按月自动编制（"系统编号"方式），所以，填制凭证时每月内的凭证日期不能倒流。另外，在采用"制单序时控制"后，凭证日期应不小于系统的启用日期，同时又不能超过业务日期。

⑤如果在总账【选项—权限】中设置了"制单权限控制到科目"或"制单权限控制到凭证类别"选项，那么在制单时就要按照【数据权限】功能中的权限设置进行。

⑥凭证一旦保存，其凭证类别、凭证编号均不能修改。

【例4-9】2016年1月5日市场部尹语出差回来报销差旅费3 600元（单据共计3张），原借款3 600元。

【操作步骤】

①选择【总账系统】|【凭证】|【填制凭证】命令进入【填制凭证】对话框。

②单击【增加】按钮，或按"F5"键，增加一张新凭证。

③输入或选择凭证类别"转账凭证"，制单日期"2016-01-05"，附单据数3。

④输入摘要"报销差旅费"，科目名称"管理费用/差旅费"，借方金额3 600，输入编码1221，或单击参照按钮，选择"1221 其他应收款"科目。由于本账套中"1221 其他应收款"科目设置有个人往来辅助核算，于是系统打开【辅助项】对话框，输入部门、个人等信息，如图4-10所示。单击【确认】按钮返回。

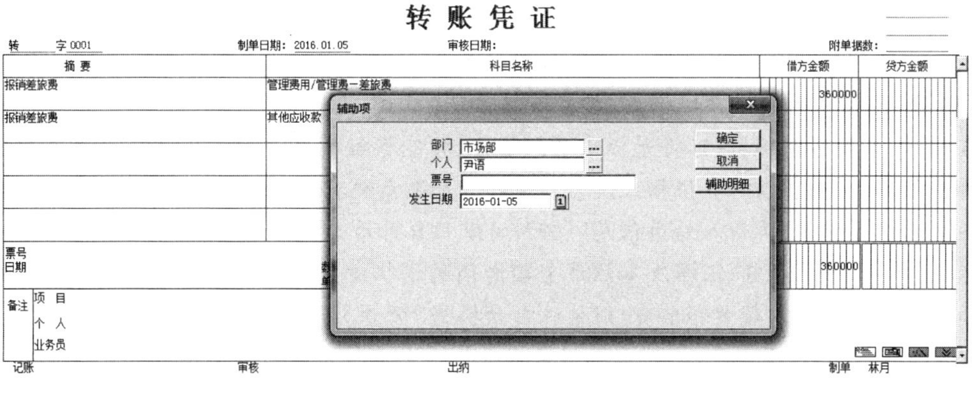

图4-10 输入辅助项信息

⑤输入贷方金额3 600，或按"="键，单击【保存】按钮，系统显示一张完整的凭证。

操作注意:

①输入个人必须是职员档案库中已存在的合法职员,且是允许经手往来业务的业务员。

②为提高凭证录入效率,可使用系统所提供的生成和调用常用凭证功能。用户若认为某张凭证应作为常用凭证保存,则可通过菜单【制单】下的【生成常用凭证】制作常用凭证,然后屏幕提示用户为该张凭证确定一个代号和说明,该张凭证即被存入常用凭证库中,以后就可按所存代号调用这张常用凭证了。调用常用凭证时,在制单时用鼠标单击【编辑】菜单下的【调用常用凭证】(不可再点击【增加】按钮),系统提示输入常用凭证编号,即可调出该常用凭证。若调出的常用凭证与用户当时的业务有出入或缺少部分信息,可直接将其修改为所需的凭证。

③如果系统在初始化设置过程中对相应的科目设置了辅助核算,那么在凭证填制过程中无论在借方还是贷方一旦发生了该科目业务,则系统会自动调出相关的辅助信息录入窗口,要求同时录入该科目的辅助信息,这些信息是登记该科目辅助账的数据源。这些辅助信息有部门(要求输入对应的部门代码或名称)、数量(要求输入数量和单价)、单位往来(包括往来客户、供应商,此时要求输入相应的往来辅助信息,如单位编码、业务员等,这些信息是登记往来账并进行管理的数据源)、个人往来(要求输入职员个人编码、所属部门等信息)、银行账(要求输入对应的票据日期、结算方式和票号等,这些信息主要用于银行对账)、外币(要求输入外币数额和记账汇率等)。有时一个科目也可能同时有几个辅助核算要求,此时要同时输入有关的辅助信息内容。以上所录入的辅助信息确认后将会相应显示在凭证下方的备注栏中。当需要对所录入的辅助项进行修改时,可用鼠标双击所要修改的备注栏项,系统将重新显示出辅助信息录入窗,可进行修改。应当说,选项中有关“制单控制”的设置和科目中有关辅助核算的设置,基本上规定了用户填制凭证的环境和过程。同样一笔业务,如果这两大项中的内容设置不同,那么录入时的环境和过程也会有很大的区别。

④在填制凭证过程中,当业务涉及外币、数量核算科目时,系统会根据科目性质弹出相应的辅助信息录入窗口。如果该科目要求进行数量核算,则屏幕提示用户输入“数量”“单价”信息。系统根据“数量×单价”的算式,自动计算出金额,并将金额先放在借方,如果方向不符,可将光标移动到贷方,按空格键调整方向。如果科目要求进行外币核算,系统自动将凭证格式改为外币式。如果系统有其他辅助核算,则应先输入其他辅助核算信息,再输入外币信息。若科目既核算外币又核算数量,则系统会自动根据数量、单价、外币金额、汇率及本位币金额之间的逻辑关系相互反算。此时单价应为外币单价。如仅录入数量和单价,则系统自动根据“数量×单价”的算式,计算外币金额。若数量、单价有一项未录入,则系统将根据本位币金额或外币金额自动计算出数量或单价。若不录入外币金额,只录入汇率和本位币金额,则系统可反算出外币金额。若不录入汇率,只录入外币金额和本位币金额,则系统可反算出汇率。另外,系统将自动显示出在【外币设置】功能中所设置的汇率,若在【选项—其他】功能中将“汇率方式”选项设置为固定汇率,则显示当月的月初汇率;若将“汇率方式”选项设置为浮动汇率,则显示当日的浮动汇率;若未录入当日汇率,则将显示已录入汇率的日子中最近一日的汇率。用户也可直

接将光标移到汇率处进行输入或修改，或按参照按钮参照选择或输入各日的汇率。

4.2.1.2 审核凭证

审核凭证是指由具有审核权限的操作员按照会计制度的规定，对制单人填制的记账凭证进行合法性检查。审核凭证的目的是防止错误及舞弊。

(1)审核

屏幕审核时，可直接由具有审核权限的操作员依据原始凭证对屏幕上显示的记账凭证进行审核，对正确的记账凭证发出签字指令，计算机在凭证上填入审核人名字。按照有关规定，制单人和审核人不能是同一个人，如果当前操作员与制单人相同，则应通过重新注册功能更换操作员后再进行审核操作。已审核过的凭证要取消审核标志，一般只能由审核人自己进行。

【例4－10】假设已经为汪红赋有凭证审核权，以汪红身份登录，审核1月份填制的凭证。

【操作步骤】

①在【企业应用平台】窗口中，单击【重新注册】命令。以林月的身份注册登录。

②选择【业务工作】|【财务会计】|【总账】|【凭证】|【审核凭证】命令，双击进入【凭证审核】对话框，如图4－11所示。

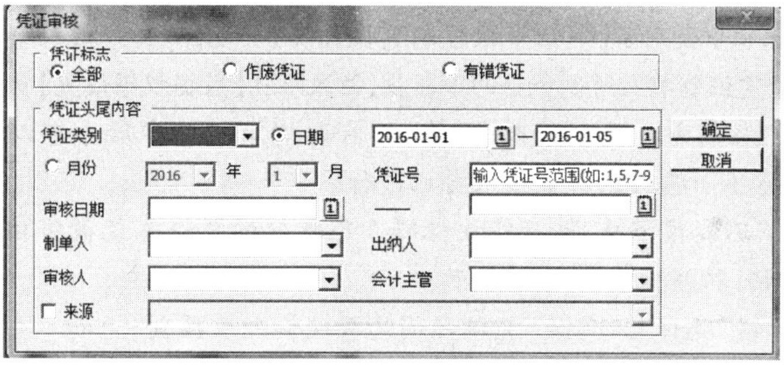

图4－11 凭证审核

③选择要审核的凭证，单击【确认】按钮，系统显示审核的全部凭证，如图4－12所示。

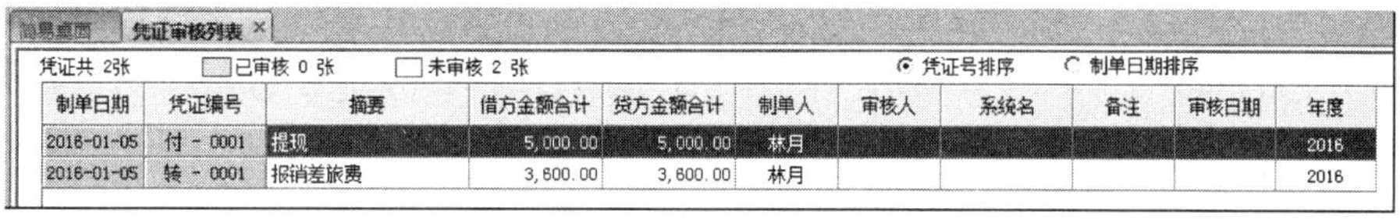

图4－12 显示审核的全部凭证

④单击【确定】按钮，出现待查凭证，依次对每张凭证进行检查并确定无误后，单击【审核】按钮，系统自动签上审核人的名字，如图4－13所示。如果凭证有错，单击【标错】按钮，则凭证左上角显示“有错”红色标记。审核人员应记下错误凭证编号，待全部

凭证审核完毕后,交由制单人员进行处理。

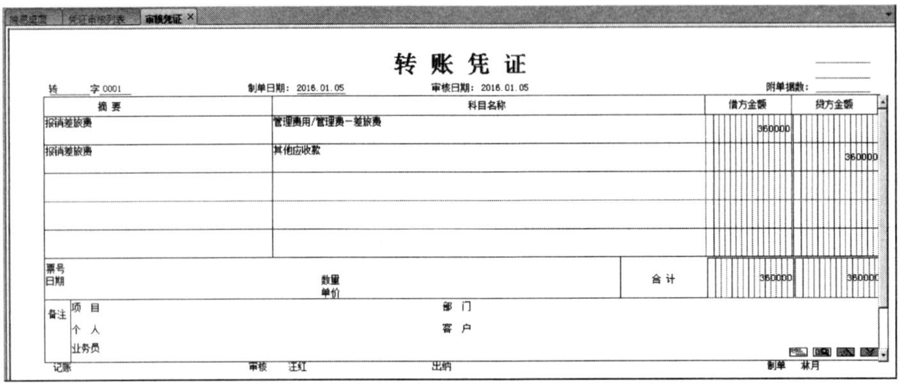

图 4 - 13 审核凭证

⑤全部凭证审核完毕后,单击【退出】按钮退出。

操作注意:

①若确认一批凭证无错误时,可选择【审核】菜单中的【成批审核凭证】命令,完成成批审核的操作。当然,也可以使用【成批取消审核】命令。

②若系统选项中使用了【凭证审核控制到操作员】功能,那么审核人除具有审核权外,还具有对待审核凭证制单人所制凭证的审核权,该权限在【数据权限设置】功能中分配。

③凭证一经审核就不能被修改、删除,只有取消审核签字后才可以进行修改或删除。取消审核签字一般只能由审核人自己进行。

④作废凭证不能被审核,也不能被标错。已标错的凭证不能被审核,若想审核,需先按【标错】按钮,取消标错后才能进行。

⑤注意"标错"凭证与"作废"凭证之间的含义和处理区别。

(2)出纳签字

为加强企业现金收支管理,应对出纳凭证进行控制。对出纳凭证进行控制可采用多种方法,其中,出纳签字是主要的方法之一。出纳签字是指由出纳人员通过【出纳签字】功能对制单员填制的"指定归出纳管理的科目所出现的凭证"进行审核检查。因此,欲对出现现金和银行科目类的凭证进行检查核对,首先需要做的就是要在会计科目设置窗口的【编辑】菜单下的【指定科目】中,对现金和银行存款科目进行指定,如果没有指定任何科目,则系统就会提示"没有符合条件的出纳凭证"。所谓出纳审核签字,主要就是核对出纳凭证的出纳科目金额是否正确,如果正确则在凭证上签字,如果认为凭证有错或有异议,则不予签字,应交填制人员修改后再核对。

【例 4 - 11】由出纳汪红对本账套 1 月份的出纳凭证进行签字。

【操作步骤】

①在【企业应用平台】窗口中,以汪红身份注册登录。

②选择【业务工作】|【财务会计】|【总账】|【凭证】|【出纳签字】命令,双击进入【出纳签字】对话框,如图 4 - 14 所示。

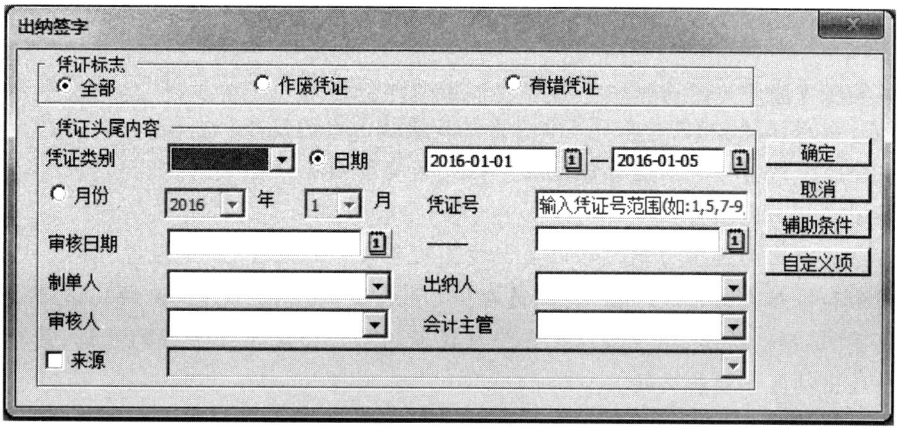

图 4－14　出纳签字

③选择要签字的凭证，单击【确定】按钮，系统显示要签字的全部记账凭证，如图 4－15 所示。

图 4－15　显示要签字的全部记账凭证

④选择待签凭证，单击【确定】按钮，依次对每张凭证进行检查并确定无误后，单击【签字】按钮，系统自动签上出纳的名字，如图 4－16 所示。

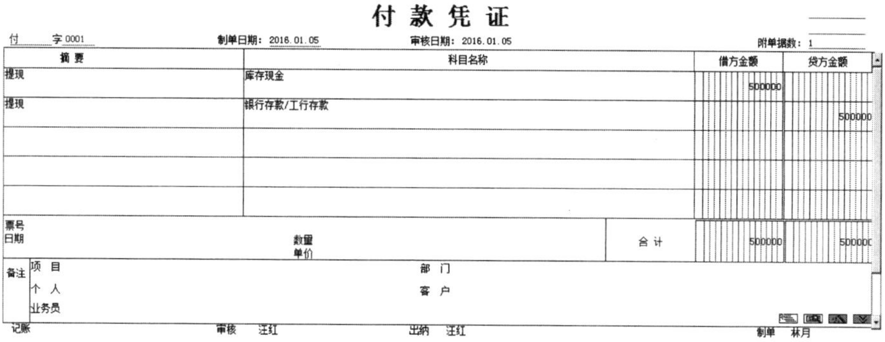

图 4－16　出纳签字的付款凭证

⑤若想对已签字的凭证取消签字，可用鼠标单击【取消】按钮，取消签字。

⑥全部凭证签字完毕后，单击【退出】按钮退出。

操作注意：

①在上述第④步，可用鼠标单击【出纳】菜单下的【成批出纳签字】命令，系统自动

对当前范围内的所有未签字凭证执行签字;用鼠标单击【出纳】菜单下的【成批取消签字】命令,系统自动对当前范围内的所有已签字凭证执行取消签字。

②企业可根据实际需要决定是否要对出纳凭证进行出纳签字管理,若不需要此功能,可在【权限选项】功能中取消"出纳凭证必须经由出纳签字"的设置。

③凭证一经签字就不能再被修改、删除,只有取消签字后才可以进行修改或删除。取消签字只能由出纳自己进行。

④系统中出纳签字功能的启用至少涉及两个项目的设置:一是通过"指定科目"功能对现金和银行类科目进行指定;二是在【权限选项】功能中设置"出纳凭证必须经由出纳签字"选项。否则,第一种情况会导致找不到符合出纳签字条件的凭证,第二种情况会导致出纳签字功能失效。

⑤凭证填制人与出纳签字人可以为同一人;出纳签字与审核不分前后顺序。

4.2.1.3 记账

记账,即以会计凭证为依据,将经济业务全面、系统、连续地记录到具有账户基本结构的账簿中去。在信息化方式下,由有记账权限的操作员发出记账指令,由计算机按照预先设计的记账程序自动进行合法性检查、科目汇总并登记账簿等。

(1)记账

记账凭证经审核及出纳签字后,即可进行登记总账、明细账、日记账及往来账等操作。本系统记账采用向导方式,使记账过程更加明确,由计算机自动进行数据处理,不用人工干预。

【操作步骤】

①在【企业应用平台】窗口中,单击【重新注册】命令,以具有记账权的操作员身份注册登录。

②选择【业务工作】|【财务会计】|【总账】|【凭证】|【记账】命令,双击进入【记账—记账选择】对话框,如图4-17所示。

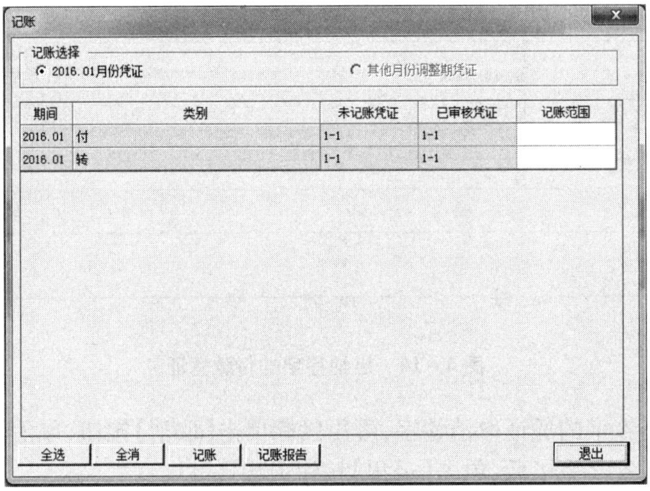

图4-17 记账选择

③选择要记账的凭证范围，单击【记账报告】按钮，系统显示要记账的全部记账凭证报告，如图 4－18 所示。

科目编码	科目名称	外币名称	数量单位	金额合计 借方	金额合计 贷方
1001	库存现金			5,000.00	
1002	银行存款				5,000.00
100201	工行存款				5,000.00
1221	其他应收款				3,600.00
6602	管理费用			3,600.00	
660201	管理费—差旅费			3,600.00	
合计				8,600.00	8,600.00

图 4－18　记账报告

④单击【记账】按钮，将显示【期初试算平衡表】界面，然后继续单击【确认】按钮，系统开始登录有关的总账、明细账和辅助账等。结束后，系统弹出【记账完毕】提示对话框，单击【确定】按钮即可，如图 4－19 所示。

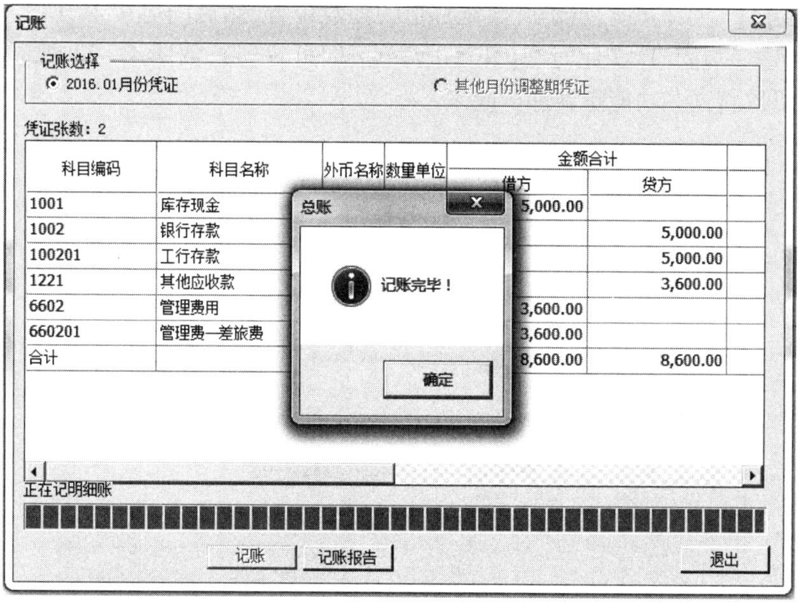

图 4－19　记账完毕

操作注意：

①记账范围可输入数字、“-”和“,”。在任何需要人工输入的地方，除汉字需要在“汉字”状态下录入外，其他所有录入都要转换到“英文半角”状态下录入，否则就会有语法错误。记账范围要在已审核的凭证范围内选择。

②第一次记账时，若期初余额表试算不平衡，则不能记账；上月未结账本月不能记账，系统用不同的颜色区分哪些会计月份可以记账，哪些不能记账；未审核凭证不能记账；作废凭证不需审核可直接记账（当然只是履行一个手续而已）。

③在设置过程中，若发现某一步设置错误，可单击【上一步】按钮返回后进行修改。如果不想再继续记账，可单击【取消】按钮，取消本次记账工作。

④记账过程因断电或其他原因造成中断后，系统将自动调用“恢复记账前状态”恢复数据，然后再重新记账；在记账进行过程中，不得中断退出。

⑤记账属于成批数据处理，因此当月的记账次数不受限制。但为了当天打印日记账，每天至少应在当天业务输入完成后记一次账。

（2）取消记账

“恢复记账前状态”是计算机环境中系统提供给用户的一种特殊的总账系统管理功能。系统在记账时，一旦发生记账中断，系统将自动进入本功能恢复中断状态，然后让用户重新记账。另外，由于某种原因，事后发现本月已记账的凭证有错误，且必须在本月进行修改，可利用“恢复记账前状态”功能将本月已记账凭证恢复到未记账状态，进行修改、审核后再记账。已结账的月份，不能恢复记账前状态。

【操作步骤】

①在【企业应用平台】窗口中，单击【重新注册】命令。以账套主管身份注册登录。

②“恢复记账前状态”功能一般处于隐匿的状态，要激活这一功能，需要打开【总账】|【期末】|【对账】功能，点击所操作月份的任意位置，然后同时按下“Ctrl”键+“H”键，即可将这一功能激活（此时在【凭证】菜单下即可看到），如图4-20所示。用同样的操作还可以将这一功能重新隐匿起来。

图4-20　激活“恢复记账前状态”

③选择【业务工作】|【财务会计】|【总账】|【凭证】|【恢复记账前状态】命令，双击进入【恢复记账前状态】对话框，如图4－21所示。

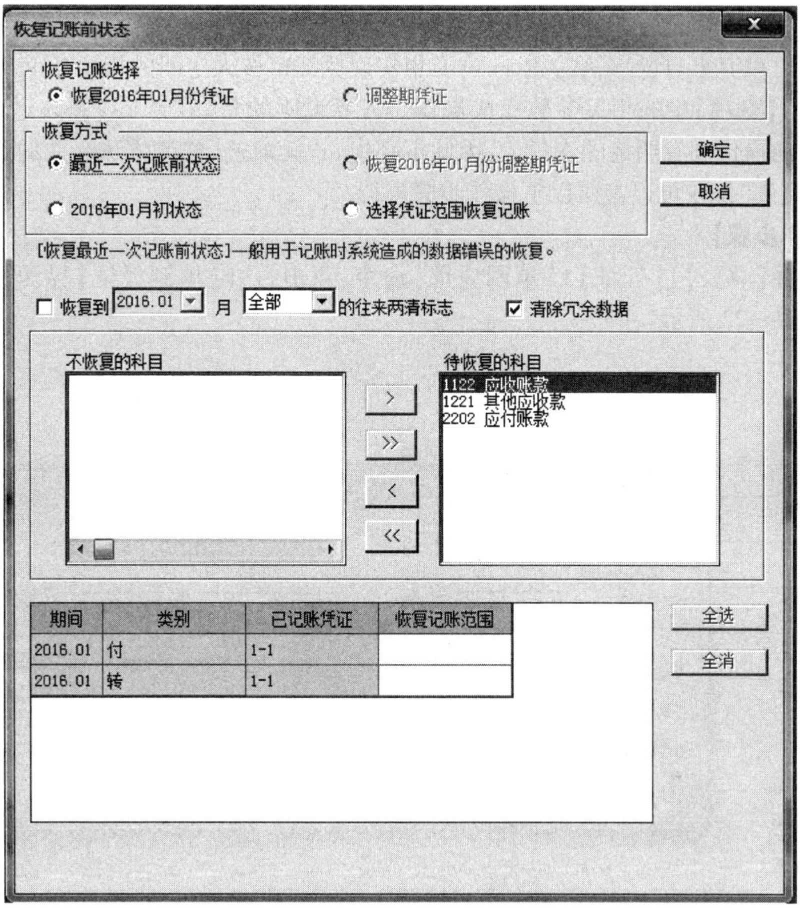

图4－21 恢复记账前状态

④在该窗口中根据需要选择恢复方式，然后单击【确定】按钮，系统会提示输入主管口令，口令输入后单击【确定】按钮，系统开始恢复记账工作。

操作注意：

只有账套主管人员才能使用“恢复记账前状态”功能。

4.2.1.4 修改凭证

输入凭证时出现错误操作在所难免，记账凭证错误必然影响到系统的核算结果，为更正错误，系统提供了凭证的修改功能。在计算机环境中，凭证的修改功能是在凭证填制界面下完成的，凭证填制人自动拥有所填制凭证的修改权。凭证修改分为“无痕迹”修改和“有痕迹”修改两种。

(1)“无痕迹”修改

“无痕迹”修改是指修改凭证不留下任何修改的线索和痕迹。错误凭证实现“无痕

迹”修改分为两种状态:一是对已输入但未审核的机内记账凭证进行直接修改(但凭证编号不能修改)。此时凭证填制者即可对自己所填制的凭证进行修改。但要想实现凭证填制者之间的相互修改,则需要结合【总账】|【选项】中的相关参数完成操作。二是已通过审核但还未记账的凭证不能直接修改,可先取消审核再修改(弃审)。此时凭证的审核人可以弃审自己审核的凭证,但要想实现凭证审核人之间的相互弃审,则需要结合【总账】|【选项】中的相关参数完成操作。需要说明的是,由于上述修改过程的每一步骤的逆向操作都有明确的责任人,因此不必担心“无痕迹”修改方法存在的合理性。

“无痕迹”修改可以参照以下操作步骤进行:

【操作步骤】

①选择【总账】|【凭证】|【填制凭证】命令,双击打开【填制凭证】界面,单击【查询】,如图 4-22 所示。

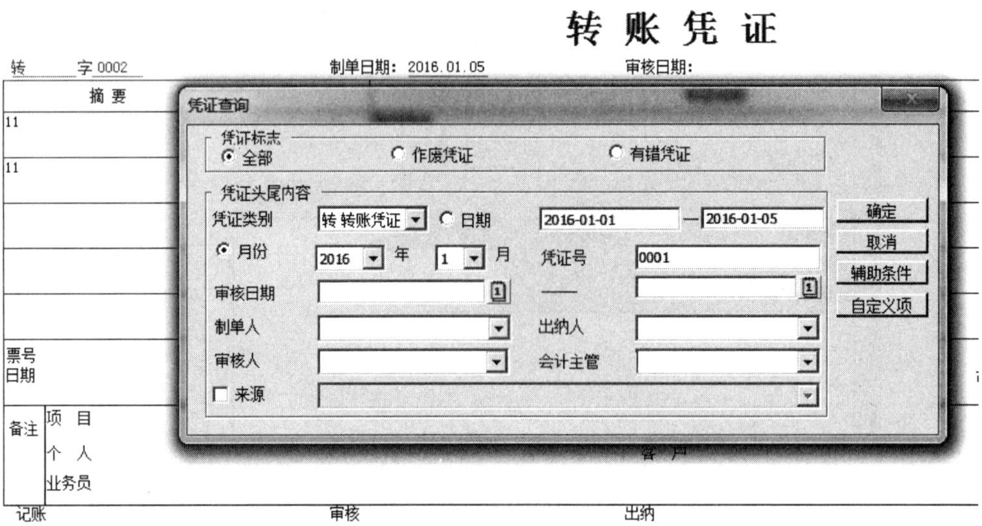

图 4-22 查询要修改的凭证

②找到要修改的凭证后,将光标移动到需修改的地方即可直接修改,如附单据数。

③双击要修改的辅助项,如客户,即可直接修改【辅助项】对话框中的相关内容。

④在当前金额的相反方向,按“Space(空格)”键可修改金额方向。

⑤单击【增行】按钮,可在当前分录前增加一条分录。

⑥若当前分录的金额为其他所有分录的借、贷方差额,则在金额处按“=”键即可。

⑦修改完成后单击【保存】按钮,保存当前修改结果。

操作注意:

①若已采用制单序时控制,则在修改制单日期时不能将日期改在上一张凭证制单日期之前。

②如果涉及银行科目的分录已录入支票信息,并对该支票做过报销处理,修改操作将不影响“支票登记簿”中已录入的内容。

③若已选择不允许修改或作废他人填制的凭证权限控制，则不能修改或作废他人填制的凭证。

④外部系统传来的凭证不能在总账系统中修改，只能在生成该凭证的系统中修改。

(2)“有痕迹”修改

“有痕迹”修改是指修改凭证后留下修改线索和痕迹，即通过保留错误凭证和更正凭证的方式留下修改痕迹。如果发现已记账凭证有错，是不能直接进行修改的，对此类错误的修改要求留下审计线索，这时可以采用红字冲销法或者补充登记法进行更正。

第一，红字冲销法（冲销凭证）。如果需要冲销某张已记账的凭证，可以采用【制单】菜单中的【冲销凭证】命令制作红字冲销凭证。

【操作步骤】

在【填制凭证】窗口中，选择【制单】菜单中的【冲销凭证】命令，打开【冲销凭证】对话框，如图 4－23 所示。输入要冲销的凭证类别和凭证号，单击【确定】按钮，系统自动生成一张红字冲销凭证。上述操作完成后，单击【保存】按钮，如图 4－24 所示。

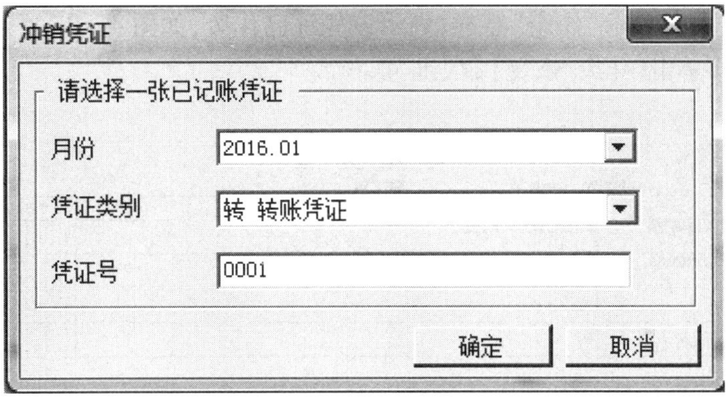

图 4－23 冲销凭证

图 4－24 红字冲销凭证

操作注意：

①只能对已记账凭证制作“红字冲销”凭证。红字冲销的可以是以往年月的凭证。

②制作红字冲销凭证将错误凭证冲销后，需要再编制正确的蓝字凭证进行补充。

③通过红字冲销法增加的凭证，应视同正常凭证进行保存和管理。

第二，补充登记法，即再填制一张新凭证。

4.2.1.5　作废及删除凭证

在计算机环境中，凭证的作废和删除功能也是在凭证填制界面下完成的。

(1)作废凭证

在日常操作过程中，当某些凭证需要作废时，可使用“作废/恢复”功能，将这些凭证作废。

【操作步骤】

①选择【总账】|【凭证】|【填制凭证】命令，双击打开【填制凭证】界面，单击【查询】按钮，找到要作废的凭证。

②单击【制单】菜单中的【作废/恢复】命令。

③凭证左上角显示“作废”字样，表示该凭证已作废，如图 4－25 所示。若想恢复为正常凭证，再单击【作废/恢复】命令即可。

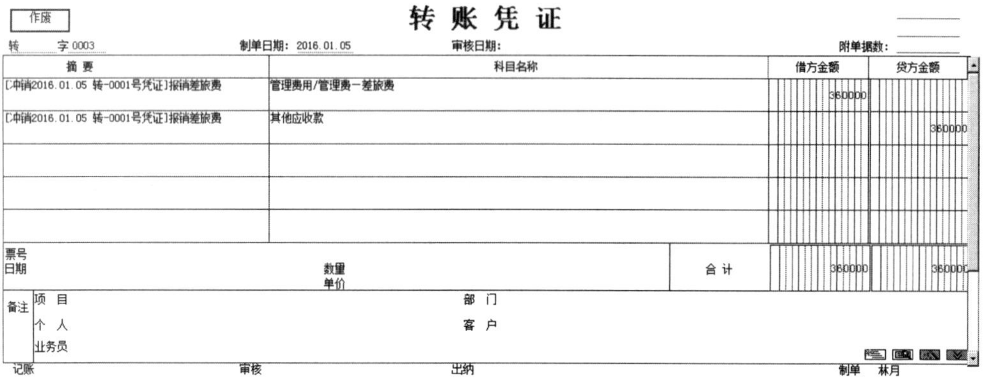
作废

转账凭证

转　字 0003　制单日期：2016.01.05　审核日期：　附单据数：

摘要	科目名称	借方金额	贷方金额
[冲销2016.01.05 转-0001号凭证]报销差旅费	管理费用/管理费—差旅费	360000	
[冲销2016.01.05 转-0001号凭证]报销差旅费	其他应收款		360000
票号 日期　数量 单价	合计	360000	360000

备注　项目　部门

个人　客户

业务员

记账　审核　出纳　制单 林月

图 4－25　作废凭证

操作注意：

①作废凭证仍保留凭证内容及凭证编号，只在凭证左上角显示“作废”字样。作废凭证不能修改，不能审核。

②在记账时，已作废的凭证应参与记账，否则月末无法结账，但不对作废凭证进行数据处理，因为作废凭证相当于一张空凭证。在账簿查询时，也查不到作废凭证的数据。

③用鼠标单击【制单】菜单下的【作废/恢复】命令，可取消作废标志，并将当前凭证恢复为正常有效的凭证。

④在月末结账前，所有作废凭证必须得到处理，要么通过上述操作将其变为正常有效的凭证，要么通过【整理凭证】功能将其彻底删除。不得保留作废凭证，否则系统拒

绝执行结账功能。

(2)删除凭证

删除凭证时,先执行【作废凭证】功能,再对作废凭证执行【整理凭证】功能。“整理凭证”不仅仅是对不想继续保留的作废凭证做彻底删除,而且是对未记账凭证重新编号。

【操作步骤】

①执行上述作废操作,或在【填制凭证】窗口单击【查询】命令,找到已注明“作废”的凭证。

②选择【制单】|【整理凭证】命令,系统要求选择凭证期间,如图 4-26 所示。

图 4-26 选择要整理凭证的月份

③选择要整理的月份,如 2016 年 1 月。

④单击【确定】按钮,系统打开【作废凭证表】对话框,如图 4-27 所示。

⑤选择要彻底删除的作废凭证,在“删除”栏双击,打上“Y”标记。

⑥单击【确定】按钮,系统将这些凭证从数据库中删除,并对剩下的未记账凭证重新编号。

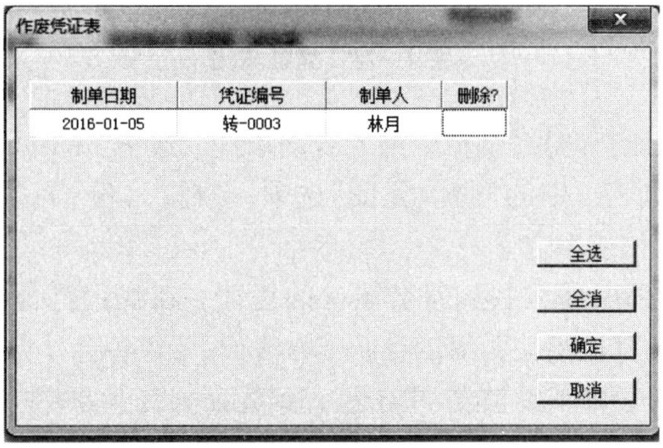

图 4-27 作废凭证表

操作注意:

只能对未记账凭证做凭证整理。若对已记账凭证做凭证整理,应先取消记账,再做凭证整理。

4.2.1.6 查询凭证

在制单过程中，可以通过【查询】功能对凭证进行查看，以便随时了解经济业务发生的情况，保证填制凭证的正确性。

【例 4－12】查询 2016 年 1 月已记账的 0001 号付款凭证。

【操作步骤】

①打开【凭证查询】对话框。

方法 1：选择【总账】|【凭证】|【填制凭证】命令，在打开的窗口中单击【查询】按钮，或者选择【查看】菜单中的【查询】命令，即打开【凭证查询】对话框。

方法 2：选择【总账】|【凭证】命令，在打开的窗口中选择【凭证】菜单中的【查询凭证】命令，也可打开【凭证查询】对话框，如图 4－28 所示。

方法 1 和方法 2 的区别是，用方法 1 找到的凭证可以直接进行修改，而用方法 2 找到的凭证只能查看不能修改。

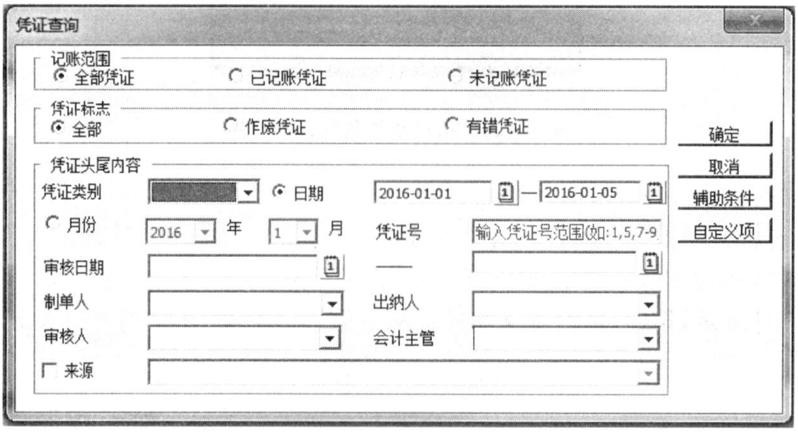

图 4－28 凭证查询

②在打开的【凭证查询】对话框中输入查询条件。选中“未记账凭证”单选按钮；选择“凭证类别”下拉列表框中的“付款凭证”选项；选择“月份”为“2016.01”；输入凭证号 0002，其他栏目默认或为空。

③单击【确定】按钮，即可找到符合条件的凭证。在找到符合条件的凭证后，可以继续查看到该凭证的其他相关明细信息。其方法如下：在各会计分录间移动光标，备注栏将动态显示出该分录的辅助信息；单击已查到凭证的右下方左一图标，将显示当前分录是第几条分录；单击凭证右下方的中间图标，将显示生成该分录的原始单据类型、单据日期及单据号；单击凭证右下方的右一图标，将显示当前科目的自定义信息；若当前凭证为外部系统生成凭证，可将鼠标移到记账凭证标题处，按下鼠标左键，系统将显示当前凭证来自哪个子系统、凭证反映的业务类型与业务号。用鼠标单击【查看】菜单下的【联查原始单据】命令，系统将显示生成这张凭证的原始单据；用鼠标单击【余额】按钮，屏幕将显示当前光标所在科目包含所有已保存的记账凭证的最新余额；当光标在凭证分录上时，用鼠标单击【查看】菜单下的【联查明细账】命令，系统将显示该笔业务发

生科目的明细账;若当前凭证有多张分单,用鼠标单击【查看】菜单下的【查找分单】命令,输入分单页号,可查看到该张分单。

4.2.2 出纳业务管理

出纳业务管理是总账系统为出纳人员提供的一套管理工具,包括现金和银行存款日记账的输出、支票登记簿的管理以及银行对账功能等,还可对长期未达账提供审计报告。

4.2.2.1 出纳签字

出纳签字见上述凭证处理中的审核凭证部分。

4.2.2.2 现金、银行存款日记账及资金日报表查询

日记账也是一种辅助核算账类。如果一个科目需要设置日记账,只需在会计科目设置界面中的"日记账"选项打上对钩标记,即表明该科目要设置日记账。在信息化环境中,日记账由计算机自动记账。

当科目设置了日记账后,一般科目的日记账查询和打印可选择【总账】|【账表】|【科目账】|【日记账】命令,在相应的功能中进行;但当某科目被指定为"现金总账"和"银行总账"类科目后,这些科目的日记账就交由出纳人员专管,需要在【出纳】功能模块中进行。

日记账查询主要包括现金、银行存款日记账及资金日报表的查询。

(1)查询现金及银行存款日记账

借助现金及银行存款日记账查询功能,可查询某一天、某一月的日记账信息。在系统中如果要查询现金及银行存款日记账,除了要在"会计科目"设置中将"现金"和"银行存款"科目设置为"日记账"外,还必须在"会计科目"功能下的"指定科目"中将"现金"科目指定为"现金总账科目",将"银行存款"科目指定为"银行总账科目",否则将不能完成查询现金及银行存款日记账的操作。

【**例4-13**】查询2016年1月的现金日记账。

【**操作步骤**】

①在【总账】系统中,选择【出纳】模块中的【现金日记账】命令,打开【现金日记账查询条件】对话框,如图4-29所示。

图4-29 现金日记账查询条件的输入

②选择“科目”下拉列表框中的“1001 库存现金”选项。

③查询方式系统默认为按月查询，选择月份“2016. 01—2016. 01”。

④如果需要查看“包含未记账凭证”的日记账，可选中“包含未记账凭证”复选框。

⑤单击【确定】按钮，打开【现金日记账】窗口，如图 4 – 30 所示。

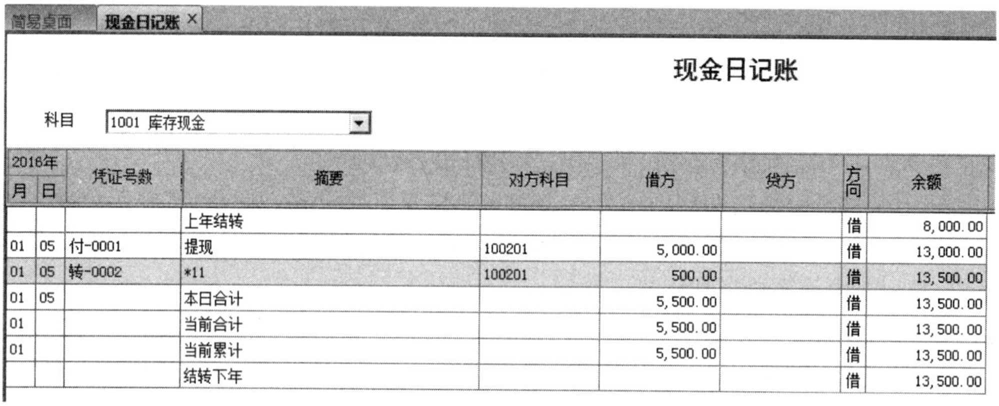

2016年 月	日	凭证号数	摘要	对方科目	借方	贷方	方向	余额
			上年结转				借	8,000.00
01	05	付-0001	提现	100201	5,000.00		借	13,000.00
01	05	转-0002	*11	100201	500.00		借	13,500.00
01	05		本日合计		5,500.00		借	13,500.00
01			当前合计		5,500.00		借	13,500.00
01			当前累计		5,500.00		借	13,500.00
			结转下年				借	13,500.00

图 4 – 30　现金日记账

操作注意：

①在“现金日记账”中，如果本月尚未结账，显示“当前合计”“当前累计”；如果本月已经结账，则显示“本月合计”“本年累计”。

②查询日记账时还可以用鼠标双击某行，或单击【凭证】按钮，联查相应的凭证；单击【总账】按钮，可以联查此科目的三栏式总账。

③银行存款日记账的查询与现金日记账的查询操作基本相同。

(2)查询资金日报表

资金日报表是反映某日现金、银行存款发生额及余额情况的报表，在企业财务管理中具有重要位置。在手工方式下，资金日报表由出纳员逐日填写，反映当天营业终止时现金、银行存款的收支情况及余额。在信息化方式下，资金日报表功能主要用于查询、输出或打印资金日报表，提供当日借、贷金额合计和余额，以及发生的业务量等信息。查询资金日报表操作只需在【总账系统】窗口中执行【出纳】|【资金日报】命令，打开【资金日报表查询条件】对话框，按提示操作即可。

4. 2. 2. 3　支票登记簿管理

在手工记账时，出纳员通常要建立支票领用登记簿，用来登记支票的领用情况。计算机系统也为出纳员提供了电子“支票登记簿”功能，以供详细登记支票领用人、领用日期、支票用途以及是否报销等情况。电子支票登记簿的启用与科目和结算方式有关，因此在启用前需要进行如下设置：

①将有银行业务的科目在【会计科目】设置界面设置为“银行账”科目。

②将需要使用票据管理的结算方式在其【结算方式】设置界面的“是否票据管理”选项处打上选择标志。

③在总账【选项—凭证】模块中的“支票控制”参数处打上选择标志。

当有人领用支票时,出纳员须打开【出纳】|【支票登记簿】命令功能,登记支票领用日期、领用部门、领用人、支票号和备注等。当支票支出后,经办人持原始凭证(发票)到财务部门报销,会计人员据此填制记账凭证。在录入该凭证时,系统要求录入该支票的结算方式和支票号。记账凭证填制完成后,系统自动在支票登记簿中将该支票写上报销日期,该支票即为已报销。对报销的支票,系统用不同的颜色以示区分。一般支票登记簿中的报销日期栏由系统自动填写,但对有些已报销却由于人为原因造成系统未能自动填写报销日期的支票,用户可手工填写,即将光标移到报销日期栏,填写报销日期。

支票登记簿中报销日期若为空,表示该支票未报销,否则系统认为该支票已报销。已报销的支票不能修改。若想取消报销标志,只要将光标移到报销日期处,按空格键后删掉报销日期即可。

实际应用中,如果要求领用人亲笔签字,最好不启用支票登记簿,这样会增加录入的工作量。

4.2.2.4 银行对账

银行对账是企业出纳人员最基本的工作之一。企业的业务结算大部分要通过银行进行,但由于企业与银行的账务处理和入账时间不一致,往往会发生双方账面不一致的情况,即出现所谓的“未达账项”情况。为了能够准确掌握银行存款的实际余额,了解实际可以动用的货币资金数额,防止记账发生差错,企业必须定期将银行存款日记账与银行出具的对账单进行核对,并编制银行存款余额调节表。在计算机中,总账系统要求银行对账的科目是在科目设置时定义为“银行账”辅助账类的科目。银行对账一般通过多个步骤完成:录入银行对账期初→录入银行对账单→银行对账→编制余额调节表→核销已达账→长期未达账审计。

(1)录入银行对账期初

录入银行对账期初即银行对账功能模块的初始化。银行对账模块在总账系统中是一个相对独立的模块。在启用银行对账模块时,需要先对这一模块进行初始化处理。这就是说,为确保银行对账的准确性和连续性,需要将手工系统向计算机系统转换前的银行日记账和银行对账单的期初未达账项输入系统。在银行对账模块正式启用后,随着账务系统的正常运行,以后新的银行日记账未达账项将由系统自动形成,银行对账时只需输入银行对账单即可。这一功能不得再使用。

通常,许多用户在使用账务处理系统时,先不使用银行对账模块。例如,某企业2016年1月开始使用账务处理系统,而银行对账功能是在5月开始使用的,那么银行对账应该有一个准确的启用日期,启用日期通常选为使用银行对账功能前的最近一次手工对账的截止日期。用户应在此录入最近一次对账时企业方与银行方的调整前余额,以及启用日期之前的单位日记账和银行对账单的未达项。当所有未达账录入正确后启用此账户,再开始记5月的凭证;在5月的凭证记完后,进入“银行对账单”录入5月的银行对账单,即可开始对账。

确定银行对账模块的“启用日期”十分重要,它是正式启用银行对账模块的起点。

在这一日期之前的未达账项都需要作为“期初未达账项”处理。在银行对账模块启用后,一般不得随意调整“启用日期”,尤其是向前调整,因为这样容易造成启用日期后的期初数无法参与对账。例如,录入了1月1日、5日、8日的数笔期初未达项后,将启用日期由1月10日调整为1月6日,那么,1月8日的那笔未达项将不能在期初及银行对账中见到。

银行对账模块的初始化工作由以下四个环节组成:

①确定银行对账模块的“启用日期”。

②将在启用日期前手工环境中最后一次银行对账时的单位日记账和银行对账单的真实余额分别录入“调整前余额”中。

③将“启用日期”前单位日记账和银行对账单的期初未达账项分别录入系统,此时单位日记账和银行对账单的“调整后余额”应当是相等的。由此便建立了在计算机环境中正式使用银行对账功能模块的平台。

④使用银行对账模块处理计算机环境中的日常对账业务。

【例4-14】银行对账的启用日期为2016年1月1日。工行人民币户单位日记账手工时的最后一次银行对账期末余额为568 000元,没有未达账项;银行对账单手工时的最后一次银行对账期末余额为490 000元,企业已收银行未收未达账项为28 000元和100 000元,企业已付银行未付未达账项为50 000元。

【操作步骤】

①在【总账系统】模块中选择【出纳】菜单,执行【银行对账】|【银行对账期初录入】命令,打开【银行科目选择】对话框,选择“科目”下拉列表框中的“工行人民币(100201)”选项。

②单击【确定】按钮,打开【银行对账期初】对话框,如图4-31所示。

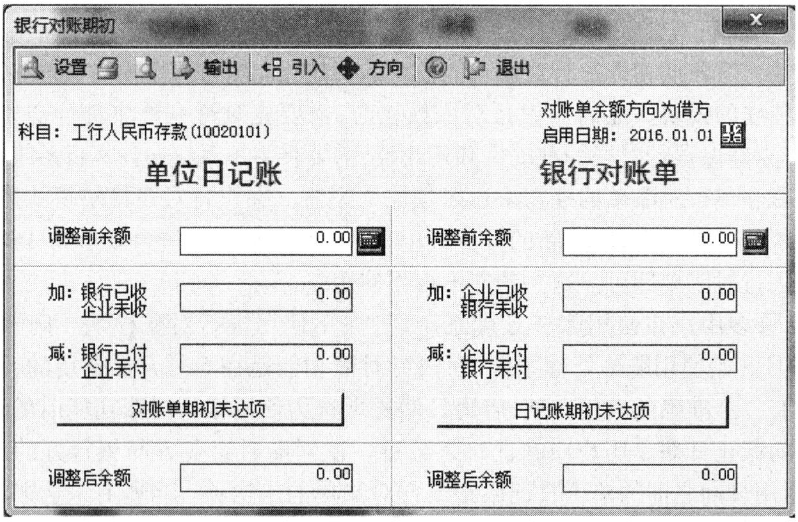

图4-31 银行对账期初

③单击日期图标按钮,确定启用日期为“2016.01.01”。

④在单位日记账的“调整前余额”文本框中输入568 000,在银行对账单的“调整前余额”文本框中输入490 000。

⑤单击【日记账期初未达项】按钮,打开【企业方期初】窗口。

⑥单击【增加】按钮,输入三笔期初未达账项,如图4-32所示。

图4-32 企业方期初

⑦单击【保存】按钮,保存已录入的数据。

⑧单击【退出】按钮,返回【银行对账期初】对话框,系统显示调整前余额、未达账项及调整后余额,如图4-33所示。

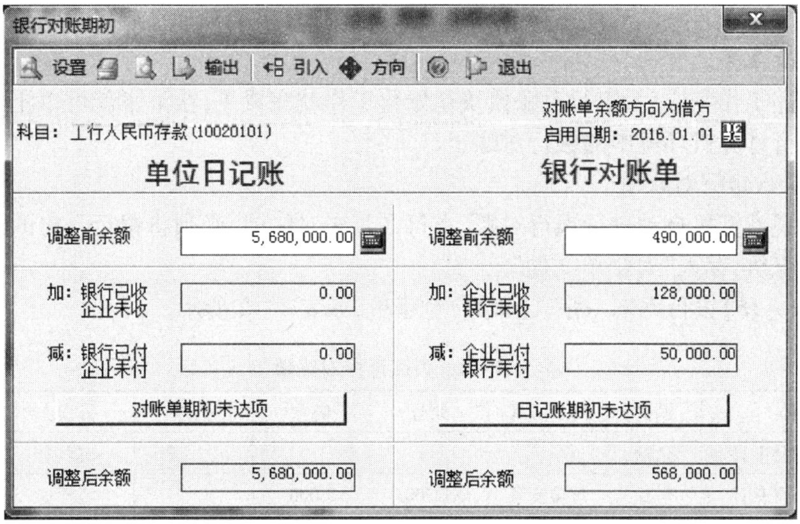

图4-33 显示录入的数据

操作注意:

①如果科目有外币核算,那么,在这里应录入外币余额、外币未达项。

②单位日记账与银行对账单的“调整前余额”应分别为启用日期时该银行科目的科目余额及银行存款实际余额；“期初未达项”分别为上次手工对账时发现的截止勾对日期的未达账项。若录入正确，则单位日记账与银行对账单的调整后余额应平衡。如果不平衡，在对账后编制《银行存款余额调节表》时，会造成银行存款与单位银行账的账面余额不平。

③录入的银行对账单、单位日记账的期初未达项的发生日期不能大于或等于此银行科目的启用日期。

④“银行对账期初”功能只用于第一次使用银行对账模块前录入日记账及对账单未达项，在开始使用银行对账之后不再使用。

⑤如果在第一次使用账务处理系统时便开始使用银行对账模块，或年初便开始使用银行对账模块，则在建账完成后还需在“银行对账期初”中录入期初日记账未达项和期初银行对账单未达项，然后开始制单记账，待月末录入银行对账单，即可开始对账。

⑥若某银行科目已进行过对账，在期初未达项录入中，对于已勾对或已核销的记录不能再修改。

⑦银行对账单余额方向为借方时，借方发生表示银行存款增加，贷方发生表示银行存款减少；反之，借方发生表示银行存款减少，贷方发生表示银行存款增加。系统默认银行对账单余额方向为借方，按【方向】按钮可调整银行对账单余额方向。已进行过银行对账勾对的银行科目不能调整银行对账单余额方向。在对账时要注意所设定的银行对账单方向与日记账方向之间的关系。如果设定银行对账单余额方向为借方（借方发生表示银行存款增加，贷方发生表示银行存款减少），则对账时银行对账单与日记账方向一致才可能成为一笔两清业务；否则，对账时银行对账单与日记账方向相反才可能成为一笔两清业务。

当上述工作完成后，银行对账模块初始化工作就完成了，接下来就可以正式使用这一模块进行计算机环境中的银行对账了。

（2）录入银行对账单

要实现计算机自动进行银行对账，在每月月末对账前，必须将银行开出的银行对账单输入计算机，存入“对账单文件”。

【例 4－15】银行寄来一张人民币户对账单，如表 4－2 所示。

表 4－2　人民币户对账单

日期	摘要	结算方式	票号	借方	贷方	方向	余额
2016 年 1 月 1 日	余额					贷	490 000
2016 年 1 月 9 日	付款	现金支票	XJ22002	5 000		贷	485 000
2016 年 1 月 9 日	付款	转账支票	ZZ08009	50 000		贷	435 000
2016 年 1 月 19 日	付款	转账支票	ZZ08011	30 000		贷	405 000
2016 年 1 月 30 日	收款	转账支票	ZZ55004		100 000	贷	505 000
2016 年 1 月 31 日	收款	转账支票	ZZ19005		28 000	贷	533 000

【操作步骤】

①在【总账系统】模块中选择【出纳】菜单，执行【银行对账】|【银行对账单】命令，打开【银行科目选择】对话框。

②选择“科目”下拉列表框中的“工行人民币(10020101)”选项。

③单击【确定】按钮，进入【银行对账单】窗口。

④单击【增加】按钮，输入日期、结算方式等信息，如图4－34所示。

科目：工行人民币存款(10020101)　　**银行对账单**　　对账单账面余额:533,000.00

日期	结算方式	票号	借方金额	贷方金额	余额
2016.01.09	201	XJ22002		5,000.00	485,000.00
2016.01.09	202	ZZ08009		50,000.00	435,000.00
2016.01.19	202	ZZ08011		30,000.00	405,000.00
2016.01.30	202	ZZ5504	100,000.00		505,000.00
2016.01.31	202	ZZ19005	28,000.00		533,000.00

图4－34　银行对账单

⑤单击【保存】按钮，再单击【关闭】按钮。

操作注意：

①输入每笔经济业务的金额后，按“Enter”键，系统自动计算出该日的银行存款余额。

②如果在【银行对账期初录入】界面中将对账单方向设置为贷方，那么按银行寄来的对账单原格式录入；如果将对账单方向设置为借方，那么在录入对账单时，借方和贷方方向应互换。

③在此输入的结算方式同制单时所使用的结算方式可相同也可不同，但在此输入的票号应同制单时输入的票号位长相同。

④在输入银行对账单时，若按【引入】按钮，则将显示银行对账单引入窗，按照数据接口向导执行即可。引入银行对账单文件类型包括DBF、TXT、MDB。

⑤此功能中显示的银行对账单为启用日期之后的银行对账单。

(3)银行对账

银行对账采用自动对账与手工对账相结合的方式。

自动对账是指计算机根据对账依据自动进行核对和勾销。对账依据由用户根据需要选择，方向和金额是必选条件，其他可选条件为票号相同、结算方式相同、日期在多少天之内。

对已核对正确的银行业务，系统自动在银行存款日记账和银行对账单双方打上两清标志，并视为已达账项。对在两清栏未打上两清标志的记录，系统视为未达账项。由于自动对账是以银行存款日记账和银行对账单双方对账依据完全相同为条件的，所以为了保证自动对账的正确和彻底，用户必须保证对账数据的规范合理，如银行存款日记账和银行对账单的票号要统一位长。若对账双方不能统一规范，各自为政，系统将无法识别。

手工对账是对自动对账的补充。使用自动对账后,可能还有一些特殊的已达账项没有对上,而被视为未达账项,为保证对账更正确和彻底,可用手工对账进行调整。

在下列四种情况中,只有第一种情况计算机能自动核销已对账的记录,后三种情况是不可能通过自动对账功能核销的,均需手工对账帮助挑选相应的业务,用强制的方式核销。

①对账单文件中一条业务记录和银行日记账未达账项文件中一条业务记录相同。

②对账单文件中一条业务记录和银行日记账未达账项文件中多条业务记录相同。

③对账单文件中多条业务记录和银行日记账未达账项文件中一条业务记录相同。

④对账单文件中多条业务记录和银行日记账未达账项文件中多条业务记录相同。

【例 4－16】以最大条件对工行人民币户 2016 年 1 月银行账进行对账。

【操作步骤】

①在【总账系统】模块中选择【出纳】菜单,执行【银行对账】功能下的【银行对账】命令,打开【银行科目选择】对话框。

②选择“科目”下拉列表框中的“工行人民币(10020101)”选项,默认系统选项“显示已达账”。

③单击【确定】按钮,进入【银行对账】窗口,如图 4－35 所示。

科目：10020101 (工行人民币存款)

单位日记账

票据日期	结算方式	票号	方向	金额	两清	凭证号数	摘要
2016.01.05	201	10010	贷	5,000.00		付-0001	提现
	202	ZZ08009	贷	50,000.00		-0048	
	202	ZZ19005	借	28,000.00		-0052	
	202	ZZ55004	借	100,000.00		-0059	

银行对账单

日期	结算方式	票号	方向	金额	两清
2016.01.09	201	XJ22002	贷	5,000.00	
2016.01.09	202	ZZ08009	贷	50,000.00	
2016.01.19	202	ZZ08011	贷	30,000.00	
2016.01.30	202	ZZ5504	借	100,000.00	
2016.01.31	202	ZZ19005	借	28,000.00	

图 4－35　银行对账

④单击【对账】按钮,打开【自动对账—对账条件】对话框,如图 4－36 所示。

⑤单击日期图标按钮,选择截止日期为“2016. 01. 31”。

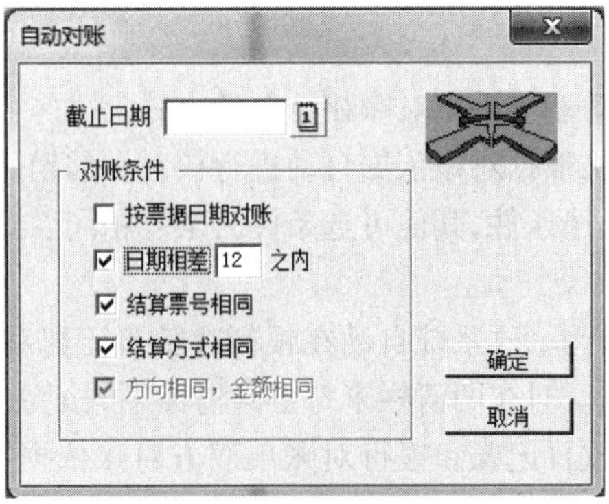

图 4－36　选择对账条件

⑥取消“日期相差12天之内”“结算票号相同”“结算方式相同”三个对账条件的复选框限制，以最大条件进行银行对账。

⑦单击【确定】按钮，系统进行自动对账并显示自动对账结果，如图4－37所示。

科目：10020101（工行人民币存款）

单位日记账

票据日期	结算方式	票号	方向	金额	两清	凭证号数	摘要
2016.01.05	201	10010	贷	5,000.00	○	付-0001	提现
	202	ZZ08009	贷	50,000.00	○	-0048	
	202	ZZ19005	借	28,000.00	○	-0052	
	202	ZZ55004	借	100,000.00	○	-0059	

银行对账单

日期	结算方式	票号	方向	金额	两清	对账序号
2016.01.09	201	XJ22002	贷	5,000.00	○	2016051000003
2016.01.09	202	ZZ08009	贷	50,000.00	○	2016051000004
2016.01.19	202	ZZ08011	贷	30,000.00		
2016.01.30	202	ZZ5504	借	100,000.00	○	2016051000002
2016.01.31	202	ZZ19005	借	28,000.00	○	2016051000001

图4－37 显示自动对账结果

操作注意：

①若所选银行科目是核算外币的科目，则单位日记账中为外币账，同时也只对外币账进行勾对。

②一般单位可以不输入对账截止日期，则将所有日期的账进行核对；如果输入对账截止日期，则系统将至截止日期前的日记账和对账单进行勾对。

③若在【银行对账期初录入】界面中定义“银行对账单余额方向”为借方，则对账条件为方向相同、金额相同的日记账与对账单进行勾对；若在【银行对账期初录入】界面中定义“银行对账单余额方向”为贷方，则对账条件为方向相反、金额相同的日记账与对账单进行勾对。

④未经记账处理的凭证是不会出现在单位日记账中的。

⑤对已达账项，系统自动在银行存款日记账和银行对账单双方的“两清”栏中打上圆圈标志，其所在行背景色变为深色。

（4）编制余额调节表

用户在对银行账进行两清勾对后，便可调用此功能查询打印银行存款余额调节表，以检查对账是否正确。在【总账系统】模块中选择【出纳】菜单，执行【银行对账】|【余额调节表查询】命令进入此项操作，屏幕显示所有银行科目的账面余额及调整余额。如要查看某科目的调节表，则将光标移到该科目上，然后单击【查看】按钮或双击该行，则可查看该银行账户的银行存款余额调节表。在该科目的银行余额调节表界面，按【详细】按钮，可显示当前光标所在行的详细情况，并提供打印功能。

银行余额调节表中的详细情况包括以下各种：

①企业账面存款余额、银行账面存款余额、银行已收企业未收、银行已付企业未付、企业已收银行未收、企业已付银行未付、企业调整后存款余额、银行调整后存款余额、科目、对账截止日期与原余额调节表的数据应一致。

②详细勾对情况分别从明细账表及银行对账单表中取数。每组数据都按日期、结算方式、结算号和金额列示。

③若对账单余额方向为借方，“银行已收企业未收”为截止日期以前未两清的银行对账单的借方发生明细数据，“银行已付企业未付”为截止日期以前未两清的银行对账单的贷方发生明细数据。若对账单余额方向为贷方，“银行已收企业未收”为截止日期

以前未两清的银行对账单的贷方发生明细数据,"银行已付企业未付"为截止日期以前未两清的银行对账单的借方发生明细数据。

④"企业已收银行未收"为截止日期以前未两清的企业日记账的借方发生明细数据。"企业已付银行未付"为截止日期以前未两清的企业日记账的贷方发生明细数据。

此余额调节表为截至对账截止日期的余额调节表,若无对账截止日期,则为最新余额调节表。

若余额调节表显示账面余额不平,应查看以下三种情况:

①"银行对账期初"录入后的"调整后余额"是否平衡,如不平衡应查看"调整前余额""日记账期初未达项""银行对账单期初未达项"是否录入正确,如不正确应进行调整。

②银行对账单录入是否正确,如不正确应进行调整。

③"银行对账"中勾对是否正确、对账是否平衡,如不正确应进行调整。

(5)核销已达账

在总账系统中,用于银行对账的银行日记账和银行对账单的数据是会计核算和财务管理辅助数据。对账正确后,已达账项数据已无保留价值,因此,在对上述对账的结果和对账明细情况进行查询,确信对账准确后,可通过核销已达账功能核销用于对账的银行日记账和银行对账单的已达账项。

①查询银行勾对情况。在核销已达账之前应先查询单位日记账及银行对账单的对账结果,在检查无误后,可核销已达账项。核销后的单位日记账及银行对账单的数据将不再参与以后的银行存款勾对。

②核销银行账。核销用于对账的银行日记账和银行对账单的已达账项后,已达账项消失,不能被恢复。如果银行对账不平衡,则不能使用核销银行账的功能。

核销银行账不影响银行日记账的查询和打印。

(6)长期未达账审计

长期未达账审计功能用于查询至截止日期未达天数超过一定期限的银行未达账项,以便企业分析长期未达账的原因,避免资金损失。

4.2.3 账簿业务管理

企业发生的经济业务,经制单、审核和记账操作后形成了正式的会计账簿。为了及时地了解账簿中的数据资料,并满足对账簿数据的统计分析及打印需要,总账系统提供了强大的查询功能,包括基本会计核算账簿、各种辅助核算账簿的查询输出。整个系统可方便地实现对账、证、表资料的联查。

4.2.3.1 科目账查询

科目账查询主要包括对总账、余额表和明细账等的查询。通过科目账查询可总括地了解这些账的期初余额、本期发生额和期末余额情况。

(1)总账查询

总账通常被定义为借、贷、余三栏式。在信息化方式下,通过三栏式总账查询功能,不但可查询各总账科目的年初余额、各月发生额合计和月末余额,而且还可查询所有

2～5 级明细科目的年初余额、各月发生额合计和月末余额等。

【**例 4－17**】查询“6602 管理费用”的总账余额。

【**操作步骤**】

①在【总账系统】模块窗口中，执行【账表】|【科目账】|【总账】命令，打开【总账查询条件】对话框，如图 4－38 所示。

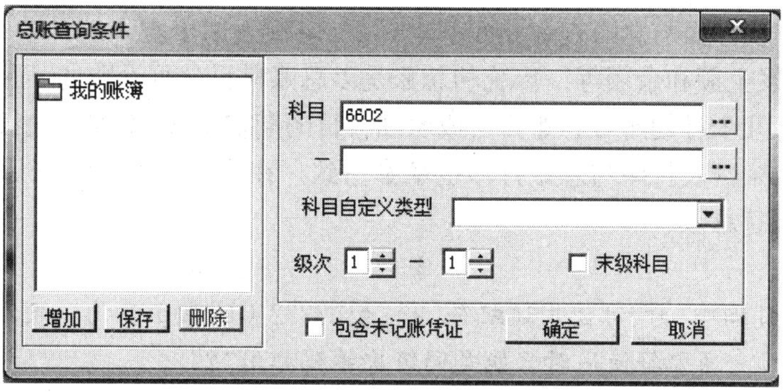

图 4－38　总账查询条件的输入

②在“科目”框中，直接输入或单击参照按钮，选择 6602。

③默认“级次”框中级次范围为“1－1”。

④单击【确定】按钮，显示查询结果，如图 4－39 所示。

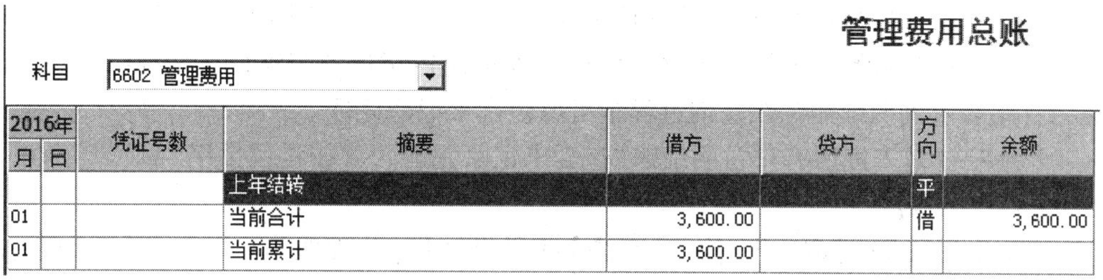

管理费用总账

科目 6602 管理费用

2016年 月	日	凭证号数	摘要	借方	贷方	方向	余额
			上年结转			平	
01			当前合计	3,600.00		借	3,600.00
01			当前累计	3,600.00			

图 4－39　显示总账查询结果

操作注意：

①科目范围为空时，系统认为查询所有科目。

②如果需要查询 1～3 级科目，可选择级次范围“1～3”；如果需要查询所有末级科目，则应选中“末级科目”复选框。

③如果需要查看明细账或联查凭证，可在【总账查询】窗口中单击【明细】按钮。

④如果需要查询包含未记账凭证的总账，则应选中“包含未记账凭证”复选框。

⑤若在总账系统初始化时已将科目的账页格式设置为“数量金额式”，则在总账显示界面选择“金额式”下拉框中的“数量金额式”选项，即显示数量金额式总账。但需要注意的是，所查询的科目要首先在【会计科目】界面设置中被定义为“数量核算”。

⑥可将查询条件保存到“我的账簿”中。

⑦由于制度规定采用计算机替代手工记账的单位也需保存文字的会计凭证和账簿，结账前和结账后打印的账簿应该有所区别，因此多数通用财务软件除了在账簿查询功能中设置打印功能供用户打印查询需要的账簿内容外，还设置了单独的账簿打印功能供用户打印全部结账后的账簿。在这种打印功能下，用户不能选择打印范围，运行后系统自动打印制度规定的全部账簿。不是根据结账数据打印的账簿，系统一律做特殊标记。

(2)余额表查询

余额表查询界面与总账查询界面基本相似，余额表用于查询统计各级科目的本期发生额、累计发生额和余额等。传统的总账是以总账科目分页设账的，而余额表则可以输出某月或某几个月的所有总账科目或明细科目的期初余额、本期发生额、累计发生额和期末余额。余额表打印与总账打印也基本一致。在实行计算机记账后，我们建议用户用余额表代替总账。

操作注意：

输入"科目编码"时，可使用通配符"？"，如"???? 01"表示查询一级为任何编码、二级为01的科目。通配符使用时只能是同级次编码都用"？"。

(3)明细账查询

明细账查询与总账查询的操作步骤基本相同，主要用于查询2～5级明细科目的年初余额、各月发生额合计和月末余额等。明细账的查询格式主要有普通明细账、按科目排序明细账、月份综合明细账。普通明细账是按科目查询，按发生日期排序的明细账；按科目排序明细账是按非末级科目查询，按其有发生额的末级科目排序的明细账；月份综合明细账是按非末级科目查询，包含非末级科目总账数据及末级科目明细数据的综合明细账，使各级科目的数据关系一目了然。

普通明细账查询主要用于平时按科目范围查询各账户的明细发生情况，以及按任意条件组合查询明细账。在查询过程中可以包含未记账凭证。

【例4－18】查询所有科目明细账（包含未记账凭证），并按科目排序。

【操作步骤】

①在【总账系统】窗口中，执行【账表】|【科目账】|【明细账】命令，打开【明细账查询条件】对话框。根据需要输入科目、月份等查询条件。

②单击【确定】按钮，系统即显示查询结果。

③同样，如果在总账系统初始化时已将明细科目的账页格式设置为"数量金额式"会计科目，则在明细账显示界面选择"金额式"下拉框中的"数量金额式"选项，即可显示数量金额式明细账查询结果。

操作注意：

①在明细账查询窗口中，可以联查到相应科目的总账及记账凭证等。

②若在【选项—权限】界面中选择了【明细账查询权限控制到科目】功能，则必须在【数据权限】界面中对此进行设置。此时若操作员不具备查询某科目明细账的权限，那么在进入明细账查询功能后，将看不到此科目的明细账。只要有查询月份综合明细账的权限，就可查询所有科目的月份综合明细账，若不希望某操作员查询某科目明细账，那么除在【数据权限】界面中进行设置外，还需在【系统管理】的【权限】功能中取消其查

询月份综合明细账的权限。

③按科目范围查询明细账时，不能查询在科目设置中指定为现金和银行科目的明细账，但可查询月份综合明细账。对指定为现金和银行的科目，应到【出纳】功能中通过现金日记账与银行日记账查询该科目的明细数据。

④查询月份综合明细账必须先指定一级科目，且起始科目与终止科目必须为指定科目或其下属科目，且为同级次。如指定科目为1401，则科目范围可输入140101—140102，也可输入1401—1401，但不能输入140101—14010101。

4.2.3.2 日记账查询

日记账查询功能主要用于查询及打印除"指定"现金、银行日记账以外的其他日记账（现金及银行日记账在出纳功能中查询）。科目必须是在初始化时对科目账类设有"日记账"的科目。在信息化环境中，如果有必要，任何科目都可以设置日记账，方法是在科目设置窗口的"日记账"辅助选项处打上选择标记。日常账务中的日记账全部由计算机自动登记。

未记账的凭证不能查询该天的日记账。三栏式日记账与明细账的差别就在于日记账必须有当日小计。日记账和日报表的具体查询和打印操作与总账、明细账基本相同，这里不再介绍。

4.2.3.3 辅助账查询

总账系统查询功能除提供总账、明细账和日记账查询功能外，还提供辅助账查询和管理功能。辅助账查询和管理功能主要包括部门、个人往来及项目核算等账簿的总账、明细账查询输出，以及部门收支分析和项目统计表的查询输出等。如果客户及供应商往来款项也在总账系统核算，则还可以在总账系统中查询客户及供应商的往来账项。

【例4-19】查询并结清市场部尹语的个人借款。

【操作步骤】

①在【总账系统】窗口中，执行【账表】|【个人往来账】|【个人往来清理】命令，打开【个人往来两清条件】对话框，如图4-40所示。

②选择"科目"下拉框中的"1221 其他应收款"选项。

③在"个人"框中，直接输入或单击参照按钮，选择"尹语"。

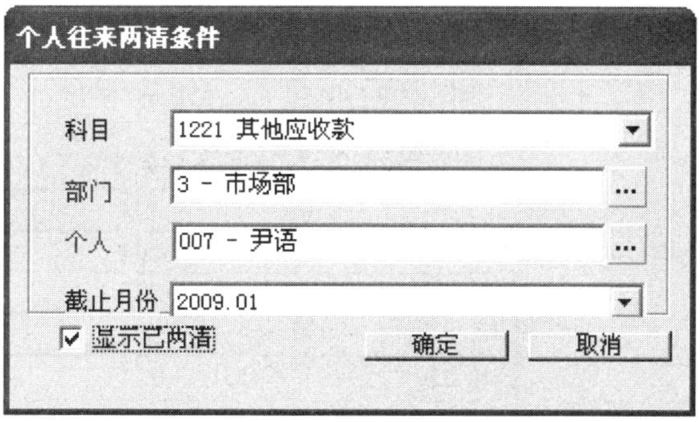

图4-40 个人往来两清条件

④单击【确定】按钮，显示【个人往来两清】窗口，如图4-41所示。

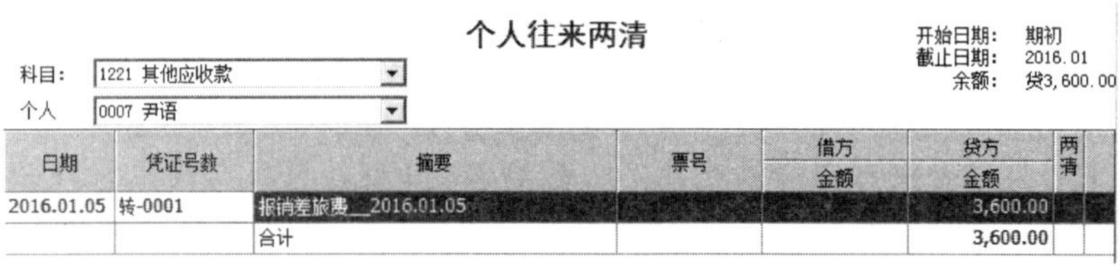

图4-41　个人往来两清

⑤在【个人往来两清】窗口中，单击【勾对】按钮可进行个人往来两清自动勾对。

⑥个人往来两清勾对完成后，将弹出一个信息对话框，单击【返回】按钮，显示勾对结果。

操作注意：

用鼠标单击【总账】按钮，可查询个人往来总账情况；单击【凭证】按钮，可查询相应的凭证情况。

4.2.3.4　项目账查询

同其他辅助账查询一样，系统提供了多种查询项目总账、项目明细账的方式。另外，为帮助管理人员及时掌握项目完成情况，系统还提供了项目统计表供自由选择统计内容。

（1）项目总账查询

项目总账查询用于查询各项目所发生业务的汇总情况，系统提供了三种查询方式：项目总账、项目明细账和项目统计分析。

【操作步骤】

①在【总账系统】窗口中，执行【账表】|【项目辅助账】|【项目总账】|【项目科目总账】命令，打开【项目科目总账条件】对话框，如图4-42所示。

②输入项目大类、科目、月份、项目范围选择等信息。

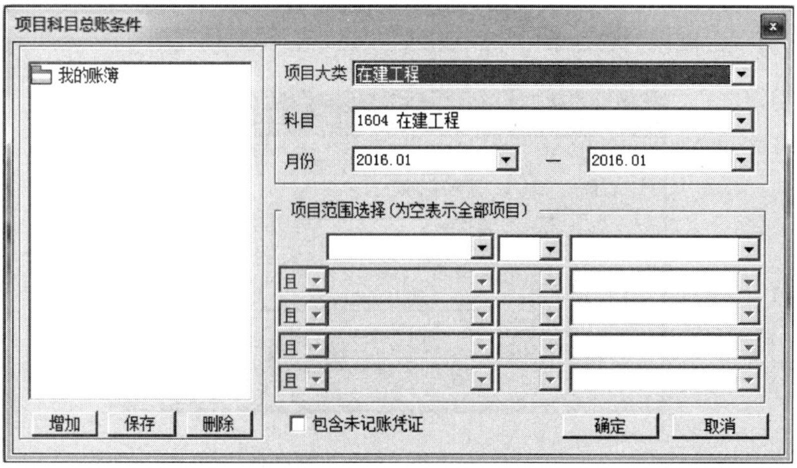

图4-42　项目科目总账条件

③单击【确定】按钮，显示项目总账查询结果，如图 4－43 所示。

项目总账

金额式

科目 1604 在建工程　　　　月份：2016.01-2016.01

编码	楼宇名称	方向	期初余额	本期借方发生	本期贷方发生	方向	期末余额
001	行政大楼	借	1,500,000.00			借	1,500,000.00
002	1号职工宿舍	借	500,000.00			借	500,000.00
003	2号职工宿舍	借	850,000.00			借	850,000.00
004	1号厂房	借	1,950,000.00			借	1,950,000.00
	合计	借	4,800,000.00			借	4,800,000.00

图 4－43　项目总账

操作注意：

在"科目"下拉框中，可选择其他科目查询项目总账结果。

(2)项目明细账查询

项目明细账用于查询项目业务发生明细情况，系统可以查询科目明细账、项目明细账、三栏式明细账、多栏式明细账、部门项目明细账和分类明细账。

【操作步骤】

①在【总账系统】窗口执行【账表】|【项目辅助账】|【项目明细账】|【项目科目明细账】命令，打开【项目科目明细账条件】对话框，输入项目大类、科目、月份、项目范围选择等信息。

②单击【确定】按钮，显示项目科目明细账查询结果。

操作注意：

项目明细账中同样可以联查项目总账和相应的记账凭证。

4.3　期末账务处理

期末账务处理业务是指会计人员将本月发生的日常经济业务全部登记入账后，在每个会计期末都需要完成的一些特定会计工作，主要包括期末转账业务、试算平衡、对账、结账以及期末会计报表的编制等。由于会计期末业务具有较强的规律性且数据主要来源于系统内部，因此可以采用预设凭证模板的方法，由计算机系统实现自动处理，这样不仅规范，而且还可以大大提高期末工作的效率。

4.3.1　定义自动转账凭证模板

就账务系统而言，共有三种来源的业务凭证：一是企业外部经济业务所产生的会计凭证；二是企业内部其他业务职能部门产生的会计凭证（如薪资核算系统产生的工资费用分摊凭证);三是账务系统自身产生的转账凭证(如折旧计提、税金计算、费用计提等)。期末结转业务属于第三类凭证业务,这些业务通常也是月末结账前企业要重复进行的固定业务,包括"费用分配"结转、"费用分摊"结转、"税金计算"结转、"提取各项费用"以及"期末收入、费用结转"等。这些业务具有较强的规律性:一般每期都会发生,业务性质比较固定,业务凭证借、贷方科目及对应关系比较固定,金额来源和计算方法比较固定。因此,这些业务比较适合借助计算机的自动化优势,将凭证模板预先定义下来,进行分类编号并保存。当每个会计期末需要进行期末结转时,只需根据编号将模板调出来,即可由模板自动生成当期的业务转账凭证。

将凭证的摘要、借贷方科目、金额计算方法等要素存入计算机制作凭证模板的过程称为定义自动转账凭证。根据自动转账凭证模板生成当期具体转账凭证的过程称为自动转账。由自动转账凭证模板生成的凭证属于机制凭证的一种。

使用自动转账模板方法实现期末自动转账的思路可概括如图4-44所示。

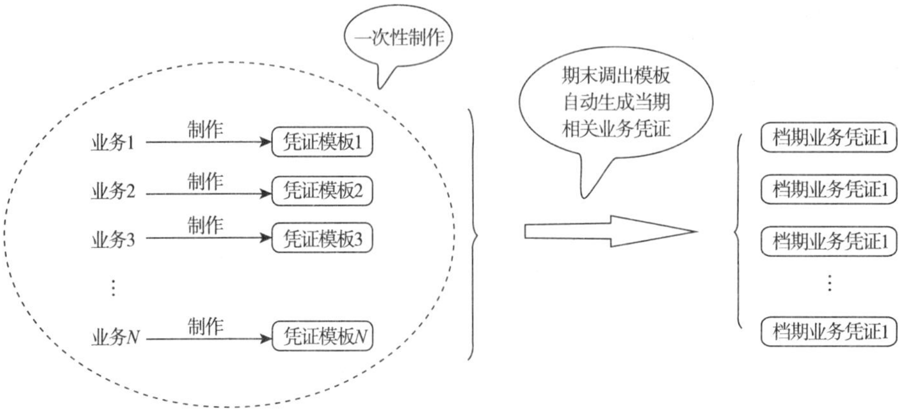

图4-44 使用自动转账模板方法实现期末自动转账的思路

由上述原理可以看出,实现期末结转业务自动化的关键是制作出相应的科学合理的结转凭证模板,以下介绍制作凭证模板的方法。

根据自动转账凭证模板适用的范围,可以将模板分为自定义转账凭证模板、对应结转凭证模板、销售成本结转凭证模板、汇兑损益结转凭证模板和期间损益结转模板等。下面分别介绍这些模板的设置过程。

4.3.1.1 自定义转账凭证模板设置

自定义转账凭证模板是适用范围最广的一种模板定义方法,原则上它适合于任何有规律发生的结转业务,可以对各种费用分配、分摊、计提、税金计算及期间损益结转等转账凭证模板进行设置。一般来说,使用自定义转账凭证模板的关键是设计合法有效的凭证金额计算公式。

(1)设置凭证模板

【例4-20】将计提短期借款利息业务设置为自动转账凭证模板。计提短期借款利息业务的自动转账凭证模板的会计分录如下：

借：财务费用(6603)　　　　JG(　)

　贷：应付利息(2231)　　　QM(2001，月，贷)×0.55%

【操作步骤】

①在【总账系统】窗口中，选择【期末】菜单，执行【转账定义】|【自定义转账】命令，打开【自定义转账设置】对话框。

②单击【增加】按钮，打开【转账目录】对话框。

③输入转账序号“0001”、转账说明“计提短期借款利息”，选择“凭证类别”下拉框中的“转 转账凭证”选项，如图 4－45 所示。这里的转账序号是自定义转账凭证的代号，不是凭证号，转账序号可任意定义但只能输入数字、字母且不能重号。一个自动转账凭证模板唯一对应一个转账序号，转账凭证号则是在会计期末具体执行自动转账时由系统自动生成的。

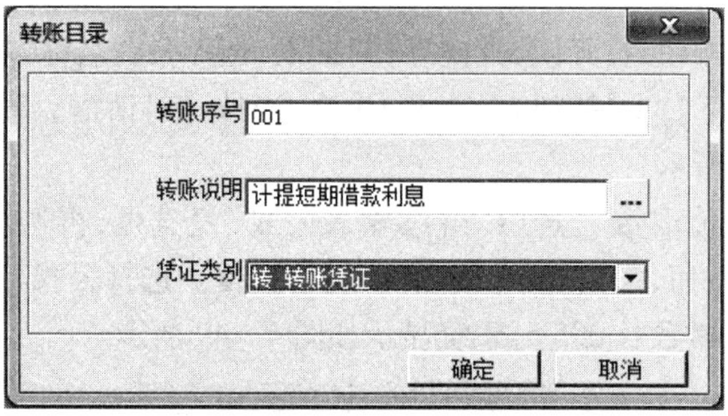

图 4－45　转账目录

④在【转账目录】对话框中，单击【确定】按钮，返回到【自定义转账设置】对话框。输入科目编码 6603，双击金额公式栏，出现参照按钮，单击参照按钮打开【公式向导】对话框，选择公式名称“取对方科目计算结果”和函数名“JG(　)”，如图 4－46 所示。

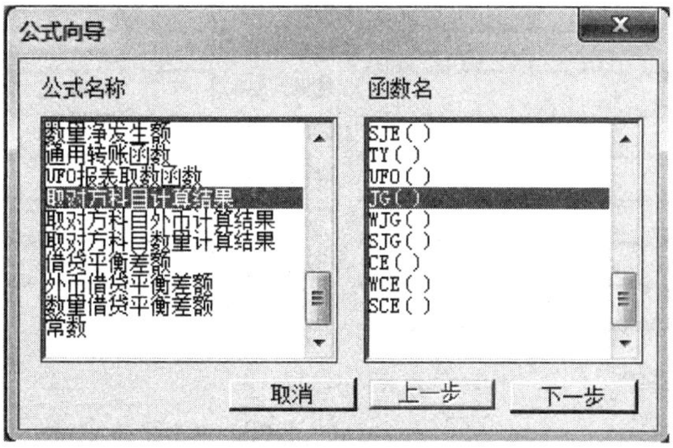

图 4－46　公式向导

⑤单击【下一步】按钮选择科目，如图 4－47 所示，此处默认为空。单击【完成】按

钮返回到【自定义转账设置】界面。

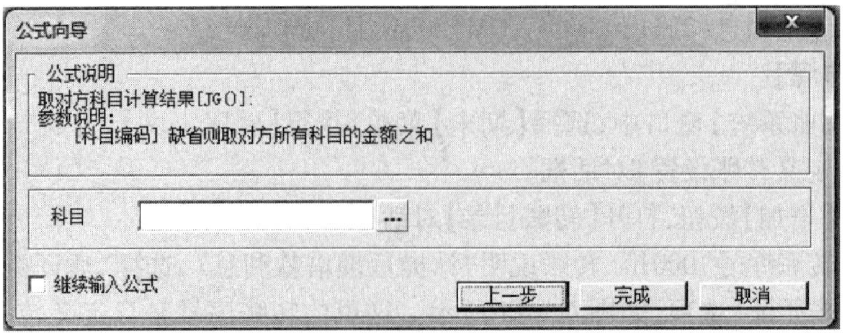

图 4－47　科目——默认为空

⑥在【自定义转账设置】窗口单击【增行】按钮，在科目栏将系统默认的 2001 删除，输入科目编码 2231，单击“方向”栏的三角按钮，选择“贷”。双击“金额公式”栏，出现参照按钮，单击参照按钮，打开【公式向导】对话框，选择公式名称“期末余额”和函数名“QM(　)”。单击【下一步】按钮，系统显示【公式向导】对话框。输入科目、期间、方向等信息，如图 4－48 所示。

⑦选择“按默认值取数”，选中“继续输入公式”复选框，再选择“＊”（乘）单选按钮。单击【下一步】按钮，系统显示【公式向导】对话框。选择公式名称为“常数”。单击【下一步】按钮，输入常数 0.005 5，系统显示如图 4－49 所示。

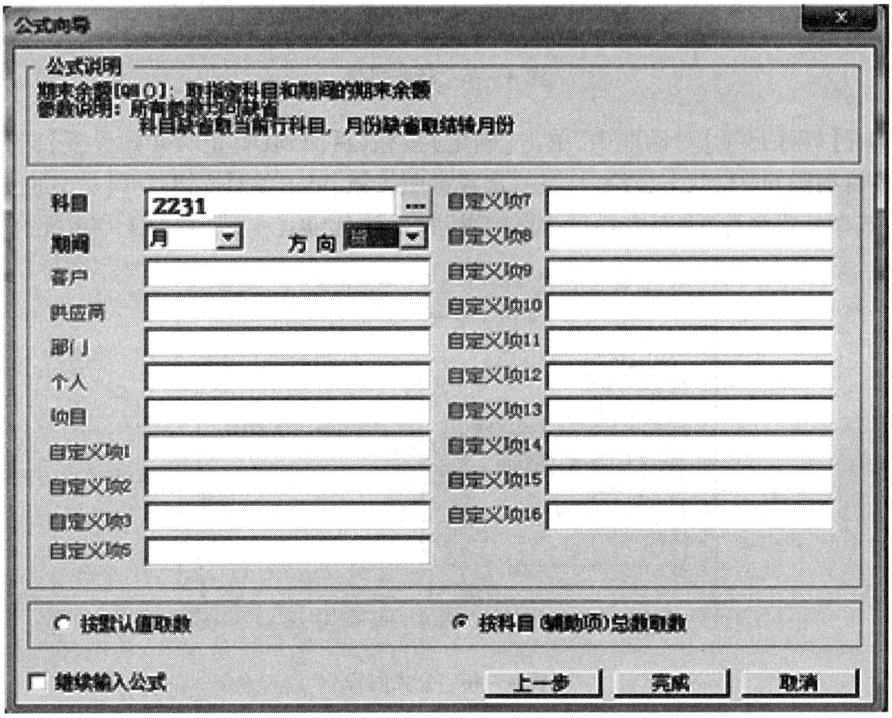

图 4－48　输入公式内容

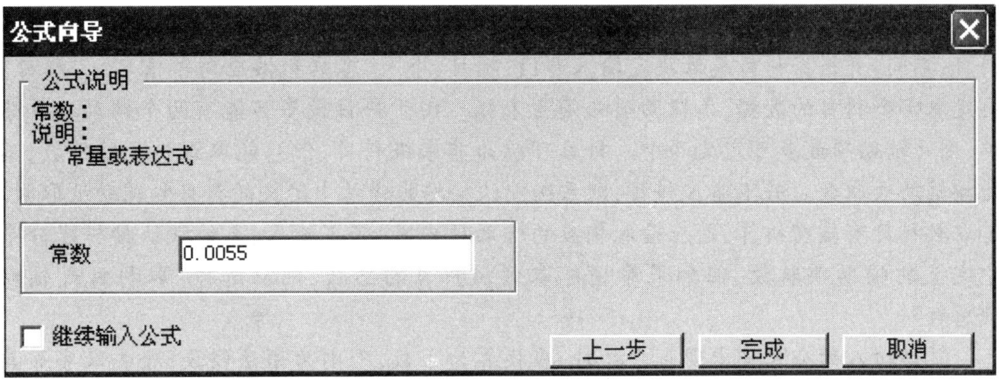

图 4－49 输入常数

⑧单击【完成】按钮，返回【自定义转账设置】对话框。显示已输入的借贷方转账分录信息，如图 4－50 所示。单击【保存】按钮，保存已设置的自定义转账凭证。

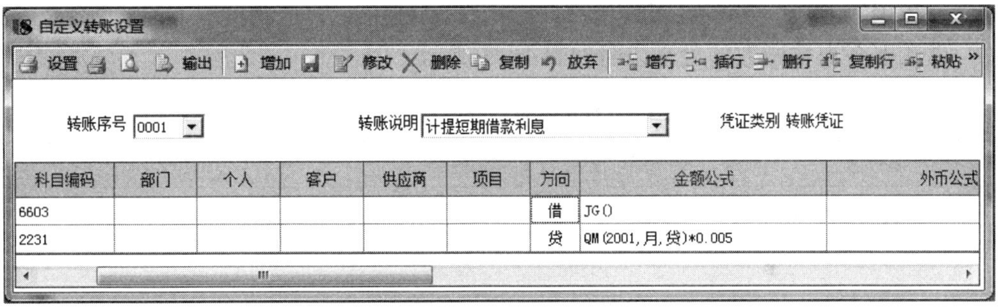

图 4－50 自定义转账设置

操作注意：

①如果熟悉公式语法，也可直接输入公式，否则可采用公式向导方式。

②在函数公式中，选择期初、期末时，方向可以为空，以避免出现反向余额时发生取数错误。

③如果输入常数的窗口没有打开，可以单击【上一步】按钮返回后，再单击【下一步】按钮重新打开。如果常数为百分数，则要转换为小数格式，否则会提示语法错误。

④当结转多个明细科目，并且它们有同一上级科目时，在录入公式时，只需录入它们的同一上级科目，系统将列出所输科目下的所有末级科目，用户可选择所需的科目，系统将自动生成这些科目的转账分录。

⑤定义金额计算公式时，不要将公式中的有关项目元素（如科目编码、会计期间、方向、辅助项等）与分录中有关对应项目元素搞混。它们是完全不同的：公式中的项目用于确定取数计算公式的数据来源，分录中的项目用于定义模板本身。但通常在取数公式默认时的项目即分录中的项目，此时应小心谨慎操作。

⑥在运用公式向导定义时，如果选择的是账务取数函数[即QM（ ）、QC（ ）、JE（ ）、FS（ ）、LFS（ ）及JG（ ）函数]，则屏幕显示取数来源录入框，输入取数的科目、期间，并根据科目属性决定输入部门、项目、个人、客户和供应商等信息。"科目"决定取哪个科目的数据，各辅助项必须为末级。由于科目最多只能有两个辅助核算账类，因此辅助项最多可定义两个。科目可以为非末级科目，但只能取该科目的总数，不能按辅助项取数。若不输入科目，则系统默认按转账分录中定义的科目和辅助项取数。若取数科目有辅助核算，则应输入相应的辅助项内容，若不输入，系统默认按转账分录中定义的辅助项取数，但如果希望能取到该科目的总数，则应选择"取科目或辅助项总数"。

⑦当输入的公式中出现百分数时，应换算为小数，否则为语法错误；除去汉字等其他情况，均要在英文半角状态录入。

(2)关于公式编辑中的函数语法说明

为对模板中公式所用的取数函数有初步的了解，下面介绍一些常用的账务取数函数。

①账务取数函数的基本语法格式和含义。

取数函数的基本格式为：函数名（科目编码、会计期间、方向、辅助项1和辅助项2）。

常用账务取数函数的含义说明如表4－3所示。

表4－3 常用账务取数函数的含义说明

函数名	公式名	公式含义
QM（ ）/WQM（ ）/SQM（ ）	期末余额（本币/外币/数量）	取某科目的期末余额
QC（ ）/WQC（ ）/SQC（ ）	期初余额（本币/外币/数量）	取某科目的期初余额
JE（ ）/WJE（ ）/SJE（ ）	净发生额（本币/外币/数量）	取某科目的年或月净发生额（借贷相抵后的差额）
FS（ ）/WFS（ ）/SFS（ ）	发生额（本币/外币/数量）	取某科目结转月份的借或贷方发生额
LFS（ ）/WLFS（ ）/SLFS（ ）	累计借方发生额（本币/外币/数量）	取某科目截至结转月份的累计借或贷方发生额
JG（ ）/WJG（ ）/SJG（ ）	取对方科目计算结果（本币/外币/数量）	取对方某科目余额或对方所有科目的余额之和
CE（ ）/WCE（ ）/SCE（ ）	借贷平衡差额（本币/外币/数量）	取凭证的借贷方差额数
	常数	取某个指定的数字

②账务取数函数的使用说明。

a. 科目编码:用于确定取哪个科目的数据。若转账凭证明细科目栏的科目与公式中的科目编码相同,则公式中的科目编码可省去不写。

b. 会计期间:为“年”,则指按当前会计年度取数;为“月”,则为按结转月取数;当输入1~12的数字时,代表1~12的会计期,而不是自然月。会计期间可以为空,为空时默认为“月”。结转月份可在转账凭证生成时选择。

c. 方向:发生额函数或累计发生额函数的方向用“J”或“j”或“借”或“Dr”(英文借方缩写)表示借方;用“D”或“d”或“贷”或“Gr”(英文贷方缩写)表示贷方。

d. 辅助项:当科目为辅助核算科目时,可指定辅助项取数。如果科目有两种辅助核算,则可输入两个末级辅助项,这两个辅助项在公式中排列位置必须正确,否则系统将无法正确结转。五种辅助项在公式中的先后顺序为:客户、供应商、部门、个人、项目。例如,6602为某部门项目科目,可输入FS(6602,月,贷,部门一,项目一),而不能输入QM(6602,月,贷,项目一,部门一)。辅助项可以输入编码,也可以输入名称,或者输入“ * ”,也可以不输入。如果输入辅助项,则按所输入的辅助项取数;如果输入“ * ”,则取科目总数;如果不输入,则按当前分录左边各辅助项栏中定义的辅助项取数。

e. 结果函数:如果输入JG(科目),则表示取转账中对方该科目发生数合计;如果输入JG(zzz)或JG(ZZZ)或JG( ),则表示取对方所有科目发生数合计。

如果公式中最后一个辅助项不输入,则可不输入逗号,否则仍须保留相应的逗号,如可以输入QM(2001)或QM(,月),但不能输入QM(月)。

若使用了应收、应付系统,且公式中的科目为纯客户、供应商核算科目,那么将不能按照客户、供应商取数,只能按该科目取数。如1121为客户往来科目,则只能输入QM(1121,月,*),而不能输入QM(1121,月,客户一),否则将取不到数据。

以上本币取数函数与数量、外币取数函数均可与“加、减、乘、除”及括号组合使用,加、减、乘、除分别用符号+、-、*、/表示。例如,600101为商品销售收入科目,140501为库存商品科目,则输入公式SFS(600101,月,贷)*(QM(140501,月)/SQM(140501,月)),即可求出当月的商品销售成本(同销售成本结转中的算法)。

结果函数所在的转账分录若有辅助核算,则必须定义具体的辅助项。一张凭证可以定义多个结果函数,但必须在同一方向。

一张凭证最多定义一个差额函数。如果一张凭证有差额函数,则在转账生成时总是最后执行差额函数。一张凭证可同时定义结果函数与差额函数,但必须在同一方向。

操作注意:

当取数计算公式中出现百分号时,应将其换算为小数形式输入,否则为语法错误。

4.3.1.2 对应结转凭证模板设置

对应结转凭证模板适合于科目之间结构一致且全额结转一一对应的情况,不仅可进行两个科目间一对一的对应结转,还可进行科目之间一对多的对应结转。对应结转的科目之间借贷方科目可以不同级,但其下级科目的科目结构必须一致(有相同的明细科目),如有辅助核算,则两个科目的辅助账类也必须一一对应,如图4-51所示。

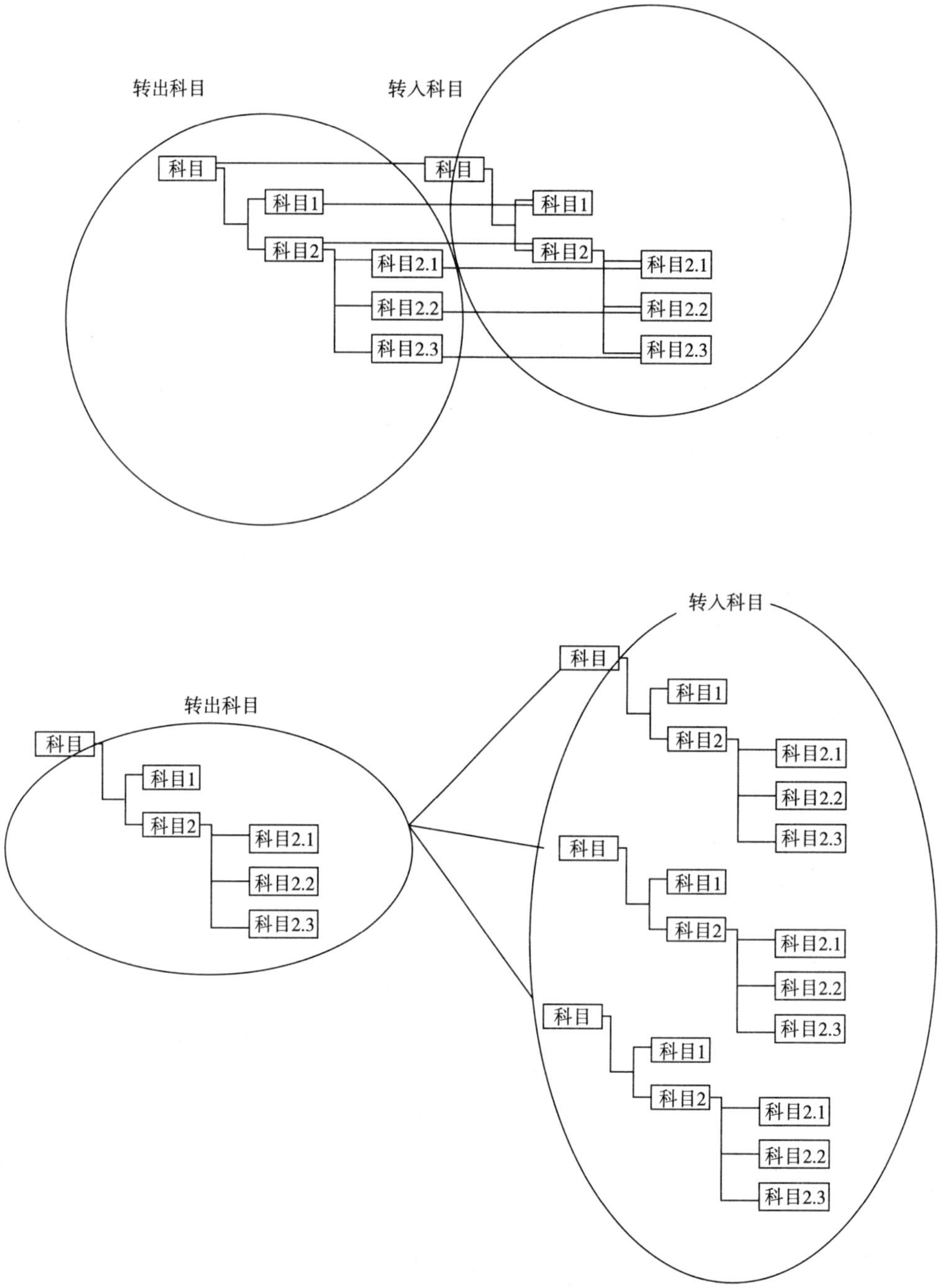

图 4－51　对应结转凭证模板示意图

【例 4－21】假设“22210103:应交税费——应交增值税(转出未交增值税)”与“222102:应交税费——未交增值税”两个科目之间满足对应结转条件,定义“22210103:应交税费——应交增值税(转出未交增值税)”的余额结转至“222102:应交税费——未交增值税”，系数为1的对应结转。

【操作步骤】

①在【总账系统】窗口中，选择【期末】菜单，执行【转账定义】|【对应结转】命令，打开【对应结转设置】对话框。

②输入编号0001，选择“凭证类别”下拉框中的“转 转账凭证”选项，输入摘要、转出科目等信息，如图4－52所示。

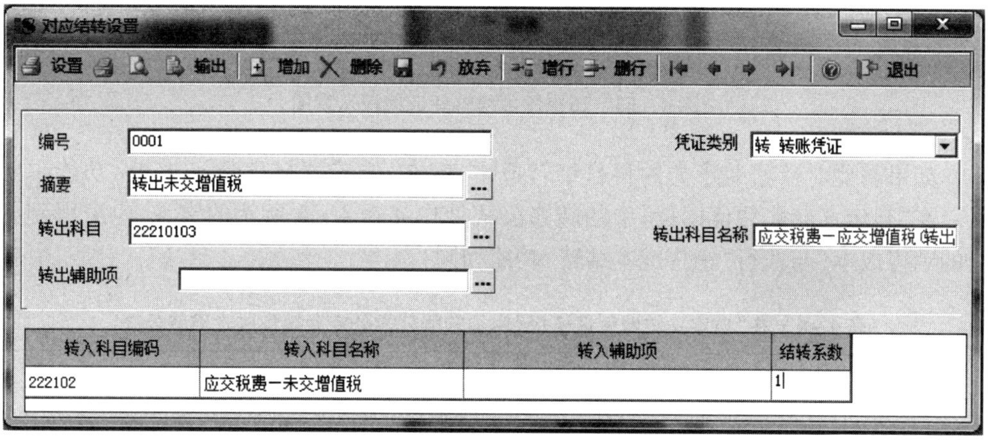

图4－52 对应结转设置

③单击【增行】按钮，输入转入科目编码“222102”，结转系数“1”。

④单击【保存】按钮，再单击【退出】按钮。

操作注意：

①对应结转只结转期末余额。一张凭证可定义多行，转出科目及辅助项必须一致，转入科目及辅助项可不相同。

②如果同一凭证转入科目有多个，并且同一凭证的结转系数之和为1，则最后一笔结转金额为转出科目余额减当前凭证已转出的余额。

4.3.1.3 销售成本结转凭证模板设置

销售成本结转凭证模板设置，主要用来辅助没有启用购销存业务模块的企业完成销售成本的计算与结转。销售成本结转是指将月末商品销售数量乘以库存商品的平均单价计算各类商品销售成本并进行结转。用户可输入总账科目或明细科目。库存商品科目、商品销售收入科目、商品销售成本科目及其下级科目的结构必须相同，且末级科目必须是具体商品的名称（不能使用辅助账类的科目体系设置方法），商品之间的对应次序也必须相同，库存商品科目和商品销售收入科目下的所有明细科目必须都有数量核算（以提供计算“销售数量”方面的数据）。这样就可以实现同品牌、同规格商品之间的销售成本一一对应结转，如图4－53所示。

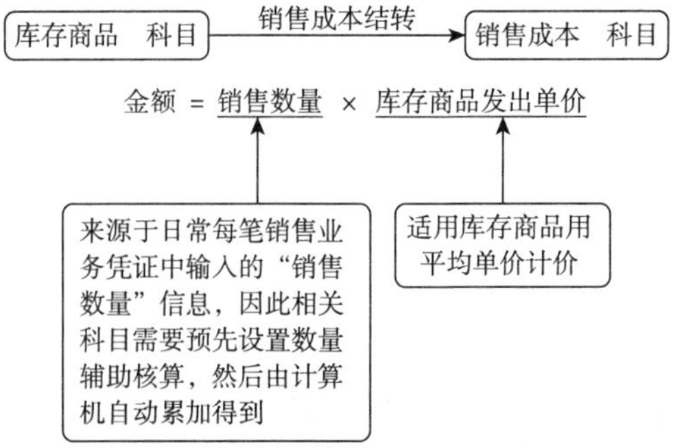

图 4-53　销售成本结转凭证模板示意图

如果需要对带辅助账类的科目结转成本,应在“自定义转账凭证模板”功能中定义。在“自定义转账凭证模板”中的转账公式处作如表 4-4 所示的定义,也可得到相应的销售成本(与执行“销售成本结转”功能相同)。

表 4-4　在“自定义转账凭证模板”中的转账公式处定义销售成本结转公式

科　目	金额公式	数量公式
库存商品科目	SFS(商品销售收入科目,月,贷)*(QM(库存商品科目,月)/SQM(库存商品科目,月))	SFS(商品销售收入科目,月,贷)
销售成本科目	SFS(商品销售收入科目,月,贷)*(QM(库存商品科目,月)/SQM(库存商品科目,月))	

表 4-4 中的金额公式为:商品销售收入科目下某商品贷方数量*(库存商品科目下某商品月末金额/月末数量)

【操作步骤】

①在【总账系统】窗口中选择【期末】菜单,执行【转账定义】|【销售成本结转】命令,打开【销售成本结转设置】对话框,如图 4-54 所示。

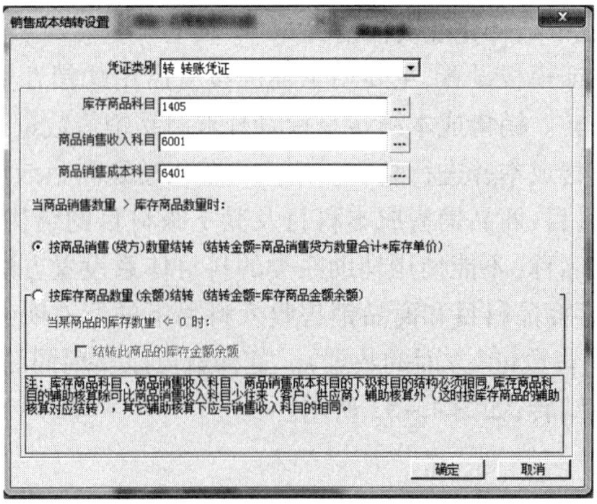

图 4-54　销售成本结转设置

②选择“凭证类别”下拉列表框中的“转 转账凭证”选项。

③输入或单击参照按钮，选择库存商品科目 1405，商品销售收入科目 6001，商品销售成本科目 6401，单击【确定】按钮返回。

操作注意：

当库存商品科目期末数量余额小于商品销售收入科目贷方数量发生额时，若不希望结转后使库存商品科目余额为负，可选择按库存商品科目期末数量余额结转。

4.3.1.4 汇兑损益结转凭证模板设置

汇兑损益结转凭证模板的功能用于期末自动计算外币账户的汇兑损益，并在转账生成中自动生成汇兑损益转账凭证。这里的凭证模板定义只适用于入账账户为财务费用（金融企业为汇兑损益）的情况，因此限制定义的外币账户为外汇存款户、外币现金、外币结算的各项债权和债务，不包括所有者权益类账户、成本类账户和损益类账户。外币账户汇兑损益的产生与期末结转示意图如图 4－55 所示。

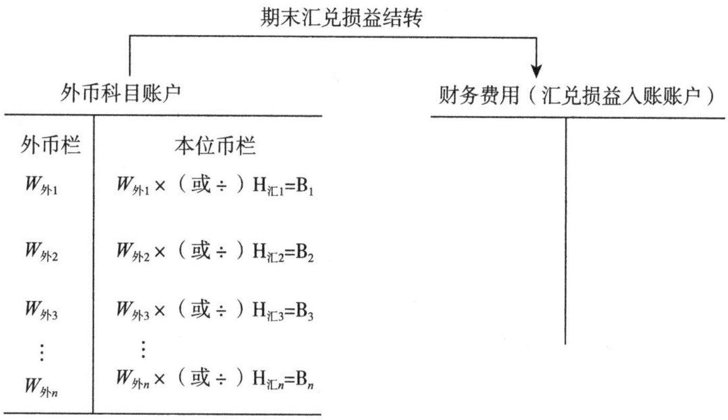

期末：$W_{外1}+W_{外2}+\cdots+W_{外n}=W_{总}$

$B_1+B_1+\cdots+B_n=B_{总}$

$W_{总}\times$（或÷）$H_{汇调}=B_{调}$

$B_{调}-B_{总}$ = 汇兑损益（正数为收益，负数为损失）

注：$W_{外n}$为平时发生的外币业务金额，$H_{汇n}$为平时外币业务发生时的记账汇率，

B_n为平时外币业务金额折算出的人民币金额，$H_{汇调}$为期末调整汇率。

汇率计算可以乘或除，根据具体外币情况来定。

图 4－55 外币账户汇兑损益的产生与期末结转示意图

【操作步骤】

①在【总账系统】窗口中，选择【期末】菜单，执行【转账定义】|【汇兑损益】命令，打开【汇兑损益结转设置】对话框，如图 4－56 所示。

②“凭证类别”可暂不选择（对于外汇存款和外币现金来说，汇率的变动方向是无法预知的，可待生成自动转账凭证时再做选择）。

③在“汇兑损益入账科目”处直接或参照输入该账套中汇兑损益入账科目财务费用 6603（金融企业输入 6061，即汇兑损益）。

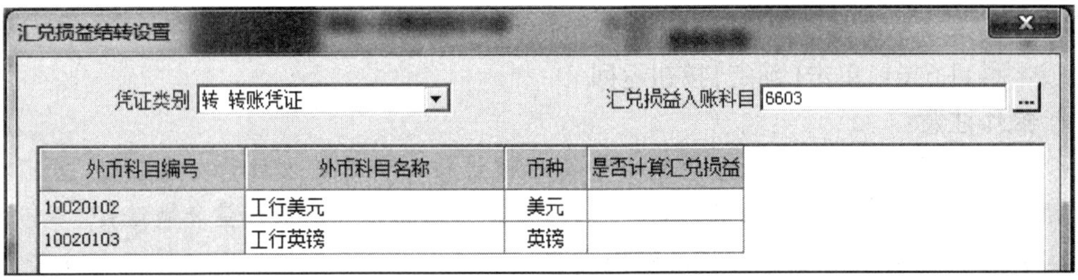

图 4-56 汇兑损益结转设置

④将光标移到要计算汇兑损益的外币科目上，按空格键选择需要计算汇兑损益的科目，或用鼠标双击要计算汇兑损益的科目。选择完毕后，单击【确定】按钮退回。

操作注意：

①为保证汇兑损益计算正确，在生成每月汇兑损益凭证时须先将本月的所有未记账凭证记账。

②汇兑损益入账科目不能是辅助账科目或有数量外币设置的科目。

③若启用了应收、应付核算系统，则计算汇兑损益的外币科目不能是纯客户或供应商的科目。若要对客户、供应商科目计算汇兑损益，可到应收、应付系统中进行。

4.3.1.5 期间损益结转模板设置

期间损益结转功能用于在一个会计期间终了时将损益类科目（虚账户）的余额结转到本年利润科目中，从而及时反映企业利润的盈亏情况，主要是对管理费用、销售费用、财务费用、销售收入和营业外收支等科目的结转，如图 4-57 所示。

图 4-57 期间损益结转模板示意图

【操作步骤】

①在【总账系统】窗口中，选择【期末】菜单，执行【转账定义】|【期间损益】命令，打开【期间损益结转设置】对话框，如图 4-58 所示。

②选择“凭证类别”下拉列表框中的“转 转账凭证”选项。表格上方的“本年利润科目”是本年利润的入账科目，可选择参照按钮录入。如果本年利润科目又分为多个下级科目，则可在下面表格中录入，并与相应的损益科目对应。单击【确定】按钮保存。

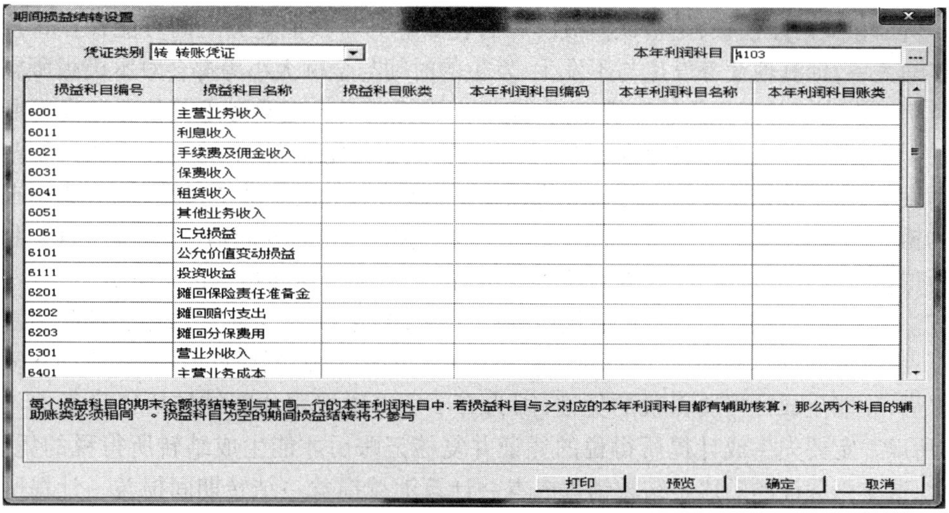

图 4－58　期间损益结转设置

操作注意：

①损益科目结转表中列出所有的损益科目。如果希望某损益科目参与期间损益的结转，应在该科目所在行的本年利润科目栏填写相应的本年利润科目，若不填写本年利润科目，则不结转此损益科目的余额。

②损益科目结转表中每一行的损益科目期末余额将转到该行的本年利润科目中去。

③损益科目与本年利润科目都有辅助核算时，则辅助账类必须相同。

④损益科目结转表中的本年利润科目必须为末级科目，且为本年利润入账科目的下级科目。

4.3.2　用自动转账凭证模板生成转账凭证

在完成自动转账凭证模板定义后，每月月末只需执行自动转账凭证模板功能即可将期末结转业务快速生成相应的转账凭证，在此生成的转账凭证将自动追加到未记账凭证中，同样需要审核记账操作。由于转账是按照已记账凭证的数据进行计算的，所以在进行月末转账工作之前，必须先将所有未记账凭证记账，否则将影响生成转账凭证数据的正确性。如果使用了应收、应付系统，那么在总账系统中不能按客户、供应商进行结转。

在使用自动转账凭证模板生成凭证时，一定要注意凭证模板之间是否存在凭证生成的先后顺序。这里引入两个概念：独立转账模板和相关转账模板。

所谓独立转账模板，是指该模板所属的转账业务与其他业务之间没有任何关系，即其他业务发生与不发生、发生的时间与金额大小等都不会影响到本模板所属的业务。对于独立转账模板，可在本期其所属业务发生后的任何时间用模板自动生成转账凭证，不必顾及其他业务情况，即在模板生成凭证时，即使系统提示还有未完成的其他业务，也可以不予理会。

所谓相关转账模板，是指该模板所属的转账业务与其他业务之间可能存在直接或间接的关系，即其他业务发生与不发生、发生的时间与金额大小等都会对本模板所属的业务构成影响。对于相关转账模板，在期末生成凭证时一定要考虑其他业务发生所带来的影响，即它们之间可能存在着“相关链”，哪些业务先发生（生成相关凭证），哪些业务后发生，需要根据企业的实际情况排出先后次序，如果次序乱了，就可能造成期末转账的错乱。例如，定义了结转销售成本、计算汇兑损益、结转期间损益、计提所得税和结转所得税5张自动转账凭证，因为销售成本、汇兑损益是期间损益的一部分，所以一定要先生成结转销售成本、计算汇兑损益的凭证并复核记账后，才能生成结转期间损益的凭证；因为要依据本期利润计提所得税，所以一定要先生成结转期间损益的凭证并复核记账后，才能生成计提所得税的凭证；因为有了所得税费用才能结转所得税至本年利润，所以一定要先生成计提所得税的凭证并复核记账后才能生成结转所得税的凭证。因此，这5张凭证的顺序是结转销售成本→计算汇兑损益→结转期间损益→计提所得税→结转所得税，并且前一张凭证必须审核记账后才能继续生成后一张凭证。值得注意的是，独立转账模板也可能被排在相关转账模板的“相关链”中，也就是说，虽然独立转账模板不受其他业务影响，但它本身所属的业务可能会影响到其他业务。

【操作步骤】

①在【总账系统】窗口中，选择【期末】菜单，执行【转账生成】命令，打开【转账生成】对话框，如图4－59所示。

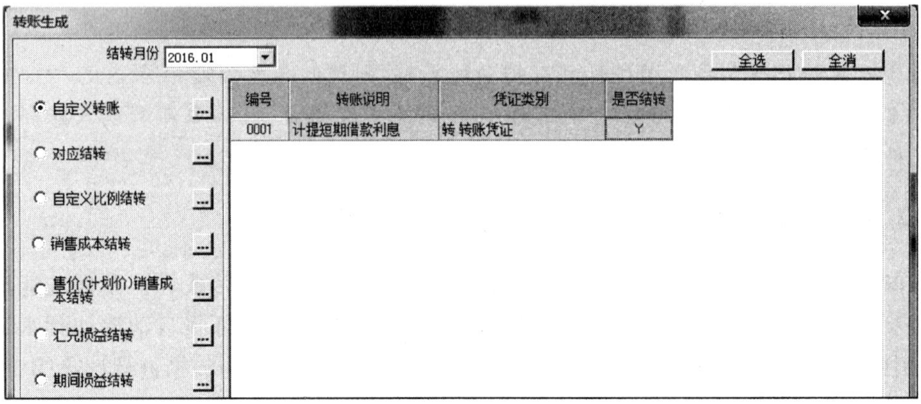

图4－59　转账生成

②选择“结转月份”下拉列表框中的“2016.01”。

③选中“自定义转账”单选按钮。

④在“是否结转”栏双击显示“Y”标志，或单击【全选】按钮。

⑤选择“按本科目有发生的辅助项结转”。

⑥单击【确定】按钮，系统显示生成的转账凭证，如图4－60所示。

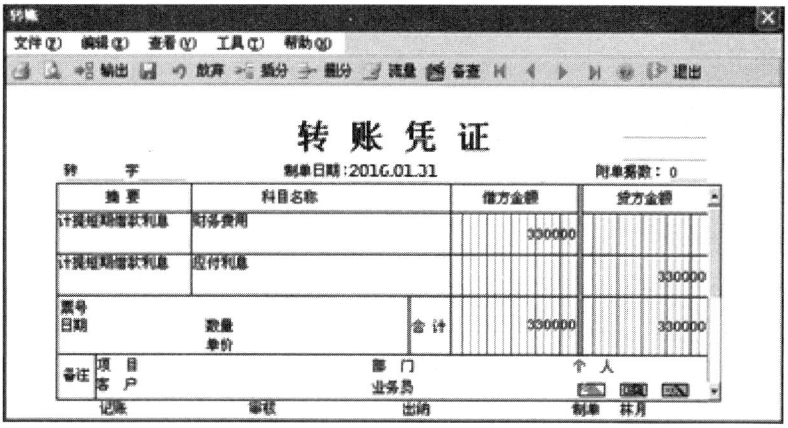

图 4－60 生成的转账凭证

⑦单击【保存】按钮,系统自动将当前凭证追加到未记账凭证中。

需要说明的是,尽管自动转账功能的运用可以极大地提高总账系统的转账效率,但这种功能的使用不是必需的,当不熟悉自动转账方法时,仍可用人工凭证输入的方式处理这些转账业务,只是操作计算比较繁杂而已。实际上在总账系统运行初期,由于对自动转账功能的使用不是很熟练,可先不用或少用自动转账功能,随着系统应用的深入,可逐步尝试使用和增加自动转账分录,直至大部分凭证都能用自动转账实现为止。

操作注意:

①有时一种类型的业务可以同时用多种方法设置自动转账模板,那么只选其中一种方法即可,否则就可能由于模板重复使用导致一宗业务被重复制作多个转账凭证。

②如果业务没有发生或余额为零,则不可用模板生成相应的转账凭证。

③转账凭证生成前,相关经济业务的记账凭证应全部登记入账,且转账月份选择应为当前会计月份。

④若凭证类别、制单日期和附单据数量与实际情况有出入,可直接在当前凭证上进行修改,然后再保存。

⑤生成对应结转凭证和销售成本结转凭证的操作与自定义转账生成的操作基本相同。

⑥生成汇兑损益结转凭证的操作与自定义转账生成的操作基本相同,不同的只是在使用本功能前需要进入【外币及汇率】模块输入本期的期末调整汇率,在具体生成凭证过程中需单击"外币币种"下拉框选择相应的币种,然后屏幕显示汇兑损益试算表,单击【确定】按钮后即生成转账凭证。

⑦转账凭证通常每月只生成一次,生成的转账凭证仍需审核记账。

⑧在分批生成凭证时要注意业务发生的先后次序,先发生的业务要先生成凭证且记账后再进行下一批凭证的自动生成,否则计算或结转金额时就会发生差错。

⑨自动转账凭证模板定义完成后,如果以后月份发现模板中的有关项目发生了改变,应随时修改模板,然后重新保存即可。

4.3.3 月末结账

在会计期末完成了上述期末转账业务后，接着就需要试算平衡与对账、结账。

4.3.3.1 试算平衡与对账

试算平衡是将系统中所有科目的期末余额按会计平衡公式“借方余额 = 贷方余额”进行平衡检验，并输出科目余额表及是否平衡信息。

对账是指对账簿数据进行核对，以检查记账是否正确，以及账簿是否平衡。它主要通过核对总账与明细账、总账与辅助账数据完成账账核对。为了保证账证相符、账账相符，应经常使用“对账”功能进行对账，至少一个月一次，一般可在月末结账前进行。

【操作步骤】

①在【总账系统】窗口中，选择【期末】菜单中【对账】命令，打开【对账】对话框。将光标移到进行对账的月份，如2016.01，单击【选择】按钮或双击“是否对账”栏。

②单击【对账】按钮，开始自动对账，并显示对账结果，如图4－61所示。

图4－61 对账

③单击【试算】按钮，可以对各科目类别余额进行试算平衡，如图4－62所示。

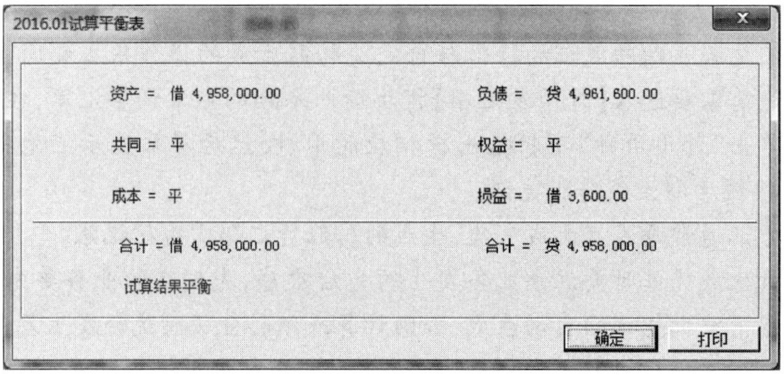

图4－62 试算平衡表

④单击【确认】按钮返回，再单击【退出】按钮，完成对账工作。

操作注意：

在对账功能中，可以按"Ctrl + H"键激活恢复记账前功能。

4.3.3.2　结账

结账是指每月末计算和结转各账簿的本期发生额和期末余额，并终止本期的账务处理工作。结账每月只能进行一次。在信息化条件下，结账主要是对当月日常处理的限制和对下月账簿的初始化，由计算机自动完成。结账必须符合系统对结账工作的要求。

(1)结账主要完成的工作

结账主要完成三项工作：一是停止本月各账户的记账工作；二是计算本月各账户发生额合计；三是计算本月各账户期末余额并将余额结转至下月月初。

(2)结账过程

结账过程一般分为以下步骤：

①选择结账月份。

②核对账簿。检查本月凭证是否全部入账，有未记账的凭证不能结账；结账必须按月连续进行，上月未结账，本月不能记账，也不能结账，但可以填制和审核凭证；核对总账与明细账，如果不一致，总分类账不能结账；损益类账户未全部结转完毕，本月不能结账；如果与其他子系统联合使用，其他子系统未全部结账，本月账务系统不能结账（账务系统是所有启用的子系统中最后一个结账的）。

如果第一次使用系统是在年中，还必须先把以前各月份的空账进行结账处理后，才能进行本月结账处理。

③用硬盘或软磁盘备份，保存结账前的数据，同时输出月度工作报告。

④若符合结账要求，系统将进行结账，否则不予结账。结账是一种成批数据处理，将计算本月各账户发生额合计和本月各账户期末余额并将余额结转至下月初。结账后不能再输入该月的凭证，并终止本月各账户的记账工作。如果为月结账，则做月结账标志；如果为年结账，则做年结账标志，并产生下年度的数据库文件结构，结转年度余额。

【操作步骤】

①在【总账系统】窗口中，选择【期末】菜单中的【结账】命令，打开【结账—开始结账】对话框，如图4－63所示。

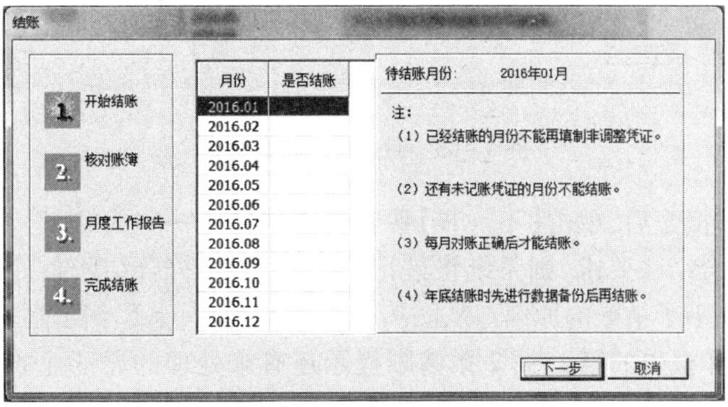

图4－63　开始结账

②单击要结账的月份“2016.01”。

③单击【下一步】按钮,打开【结账—核对账簿】对话框。单击【对账】按钮,系统对要结账的月份进行账账核对,如图4-64所示。

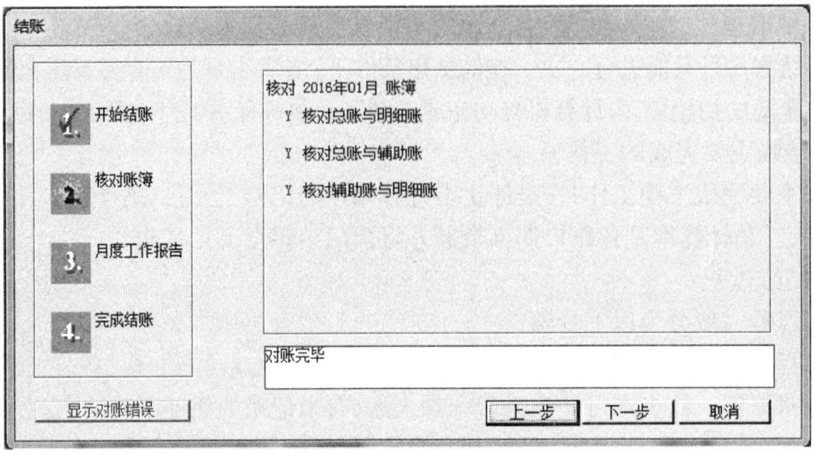

图4-64　结账—核对账簿

④单击【下一步】按钮,打开【结账—月度工作报告】对话框,仔细逐条查看月度工作报告的内容,若需打印,则单击【打印月度工作报告】按钮,如图4-65所示。

图4-65　月度工作报告结果

⑤查看工作报告后,单击【下一步】按钮,打开【结账—完成结账】对话框,单击【结账】按钮。若符合结账要求,则系统将进行结账;如果不符合结账条件,则系统将提示不予结账并告知不予结账的原因。从图4-65可以看出,上述例子还不具备期末结账的条件,月度工作报告的第1、第2条清晰提示还有未处理的凭证业务,需要继续完成这些业务后才能结账。

操作注意:

①此处所指的“月末结账”,未必一定在某月月末那一天进行计算机结账,因为通用财务软件一般都允许用户跨月输入记账凭证。例如,如果企业至1月31日仍未能将1月的全部经济业务编制成记账凭证,则可在2月初继续输入1月的经济业务,若至2月3日才完成输入,则1月的账可以在2月3日进行月末结账。

②如果结账后发现有错误,可以进行“反结账”,取消结账标志,进行修正后再进行结账。方法是让拥有结账权限的操作员在“结账”向导步骤一中,用鼠标选择要取消结账的月份,按“Ctrl + Shift + F6”键,然后在口令窗口中输入正确口令,单击【确定】按钮后即可取消结账状态。

③如果结账时提示“未通过检查不能结账”,应单击【上一步】按钮,仔细查看月度工作报告,分析未通过检查的原因。

④结账后产生的账簿和报表才是完整的,结账前产生的账簿和报表不一定反映该月的全部业务。

⑤结账只能由有结账权限的人进行。

⑥结账前要进行数据备份。在结账的过程中,可以单击【取消】按钮,取消正在进行的结账操作。

5

会计报表系统管理

5.1 会计报表系统概述

5.1.1 会计报表及其分类

会计报表编制是会计工作的重要内容,也是难点所在。企业发生的经济业务,体现在原始凭证上。会计人员取得原始凭证后,按照会计制度规定编制成规范的记账凭证,记账后便将企业的经济业务反映在账簿中。但账簿中的会计数据是分散的,人们很难一目了然地看出企业的财务状况和经营情况,于是就需要将账簿上的会计数据集中反映在统一格式的会计报表上,报表使用者通过阅读会计报表便可较直观地了解企业一定时期内的财务状况和经营情况。

会计报表作为单位财务状况和经营成果的综合性反映,是在日常核算基础上,通过进一步加工汇总形成的综合性经济指标,它以表格和数字及附带文字说明的形式提供会计资料。由于企业会计信息使用者多种多样,有企业外部的上级主管部门、国家经济管理部门、企业投资者和债权人,也有企业内部各管理层和职能部门,不同使用者对企业提供的会计信息有不同的要求,因此财会部门就需要采取不同的格式反映不同的内容,从而形成不同的会计报表。

按照不同的标准,会计报表有不同的分类方法:按报送对象,可以分为外部报表和内部报表;按编制日期,可以分为月报表、季报表和年报表等定期编制的报表,以及按照某种特定需要编制的一次性报表;按报表的编制单位,可以分为单位会计报表(独立核算单位编制的报表)和汇总会计报表(集团公司或上级主管部门编制的报表);按报表的结构,可以分为简单报表和由几个简单报表嵌套而成的复合报表;等等。在所有报表中，根据《企业财务会计报告条例》规定而编制的企业资产负债表、损益表和现金流量表，是会计核算工作中需要编制的最基本的报表。

5.1.2 会计报表系统

在手工会计中，编制会计报表是指会计人员根据有关凭证或账簿记录，先编制期初余额、本期发生额和期末余额的试算平衡表，然后主要依据试算平衡表编制会计报表；会计报表的数据都是所见即所得。但在计算机会计信息系统中，账务处理的结果是以文件形式存放在有关数据库中的，会计报表中的数据一般不能也不必由操作员直接填入，而是需要借助专门的报表处理系统帮助用户方便、及时地编制所需的各种会计报表。

能帮助用户方便地进行会计报表处理的报表处理系统一般有两种：一种是通用的计算机表处理软件。目前广泛适用于各种办公自动化制表事务的表处理软件有很多，但最为常用的当属 Excel 制表软件。这些通用表处理软件具有运算速度快、灵活实用、操作简便且功能强大的特点，因此被广泛应用于各种事务处理中，在会计核算应用领域也有一定的市场，但是这种软件在进行会计报表处理时往往受到一定因素的制约：一是受通用商品化会计软件使用制约。目前我国大多数企事业单位实现会计信息化，是采用购买通用商品化会计软件的方法。出于对系统自身安全性和版权保护的考虑，这些通用商品化会计软件往往是经过加密处理的，其系统的内部结构和源程序对用户是保密的。因此，用户很难使用通用表处理软件从这些会计信息系统中自由调取数据编制会计报表。二是受会计人员计算机知识水平制约。我国的财务会计人员普遍不具有较为专业的计算机信息技术二次开发和使用技能，很难使用诸如 Excel 等表处理软件从会计信息系统中调取数据编制会计报表。基于这两方面的原因，我国大多数企事业单位在处理会计报表事务时，都倾向于选用另外一种更为方便、简捷和易用的报表处理系统，这便是由通用商品化会计软件供应商开发和配备的会计报表处理系统，本章所介绍的 UFO 报表系统便是其中的一种。某种意义上，由于这类软件也具有诸如人事、计划、统计、税务和物资等日常办公事务的通用制表功能，因此不妨将它们称为通用会计报表管理软件或通用会计报表软件。

通用会计报表管理软件具有很强的专业特点，主要表现为：通过提供专业的、功能丰富的各种取数公式和函数，能自由方便地实现从会计信息系统各子系统自动取数，以生成各种财务报表和分析表，报表处理系统与整个会计信息系统之间实现了无缝连接。系统的安全保密性好，应用可靠性高。报表的格式设计和数据处理功能强大，除了具有一般通用制表软件的报表生成功能外，还为用户提供了一套报表维护、加工处理的完整体系。另外，为更好地服务专业用户，不少通用会计报表软件甚至将不同行业的常用报表模板预先编制好置于系统中供用户选择。目前我国绝大多数企业使用的就是这种报表系统。可以说，在多大程度上能够提供更为丰富、专业的取数函数和取数公式设计功能，是评价这类会计报表处理系统制表能力的重要指标。

尽管通用会计报表软件系统专业性强，能更加适应用户多角度的设计需要，但在对报表数据的深层分析、统计，以及利用报表数据生成各种统计分析图形等功能上，与

Excel 等通用表处理软件相比还有较大的差距。通用会计报表软件往往难以编制和处理复杂或特殊格式的会计报表。因此,不少用户仍然借助于 Excel 等通用表处理系统编制更为复杂或特殊格式的会计报表,运用 Excel 等通用表处理系统对会计报表系统生成的报表数据进行二次处理。所以,通用会计报表管理软件与其他通用表处理系统之间是否留有良好的数据接口以供软件之间进行数据交换,是评价这类软件的又一项重要指标。为了更好地实现二者的功能共享,以节省开发费用和缩短开发周期,目前很多通用商品化信息系统软件都采用了将会计软件与 Excel 相联系的所谓"捆绑式"的处理方法。基本思路是:在会计软件中提供数据接口或取数公式,用户可以方便地在 Excel 中通过数据接口或使用取数公式从账务系统中调取会计数据,然后利用强大的表处理功能和数据分析统计及图形处理功能,编制用户所需要的各种复杂的会计报表,并进行会计数据的分析和统计处理。

5.1.3 会计报表系统的基本概念

5.1.3.1 报表的基本结构与报表模板

为了掌握通用会计报表软件的使用方法,需要对报表的基本结构有所了解。就结构复杂性而言,可以将报表分为简单表和复合表两类。简单表是规则的二维表,由若干行和列组成;复合表是简单表的某种组合。大多数对外报送的会计报表,如资产负债表、利润表和现金流量表等都是简单表,而内部报表如成本分析表、财务分析表等都是复合表,格式分别如图 5-1 和图 5-2 所示。

比较两类表可以看出,复合表的结构比简单表复杂得多,复合表可以由简单表嵌套而成,也可由多个简单表拼合而成,因此复合表在处理上不如简单表那样方便。目前使用较多的会计报表系统只有部分可以处理复合表。但无论是简单表还是复合表,就结构而言基本由两大部分组成,即报表的格式部分(相对基本固定不变)和报表的数据部分(一般随会计期间的不同而不同)。

报表的格式属于报表中相对不变的部分,一个报表的格式通常包括以下内容:

(1)表题

表题用来表示报表名称及报表的编制日期、编制单位、使用的货币单位等内容。表题可能有一行也可能有若干行。如图 5-1 所示的资产负债表,表题就有三行。表题在计算机打印时通常要放大字体并加重打印。

(2)表头

表头是表的栏目部分。栏目和栏目的名称是报表最重要的内容,它们决定了报表及报表每一栏的宽度,从而确定了报表的基本格式。简单报表的栏目只有一层,栏目只有一层的称为基本栏。复合报表的栏目可以分成若干层,即大栏目下包含若干个小栏目,这种栏目称为组合栏。有些报表软件也将表的表题和表头视为一个整体,将这个整体称为表头。以下为了说明的方便都将表题和表头合称为表头。

(3)表体

表体是报表的核心。表体由纵向的若干栏和横向的若干行组成,行数为 1 ~ 9 999(缺省值为 50 行),列数为 1 ~ 255(缺省值为 7 列),行高为 0 ~ 160 毫米(缺省

资产负债表

主管部门： 会工01表 ］表题
编制单位：×××公司 2019年01月31日 单位：元

资　　产	行　次	期初数	期末数
流动资产：			
货币资金	1		
应收账款	8		
资产合计			

表头　表体

会计主管：　制表人：　——表尾

图 5－1　简单表

主要产品单位成本表

编制单位：×××公司　年　月　日　单位：元

<table>
<tr><td>产品名称</td><td colspan="3"></td><td colspan="4">本月实际产量</td><td colspan="4"></td></tr>
<tr><td>规格</td><td colspan="3"></td><td colspan="4">本月累计实际产量</td><td colspan="4"></td></tr>
<tr><td>计量单位</td><td colspan="3"></td><td colspan="4">销售单价</td><td colspan="4"></td></tr>
<tr><td>成本项目</td><td>行次</td><td colspan="2">历史先进水平</td><td colspan="2">上年实际平均</td><td colspan="2">本年计划</td><td colspan="2">本月计划</td><td colspan="2">年累计实际平均</td></tr>
<tr><td>直接材料
直接工资
制造费用</td><td>1
2
3</td><td colspan="2"></td><td colspan="2"></td><td colspan="2"></td><td colspan="2"></td><td colspan="2"></td></tr>
<tr><td>合计</td><td>4</td><td colspan="2"></td><td colspan="2"></td><td colspan="2"></td><td colspan="2"></td><td colspan="2"></td></tr>
<tr><td>主要技术
经济指标</td><td>计量
单位</td><td>用量</td><td>金额</td><td>用量</td><td>金额</td><td>用量</td><td>金额</td><td>用量</td><td>金额</td><td>用量</td><td>金额</td></tr>
<tr><td>A材料
B材料
工时</td><td></td><td></td><td></td><td></td><td></td><td></td><td></td><td></td><td></td><td></td><td></td></tr>
</table>

制表：　复核：　负责人：

图 5－2　复合表

值为 5 毫米），列宽为 0～220 毫米（缺省值为 26 毫米）。将表的行数、列数称为报表的尺寸。

纵向表格线和横向表格线将表体划分成一些方格，用于填写表中数据，这些方格称为表单元。表单元是组成报表的最小基本单位，每个表单元都可以用它所在的列坐标和行坐标表示，行号用数字 1 ~ 9 999 表示，列标用字母 A ~ IU 表示。例如，D22 表示第 4 列第 22 行的那个单元。

一个单元中最多可输入 63 个字符或 31 个汉字。在实际工作中通常只有个别单元有加长输入的情况，此时可以使用组合单元。组合单元由相邻的两个或更多的单元组成，这些单元必须是同一种单元类型（表样、数值、字符），可以组合同一行相邻的几个单元，也可以组合同一列相邻的几个单元，还可以把一个多行多列的矩形平面区域设置为一个组合单元。组合单元的名称可以用区域的名称或区域中的单元的名称表示。例如，把 B2 到 B3 定义为一个组合单元，这个组合单元可以用“B2”、“B3”或“B2:B3”表示。在报表设计时，系统把组合单元当作一个单元对待。

（4）表尾

表尾是指表格线以下进行辅助说明的部分。有些表的表尾有内容，有些没有内容，但无论有无内容，表尾这一结构在报表中都是一定存在的。

表头、表体和表尾是组成报表的基本要素，不同报表的区别实际上是报表中各要素的内容不同。计算机报表软件的基本工作原理是提供给用户设置表头、表体和表尾的功能，用户只要运行这些功能，就能得到满意的报表。

报表的数据部分是报表变化的部分。在手工条件下报表数据要靠人工通过计算工具算出来后填列表中，但在计算机报表软件中，报表中的数据基本是在数据单元中预先设置单元取数计算公式，由系统自动取数计算并填列表中的。对报表而言，每个数据单元中按系统的规范语法所定义的单元取数计算公式是不变的，但是由于公式中取数函数的参数元素在各期的取值不同，所以每期公式的计算结果是有变化的。例如，UFO 报表系统中的本期发生额函数 fs（1001，月，借），会随着会计期的不同取当期“库存现金”科目的借方发生额。所以在计算机会计报表系统中，为数据单元定义固定不变的公式也属于报表格式定义的范畴。

实践中，将定义了包括表头、表体、表尾和单元取数计算公式的报表格式称为报表的模板。显然，使用报表模板可以无限地复制相同格式的表格，也可以自动生成不同会计期间格式相同但数据不同的会计报表，如资产负债表、利润表和现金流量表等，如图 5－3 所示。

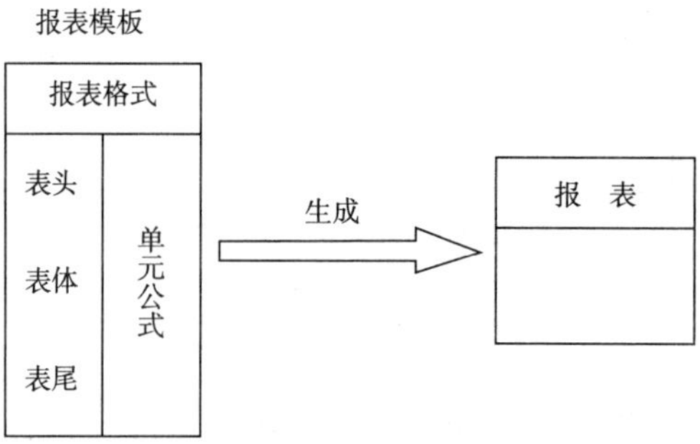

图 5－3　报表系统由报表模板生成报表

5.1.3.2　多维表

在报表取数运算中，需要确定数据的来源位置，把确定某一数据位置的要素称为“维”。在一张有方格的纸上填写一个数，这个数的位置可通过行和列（二维）来描述。如果将一张有方格的纸称为表，那么这个表就是二维表，通过行和列坐标可以找到这个二维表中的任何位置的数据。手工环境中的报表就是一个二维表的概念，也称为平面表。

如果将多个格式相同的二维表叠在一起，这一叠表称为一个三维表，会计报表系统通常都是三维立体表系统，即报表是三维表的概念。那么在三维表中要找到某一个数据的位置，就需要增加一“维”，即数据所在的表页。同一报表中可以有 1 ~ 99 999 页（缺省值为 1 页），而每张表页又由许多个单元组成。同一报表中，表页之间格式完全相同但数据可以不同。表页在报表中的序号在表页的下方以标签的形式出现，称为“页标”。页标用“第 1 页”~“第 99 999 页”表示。在运算公式中需用@ 加表页码表示，如用@2 表示取当前表的第 2 页数据。

如果将多个不同的三维表放在一起，要从多个三维表中找到一个数据，则又需增加一个“维”的要素，这就是表名。会计报表软件不仅可以从本表页不同单元取数，而且可以在本表不同表页之间取数，还可以实现在三维表之间相互取数运算，这种取数运算也称为“三维表间的四维运算”。所以在会计报表系统中进行运算时，要确定一个数据源的位置通常需要四个要素（维）：表名、列、行和表页。实际上，通用会计报表处理系统不仅可以进行系统内三维表间的取数，而且可以通过自备函数实现从会计信息系统的其他子系统（如账务系统、工资系统等）和其他软件系统取数。

5.1.3.3　关键字

在三维表中进行跨表页取数运算时需要进行表页定位，常见的定位方法分为绝对定位和相对定位两种。其中，绝对定位就是依据对象所在的序号进行定位，如第 × 页；相对定位则是依据能唯一标识对象的参照物进行的定位。所谓报表关键字，实际上就是用来标识表页的参照物，用于在大量表页中快速选择表页。例如，一个资产负债表的表文件可放一年中 12 个月的资产负债表（甚至多年的多张表），要对某一张表页的数据进行定位，就需要用关键字作为定位标志。每张报表可以定义多个类型的关键字，一般包括单位名称、单位编号以及年、季、月、日等，也可以自行定义关键字。报表关键字在格式状态下定义而在数据状态下录入。关键字是游离于单元之外的特殊数据单元。本质上关键字是一个计算机的取值函数。

5.1.3.4　单元属性

手工环境中可以直接在表格中任意写入各种类型的数据，而计算机系统需要先定义单元的属性（属性包括单元类型、对齐方式、字体颜色等），才能在单元中处理该类型的数据。不同的软件所允许定义的数据类型不同，会计报表软件所允许定义的单元属性包括数值型单元、字符型单元和表样型单元。

（1）数值型单元

数值型单元属于报表的数据，在数据状态下输入，可以直接输入或由单元中存放的单元公式运算生成。建立一个新表时，所有单元的类型缺省值为数值型。

(2)字符型单元

字符型单元属于报表的数据,在格式状态下定义,在数据状态下输入。字符型单元的内容可以是由汉字、字母、数字及各种键盘可以输入的符号所组成的一串字符。一个单元中最多可输入63个字符或31个汉字。字符型单元的内容也可由单元公式生成。

(3)表样型单元

表样型单元属于报表的格式。格式状态下录入的单元类型系统都默认为表样型。表样型单元是定义一个没有数据的空表所需的所有文字、符号或数字。一旦单元被定义为表样型,那么在其中输入的内容将对所有表页都有效。表样型单元内容在格式状态下输入和修改,在数据状态下不允许修改。

5.1.3.5 固定区与可变区

固定区的行数和列数是固定不变的,因此一旦设定好行数和列数,在固定区内的单元总数是不变的;可变区的行数和列数是可以变化的,可变区的最大行数和最大列数是在格式设计中设定的。在一个报表中只能设置一个可变区,要么是行可变区(可变区中的行数可变),要么是列可变区(可变区中的列数可变)。设置了可变区后,屏幕只显示可变区的第一行或第一列,其他可变行、列则隐藏在表体内。在以后的数据操作中,可变行、列数随着需要而增减。有可变区的报表称为可变表,无可变区的报表称为固定表。

5.1.3.6 组合区域

区域也称"块",是由一组相邻的单元组成的矩形块。区域是二维的,最小的区域是一个单元,最大的区域可以包括整张报表的所有单元。在描述一个区域时,开始单元(左上角单元)与结束单元(右下角单元)之间用冒号":"连接,如:C4:D8。

需要注意的是,组合区域与组合单元不是一个概念。组合单元需要专门定义,组合单元中的各单元的类型必须一致。系统将组合单元当作一个单元对待。

5.1.3.7 报表公式

在会计报表系统中,对不同会计期间报表数据的采集和管理一般很少使用手工直接录入的方法,而是借助于报表公式实现自动处理,这也是计算机环境中报表能实现自动化制作的根本意义所在。根据不同的用途,与报表有关的公式分为单元公式、审核公式和舍位平衡公式三种。

在会计报表编制过程中,虽然不同会计期间报表中的数据会发生变化,但报表中各单元数据的计算方法和数据之间的钩稽关系通常是不变的,因此报表公式相对报表而言是基本不变的,可以理解为报表的格式范畴。所以报表公式要在格式状态下进行设置,一经设定,在以后的会计期间很少会改变。当然,如果公式算法发生了改变,就要在格式状态下对公式进行修正。

5.1.3.8 报表的设计状态

在手工条件下制作一张完整的表格,通常要分两步走:一是先制作一张没有数据的空表(结构),包括表头、表体、表尾等。虽然目前会计报表通常已由上级部门统一设计并印制固定格式,但这仍是制表的一个基本步骤。这是报表固定不变的格式部分。二是在报表中填列数据，这些数据在手工条件下要由人工借助必要的依据完成。这是报表中变化的部分。

在会计报表软件系统中，通常也是将报表格式和报表数据分开管理的。软件系统将报表的设计过程分为两大状态，即报表的格式设计状态和报表的数据处理状态。

(1)报表的格式设计状态

报表的格式设计状态用于设计报表的格式，凡是与报表的格式设计有关的工作都要在这一状态下完成，如定义表尺寸、行高列宽、单元属性、单元风格、组合单元、关键字和可变区等。同时，报表的三类公式(单元公式、审核公式和舍位平衡公式)也是在格式状态下定义的。

由于在同一报表中各表页格式完全一样，所以在报表格式设计状态下不必区分表页(此时看不到页标)，所做的操作对本报表的所有表页都发生作用。在格式状态下不能进行数据的录入、计算等操作。在格式状态下所看到的是报表的格式，报表的数据将全部被隐藏起来。

(2)报表的数据处理状态

报表的数据状态用于处理报表的数据，凡是与报表的数据处理有关的工作都要在这一状态下完成，如数据输入、单元公式的数据采集生成、增删表页、审核、舍位平衡、做图形、汇总和合并报表等。在报表的数据状态下不能修改报表的格式。在报表的数据状态下能看到报表的全貌，包括报表的格式和数据，此时打印机所打印的报表即“所见即所得”。

用友 UFO 报表系统的报表格式与报表数据状态之间的转换是通过系统界面左下方的【格式/数据】转换按钮完成的。

需要说明的是，由于各单元已经预先定义了单元公式，报表格式定义好后报表数据将由系统自动计算生成，报表由格式状态切换到数据状态的过程便是报表生成的过程，报表生成的时间与报表中公式的取数计算工作量有关。与手工制表不同的是，当报表的格式(包括公式)需要改变时，可以随时切换到格式状态下修改，然后再切换到数据状态重新生成新报表。

5.1.4　会计报表系统的基本制表流程和功能结构

5.1.4.1　会计报表系统的基本制表流程

编制会计报表是每个会计期末最主要的工作之一，会计报表的编制过程具有很强的规律性。在手工条件下，会计报表的编制大致可以归纳为以下步骤：

第一，设计并绘制表格线条及有关说明文字。尽管大部分会计报表由上级部门统一设计并印制出固定格式，但这仍然被归纳为一个必要的基本步骤。

第二，查阅账簿内容、计算并填写数据。

第三，根据数据间的钩稽关系检查报表数据的正确性。

计算机会计报表系统的制表基本流程类似于手工计算并录入的过程，但由于计算机系统具有数据处理的特点，所以每一步骤的具体工作方法与手工有很大的不同。

根据计算机编制会计报表的工作内容，可以将会计报表软件的制作流程分为以下四步：

第一，设计报表格式，即定义报表的模板，主要包括设置报表基本格式、定义各单元的取数公式等。

第二，采集数据并计算生成报表数据，即通过模板中定义的单元公式自动生成当期报表数据。当然，对没有定义单元公式的数据单元，系统也保留通过手工计算并录入数据的方式。

第三，审核报表正确性。可以通过定义审核公式自动进行报表数据审核。

第四，报表输出。

上述基本流程可概括为如图 5－4 所示。

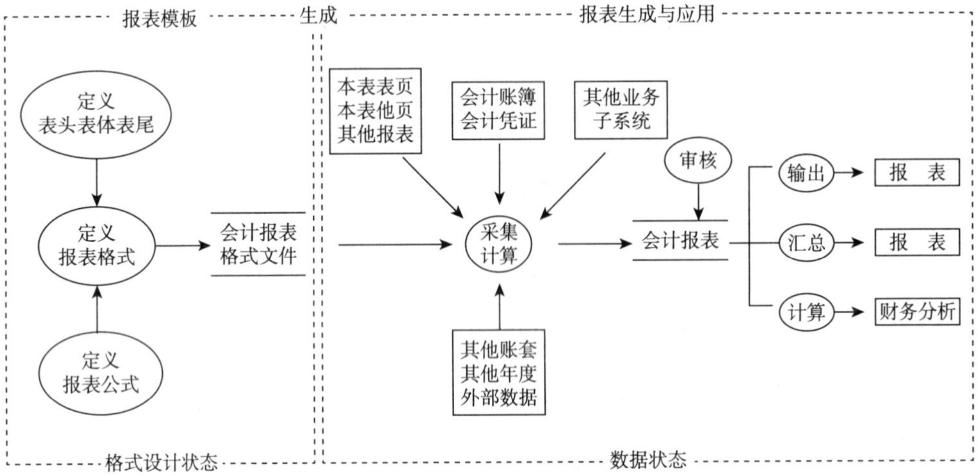

图 5－4　会计报表系统制表基本流程

5.1.4.2　会计报表系统的功能结构

通过以上对会计报表系统数据流程的分析，同时考虑计算机环境中会计报表系统强大的数据应用和分析功能，可以把会计报表系统的功能结构概括为文件管理、格式管理、数据处理、图表管理、报表输出和报表二次开发等主要功能，如图 5－5 所示。

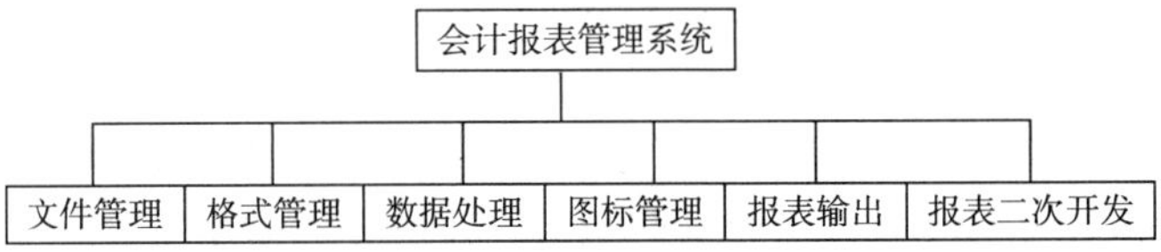

图 5－5　会计报表系统的功能结构

①文件管理功能：对报表文件的创建、读取、保存和备份进行管理。

②格式管理功能：按照用户的不同要求定义报表格式。

③数据处理功能:提供报表数据的录入、采集、计算、分析和汇总等。可以通过取数公式从其他系统、其他报表、其他表页和其他单元中采集数据,也可以进行表页与表页以及不同表格之间的数据钩稽运算。

④图表管理功能:借助计算机强大的数据处理技术平台,对报表中的数据进行各种图表分析。

⑤报表输出功能:将已编制完成的报表显示出来或打印输出。

⑥报表二次开发功能:通用会计报表系统提供的开发应用平台,用户可自行进行个性化报表系统设计、处理、管理和分析。当然,这一功能并非所有通用会计报表系统都具备。值得指出的是,随着计算机网络技术的发展与普及,网络中工作站、各局域网之间报表数据的传输越来越多。因此,不少会计报表系统已将通信功能,特别是远程通信功能作为系统的基本功能进行开发。

介绍了会计报表管理系统的基本原理后,下面就以用友 UFO 报表系统为蓝本阐述会计报表系统的基本操作过程与原理。

5.2 UFO 报表系统概述

UFO 报表系统是用友财务软件公司开发的一套功能强大的电子表格软件,不仅可以处理财务会计中的报表事务,而且可以处理其他行业(如人事、计划、统计、税务、物资等)的日常办公事务,具备表格制作、数据运算、图形制作以及打印等电子报表的所有功能,既可编制对外报表,又可编制内部报表。UFO 报表系统的主要内容包括三项:设计报表的格式和编制公式;从总账系统或其他业务系统中提取有关会计信息,自动编制各种会计报表;对报表进行审核、汇总,生成各种分析图,并按预定格式输出各种会计报表。

5.2.1 UFO 报表系统的主要功能模块

作为典型的三维立体表系统,UFO 报表系统提供了许多丰富实用的功能,完全实现了三维立体表的四维处理。UFO 报表系统的主要功能如下:

5.2.1.1 提供各行业报表模板

系统提供了不同行业的标准财务报表模板。如果这些标准行业财务报表仍不能满足需要,系统还提供了自定义报表模板的功能,可以根据本单位的实际需要定制模板。

5.2.1.2 文件管理功能

系统可实现对报表文件的创建、读取、保存和备份进行管理;能进行不同文件格式之间的自由转换,如文本文件、*.MDB 文件、*.DBF 文件、Excel 文件和 LOTUS 1-2-3 文件;支持多个窗口同时显示和处理,可同时打开文件和图形的窗口多达 40 个;提供标准财务数据的“导入”和“导出”功能,可与其他流行财务软件交换数据。

5.2.1.3 格式设计功能

系统提供了丰富的格式设计功能,如定义组合单元、画表格线(包括斜线)、调整行高列宽、设置字体和颜色及设置显示比例等,可制作各种要求的报表格式。

5.2.1.4 数据处理功能

系统以固定的格式管理大量不同的表页,能将多达 99 999 个具有相同格式的报表资料统一在一个报表文件中进行管理,并且在每张表页之间建立有机的联系。此外,系统还提供了排序、审核、舍位平衡和汇总功能。系统提供了绝对单元公式和相对单元公式,可以方便迅速地定义计算公式;提供了种类丰富的函数,可以从账务等用友系统中提取数据生成财务报表。

5.2.1.5 图表功能

系统将数据表以图形的形式进行表示。采用"图文混排",可以方便地进行图形数据组织,制作包括直方图、立体图、圆饼图和折线图等 10 种图式的分析图表;可以编辑图表的位置、大小、表题、字体和颜色等;可以打印输出图表。

5.2.1.6 打印功能

系统采用"所见即所得"的打印方式,报表和图形都可打印输出;提供"打印预览"功能,以随时观看报表或图形的打印效果。报表打印时,可以打印格式或数据,可以设置表头和表尾,可以在 0.3 至 3 倍之间缩放打印,可以横向或纵向打印等。

5.2.1.7 二次开发功能

系统具备强大的二次开发功能。系统提供批命令和自定义菜单,自动记录命令窗中输入的多个命令,可将有规律性的操作过程编制成批命令文件,提供了 Windows 风格的自定义菜单,而综合利用批命令可以在短时间内开发出本企业的专用系统。

5.2.2 UFO 报表系统与其他业务子系统之间的数据关系

首先,固定资产子系统、薪资管理子系统、应收应付子系统、存货管理子系统和成本管理子系统都可向总账子系统传递数据,UFO 报表系统从总账子系统中采集数据编制会计报表。

其次,UFO 报表系统可以提供进行财务分析和决策分析的基本数据资料。

UFO 报表系统与其他子系统之间的数据关系如图 5-6 所示。

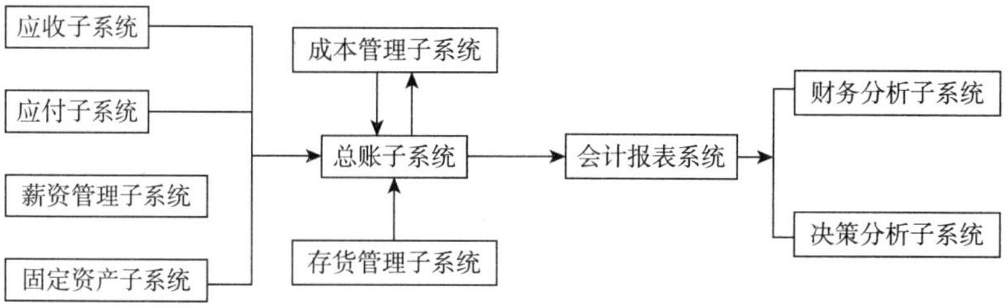

图 5-6 报表系统与其他子系统之间的数据关系

5.2.3 UFO 报表系统制表基本步骤

运用 UFO 报表系统制作一个报表的基本步骤如下:

5.2.3.1 启动UFO报表系统，建立报表

单击【文件】菜单中的【新建】命令或单击新建图标后，即可建立一个空表，并自动进入格式设计状态。这时可以在这张报表上设计报表格式，在保存文件时用自己的文件名为这张报表命名。

5.2.3.2 设计报表的基本格式

设计报表的基本格式是在格式状态下进行的，格式对整个报表都有效，主要包括以下操作：

①设置表尺寸，即设定报表的行数和列数。

②定义行高和列宽。

③画表格线。UFO报表系统提供的画线类型有网线、框线、横线、竖线、正斜线和反斜线六种，表线样式有空线、细实线、虚线和粗实线等八种。

④设置单元属性。单元属性包括单元类型、数字格式和边框线。单元属性是组成报表格式内容的重要部分，设置好每一个单元的属性是设计好一张报表的关键。一般把固定内容的单元如“项目”“行次”“期初数”“期末数”等定义为表样单元，把需要输入数字的单元定义为数值单元，把需要输入字符的单元定义为字符单元。

⑤设置单元风格，即设置单元的字形、字体、字号、颜色、图案、对齐方式和折行显示等。

⑥定义组合单元，即把多个单元组合为一个单元使用。其中，“整体组合”是指将整个选中区域设置为一个组合单元，“按行组合”是指将选中区域的每一行设置为一个组合单元，“按列组合”是指将选中区域的每一列设置为一个组合单元。

⑦设置可变区，即确定可变区在表页上的位置和大小。

⑧确定关键字及其所在表页上的位置，如单位名称、年、月等。

设计完成报表的基本格式后，可以输入表样单元的内容，如“项目”“行次”“期初数”“期末数”等。

如果需要一张标准的财务报表，如资产负债表等，可以利用UFO报表系统提供的财务报表模板自动生成。UFO报表系统提供了多个行业不同种标准财务报表模板套用格式，可选择与报表要求相近的格式，进行一些必要的修改即可。

5.2.3.3 定义各类公式

报表公式的定义是在格式状态下进行的。UFO报表系统有三类公式：计算公式（单元公式）、审核公式、舍位平衡公式。计算公式用来定义报表数据之间的运算关系，在报表数值单元中键入“=”就可以直接定义计算公式，所以又称为单元公式；审核公式用于审核报表内或报表间的钩稽关系是否正确，需要用【审核公式】菜单项定义；舍位平衡公式用于报表数据进位或小数取整时调整数据，以免破坏原报表的数据平衡，需要用【舍位平衡公式】菜单项定义。

5.2.3.4 报表数据处理

报表数据处理是在数据状态下进行的。报表基本格式和报表中的各类公式给出定义后就可以进行报表的数据处理了。

5.2.3.5 报表图形分析处理

当需要对报表中部分区域或整个报表进行图形分析时,可选取报表中的相关数据,制作各种分析图形。可以制作的分析图包括直方图、圆饼图、折线图、面积图和立体图等。图形可随意移动,图题、数据组可以按照要求设置,图形也可以打印输出。

5.2.3.6 打印报表

可控制打印方向,进行横向或纵向打印;可控制行列打印顺序;不但可以设置页眉和页脚,还可以设置财务报表的页首和页尾;可缩放打印;利用打印预览可观看打印效果。

5.2.3.7 退出

所有操作完成之后,要保存报表文件,然后退出 UFO 报表系统。

在以上步骤中(1)、(2)、(4)、(7)步是必需的,因为要完成一般的报表处理,一定要有启动系统建立报表、设计格式、数据处理和退出系统这些基本过程。实际应用时,具体的操作步骤应视情况而定。

5.3 UFO 报表格式设计

5.3.1 制作一个固定表

设计一个报表格式就相当于设计一个报表模板,通过设计完成的模板可制作(生成)许许多多格式相同但内容不同的报表。模板和数据报表的直观区别在于窗口左下角的【格式/数据】按钮的状态:如果按钮为【格式】状态,则表明当前报表是模板,可进行格式设计或对原报表格式进行修改和维护;如果按钮为【数据】状态,则表明当前报表是具体生成的数据报表。可通过单击该按钮在模板和一般数据报表之间随意进行切换。

【例 5-1】创建利润表。利润表的参考表如表 5-1 所示。

表 5-1 利润表

单位名称: 年 月 单位:元

项 目	行次	本月数	上年同期数
一、营业收入	1		
减:营业成本	2		
营业税金及附加	3		
销售费用	4		
管理费用	5		

续表

项　　目	行次	本月数	上年同期数
财务费用	6		
资产减值损失	7		
加:公允价值变动收益	8		
投资收益	9		
二、营业利润	10		
加:营业外收入	11		
减:营业外支出	12		
三、利润总额	13		
减:所得税费用	14		
四、净利润	15		

制表:　　　　　　　　　　复　核:

财务主管:　　　　　　　　报送日期:

【操作步骤】

①启动 UFO 报表系统建立一个新报表。单击桌面【财务系统】下的【UFO 表】菜单项,启动 UFO 报表系统。UFO 报表系统启动后,单击【文件】下的【新建】,出现一张空表,此时【格式/数据】按钮应处于格式状态。

②设计报表的格式和定义公式。

a. 确认表尺寸,即定义电子表格大小。观察一下表 5 - 1,该表共需 20 行(包括表头 2 行,表体 16 行,表尾 2 行)4 列。单击【格式】下的【表尺寸】,系统弹出对话框,将行数改为 20,列数改为 4,结果如图 5 - 7 所示。单击【确认】。此时会发现屏幕只剩下 20 行 4 列,其余的部分都变为灰色。

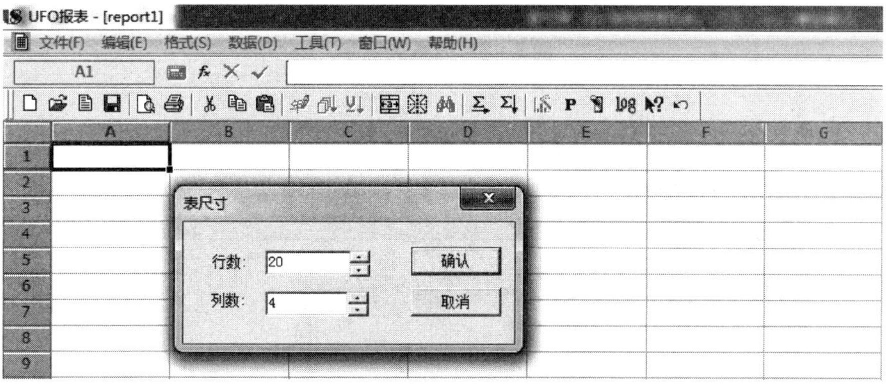

图 5 -7　定义表尺寸

如果在设计过程中发现表尺寸有误,比如说应该是 23 行 3 列,可通过【编辑】菜单下的【插入】命令增加行数,通过【编辑】菜单下的【删除】命令减少列数。

b. 定义表头和关键字。

定义表头：首先在 A1 单元输入“利润表”，要求“利润表”三个字在整个报表的正中央。然后选中 A1 至 D1 单元，单击【格式】菜单下的【组合单元】，单击【整体组合】或【按行组合】，则 A1 到 D1 变为一个“单元”，然后单击工具条上的“居中”按钮。

定义关键字：选中 A2 单元，单击【数据】菜单下的【关键字】后的【设置】，选中“单位名称”，单击【确认】，A2 单元中出现“单位名称：××××××××××××××”等红色字样，重复上述操作，将“年”和“月”两个关键字加入，如图 5－8 所示；关键字“年”和“月”与“单位名称：××××××××××××××”重叠在一起，无法辨别，单击【数据】菜单下的【关键字】后的【偏移】，适当填写偏移值，然后单击【确认】，即可实现关键字之间的距离调整，如图 5－9 所示。“偏移”是指各关键字在单元中的相对位置，负数表示向左偏移，正数表示向右偏移。

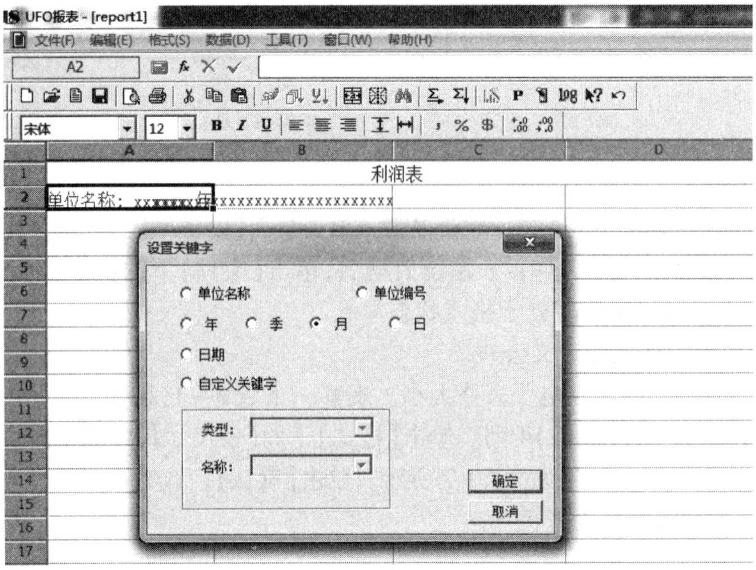

图 5－8 设置关键字

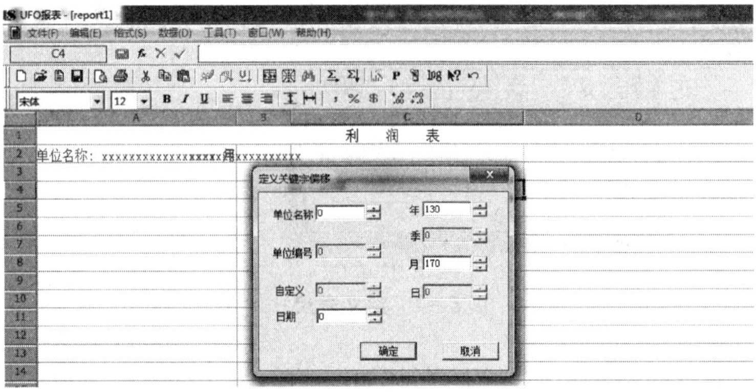

图 5－9 设置关键字偏移值

关键字设置完成后，选中 D2 单元输入“单位：元”，然后单击工具条上的“居右”按钮。

c. 制作表体。将表 5－1 中表体部分的内容输入相应的单元格内。表体内容输入完毕后，调整一下版面结构：将鼠标放在 A 列到 B 列之间，当鼠标由箭头变为左右箭头时，向右拖动鼠标直至 A 列的文字全部可见为止。选中 A3 至 D18 单元，单击【格式】菜单下的【区域画线】，单击【确认】。选中 A3 到 D3 单元，单击工具条的【居中】按钮。选中 A3 到 B18 单元，单击工具条上的【居中】按钮。这些操作的结果如图 5－10 所示。

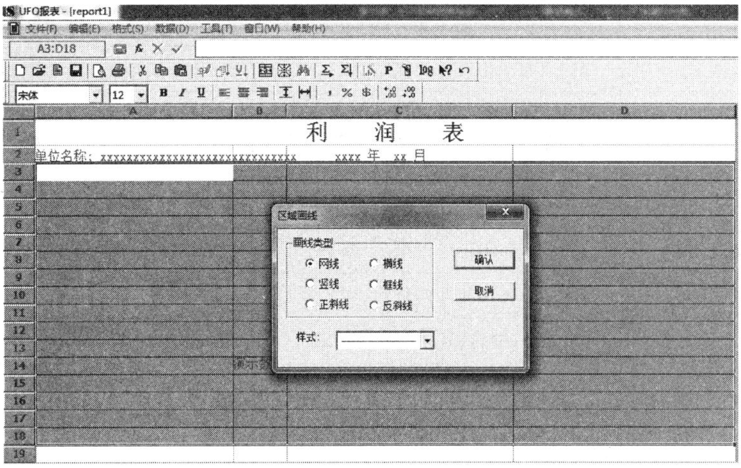

图 5－10 区域画线

d. 定义公式。格式状态下录入的单元类型系统都默认为是表样型，如 A3 单元至 B18 单元，其余单元均为数值型。

在“格式”状态下，选中 C4 单元，单击“fx”图表或按键“＝”，系统弹出“定义公式”窗口，输入 fs(6001，月，"贷"，，年)＋fs(6051，月，"贷"，，年)，单击【确认】，如图 5－11 所示。屏幕上 C4 单元格出现“公式单元”字样。（注意：除非汉字，其余包括标点符号皆在英文半角状态下录入，否则语法有误。）

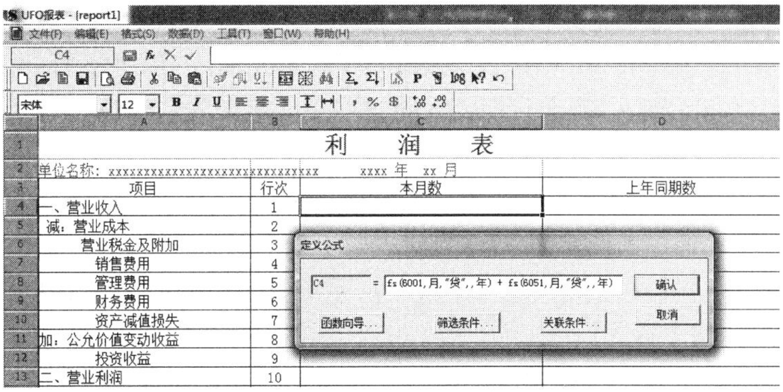

图 5－11 定义公式

同理,将表 5-2 中的公式一一录入。

表 5-2 利 润 表

单位名称: 年 月 单位:元

项 目	行次	本月数	上年同期数
一、营业收入	1	fs(6001,月,"贷",,年)+fs(6051,月,"贷",,年)	Select(C4,年@=年+1 and 月@=月)
减:营业成本	2	fs(6401,月,"借",,年)+fs(6402,月,"借",,年)	Select(C5,年@=年+1 and 月@=月)
营业税金及附加	3	fs(6403,月,"借",,年)	Select(C6,年@=年+1 and 月@=月)
销售费用	4	fs(6601,月,"借",,年)	Select(C7,年@=年+1 and 月@=月)
管理费用	5	fs(6602,月,"借",,年)	Select(C8,年@=年+1 and 月@=月)
财务费用	6	fs(6603,月,"借",,年)	Select(C9,年@=年+1 and 月@=月)
资产减值损失	7	fs(6603,月,"借",,年)	Select(C10,年@=年+1 and 月@=月)
加:公允价值变动收益	8	fs(6101,月,"贷",,年)	Select(C11,年@=年+1 and 月@=月)
投资收益	9	fs(6111,月,"贷",,年)	Select(C12,年@=年+1 and 月@=月)
二、营业利润	10	C4-C5-C6-C7-C8-C10-C10+C11+C12	Select(C13,年@=年+1 and 月@=月)
加:营业外收入	11	fs(6301,月,"贷",,年)	Select(C14,年@=年+1 and 月@=月)
减:营业外支出	12	fs(6711,月,"借",,年)	Select(C15,年@=年+1 and 月@=月)
三、利润总额	13	C13+C14-C15	Select(C16,年@=年+1 and 月@=月)
减:所得税费用	14	fs(6801,月,"借",,年)	Select(C17,年@=年+1 and 月@=月)
四、净利润	15	C16-C17	Select(C18,年@=年+1 and 月@=月)

公式说明:在 sele(C,年@=年+1 and 月@=月)中:"年@"表示本年,"年+1"则表示当前年的上一年,"月@"表示当前月,所以"sele(C,年@=年+1 and 月@=月)"表示把上年同期表中 C 单元的数取出来。(需要注意:这里公式的 C 为格式演示,实际录入时一定要录入具体的单元符,如 C15 等。)

e. 制作表尾。在 A19 单元输入"制表:",A20 单元输入"财务主管:",C19 单元输入"复核:",C20 单元输入"报送日期:"。将这些单元定义为左对齐。

分别选中 B19:B20,D19:D20 区域,单击【格式】菜单下的【单元属性】,将"单元类型"定义为"字符型",并将这两个区域定义为左对齐。

③保存模板。通过前两步,一个"利润表"的模板基本上就建起来了,现在把工作成果保存起来。单击【文件】菜单下的【保存】,系统弹出【另存为】对话框,输入文件名"利润表.rep",单击【确认】。

④关闭文件。单击【文件】菜单下的【关闭】按钮。文件"利润表.rep"被关闭。

⑤数据处理。运用前面的实验资料,在"总账系统"月末结账的情况下,产生利润

表数据。具体操作如下：

a. 单击【文件】菜单下的【打开】，选中文件“利润表.rep”，单击【打开】。

b. 输入关键字。单击【数据】菜单下的【关键字】的【录入】，分别录入单位名称和产生报表的月份，单击【确认】。

c. 增加表页。通过增加表页的方法可以产生不同月份的利润表。单击【编辑】菜单下的【追加】后的【表页】，系统弹出对话框，选择欲增加的表页数量，填入“1”，点击【确认】即可。

⑤退出。在退出前保存数据，单击工具条上的“保存”图标，然后关闭该文件。如果感觉设计的报表不够美观，可使用【编辑】菜单下的【行高】【列宽】【单元风格】美化报表。这些使用方法浅显易懂，不再举例。

操作注意：

①在设计报表时，初学者要注意区分系统的【格式】和【数据】两种状态。不同状态下所做的工作是不同的。一个基本原则是：涉及报表格式设计的工作在【格式】状态下做；涉及报表数据处理的工作在【数据】状态下做。问题是要分清哪些工作属于“格式设计”，哪些工作属于“数据处理”。初学者制表所发生的问题往往都出现在这里。

②报表的数据录入和处理一般都是在【数据】状态下进行的。系统默认所有单元均为“数值型”单元。但是如果未定义单元类型，直接在【格式】状态下向某单元录入内容，那么这个单元自动就被定义为“表样型”单元，所录入的内容均为“表样型”内容，这些内容只能在【格式】状态下修改。“表样型”单元录入的内容对所有报表表页都有效。

③关键字在【格式】状态下定义，在【数据】状态下录入。

④报表中所有类型的公式均在【格式】状态下定义，在【数据】状态下生成数据。在【格式】状态下对某单元公式定义完成后，此单元只显示“公式单元”字样。如果在【格式】状态下能直接看到某单元中的公式内容，那么一定是录入错了，此时的内容不是公式内容，而是“表样型”数据。

⑤初学者开始往往搞不清“表样型”“字符型”“关键字”三者之间的区别。可以这样简单地理解：“表样型”属于报表格式范畴，如果本报表中所有表页在此单元的内容都一样，且一般不变化，那么就考虑将其设置为“表样型”；“字符型”属于报表的数据范畴，一般不同的表页内容不同；由于报表中所有表页都具有相同的格式，所以“关键字”主要用于唯一地标识一张表页，在公式运算时作为“数据源”的表页定位符，它游离于单元之外。

5.3.2 设计一个可变表

一般来说，企业常用报表的格式比较固定，即使有变化也可以通过修改固定表得以实现。这里讲的可变表不是指固定表格式的变化，而是指那些行或列数不固定，随实际需要可增减行、列的报表。

【例 5-2】假设 ABC 商贸有限公司每月可供销售的产品只有 15 种，2019 年 1 月销售的产品有 3 种，2 月销售的产品有 4 种，要求每月输出的报表不出现空行，为此需要编制行可变的报表。

ABC 商贸有限公司为考核各种产品的获利能力，设计了如表 5-3 的报表。

表 5－3　产品销售毛利率明细表

单位名称:ABC 商贸有限公司　　　　年　月　　　　单位:元

产品名称	销售收入	销售成本	销售毛利
合计			

在表 5－3 中,产品的品种是可以变化的,各种产品的销售收入和销售成本均根据实际发生数填列,每种产品的销售毛利则是该种产品收入减去各项成本费用的结果。产品销售的有关资料如表 5－4 所示。

表 5－4　ABC 商贸有限公司 2019 年 1 月、2 月产品销售一览表　　单位:元

产品名称	1 月销售收入	1 月销售成本	2 月销售收入	2 月销售成本
甲	90 000	70 000	60 000	37 000
乙	80 000	60 000	60 000	33 000
丙	70 000	40 000	85 000	55 000
丁			100 000	85 000
合计	240 000	170 000	305 000	210 000

制作产品销售毛利率明细表:

①启动 UFO 报表系统,建立新报表。

②设计报表的格式和定义公式。

a. 确定表尺寸。本表共 4 列,行数不固定,最大为 19 行(15 种产品各 1 行,其他 4 行)。

b. 输入表头和关键字。方法同固定表。

c. 制作表体。在第 3 行各单元分别输入“产品名称”“销售收入”“销售成本”“销售毛利”,在 A5 单元输入“合计”。

d. 定义可变区。点行标 4,单击【格式】菜单下的【可变区】后的设置,在本例中设置“行”可变,如图 5－12 所示,将数量改为“15”,单击【确认】,将发现第 5 行的行标变为 19。

定义 A4 单元格属性为“字符型”,并设置居中。

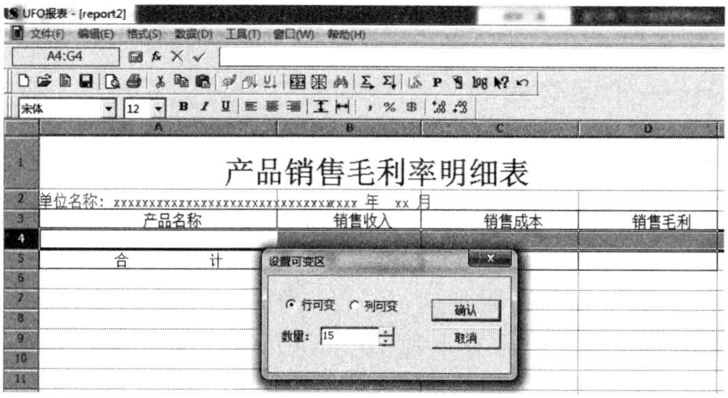

图 5－12　设计产品销售毛利率明细表

操作注意：

一个报表中最多只能定义一个可变区。如果想重新设置可变区，首先要取消现有可变区，再设置新可变区。要修改可变区的大小，可重新设置可变区。

e. 定义公式。选 B19 单元，单击“fx”图标，系统弹出定义公式对话框，单击【函数向导】，选择“统计函数”中的可变区统计函数 GTOTAL 函数，如图 5－13 所示，单击【下一步】。输入可变区 “B4：B18”，如图 5－14 所示，单击【确认】。同理填列 C14 和 D14 单元。最终结果如图 5－15 所示。

图 5－13　定义产品销售毛利率明细表公式(一)

图 5－14　定义产品销售毛利率明细表公式(二)

图 5－15 定义产品销售毛利率明细表公式(三)

③保存样板。将该文件命名为“CPMXB”保存。

④数据处理。单击左下角的【格式/数据】切换按钮,切换到【数据】状态。

a. 输入关键字。“单位名称”为“ABC 商贸有限公司”,“年”为“2019”,“月”为“1”。

b. 插入行。选中 A4 单元,单击【编辑】菜单下的【追加】后的【行】,系统提示输入要追加行的数量,输入 3,单击【确认】。可以看到屏幕上增加了两行,行标分别是 5 和 6。

c. 输入数据。在第 4、5、6 行各单元输入数据,输入结果如图 5－16 所示。

同理,追加一张表页,输入 2 月份的数据。

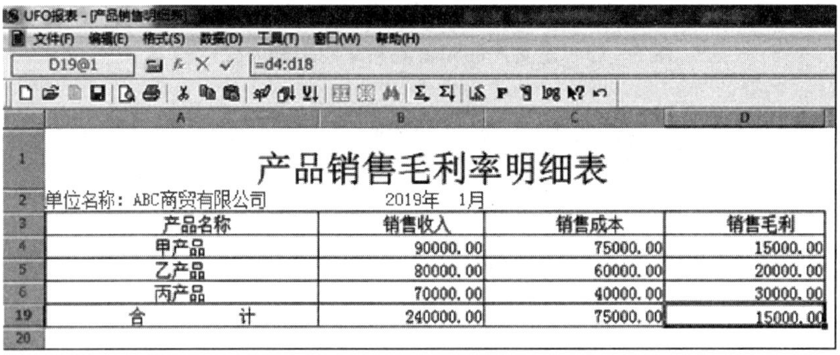

图 5－16 录入 2019 年 1 月报表数据

⑤保存文件并退出。

5.3.3 格式设计的其他功能

5.3.3.1 套用格式

系统预存了一些常规性的报表,当需要时可以直接套用。

【操作步骤】

①单击【格式/数据】按钮,进入格式状态。

②选取要套用格式的区域。

③单击【格式】菜单中的【套用格式】,弹出【套用格式】对话框。在对话框中选取一种套用格式,如图 5－17 所示。单击【确认】后,所选区域即出现相应的格式。

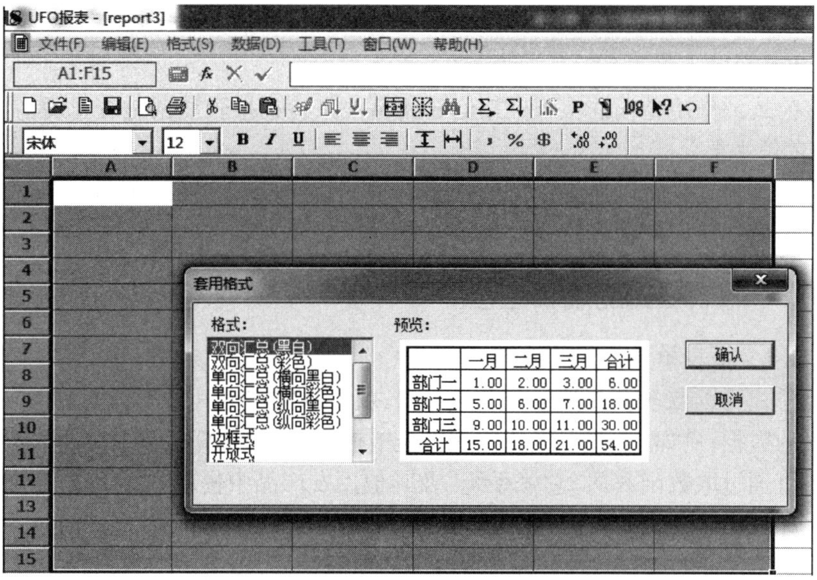

图 5－17 套用格式

区域套用格式之后,区域中原有格式和数据全部丢失。有些套用格式中已设置了计算公式,当前区域套用该格式后,公式同时写入了相应单元中。

5.3.3.2 报表模板

UFO 报表系统提供的报表模板包括 21 个行业 70 多张标准财务报表(包括现金流量表),也可以包含用户自定义的模板。用户可以根据所在行业选择相应的报表套用格式,并在模板的基础上稍做修改即可得到满意的报表格式。

(3)自定义模板

用户可以根据本单位的实际需要定制内部报表模板,并将自定义的模板加入系统提供的模板库内,也可以根据本行业的特征增加或删除各个行业及其内置的模板。

5.4 报表公式的编辑

经济报表中的数据通常具有很强的规律性,除个别报表中数据需要手工直接输入外,其他大部分数据都可通过定义报表公式自动得到。用报表公式组织报表数据,既经济又省事,它可以把大量重复、复杂的制表工作简单化。实际上,一个会计制表软件能力的一个重要指标,就在于其报表公式应用程度和取数函数的丰富程度。

5.4.1 报表公式的种类

根据不同的用途，报表公式可以分为以下三种：

(1)单元公式

通过定义各单元公式可以实现报表单元数据的自动采集和运算。

(2)审核公式

审核公式的作用是根据报表数据间的钩稽关系检查报表数据是否正确。

(3)舍位平衡公式

舍位平衡公式是将以元为单位的报表转换为以千元或万元为单位的报表时，为保持报表数据的平衡而使用的公式。

5.4.2 报表公式的编辑过程

5.4.2.1 报表单元公式的编辑

单元公式可以取本表页其他单元的数据，也可以取本表其他表页的数据，还可以取其他报表的数据，例如，从若干张基础数据表中提取数据，计算后形成分析表。此外，单元公式还可通过取数函数从“总账系统”及其他用友产品中提取数据，如“应收”“应付”“工资”“固定资产”和“成本管理”等。

①本表页内部的取数公式。本表页内部的取数计算公式，是指数据存放位置和数据来源位置都没有超出本表本页范围的计算公式，即数据来源于同一表页。表页内部的取数计算公式又可以分为一个单元的公式、区域公式、可变区公式、带筛选条件的计算公式和指定处理表页的单元公式五种情况。如表5－5所示的统计函数，B3:B9为数据来源区。

表5－5 统计函数表

	固定区	可变区	立体方向
合计函数	PTOTAL(B3:B9)	GTOTAL(B3:B9)	TOTAL(B3:B9)
平均值函数	PAVG(B3:B9)	GAVG(B3:B9)	AVG(B3:B9)
计数函数	PCOUNT(B3:B9)	GCOUNT(B3:B9)	COUNT(B3:B9)
最小值函数	PMIN(B3:B9)	GMIN(B3:B9)	MIN(B3:B9)
最大值函数	PMAX(B3:B9)	GMAX(B3:B9)	MAX(B3:B9)
方差函数	PVAR(B3:B9)	GVAR(B3:B9)	VAR(B3:B9)
偏方差函数	PSTD(B3:B9)	GSTD(B3:B9)	STD(B3:B9)

②从本表其他表页取数的公式。有些报表数据来源于本表其他表页，这就需要用到表页与表页间的计算公式。例如，使用SELECT(　)函数(这里的函数表述不分大小写)从本表其他表页取数，常用于“利润表”中求上期金额数，如：D＝SELECT(C，年@＝年＋1 and 月@＝月)，表示“上年同期数”。如对表5－6中的数据取数，可应用SELECT函数，方法如下：

本年累计金额：D＝C＋SELECT(D，年@＝年 and 月@＝月＋1)。上月金额：E＝SELECT(C，年@＝年 and 月@＝月＋1)。上年同期金额：F＝SELECT(C，年@＝年＋1

and 月@ =月)。这里公式中用到了关键字“年”和“月”的定位。由年@ =年+1,得年=年@ -1 年,年@表示当前年,所以年@ -1 表示上年。

表 5-6 数据统计表

单位名称: 年 月 日 单位:元

项目(a)	行次(b)	本期金额(c)	本年累计金额(d)	上期金额(e)	上年同期金额(f)
一、营业收入					
减:营业成本					

③报表与报表间的取数公式。当需要进行报表与报表间取数时,需要考虑取哪个表哪一页的哪个单元的数据,所以此时需要四维定位,即“表”、“表页”、“行”和“列”。报表间的取数计算公式与同一报表内各表页间的取数计算公式很相似,主要区别就是将本表表名换为他表表名(当在本表取数时省略本表的维度)。

例 1,令当前表页 D5 的值等于表“Y”第 4 页 D5 的值:D5 =“Y” - >D5@4。

例 2,令本表各页 D5 的值等于表“Y”各页 D5 的值:D5 =“Y” - >D5 FOR ALL。

例 3,令当前表所有表页 C5 的值等于表“Y”第 1 页中 C10 的值与表“Y”第 2 页中 C2 的值之和:C5 =“Y” - >C10@1 +“Y” - >C2@2。

需要注意的是,在实际录入时,公式中的箭头要用“ - ”和“ > ”两个英文半角字符录入。

5.4.2.2 报表审核公式的编辑

审核公式由验证关系公式和提示信息共同组成。定义报表审核公式,首先要分析报表中各单元之间的关系,确定审核关系,然后根据确定的审核关系定义审核公式。其中,审核关系必须正确,否则审核公式会产生相反的效果,即审核关系不正确会导致数据正确的报表被审核为错误,而报表编制者又无从修改。

【例 5-3】审核表 5-7 中 2019 年度郑州 A 企业“部门业务统计表.rep”中数据录入的正确性。

表 5-7 部门业务统计表

单位名称:郑州 A 企业 统计年度:2019 年

	B	C	D	E	F	G
1						
2						
3						
4		一季度	二季度	三季度	四季度	小计
5	部门一	588.00	268.00	367.00	671.00	1 894.00
6	部门二	265.00	842.00	259.00	624.00	1 990.00
7	部门三	478.00	843.00	348.00	359.00	2 028.00
8	部门四	356.00	548.00	627.00	259.00	1 790.00
9	小计	1 688.00	2 495.00	2 090.00	2 391.00	9 022.00

表 5－7 中有以下数据钩稽关系,希望审核时得到这样的效果:

C9 = C5 + C6 + C7 + C8　　若此项关系不平,则提示“一季度小计不等!”
D9 = D5 + D6 + D7 + D8　　若此项关系不平,则提示“二季度小计不等!”
E9 = E5 + E6 + E7 + E8　　若此项关系不平,则提示“三季度小计不等!”
F9 = F5 + F6 + F7 + F8　　若此项关系不平,则提示“四季度小计不等!”
G9 = G5 + G6 + G7 + G8　　若此项关系不平,则提示“合计不等于各项小计之和!”

因此,表 5－7 的审核公式应定义为:

C9 = C5 + C6 + C7 + C8　　MESSAGE“一季度小计不等!”
D9 = D5 + D6 + D7 + D8　　MESSAGE“二季度小计不等!”
E9 = E5 + E6 + E7 + E8　　MESSAGE“三季度小计不等!”
F9 = F5 + F6 + F7 + F8　　MESSAGE“四季度小计不等!”
G9 = G5 + G6 + G7 + G8　　MESSAGE“合计不等于各项小计之和!”

5.4.2.3　报表舍位平衡公式的编辑

在报表汇总时,各报表之间的数据计量单位可能不统一,这时需要将报表的数据单位进行转换,即由个位转换为百位、千位或万位等。例如,将“元”单位转换为“千元”或“万元”单位,这种操作称为进位操作。进位操作后可能会使原来报表中的平衡关系因数位四舍五入而破坏,因此需要对进位后的数据平衡关系进行重新调整,使舍位后的数据继续符合指定的平衡公式。这种用于对报表数据进位及重新调整报表进位之后平衡关系的公式,称为舍位平衡公式。

①在报表【格式】设计状态下定义和使用舍位平衡公式。在报表【格式】状态下,用鼠标单击菜单【数据】下的【编辑公式】,选择“舍位公式…”,调出“舍位平衡公式”对话框,如图 5－18 所示。

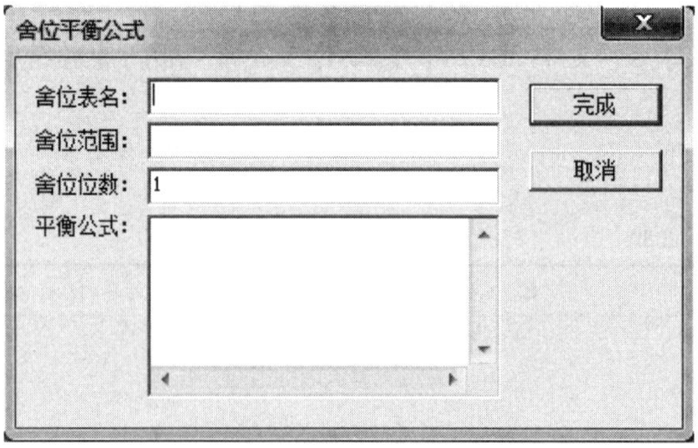

图 5－18　定义舍位平衡公式

应在“半角”状态下输入各项值或公式,不支持“全角”。舍位数据的范围要把所有要舍位的数据包含在内,通常是指一个数据区域,也可以是多个数据区域。两个数据区域之间用逗号分开。舍位平衡公式编辑完毕,检查无误后选择【完成】,系统将保存此次舍位平衡公式的设置。按“ESC”键或选择【取消】将放弃此次操作。

当报表编辑完毕，需要对报表进行舍位平衡操作时，可进行以下操作：

进入【数据】处理状态。用鼠标选取菜单【数据】下的【舍位平衡】命令。系统按照所定义的舍位关系对指定区域的数据进行舍位，并按照平衡公式对舍位后的数据进行平衡调整，将舍位平衡后的数据存入指定的新表或他表中。打开舍位平衡公式指定的舍位表，可以看到调整后的报表。

②编写平衡公式应注意的问题：

第一，舍位平衡操作的本质是当对原表数据进行某种舍位操作时，为了保证原表中存在的平衡关系仍然保持，而对舍位操作进行的某种调整。所以在进行舍位平衡公式定义时，应将原表中所有的平衡关系全部找出来，不可遗漏。

第二，书写舍位平衡公式时每个公式应占一行，各个公式之后用逗号（“，”，半角）分开，最后一条公式之后不写逗号，否则公式无法执行。

第三，平衡公式中涉及的数据，应完全包含在参数 < 区域 > 所确定的范围之内，否则平衡公式无意义。

第四，平衡公式书写顺序应为统计过程的逆方向。如统计过程为：

Ell = All + Bll

Fll = Cll + Dll

Gll = Ell + Fll

则平衡公式正确的书写顺序应该为：

Gll = Ell + Fll

Ell = All + Bll

Fll = Cll + Dll

5.5 报表管理

5.5.1 报表格式管理

在使用报表时，如果发现格式设计有误或需要对表格做少量变动，则要在格式状态下对报表模板进行修改。修改的类型大概有以下四种情况。

第一，插入行（列）。在报表中插入行是带格式的，它沿用插入位置行的格式，包括表格线、单元属性和单元风格。

第二，追加行（列）。这是指在报表的最后一行后面增加新行，追加的行是不带格式的空行（列）。

第三，交换行（列）。交换报表固定区的行，是将一张表页中指定行的所有内容（包括格式和数据）进行交换。

第四，删除行（列）。这是指删除报表固定区的行。

5.5.2 表页管理

在使用报表时，如果需要对表页进行处理，则要在数据状态下进行，具体有以下五种情况：

第一，插入和追加表页。插入表页即在当前表页前面增加新表页；追加表页即在最后一张表页后面增加新表页。

第二，交换表页。这是指将指定的表页中的全部数据进行交换。

第三，删除表页。这是指将指定的整个表页删除，报表的表页数相应减少。

第四，表页排序。UFO 报表系统提供表页排序功能，可以按照表页关键字的值或者按照报表中的任何一个单元的值重新排列表页。“第一关键值”是指根据内容对表页进行排序。“第二关键值”是指当有表页的第一关键值相等时，按照第二关键值排列。“第三关键值”是指当有多张表页用第一关键值和第二关键值还不能排列时，按照第三关键值排列。

第五，查找和定位。查找和定位都是为了在多张报表和多表页情况下，快速找到所需要的报表。查找分为查找表页和查找可变区。查找表页是指根据给定的条件在报表中找到符合条件的表页，并使它成为当前表页。

5.5.3 报表数据管理

5.5.3.1 采集外部数据

UFO 报表系统可以把几类数据采集到当前报表中，即其他报表文件（后缀 . REP）的数据，文本文件（后缀 . TXT）的数据，以及 DBASE 数据库文件（后缀 . DBF）的数据。

数据采集时，对源表可以带筛选条件，源表文件名可以用变量表示。

【操作步骤】

①单击【格式/数据】按钮，进入【数据】状态。

②单击【数据】菜单中的【数据采集】，将弹出【数据采集】对话框。

③在对话框中选择要采集的文件名。如果是文本文件或 DBASE 数据库文件，则在“文件类型”框中选择 TXT 文件或 DBF 文件即可。

④单击【采集】按钮或双击该文件名可执行数据采集，UFO 报表系统将在当前报表中自动追加表页以存放采集进来的数据。

在数据采集时，如果当前报表的格式与源数据报表的格式不一样，将出现对话框【报表格式不同！是否强行追加？】，单击【确定】按钮后，系统将强行追加。由于报表格式不同，数据很可能追加得毫无意义。

5.5.3.2 透视

在 UFO 报表系统中，大量数据是以表页形式分布的，正常情况下每次只能看到一张表页，要想对各个表页数据进行比较，可利用数据透视功能，把多张表页的多个区域数据显示在一个平面上，如图 5－19 所示。

透视采用从某一张表或多张表中抽取具有某种特定经济含义的数据的方法，形成一张“虚表”，从而达到对多个报表数据在系统生成的“虚表”中进行重新分类、对比分

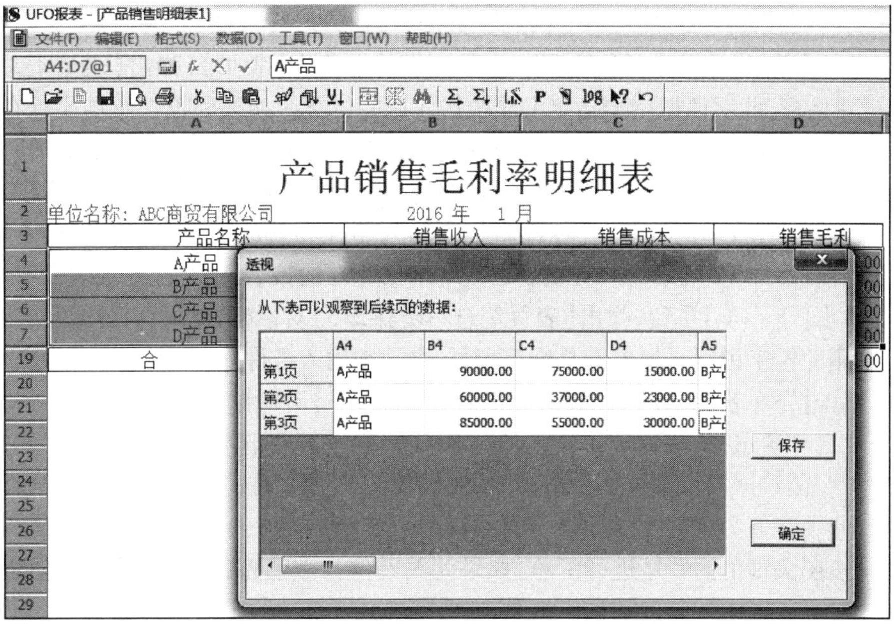

图 5-19 透视表

析的效果。这种表的数据是通过数据关系公式从与其相关联的数据报表中抽取出来反映在表上的。“虚表”本身不保存数据,因此也称这种“虚表”为视图。视图是数据报表的寄生表,没有数据报表就不可能产生视图。这种透视分析方法是手工报表分析难以实现的,因此也是 UFO 报表系统提供的很有意义的重要功能。

【操作步骤】

①打开要透视的表文件,单击【格式/数据】按钮,进入【数据】状态。

②单击要透视的第一张表页的页标,将对它和它之后的表页数据进行透视。

③单击【数据】菜单中的【透视】,弹出【多区域透视】对话框,在编辑框中输入区域范围。

④输入完毕后按【确定】,将生成透视结果,出现【透视】对话框。拉动水平滚动条到最右边,可以看到各个表页中的关键字的值显示在相应数据的右边。

⑤利用对话框中的【保存】按钮可以把数据透视结果保存为报表,单击【确认】按钮关闭对话框。数据透视结果将保存在报表中。

5.5.3.3 数据汇总

报表汇总是报表数据不同形式的叠加。UFO 报表系统提供了表页汇总功能,表页汇总是指把整个报表的数据进行立体方向的叠加。UFO 报表系统的表页汇总功能非常强大,既可把汇总数据保存在本报表中,也可形成一个新汇总表;既可汇总报表中所有表页,也可只汇总符合指定条件的表页。例如,在 2019 年全年各月共 12 张表页中,汇总上半年的表页。报表的可变区既可按数据位置汇总,也可重新排列顺序,按各项内容汇总。

【操作步骤】

①打开要汇总的表文件,单击【格式/数据】按钮,进入【数据】状态。

②单击【数据】菜单中的【汇总】,在下拉菜单中单击【表页】,弹出【表页汇总—步骤1/3】对话框,此对话框用于指定汇总数据保存的位置。如果要把汇总结果保存在本报表中,单击【汇总到本表最后一张表页】单选按钮,UFO报表系统将自动追加一张表页,并把汇总数据保存在这张表页中。如果要把汇总结果保存在一个新的报表中,单击【汇总到新的报表】单选按钮,并在编辑框中输入路径和新的报表名。若省略路径,则表示在当前目录下。如果输入的报表名是一个已存在的报表,将删除此报表原有内容。

③单击【下一步】按钮,弹出【表页汇总—步骤2/3】对话框,此对话框用于指定汇总的表页,用关键字识别。如果汇总全部表页,则无须输入条件。

④单击【下一步】按钮,弹出【表页汇总—步骤3/3】对话框,此对话框用于处理报表中的可变区。若选择"按物理位置汇总",UFO报表系统将忽略可变区数据实际意义,直接把可变区数据按位置叠加。选择"按关键值汇总"后,在关键值列表框中选择一个关键值,此关键值为行可变区的某一列或者列可变区的某一行。如果此关键值为字符型,则将按照关键值的顺序进行汇总;如果此关键值为数值型,则只对此关键值进行物理汇总,对可变区中的其他数据不汇总。

⑤单击【完成】按钮后将生成汇总结果。

6

薪资系统的核算与管理

6.1 薪资核算与管理系统概述

6.1.1 薪资核算与管理系统的特点

薪资核算是所有单位会计核算最基本的业务之一,薪资核算与管理系统也是企业会计信息系统的一个重要子系统,它虽然计算量较大,但业务核算却相对简单。该系统具有如下特点:

6.1.1.1 数据量大

职工薪酬包括职工工资、奖金、各种津贴和补贴、保险津贴及其他内容,在实际工作中往往还要从应付职工薪酬中代扣职工应缴纳的各种款项,如代扣职工居住职工宿舍的水电暖费和房租、个人应缴纳的住房公积金、养老保险费、工会经费以及个人所得税等。可见职工薪酬的构成项目很多,有些企业在职职工的工资项目甚至多达三四十项,因此造成薪资管理系统的原始数据量较大。

6.1.1.2 数据来源分散

职工薪酬核算涉及很多方面,数据来源于企业多个部门,如生产部门提供的职工的产量、完成工序以及完成质量的信息,人事部门提供的考勤记录、人员调动、薪资等级调整等数据,后勤管理部门提供的水电费、房租数据等。由此看出薪资管理系统的数据来源较分散,需要完善薪资数据采集管理制度,以保证原始数据可以及时、准确地集中到薪资管理系统。

6.1.1.3 业务处理政策性强

国家在职工薪酬计提和发放等很多方面都有相应的规章制度,如对养老保险费、住房公积金、工会经费和职工教育经费等规定了计提比例,规定企业负有代扣代缴个人所得税的义务,发放薪资前要根据税法计算职工每月应缴纳的个人所得税,从职工薪额中扣除。这就要求企业薪资核算严格遵守相应的规章制度。

6.1.1.4 业务重复性强,核算方法较简单

尽管薪资核算与管理系统的数据量较大,但会计核算却较为简单,只要在薪资核算与管理系统的初始化设置中设置好相应的计算公式和核算规则,那么每月处理薪资业务时只需输入职工的变动工资数据,即可自动计算各项薪资数据,根据事先设置好的分摊设置生成薪资费用的分配表。薪资业务有很强的规律性和重复性。

6.1.2 薪资核算与管理系统的主要任务

6.1.2.1 薪酬计算

根据企业各部门提供的职工薪酬标准、工时记录、产量记录及考勤记录等,及时准确地输入与职工薪资有关的原始数据,计算职工的薪酬,包括职工应发薪酬、个人所得税和各种代扣款,编制职工薪酬单,以方便发放薪资并正确反映和监督企业与职工的薪资结算情况。

6.1.2.2 薪酬费用的计提和分配

企业职工在不同岗位上从事着性质不同的工作,不同类型的职工薪酬支出体现为不同的成本、费用,因此须按受益情况对职工薪酬进行准确的分配。每个会计期末要根据职工的工作部门和工作性质,分配职工薪酬并计提相应的费用,生成相应的记账凭证传递给账务处理子系统,并将相应的成本费用信息传递至成本核算子系统。

6.1.2.3 薪资数据的统计分析

根据管理需要,提供有关的薪资统计分析数据,如对职工薪酬的构成内容、职工薪酬的成长性以及薪酬异常等问题进行数据分析,从而为上级管理层制定更为科学的薪酬决策提供信息支持。

6.1.3 薪资核算与管理系统的数据处理流程

薪资核算与管理系统的内部数据流程可以分为以下四个环节:

①薪资核算与管理系统的初始设置。首次使用薪资核算与管理系统时,需要在企业核算账套基础上建立相应的工资账套、工资类别、人员附加信息、人员类别和工资项目等,并将企业现有职工的全部原始资料输入计算机,以形成系统的基础数据库。

②编制工资结算单。根据系统内存储的固定数据、每个职工当月的各种变动数据,以及人事部门关于职工调动、提职和晋级等方面的变动数据,编制本月工资结算单。

③汇总工资结算单数据。按指定条件汇总工资结算单数据以生成工资汇总表及工资费用分配表、个人所得税申报表和职工福利费计提表等。

④编制工资记账凭证并向账务系统传送凭证。

薪资核算与管理系统数据处理流程如图 6-1 所示。

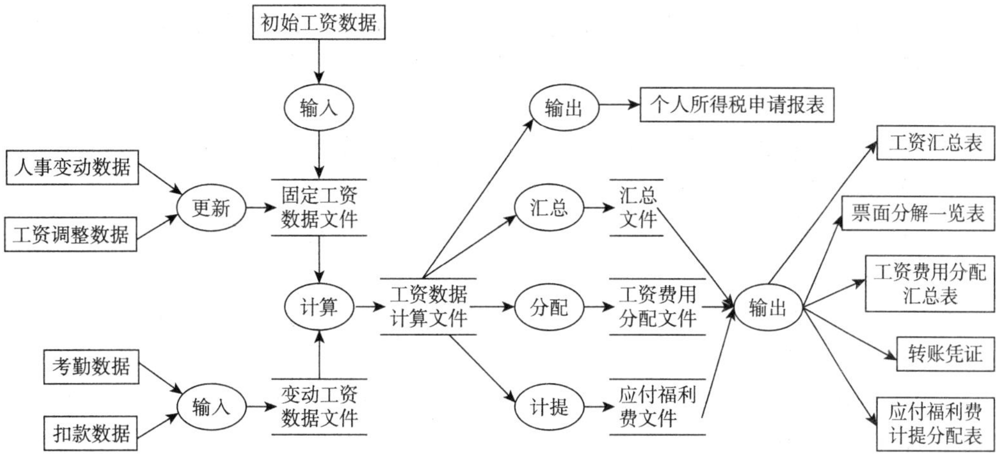

图 6－1 薪资核算与管理系统数据处理流程

6.1.4 薪资核算与管理系统和其他子系统之间的数据关系

薪资核算与管理系统主要与总账系统和成本管理系统之间存在着数据传递关系。与总账系统之间的数据关系是：在薪资核算与管理系统中将薪资计提、分摊结果生成转账数据文件，然后根据转账数据文件自动生成转账凭证传递到总账系统进行账务处理。具体情况如图 6－2 所示。

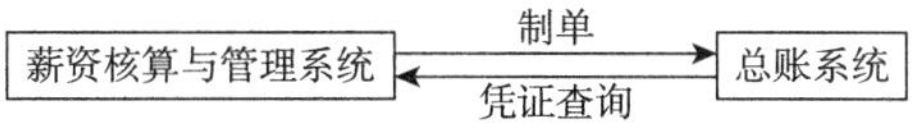

图 6－2 薪资核算与管理系统和总账系统间的数据关系

薪资核算与管理系统和成本管理系统之间的数据关系是：将工资费用合计数据传递到成本管理系统供计算产品成本使用。具体情况如图 6－3 所示。

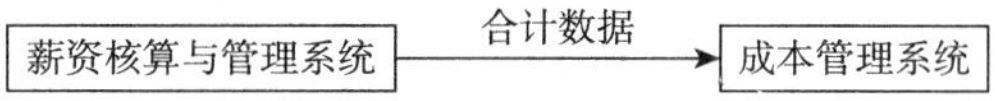

图 6－3 薪资核算与管理系统和成本管理系统间的数据关系

6.1.5 用友薪资管理系统的应用方案

用友薪资管理系统提供了单工资类别和多工资类别两种核算应用方案。在独立核算企业中存在不同的人员群体，这些人员群体之间的工资结构、核算标准和计算方法等不同，因此需要在同一工资账套中分别按不同方案进行核算。不同工资类别之间的工资核算和管理相对独立，结账时间也可以不同。

6.1.5.1 单工资类别

如果企业中所有员工工资项目相同,工资计算标准以及计算方法也相同,那么就可以对全部员工采用统一的工资核算方案,在建立工资账套时应选择系统提供的单工资类别应用方案。

单工资类别处理时的操作过程为:启用工资系统→设置工资账参数(此时选"单个"工资类别)→设置部门→设置工资项目、银行名称和账号长度、人员类别→录入人员档案→设置工资计算公式→录入工资数据→日常业务处理→月末处理。

6.1.5.2 多工资类别

如果企业存在下列情况之一,则在建立工资账套时就需要选择系统提供的多工资类别应用方案:一是企业存在不同类别的人员(人员群体),不同类别人员的工资结构(工资组成项目)、工资标准和计算方法不同,但需要进行统一工资核算与管理;二是企业每月进行多次工资发放,月末需要进行统一核算;三是企业在不同地区设有分支机构,而工资核算由总部统一管理或工资发放使用多种货币。

多工资类别处理时的操作过程为:启用工资系统→设置工资账参数(此时选"多个"工资类别)→设置所有工资类别所涉及的部门、工资项目、人员类别、银行名称和账号长度等→建立第一个工资类别并选择该工资类别核算所涉及的部门→录入该类别人员档案→选择该工资类别所涉及的工资项目并设置有关工资项目计算公式→录入该工资类别人员工资数据→建立第二个工资类别并进行与系统数据处理流程相同的操作过程……依此类推完成各个工资类别的设置→分别按工资类别进行日常业务处理→分别按工资类别进行月末处理。月末处理前要将所要核算的工资类别进行汇总,生成汇总工资类别,然后对汇总工资类别进行工资管理的业务处理。本章以多工资类别核算方案为例进行讲述。

6.2 薪资管理系统初始化

无论是单独使用还是与总账系统一起使用,薪资管理系统与"系统管理"和"基础信息设置"都共享基础数据。在"系统管理"中需要设置操作员负责薪资管理系统的操作,在"基础信息设置"中需要启用薪资管理系统。

薪资管理系统的初始化,包括建立工资账套和设置工资账套的公共基础信息两部分内容。

6.2.1 建立工资账套

工资账套是工资系统运行的基础,它不同于企业账套,企业账套是针对整个 ERP 系统而言的,要在系统管理模块中建立,工资账套只针对用友 ERP 系统中的薪资管理系统。工资账套是企业账套的一个组成部分,只有先建立企业账套,才能建立工资账套。

通过系统提供的建账向导,可逐步完成工资账套的建立工作。共分为五步:参数设置、扣税设置、扣零设置、调整汇率和分段计薪设置。

【例6－1】以林月身份在2016年1月9日登录666账套工资系统,为河南郑东置业股份有限公司建立工资账套。所建工资账套的参数为:工资类别为“多个”,扣税设置为“从工资中代扣个人所得税”,人员工资委托银行代发。

【操作步骤】

①在【企业应用平台】窗口的【基础设置】选项卡中,选择【基本信息】|【系统启用】菜单项,打开【系统启用】对话框。选择“薪资管理”选项,弹出一个【日历】对话框,设置日期为2016年1月1日。

②单击【确定】按钮,在提示信息对话框中单击【是】按钮,即可启用“薪资管理”系统。

③点击【薪资管理】|【设置】|【选项】,打开【建立工资账套】对话框。进行工资账套参数设置,如图6－4所示,选择多工资类别。

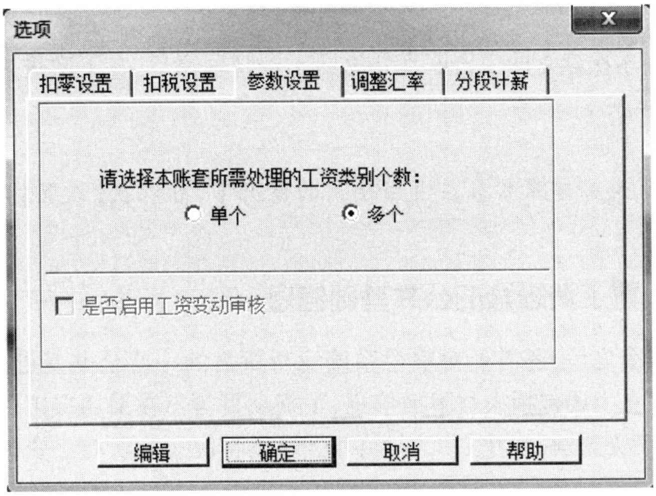

图6－4　建立工资账套——参数设置

④单击【扣税设置】对话框,选中“是否从工资中代扣所得税”复选框。选择代扣所得税后,系统将自动生成“代扣税”工资项目,并自动进行代扣税金的计算。

⑤在【扣零设置】对话框中选择是否进行扣零处理。如果在这里用户选择了扣零设置,系统将自动在固定工资项目中增加“本月扣零”和“上月扣零”两个项目,并在每次发放工资时依据扣零类型(扣零至元,扣零至角,扣零至分)将零头扣下,积累取整,于下次发放工资时补上。

⑥单击【调整汇率】按钮,对外币工资类别所涉及的外币汇率进行调整。

⑦单击【分段计薪】按钮,进入【分段计薪】对话框,单击【编辑】,根据需要选择“是否启用分段计薪功能”及“设置薪酬周期”,如图6－5所示。

⑧在设置完成之后,单击【确定】按钮,即可完成工资账套的建立工作。单击【取

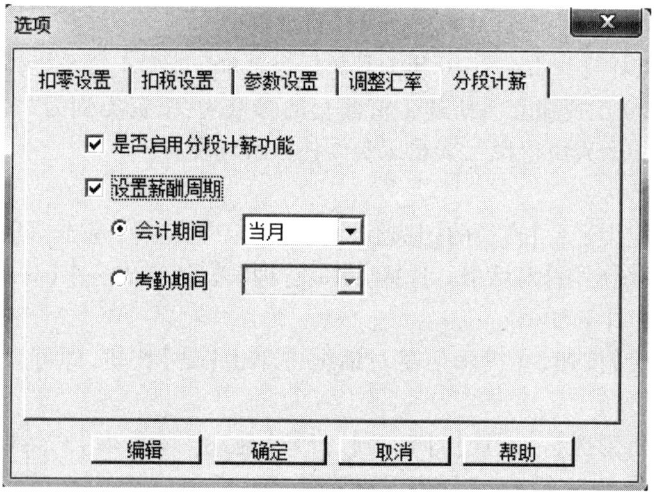

图 6－5　分段计薪

消】按钮，则放弃本次建立的工资账套并返回工资管理窗口，在下次进入工资管理系统时再进行设置。

操作注意：

建账完毕后，部分建账参数在没用使用的情况下，可以在【设置】|【选项】中进行修改。

6.2.2　设置工资账套的公共基础信息

建立工资账套之后，还需要对整个系统运行所需的一些公共基础信息进行设置。这些公共基础信息主要包括人员附加信息、工资项目等。在采用多工资类别核算方案时，需要在关闭工资类别（或建立工资类别之前）的情况下为所有工资类别设置公共基础信息。

6.2.2.1　人员附加信息设置

工资系统不仅可以核算企业人员的工资，还可以通过增加输入人员的一些附加信息丰富人员档案的内容，从而实现对人员进行更加有效的管理。

【例 6－2】增加“性别”和“学历”两项人员附加信息。

【操作步骤】

①在薪资管理系统中，单击【设置】|【人员附加信息设置】选项，打开【人员附加信息设置】对话框。

②单击【增加】按钮，在“信息名称”文本框输入人员附加信息项目名称，或从“栏目参照”的下拉列表中选择相应项目，如图 6－6 所示。

③单击【删除】按钮，即可删除光标所在行的附加信息项目。单击【确定】按钮，即可返回工资管理窗口。

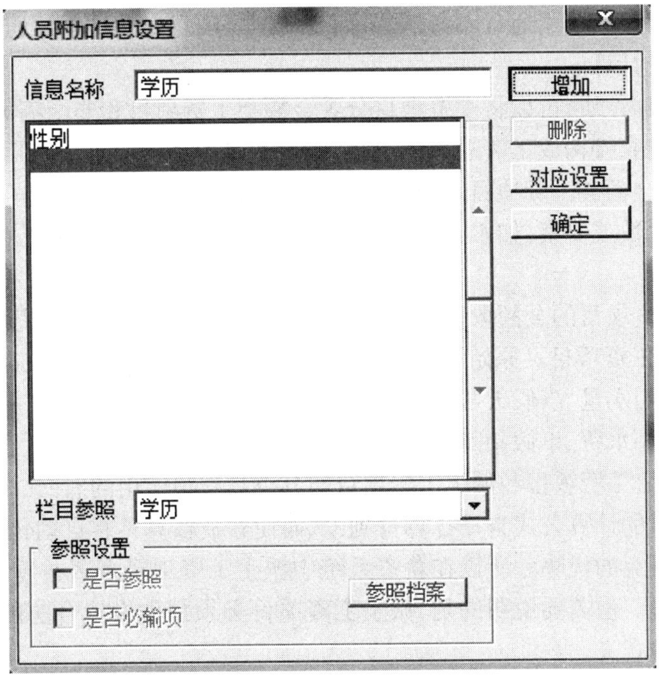

图 6－6 人员附加信息设置

操作注意：

在用人员的附加信息不允许删除，但可以修改。信息名称长度不得超过 5 个汉字或 10 个字符。

6.2.2.2 工资项目设置

工资项目是工资结构的组成元素，企业的工资结构由工资项目体现出来。如果企业内有多个工资类别，那么每个工资类别都对应有自己的工资结构，初始设置时要先在关闭所有工资类别状态下建立备选的工资项目，然后分别进入每个工资类别，从建立的备选工资项目中选择建立该工资类别的工资结构。

设置工资项目包括设置工资项目名称、类型、宽度等内容。工资系统中提供了一些常用的固定的工资项目，它们是工资账套中不可缺少的项目，包括“应发合计”“扣款合计”“实发合计”等；若在建立工资账套时设置了“扣零处理”，则系统在工资项目中自动生成“本月扣零”和“上月扣零”两个指定名称的项目；若选择了“扣税处理”，则系统在工资项目中自动生成“代扣税”项目。这些项目不能删除和重命名，其他项目可以根据实际需要定义或参照增加。在此设置的工资项目对多工资类别的工资账套而言，是针对所有工资类别所需的备选工资项目，而对于单工资类别账套而言，就是其所使用的全部工资项目。

为对工资项目有更深的认识，下面从不同角度对工资项目进行分类理解。

第一，按工资项目数据的变化频率，可以将工资项目分为固定工资项目和变动工资项目。固定工资项目是不常发生变动的项目，如基本工资、岗位工资和职务补贴等；变动工资项目为每会计期间都会发生变化的项目,如事假天数、事假扣款和水费扣款等。固定工资项目每期结账后通常不必清零,而变动工资项目每期结账后通常要清零,以便下期重新填列或计算。

第二,按数据性质,可以将工资项目分为金额类工资项目和非金额类工资项目。金额类工资项目能直接构成工资总额的增项或减项,如基本工资、岗位工资、水费扣款和事假扣款等;非金额类工资项目不能直接构成工资总额的增项或减项,但它却是某些工资项目计算的参数或要素,如本月用水量、事假天数等。把非金额类工资项目类型定义为"其他"项。

第三,按工资项目的金额取得方式,可以把工资项目分为原始工资项目(或原生工资项目)和派生工资项目。原始工资项目通常要靠直接录入的方法取得,如基本工资、岗位工资、本月用水量、事假天数等。派生工资项目则通常可由其他工资项目数据经过计算推算得到,如水费、事假扣款、病假扣款、应发合计、扣款合计、实发合计等。在薪资核算系统中,原始工资项目和派生工资项目的分类具有很实用的意义,派生工资项目可以通过预先设置的计算公式自动计算得到,从而使薪资核算具有自动化的价值,这是传统手工环境不具有的优势。所以在薪资系统中派生工资项目多多益善,可以减少采集和录入的工作量。但需要说明的是,派生工资项目必须预先设置合法的计算公式才会具有自动计算的意义。

【例 6-3】设置河南郑东置业股份有限公司的工资项目,如表 6-1 所示。

表 6-1　河南郑东置业股份有限公司的工资项目

工资项目名称	类型	长度	小数	增减项	工资项目名称	类型	长度	小数	增减项
基本工资	数字	8	2	增项	请假扣款	数字	8	2	减项
职务补贴	数字	8	2	增项	住房公积金	数字	8	2	减项
交通补贴	数字	8	2	增项	请假天数	数字	8	2	其他
奖金	数字	8	2	增项					

【操作步骤】

①在薪资管理系统,单击【设置】|【工资项目设置】选项,打开【工资项目设置】对话框。

②单击【增加】按钮,在工资项目列表中增加一空白行,然后单击右侧"名称参照"下拉列表框,从下拉列表中选中"基本工资"选项,同时根据单位工资实际情况,对基本工资数据"长度"进行设置,在"增减项"设置中设工资为"增项",如图 6-7 所示。

③单击【增加】按钮,增加其他工资项目。

④单击【删除】按钮,将选中的工资项目删除。

⑤单击【重命名】按钮,则可以修改工资项目名称。

⑥单击【确认】按钮,系统弹出"工资项目已经改变,请确认工资类别的公式是否正确?"信息提示;单击【确认】按钮,系统将保存上面设置的信息。

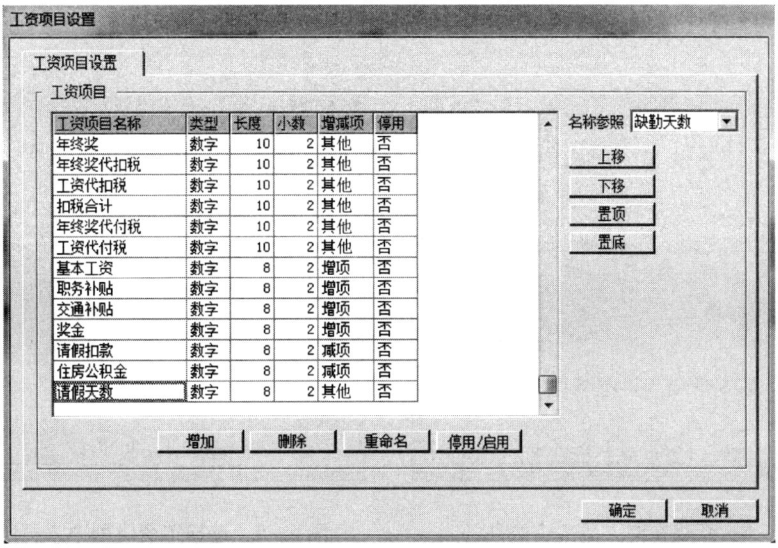

图 6－7　工资项目设置

操作注意：

①工资项目若是数字型，则其长度包含了小数位和小数点位（小数点位占 1 位），如长度为 5，小数位为 2，则最终的数据整数位最多为 2 位。

②如果建账时选择了“是否核算计件工资”，则系统提供“计件工资”项目。

③工资项目名称必须唯一。已使用的工资项目不可删除，不能修改数据类型。

④如果工资项目为字符型，则小数位不可用。增项自动成为“应发合计”的合计项，减项自动成为“扣款合计”的合计项。

6.2.3　建立工资类别

对采用多工资类别核算方案的企业，在公共信息设置完毕后，即可建立工资类别，并对各工资类别进行初始设置。如果采用单工资类别核算方案，那么计算机自动默认已建立了工资类别，上面完成的全部设置都是自动针对这一工资类别进行的设置。

【例 6－4】河南郑东置业股份有限公司存在两种类别人员工资，分别是“正式工”和“临时工”。其中，“正式工”所属部门包括“综合部”、“研发部”和“市场部”及其各下级部门，“临时工”属于“市场部”。工资类别的启用日期均为“2016 年 01 月 01 日”。

【操作步骤】

①在薪资管理系统中单击【工资类别】|【新建工资类别】选项，打开【新建工资类别】对话框，输入“正式工”，如图 6－8 所示。

②单击【下一步】按钮，打开【新建工资类别—请选择部门】框，选择“综合部”、“研发部”及“市场部”，如图 6－9 所示。

③单击【完成】按钮，系统提示"是否以 2016 – 01 – 01 为当前工资类别的启用日期?"，单击【是】按钮。

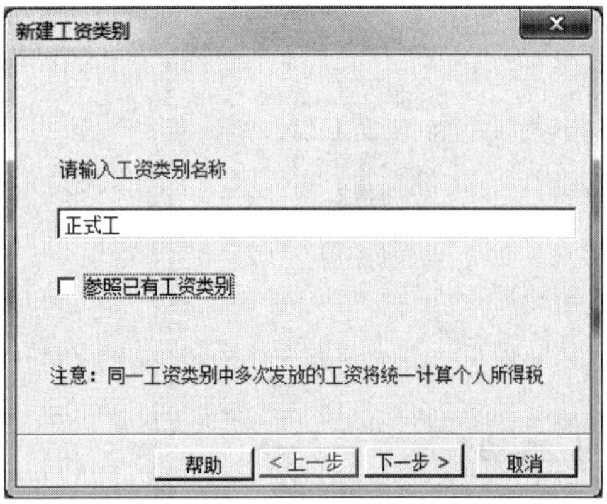

图 6 – 8　新建在岗人员工资类别

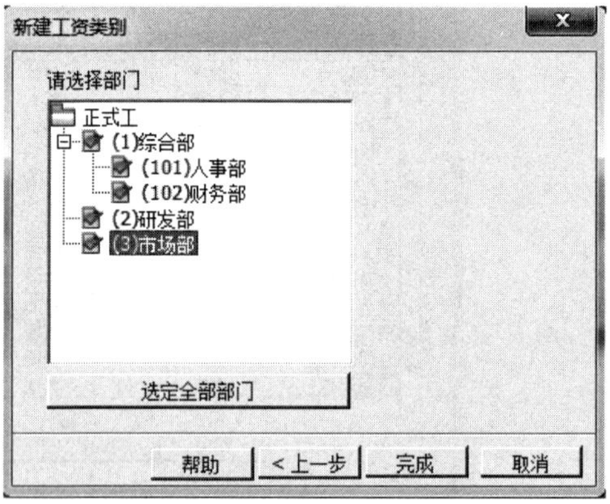

图 6 – 9　选择工资类别中人员所属部门

④重复上述三个步骤继续建立"临时工"的工资类别。

操作注意：

①同一部门可能同时存在不同工资类别的人员，因此同一部门也可能被多个工资类别选中。

②已使用的部门不能再取消选择。选择树形结构的末级部门，应先选择上级部门。只有选中末级部门，才能进行人员的数据录入。

③工资类别建立后，还需要对不同工资类别分别设定启用日期。启用日期确定后将无法再修改。

④工资类别建立后，系统直接打开新建的工资类别。

⑤在打开工资类别的情况下，【工资类别】菜单中显示【打开工资类别】和【关闭工资类别】两个选项。单击【关闭工资类别】后，【工资类别】菜单中显示【新建工资类别】、【打开工资类别】和【删除工资类别】选项。

⑥只有账套主管才有权删除工资类别，且工资类别删除后数据不可再恢复。

6.2.4　设置工资类别的人员档案

由于不同工资类别职工工资的计算方法可能不一样，因此不同的工资类别各有不同的职工名册。工资的人员档案只能从前面公共基础信息已经定义的人员档案中选取。

人员档案设置需要分别在不同工资类别进行，设置前要打开相应的工资类别。

【例 6 – 5】在"正式工"工资类别下设置人员档案，如表 6 – 2 所示。

表6-2 正式工人员一览表

职员编号	人员姓名	性别	学历	所属部门	人员类别	银行代发账号
001	林月	女	大学	财务部(102)	管理人员	11010855001
002	汪红	女	大学	财务部(102)	管理人员	11010855002
003	张越	男	大学	人事部(101)	管理人员	11010855003
004	丁宁	男	大学	财务部(102)	管理人员	11010855004
005	邢非	男	大学	研发部(2)	生产人员	11010855005
006	武刚	男	大学	研发部(2)	生产人员	11010855006
007	尹语	女	大专	市场部(3)	销售人员	11010855007

【操作步骤】

①在薪资管理系统中,选择【工资类别】|【打开工资类别】,弹出【打开工资类别】对话框,然后选择“正式工”工资类别后,单击【确定】按钮。

②选择【人员档案】菜单项,单击打开【人员档案】对话框。

③单击【批增】按钮,打开【人员批量增加】对话框,在“条件查询”列表框中,单击【查询】按钮,如图6-10所示。

图6-10 人员批量增加

④单击【确定】按钮返回。

6.2.5 设置工资类别的工资结构和计算公式

前面已设置了本企业所有工资类别的全部备选工资项目,由于不同工资类别的工资发放项目、工资标准和计算方法都不一定相同,因此在进入工资类别后,应从前面已经设置的备选工资项目中选择适合本工资类别的工资项目,即建立本工资类别的工资结构。

6.2.5.1 选择工资类别的工资项目

【例6-6】选择“正式工”工资类别的工资项目,并根据工资间的数据关系按下列顺序排序："基本工资"→"奖金"→"职务补贴"→"交通补贴"→"应发合计"→"缺勤扣款"→"住房公积金"→"代扣税"→"扣款合计"→"实发合计"→"本月扣零" →"上月扣零" →"缺勤天数"。

【操作步骤】

①在薪资管理系统中，单击【工资类别】|【打开工资类别】选项，即可打开【打开工资类别】对话框。

②选择相应的工资类别之后，单击【确定】按钮。

③打开【工资项目设置】对话框，如图 6 - 11 所示。

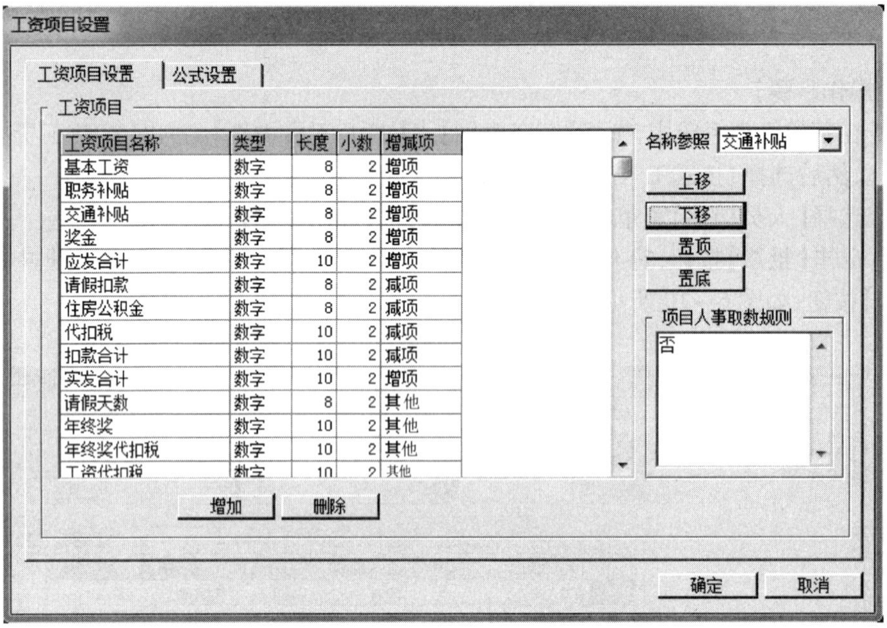

图 6 - 11　工资项目设置

④单击【增加】按钮，在工资项目列表中增加一空白行，然后单击右侧"名称参照"下拉列表框，从下拉列表中选中"基本工资"选项，用此方法继续增加其他工资项目。

⑤工资项目设置完毕后，单击工资项目列表右侧的【上移】按钮和【下移】按钮，调整工资项目的排列顺序。如单击选中"基本工资"，再单击"上移"，将其移动到第一行。用此方法将每一个工资项目移动到相应的位置。

⑥单击【确定】按钮，退出工资项目设置。

操作注意：

①不能删除已输入数据或已设置计算公式的工资项目。

②如果所需的工资项目不存在，则要关闭本工资类别，然后新增工资项目，再打开此工资类别进行选择。

6.2.5.2　设置工资项目的计算公式

按照上面的分类，只有派生工资项目才能定义自动计算公式，因此应尽可能多地根据各工资项目之间的运算关系设置派生工资项目，这样就可以充分利用计算机自动计算的优势，减少手工的工资项目数据录入工作量。

【**例 6－7**】设置“缺勤扣款”的计算公式：

缺勤扣款 = 基本工资/22 × 缺勤天数

【操作步骤】

①在薪资管理系统（“正式工”工资类别）中，选择【设置】菜单中的【工资项目设置】命令，打开【工资项目设置】对话框。

②单击【公式设置】页签，如图 6－12 所示。

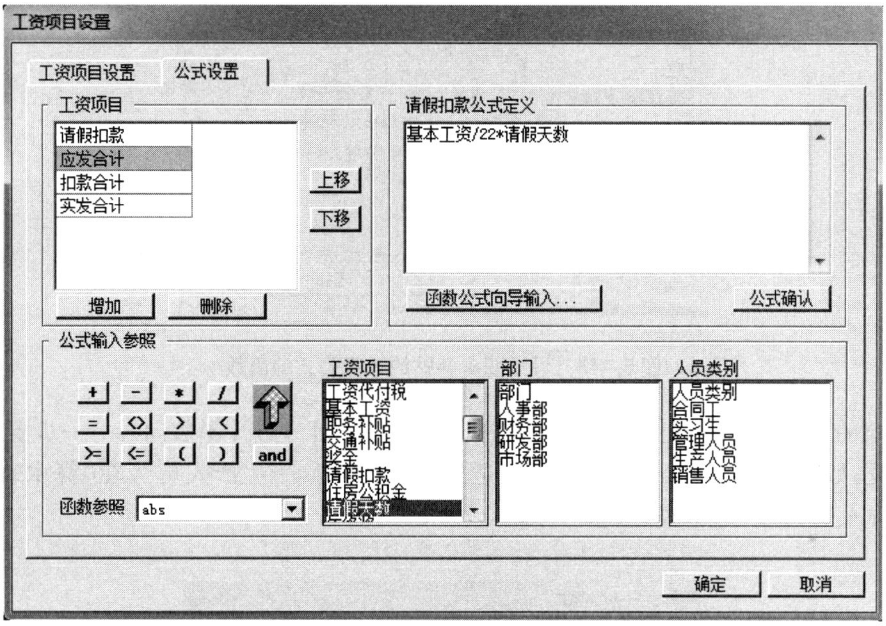

图 6－12　设置“请假扣款”的计算公式

③单击【增加】按钮，在“工资项目”列表中增加一空行，单击该行，在下拉列表中选择“请假扣款”。

④单击“请假扣款公式定义”文本框，单击工资项目列表中的“基本工资”。

⑤单击运算符“/”，在“/”后单击输入 22。

⑥单击运算符“ × ”，在“ × ”后单击，然后单击工资项目列表中的“请假天数”。

⑦单击【公式确认】按钮。

【**例 6－8**】设置“职务补贴”和“交通补贴”计算公式。

“职务补贴”的计算公式为：iff(人员类别 = "生产人员",800,900)。该公式表示人员类别为生产人员的职务补贴是 800 元，其他类别人员是 900 元。

“交通补贴”的计算公式为：iff((部门 = "财务部" and 人员类别 = "管理人员") or (部门 = "市场部" and 人员类别 = "销售人员"),500,400)。该公式表示“财务部”的“管理人员”和“市场部”的“销售人员”的交通补贴是 500 元，其余人员交通补贴是

400元。

【操作步骤】

①单击【增加】按钮，在"工资项目"列表中增加一空行，单击该行，在下拉列表中选择"交通补贴"。

②单击"职务补贴公式定义"文本框，再单击"函数公式向导输入"按钮，打开【函数向导——步骤之1】对话框，如图6-13所示。

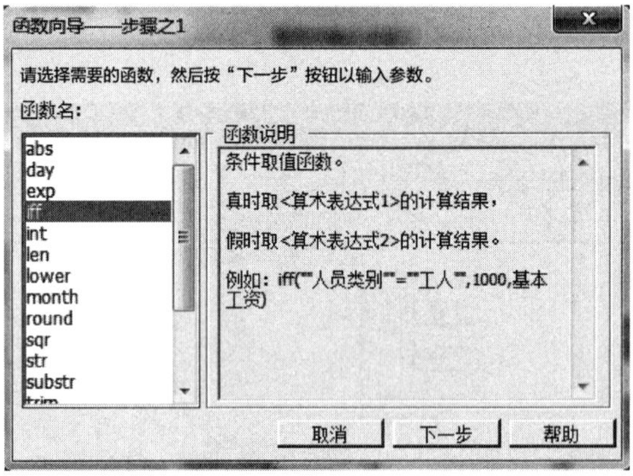

图6-13　设置职务补贴的计算公式的函数

③在"函数名"列表框选择iff，单击"下一步"按钮，打开【函数向导——步骤之2】对话框，如图6-14所示。输入逻辑表达式：人员类别="生产人员"，在"算术表达式1"中输入800，在"算术表达式2"中输入900。

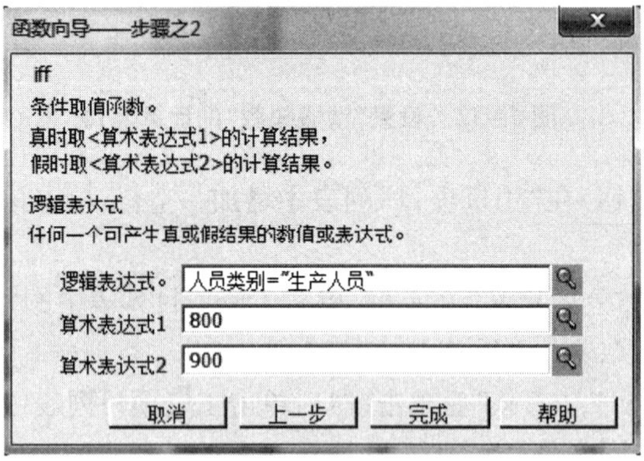

图6-14　设置职务补贴的计算公式的表达式

④单击【完成】按钮。单击【公式确认】按钮。

⑤用同样方法定义"交通补贴"工资项目的计算公式。

⑥当所有工资计算公式设置完成后，可单击【公式设置】界面的【上移】和【下移】按钮，对工资计算公式进行排序，因为"工资项目"列表框中的顺序决定系统执行工资计

算的先后顺序,如图6-15所示。

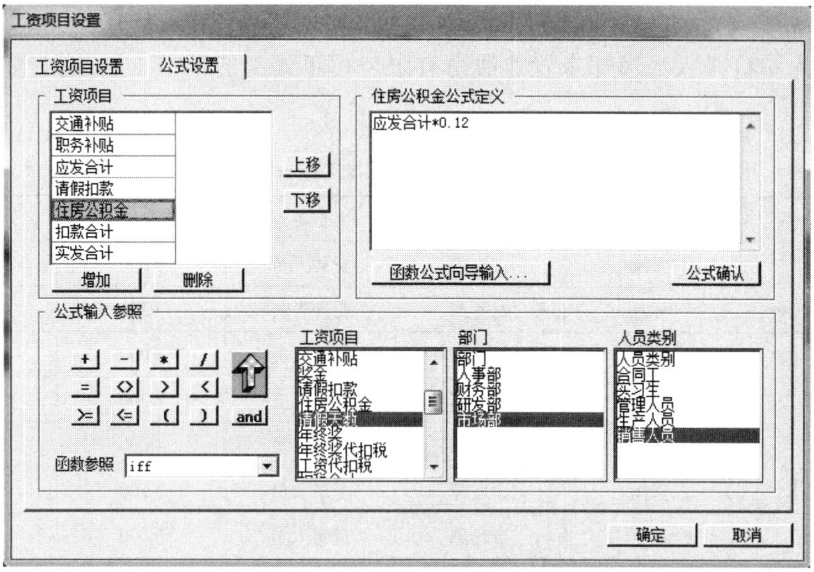

图6-15 工资项目设置

⑦单击【确定】按钮,完成工资计算公式的设置。

操作注意:

①在定义工资类别的工资项目计算公式前,应先建立起该工资类别的人员档案,且人员档案中至少应有一个人员,否则不能进行工资项目计算公式的定义操作。

②系统根据工资项目中设置的"增减项"自动给出固定的工资项目如"应发合计"、"扣款合计"和"实发合计"等的计算公式,不需要对其进行人工设置。

③公式只支持系统所提供的函数。如果公式中有百分号,要换算为小数,否则为语法错误。

④如果计算公式太长,可定义一个过渡项目。例如,工资项目设置"住房补贴""出勤补贴""生活补贴""餐费补贴""医疗补贴"等为"增项",可将这些工资项目更改设置为"其他项",然后增加一个过渡工资项目"补贴合计",并设置为"增项"。在工资计算公式设置中,增加"补贴合计"项,并设置计算公式为:住房补贴+出勤补贴+生活补贴+餐费补贴+医疗补贴。在以后定义其他工资计算公式时,如果公式中需要用到"住房补贴+出勤补贴+生活补贴+餐费补贴+医疗补贴"部分,则可使用"补贴合计"代替。

6.2.6 修改人员档案和录入固定工资数据

6.2.6.1 修改人员档案

人员档案在修改的状态下可以进行"停发工资"、"调出"和"数据档案"的编辑。已作调出标志的人员,所有档案信息不可修改。有工资停发标志的人员不再进行工资发放，但保留人员档案，以后可恢复发放。标志为停发或调出的人员，将不再参与工资的发放和汇总。

6.2.6.2 录入正式工固定工资数据

【例6－9】录入河南郑东置业股份有限公司正式工的基本工资数据，如表6－3所示。

表6－3 正式工的基本工资一览表

职员编码	职员名称	所属部门	人员类别	基本工资	奖金
001	张越	人事部	管理人员	4 000	800
002	林月	财务部	管理人员	3 300	800
003	汪红	财务部	管理人员	3 000	800
004	丁宁	财务部	管理人员	2 300	800
005	邢非	研发部	生产人员	4 000	1 100
006	武刚	研发部	生产人员	3 500	1 200
007	尹语	市场部	销售人员	3 000	1 000

【操作步骤】

①在薪资管理系统中，打开“正式工”子类别，在【人员档案明细】对话框中按【数据档案】按钮，如图6－16所示。

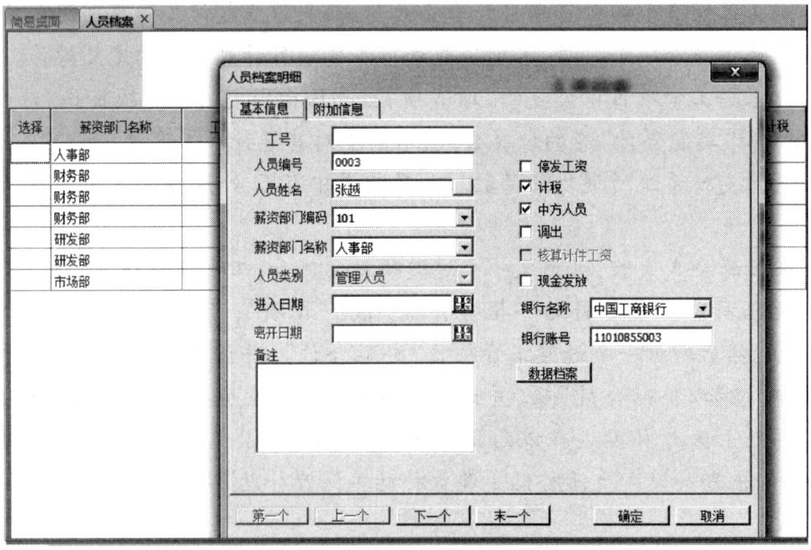

图6－16 人员档案基本信息

②在【工资数据录入—页编辑】对话框中录入所有人员的“基本工资”和“奖金”，如图6－17所示。

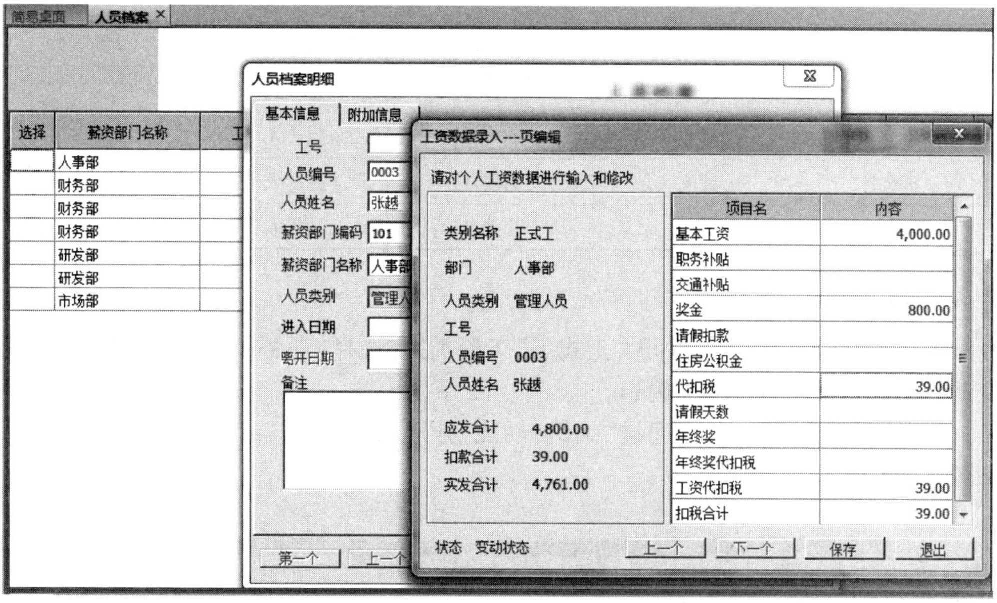

图 6－17　固定工资录入对话框

6.3　日常工资业务处理

在采用多工资类别核算方案时，工资系统是以工资类别为整体进行工资核算和管理的，因此，工资核算的日常业务处理应分别在各工资类别中进行。

6.3.1　工资变动数据管理

个人工资数据是工资系统基础的原始数据，它的正确性直接影响到以后数据计算的准确性。所以前面工作完成后，第一次使用工资系统时还须将所有人员的原始工资数据录入计算机，平时发生的工资变动也将在此进行。这里只需输入不能应用公式计算得到的原始工资项目，如"基本工资"等，其余各项可由系统根据计算公式自动计算生成。

【**例 6－10**】2016 年 1 月 31 日，正式工变动工资数据如表 6－4 所示。

表 6－4　正式工变动工资数据一览表

职员编码	职员名称	所属部门	人员类别	缺勤天数
001	张越	人事部	管理人员	
002	林月	财务部	管理人员	
003	汪红	财务部	管理人员	2

续表

职员编码	职员名称	所属部门	人员类别	缺勤天数
004	丁宁	财务部	管理人员	
005	邢非	研发部	生产人员	
006	武刚	研发部	生产人员	1
007	尹语	市场部	销售人员	

【操作步骤】

①在薪资管理系统中，打开“正式工”工资类别，选择【业务处理】菜单中的【工资变动】命令，打开【工资变动】窗口。

②在【工资变动】窗口中通过“编辑”功能，分别录入职工汪红和武刚的缺勤天数，如图 6－18 所示。

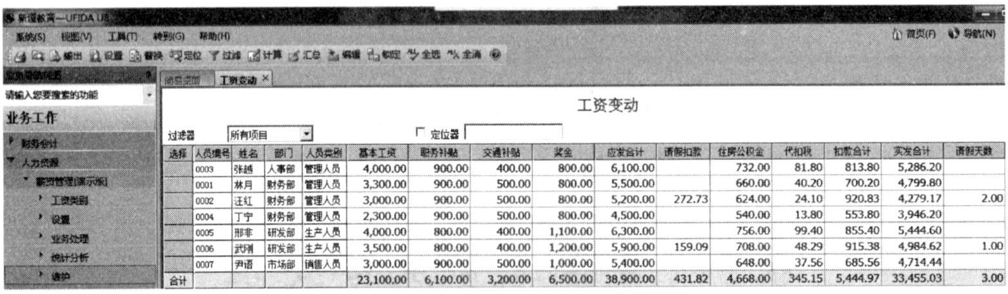

图 6－18 输入工资数据

③单击工具栏中的【计算】按钮，对全部工资项目内容进行计算。

④单击工具栏上的【汇总】按钮，汇总工资数据。

⑤单击【×】按钮，退出“工资变动”窗口。

操作注意：

①在修改了某些数据，或重新设置了计算公式，或进行了数据替换，或在个人所得税中执行了自动扣税等操作后，必须调用“计算”和“汇总”功能对个人工资数据重新计算，以保证数据正确。

②对成批且有规律地对某些工资项目进行操作时，可以使用“替换”功能。采用替换界面中的替换条件可以缩小选取的范围，如将基本工资小于 3 000 元并且缺勤天数为 0 的人员的奖金在原有基础上增加 200 元。

③若进行数据替换的工资项目已设置了计算公式，则在重新计算时以计算公式为准。

④如果选择了在工资中代扣个人所得税，则在数据录入的过程中系统自动进行扣税计算。

6.3.2 工资分钱清单

工资分钱清单是按单位计算的工资发放分钱票额清单，会计人员根据此表从银行取款并发给各部门。执行此功能必须在个人数据输入调整完成之后，如果个人数据在计算后又做了修改，须重新执行本功能，以保证数据正确。工资分钱清单包括部门分钱清单、人员分钱清单、工资发放取款单三个部分。采用银行代发工资的企业一般不需要进行工资分钱清单的操作。

6.3.3 个人所得税计算与申报

个人所得税是根据《中华人民共和国个人所得税法》对个人所得征收的一种税。手工情况下，每个月末财务部门都要对超过扣除基数金额的部分进行计算纳税申报，系统提供申报只对工资薪金所得征收所得税。鉴于许多企、事业单位计算职工个人所得税的工作量较大，系统提供了个人所得税自动计算功能，用户只需要定义所得税税率并设置扣税基数就可由系统自动计算个人所得税，既减轻了用户的工作负担，又提高了工作效率。

6.3.3.1 设置申报表栏目

“个人所得税扣缴申报表”是个人纳税情况的记录，系统提供对表中栏目的设置功能。系统默认以“实发工资”作为扣税基数。如果想以其他工资项目作为扣税标准，则需要在定义工资项目时单独为应税所得设置一个工资项目。

操作注意：

当跨地区企业扣税起征点不同时，可采用的方法为：首先，在工资项目设置中设置“扣税起征额”项目，类型为“其他项”；其次，输入每个人的扣税起征点金额或计算公式；再次，在本功能中为对应扣税项目选择“扣税起征额”；最后，在税率表定义中，将“基数”调整为零。

6.3.3.2 设置税率表

系统计算所得税的依据是收入减去费用后乘以税率。如果单位的扣除费用及税率与国家规定不一致，可单击【税率表】按钮进行修改，确认后系统会自动重新计算，并将此设置保存到下次修改。

个人所得税的费用基数和附加费用可随时按照国家政策进行调整，原先的9级超额累进税率调整为7级。具体税率如表6－5所示。

表6－5 个人所得税税表

级数	全月应纳税所得额	税率(%)	速算扣除数
1	不超过1 500元的部分	3	0
2	1 500元至4 500元的部分	10	105
3	4 500元至9 000元的部分	20	555
4	9 000元至35 000元的部分	25	1 005
5	35 000元至55 000元的部分	30	2 755
6	55 000元至80 000元的部分	35	5 505
7	超过80 000元的部分	45	13 505

因此,在设置税率表时,除费用基数和附加费用需要调整外,级数、级距以及税率也都需要调整。新增或修改级数的下限等于上一级的上限,用户可根据需要调整上一级的上限,则新的级数的下限将随之改变。系统将根据用户的设置自动计算并生成新的个人所得税申报表。

操作注意:

①设置税率时,每一级下限不允许改动,系统设定上一级的下限与下一级的上限相同。

②用户在删除时,不能跨级删除,必须从末级开始删除。税率表只剩一级时将不允许再删除。

③对于外币工资类别,用户要输入外币汇率。

6.3.3.3 计算个人所得税

当税率定义完成并确认后,系统将根据用户的设置自动计算并生成新的个人所得税报表。如果用户修改了"税率表"或重新选择了"收入额合计项",则用户在退出个人所得税功能后,需要到数据变动功能中执行重新计算功能,否则系统将保留用户修改个人所得税前的数据状态。

【例 6-11】2016 年 1 月,河南郑东置业股份有限公司"正式工"的工资应按 3 500 元的费用扣除后计算个人所得税。计算正式工的应缴个人所得税,并重新计算工资。

【操作步骤】

①在薪资管理系统中,打开"正式工"工资类别,选择【业务处理】菜单中的【扣缴所得税】命令,打开【个人所得税申报模板】窗口,选择"扣缴个人所得税报表",单击【打开】按钮,如图 6-19 所示。

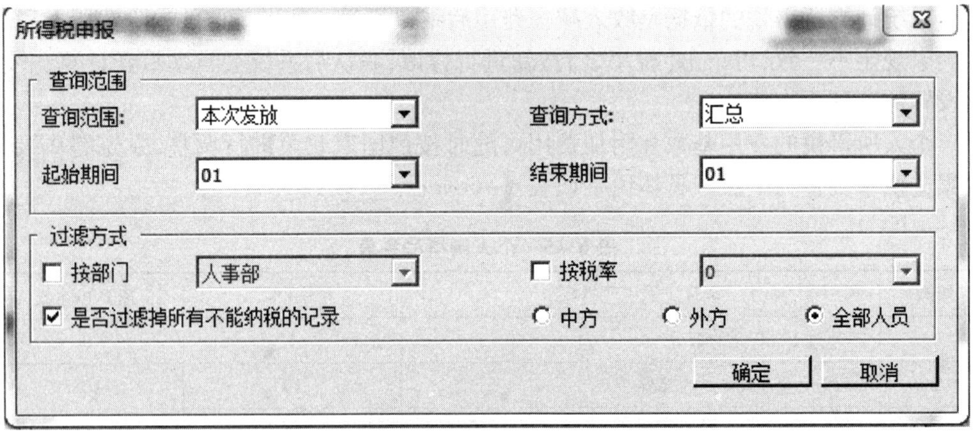

图 6-19 所得税申报模板

②根据需要进行栏目设置,点击【确定】按钮,打开"系统扣缴个人所得税报表",如图 6-20 所示。

序号	纳税义务…	所得期间	收入额	免税收入额	允许扣除…	费用扣除…	准予扣除…	应纳税所…	税率	应扣税额	已扣税额	备注
1	林月	1	5500.00			3500.00		1340.00	3	40.20	40.20	
2	汪红	1	5200.00			3500.00		803.27	3	24.10	24.10	
3	张越	1	6100.00			3500.00		1868.00	10	81.80	81.80	
4	丁宁	1	4500.00			3500.00		460.00	3	13.80	13.80	
5	邢非	1	6400.00			3500.00		2132.00	10	108.20	108.20	
6	武刚	1	6000.00			3500.00		1620.91	10	57.09	57.09	
7	尹语	1	5400.00			3500.00		1252.00	3	37.56	37.56	
合计			39100.00			24500.00		9476.18		362.75	362.75	

图 6－20 系统扣缴个人所得税报表

③单击【税率】，设置扣税基数和税率表，如图 6－21 所示。

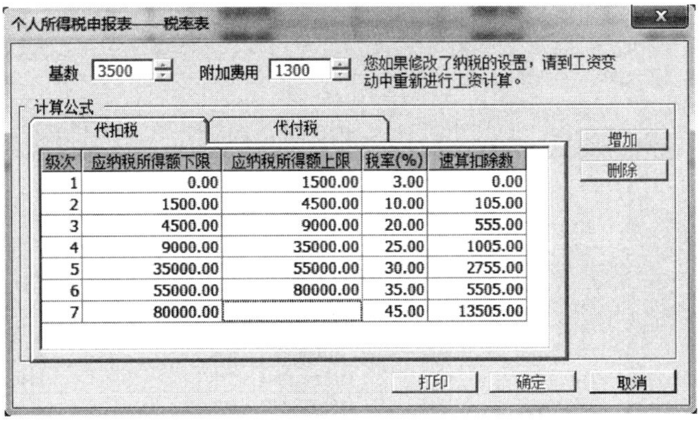

级次	应纳税所得额下限	应纳税所得额上限	税率(%)	速算扣除数
1	0.00	1500.00	3.00	0.00
2	1500.00	4500.00	10.00	105.00
3	4500.00	9000.00	20.00	555.00
4	9000.00	35000.00	25.00	1005.00
5	35000.00	55000.00	30.00	2755.00
6	55000.00	80000.00	35.00	5505.00
7	80000.00		45.00	13505.00

图 6－21 个人所得税申报表——税率表

④关闭【个人所得税申报表——税率表】对话框，单击【退出】，返回到【个人所得税申报模板】窗口，根据需要可以查询其他申报表数据，否则单击【取消】或单击【×】，如图 6－22 所示。

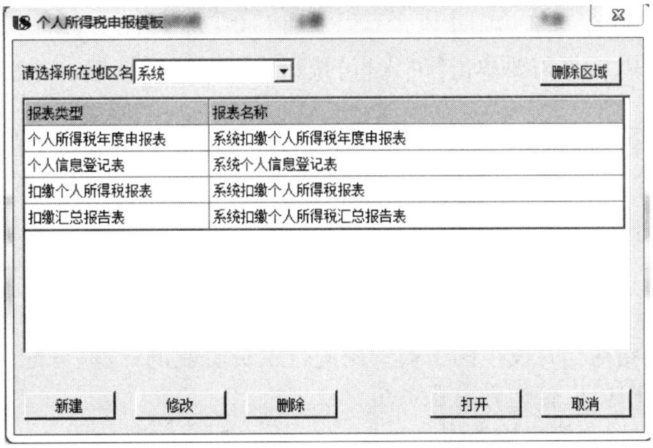

报表类型	报表名称
个人所得税年度申报表	系统扣缴个人所得税年度申报表
个人信息登记表	系统个人信息登记表
扣缴个人所得税报表	系统扣缴个人所得税报表
扣缴汇总报告表	系统扣缴个人所得税汇总报告表

图 6－22 个人所得税扣缴申报表

操作注意：

在【工资变动】中，系统默认以“实发合计”作为扣税基数，所以在执行个人所得税计算后，需要到“工资变动”中执行“计算”和“汇总”功能，以保证“代扣税”工资项目正确地反映出单位实际代扣个人所得税的金额。

6.3.4 银行代发

银行代发是指每月末由单位向银行提供银行给定的文件格式软盘，由银行代发工资。这样做既可减轻财务部门发放工资的工作量，又可有效避免财务部门去银行提取大笔款项所承担的风险，同时还可提高对员工个人工资的保密程度。

【操作步骤】

①在薪资管理系统中，选择【业务处理】|【银行代发】选项，如图6－23所示，打开【请选择部门范围】对话框。

单位编号	人员编号	账号	姓名	金额	录入日期
1234934325	0001	11010855001	林月	4799.80	20160131
1234934325	0002	11010855002	汪红	4279.17	20160131
1234934325	0003	11010855003	张越	5286.20	20160131
1234934325	0004	11010855004	丁宁	3946.20	20160131
1234934325	0005	11010855005	邢非	5444.60	20160131
1234934325	0006	11010855006	武刚	4984.62	20160131
1234934325	0007	11010855007	尹语	4714.44	20160131
合计				33,455.03	

图6－23 银行代发一览表

②选择部门范围并设置“过滤掉实发全计不大于零的员工”之后，可单击【确定】按钮。

③在【银行代发】界面，单击【格式】按钮，进行银行代发格式设置。在“银行文件格式设置”列表框中，根据需要单击【插入行】按钮或【删除行】按钮，增加或删除银行代发项目。

④单击【方式】按钮，选择设置银行代发输出格式：TXT文件、DAT文件和DBF文件。

⑤单击【输出】按钮，选择输出文件的存储位置。

6.3.5 工资分摊

工资分摊是指对当月发生的工资费用进行工资总额的计算、分配及各种经费的计提，制作自动转账凭证，传递到总账系统。

6.3.5.1 设置工资分摊类型

在初次使用工资系统时应先进行工资分摊的设置。企业在月份内发生的全部工资,不论是否在当月领取,都应当按照工资的用途进行分摊计提。

【例 6-12】在 666 账套中工资分摊的类型为“应付工资”和“职工福利”。“应付工资”的分摊比例为 100%,“职工福利”按工资总额的 14% 计提。“应付工资”和“职工福利”分摊设置内容如表 6-6 和表 6-7 所示。

表 6-6 应付工资分摊设置内容

部门名称	人员类别	项　目	借方科目	贷方科目
人事部	管理人员	应发合计	660201	221101
财务部	管理人员	应发合计	660201	221101
研发部	生产人员	应发合计	530101	221101
市场部	销售人员	应发合计	6601	221101

表 6-7 职工福利分摊设置内容

部门名称	人员类别	项　目	借方科目	贷方科目
人事部	管理人员	应发合计	660202	221102
财务部	管理人员	应发合计	660202	221102
研发部	生产人员	应发合计	530101	221102
市场部	销售人员	应发合计	6601	221102

【操作步骤】

①选择【业务处理】菜单中的【工资分摊】命令,打开【工资分摊】对话框。

②单击【工资分摊设置】按钮,打开【分摊类型设置】对话框,如图 6-24 所示。

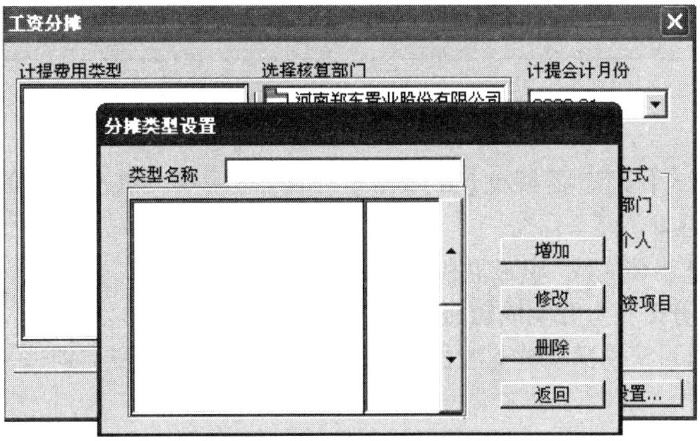

图 6-24 工资分摊类型设置

③单击【增加】按钮,打开【分摊计提比例设置】对话框,输入相应的计提类型名称和分摊计提比例,如图 6-25 所示。

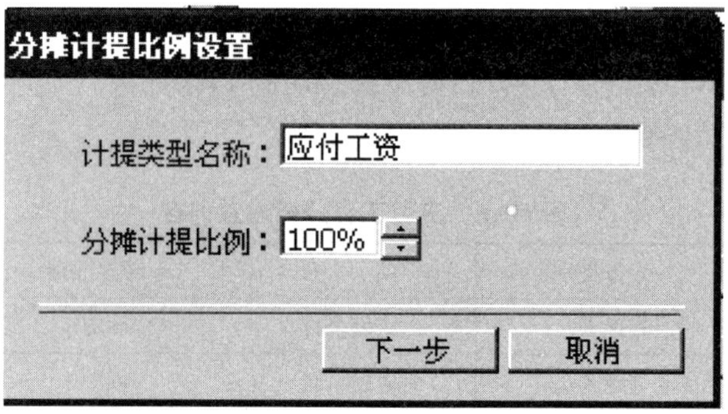

图 6－25　分摊计提比例设置

④单击【下一步】按钮，打开【分摊构成设置】对话框，输入部门名称、人员类别、项目和借贷科目等信息，如图 6－26 所示。

图 6－26　分摊构成设置

⑤单击【完成】按钮，返回到【分摊类型设置】对话框。单击【返回】按钮，返回到【工资分摊】对话框。

⑥重复上述步骤完成“职工福利”的计提设置。

6.3.5.2　分摊工资并生成转账凭证

【例 6－13】对河南郑东置业股份有限公司的“正式工”工资类别进行工资分摊并生成转账凭证操作。

【操作步骤】

①选择【业务处理】菜单中的【工资分摊】命令，打开【工资分摊】对话框。

②在【工资分摊】对话框中分别选中“应付工资”“职工福利”“全选”“明细到工资项目”复选框，如图 6－27 所示。

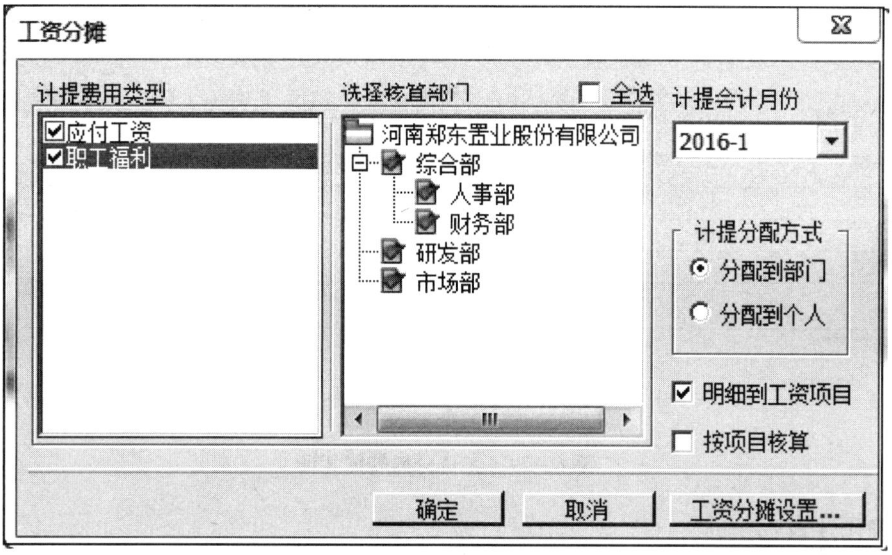

图 6－27　工资分摊

③单击【确定】按钮，打开【工资分摊明细表】窗口。

④在“应付工资一览表”中选中“合并科目相同、辅助项相同的分录”复选框，如图 6－28 所示。

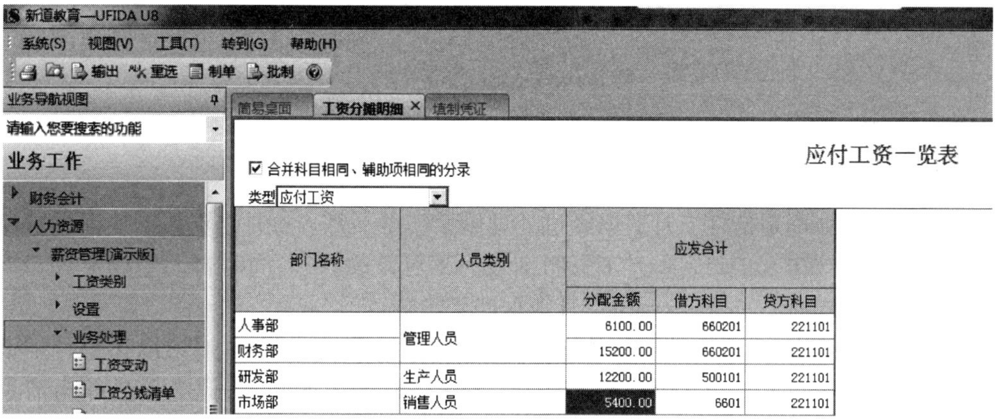

图 6－28　应付工资一览表

⑤单击【制单】按钮，生成应付工资分摊的转账凭证（只有“转账凭证”才能被保存）。选择凭证类别为“转账凭证”，单击【保存】按钮，如图 6－29 所示。

⑥单击【工资分摊明细表】按钮，单击“类型”下拉框，选择“职工福利”，重复上述步骤，则生成职工福利分摊的转账凭证。

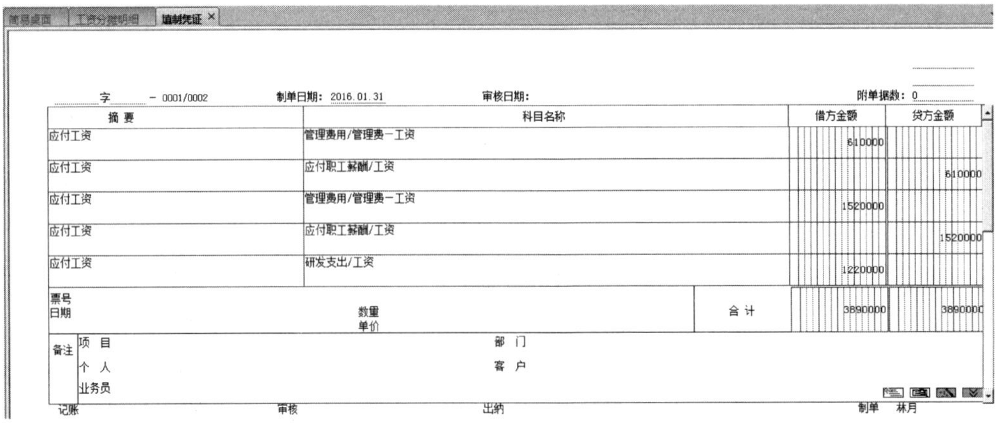

图 6－29　工资分摊转账凭证

操作注意：

①工资分摊应按分摊类型依次进行。

②在进行工资分摊时，如果取消选中"合并科目相同、辅助项相同的分录"复选框，则在生成凭证时每一条分录都将对应一个贷方科目；如果单击【批制】按钮，可以一次将所有参与本次分摊"类型"所对应的凭证全部生成。

6.4　月末业务处理

6.4.1　月末业务处理

月末业务处理是指将当月数据经过处理后结转至下月。每月工资数据处理完毕后均需进行月末结转。结转后本月工资明细表为不可修改状态，同时自动生成下月工资明细表，新增或删除人员将不会对本月数据产生影响。

在工资项目中，由于有的项目是变动的，即每月的数据均不相同，所以在每月工资处理时均需将其数据清为零，然后在下月后输入当月发生的数据，此类项目即为清零项目。

【例 6－14】将 666 账套进行 1 月月末处理。月末处理时将变动工资项目"请假扣款"和"请假天数"进行清零处理。

【操作步骤】

①选择【业务处理】|【月末处理】，打开【月末处理】对话框，如图 6－30 所示。

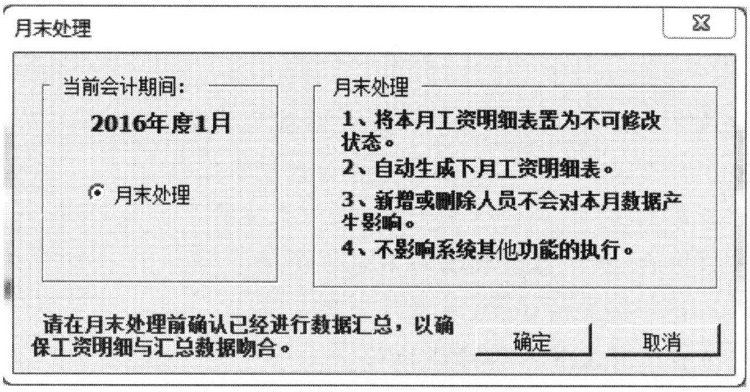

图 6-30 月末处理

②单击【确定】按钮,系统提示"月末处理之后,本月工资将不允许变动！继续月末处理吗?"。单击【是】按钮,系统继续提示"是否选择清零项?"。单击【是】按钮,将需要清零的工资项目从显示所有工资项目的左框中选入右框栏目中。单击【确定】按钮,系统提示"月末处理完毕!"。

操作注意:

①月末结转只有在当月工资数据处理完毕后才可进行。

②月末处理只有在会计年度的 1 月至 11 月进行。12 月应进行年末结转。

③若系统设置有多个工资类别,则应分别打开工资类别进行月末结转。

④若本月工资数据未汇总,系统将不允许进行月末结转。

⑤若本月无工资数据,用户进行月末处理时,系统将给予操作提示"本月无工资数据,是否进行月末结转?"。

⑥进行月末处理后,当月数据将不能再变动。

⑦月末处理功能只有主管人员才能执行。

6.4.2 工资系统反结账

在工资系统结账后,若发现还有一些业务或其他事项需要在已结账月进行账务处理,此时需要使用反结账功能,取消已结账标志。在工资系统中,选择【业务处理】菜单中的【反结账】命令,选择要反结账的工资类别,确认后即可完成反结账操作。

本月工资分摊、计提凭证传输到总账系统后,如果已在总账系统审核和记账,则需要做红字冲销后,才能进行工资系统反结账;如果总账系统未做任何操作,只需删除此凭证即可。

有下列情况之一时不允许反结账:总账系统已结账;汇总工资类别的会计月份与反结账的会计月份相同,并且包括反结账的工资类别。

6.4.3 年末结转

年末结转是指将工资数据处理后结转至下年。进行年末结转后新年度账将自动建立。如果是多工资类别操作,在处理完所有工资类别数据后,应关闭所有工资类别,然后在【系统管理】中选择【年度账】菜单下的【结转上年数据】中进行。其他操作与月末处理类似。

操作注意：

①年末结转只有在当月工资数据处理完毕后才可进行。

②若当月工资数据未汇总，系统将不允许进行年末结转。

③若本月无工资数据，用户进行年末处理时，系统将给予操作提示。

④进行年末结转后，本年各月数据将不允许变动。

⑤若用户跨月进行年末结转，系统将给予警告提示。

⑥年末处理功能只有主管人员才能执行。

6.5 统计分析

在前面对工资数据填写与计算的同时，工资报表也完成了，这是手工处理与计算机处理的不同点。

工资报表主要分为两类：一类是工资表，主要用于企业的工资发放管理。工资表是一个企业工资的表现形式，系统预置了一些常用的工资表供用户使用。另一类是工资分析表，主要用于对企业的工资状况进行各种查询、统计和分析，系统也预置了一些常用的工资分析表供用户使用。为满足用户的个性化需要，系统提供了用户自定义工资报表工具，用户可以启用自定义报表功能，新增报表夹和设置自定义报表。

6.5.1 工资表

工资表用于本月工资的发放和统计，主要完成查询和打印各种工资表的工作。工资表包括以下一些由系统提供的原始表：工资卡、工资发放条、部门工资汇总表、部门条件汇总表、工资发放签名表、人员类别汇总表、条件统计（明细）表及工资变动汇总（明细）表。

在工资系统中，选择【统计分析】|【账表】|【工资表】命令，打开【工资表】对话框，选择要查看的工资表，单击【查看】按钮，输入查询条件，即可得到相应的查询结果。

6.5.2 工资分析表

工资分析表以工资数据为基础，对部门、人员类别的工资数据进行分析和比较，产生各种分析表，供决策人员使用。工资数据分析表包括工资增长分析表、按月分类统计表、部门分类统计表、工资项目分析表、员工工资汇总表、按项目分类统计表、员工工资项目统计表、分部门各月工资构成分析及部门工资项目构成分析表。

在工资系统中，选择【统计分析】|【账表】|【工资分析表】命令，打开【工资分析表】对话框，选择要查看的工资分析表，单击【确定】按钮，输入查询条件，即可得到相应的查询结果。

对于工资项目分析,系统仅提供单一部门项目分析表。用户在分析窗口可以打开部门下拉框,选择已选取部门中的某一个部门,查看该部门的工资项目分析表。

对于员工工资汇总表,系统仅提供对单一工资项目和单一部门进行员工工资汇总分析。对于分部门各月工资构成分析表,系统提供对单一工资项目进行工资构成分析。在各查询分析窗口,可以单击【查询】按钮,重新设置分析条件。

6.5.3 凭证查询

工资核算的结果以转账凭证的形式传输到总账系统,在总账系统中可以进行查询、审核、记账等操作,但不能修改或删除。工资管理系统中的凭证查询功能可以对工资系统中所生成的转账凭证进行删除及冲销操作。

【操作步骤】

①选择【统计分析】菜单中的【凭证查询】命令,打开【凭证查询】对话框。

②选择输入所要查询的起始和终止月份,显示查询期间凭证列表。选取一张凭证,单击【删除】按钮,可删除标志为"未审核"的凭证。此项操作只是在总账中将凭证做一个"作废"的标记,如果将此凭证从系统中删除,还需在总账中执行凭证整理处理。

③单击【冲销】按钮,则可对当前标志为"记账"的凭证进行红字冲销操作,自动生成与原凭证相同的红字凭证;单击【单据】按钮,显示生成凭证的原始凭证;单击【凭证】按钮,显示单张凭证。

7

固定资产系统的核算与管理

7.1 固定资产系统概述

固定资产是企业资产的重要组成部分，与其他资产相比，固定资产单位价值高，变动不频繁，保管和使用分散，管理难度较大，固定资产的各种账、表、卡片数据容易出现不一致、账实不符的情况。使用固定资产系统对固定资产进行核算和管理，可以细化固定资产管理，正确核算与固定资产相关的各项成本和费用，及时提供固定资产管理的详细、准确的资料，有助于提高固定资产的使用效率和保护固定资产的安全完整。

7.1.1 固定资产系统的特点

7.1.1.1 数据核算及存储量大，数据保存时间长

由于企业的每项固定资产都需要存储于固定资产卡片文件中进行管理，且月末需根据卡片文件进行固定资产折旧的计提和净值的计算，这就使得固定资产子系统不仅数据存储量大，而且数据核算量也大。另外，为了加强固定资产管理，以及保留必要的审计线索，那些已经被淘汰的固定资产数据仍然要保留在系统中，从而使得固定资产的数据保存时间较长。

7.1.1.2 日常业务处理少

由于企业固定资产使用周期长、价值高，所以增减变动不大，而折旧的计提和分配一般只在月末才进行，因此需要日常处理的数据很少。

7.1.1.3 数据处理方式简单

数据处理方式可以从两个方面来理解：一是有关固定资产的增减变动的处理，操作较为简单，可以通过固定资产卡片的增加、删除以及编制各种固定资产变动单进行处

理;二是有关固定资产每月计提折旧的处理,只需要在初始设置中定义好各种折旧方法的计算公式,并设置每一项固定资产的折旧方法,就可以在每月末执行折旧计算,由系统自动完成每项固定资产的折旧计提,并且在设置好不同部门的对应折旧费用科目的情况下,系统可以根据固定资产的所在部门直接完成折旧费用的分配,然后生成自动转账凭证,由用户修改、确认。

7.1.1.4　与账务处理子系统和成本核算子系统存在数据传递关系

固定资产子系统将本期发生的固定资产增减变动以及折旧的计提分配和固定资产减值准备的计提冲回等数据所形成的机制转账凭证传递到账务处理子系统中进行账务处理,同时将需要进行产品成本核算的折旧费用传递到成本核算子系统中。

7.1.1.5　管理要求高

由于固定资产价值高,使用时间长,在企业生产中发挥着重要的作用,是企业资本的重要组成部分,在一定程度上反映了企业的经济实力,因此企业对固定资产的管理要求比较严格。同时,根据固定资产的初始数据和后来增加的业务数据,可以生成满足管理需要的信息。

7.1.2　固定资产系统的业务处理流程

7.1.2.1　系统初始化

固定资产系统在初始化中,用户要完成账套参数、部门对应折旧科目、资产类别、增减方式、使用状况等的设置,以及折旧方法的定义、卡片项目及样式的设置和原始固定资产卡片的输入。系统将这些数据保留在基本信息文件和固定资产卡片文件中,以备随时调用。

7.1.2.2　日常业务处理

固定资产的日常业务处理是指固定资产的增加、减少、原值变动,以及固定资产的调入与调出等。依据固定资产增减变动数据,输入新的固定资产卡片;依据固定资产减少单、变动单,更新固定资产增减变动文件和固定资产卡片文件。这里还包含折旧和减值准备的计提数据的输入和处理。

7.1.2.3　自动转账

自动转账是指根据固定资产系统各相关数据文件中的数据生成机制凭证,转入总账子系统和成本核算子系统。

7.1.2.4　期末处理

期末处理是指期末对账和结账,系统在执行月末结账时自动对账一次,以保证固定资产管理系统中固定资产的价值和账务处理系统中固定资产科目的数值相等。通过对账给出对账结果,并根据初始化或选项中的判断确定在不平情况下是否允许结账。月末结账每月进行一次,结账后当期的数据不能修改。

7.1.3　固定资产系统与其他业务子系统之间的关系

固定资产系统是会计信息系统中一个较简单的子系统,固定资产系统主要与会计信息系统中的总账系统和成本核算与管理系统存在数据传递关系。具体关系如下：

第一，固定资产系统中固定资产增减变动、折旧的计提分配，以及固定资产减值准备的计提等形成的记账凭证传递到总账系统中进行账务处理。

第二，固定资产系统中根据折旧计算文件分类统计、汇总折旧费用分配数据，并将折旧费用分配数据传送到成本核算与管理系统，供计算产品成本时使用。

固定资产系统与其他子系统之间的关系如图 7－1 所示。

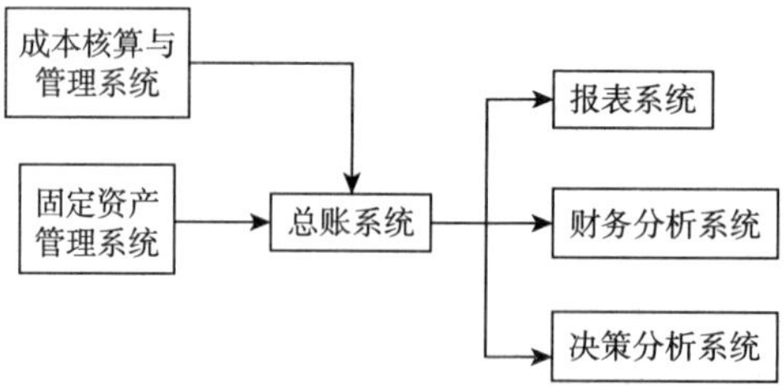

图 7－1　固定资产系统与其他子系统之间的关系

7.1.4　固定资产系统的主要功能模块

通过对固定资产业务处理流程的分析，可以看出固定资产系统应具备以下主要功能：系统初始设置、日常业务处理、账表管理和期末处理四个模块，每个模块下可设置若干相对独立的子模块。

7.1.4.1　系统初始设置

首次运行固定资产系统并打开该账套后，需要进行必要的系统初始设置工作，具体包括建立固定资产子账套、部门设置、类别设置、使用状况定义、增减方式定义、折旧方法定义、卡片项目定义、卡片样式定义和原始固定资产卡片的输入。这些基本设置是使用固定资产系统进行资产核算与管理的基础。

7.1.4.2　日常业务处理

固定资产的日常业务主要是指固定资产的增加、减少和固定资产的变动等，依据这些变动情况，输入固定资产变动的数据；根据月初固定资产卡片数据，进行固定资产折旧的计提和分配；依据新增变动单，进行减值准备处理。

7.1.4.3　账表管理

根据系统提供的账表管理功能，资产管理部门可及时掌握资产的统计、汇总和其他各方面的信息，从而提高资产管理效率。账表包括四类：分析表、统计表、账簿和折旧表。

7.1.4.4　期末处理

期末处理包括自动转账和期末对账与结账。系统自动根据固定资产增加文件、折旧计算和分配文件、减值准备计提文件的数据加工成机制凭证存在记账凭证文件中，并通过自动转账模块传递到总账系统进行审核记账。每到期末，按照系统初始设置的账务系统接口，自动与账务系统进行对账，并根据对账结果和初始设置决定是否结账。

7.2 固定资产系统初始化

固定资产系统初始化设置就是根据企业的具体情况，建立一个适合本企业需要的固定资产子账套的过程。固定资产系统初始化的内容主要包括建立固定资产子账套、基础设置和录入固定资产原始卡片。

7.2.1 建立固定资产子账套

建立固定资产子账套需要设置的内容主要包括约定及说明、启用月份、折旧信息、编码方式、账务接口和完成设置六个部分。

【例7－1】2016年1月6日，0001号操作员林月登录666账套的固定资产系统，建立固定资产子账套。固定资产子账套的启用月份为2016年1月；固定资产折旧采用平均年限法(一)，按月计提折旧，折旧汇总分配周期为1个月；当月初已计提折旧月份＝可使用月份－1时，要求将剩余折旧全部提足。固定资产编码方式为2－1－1－2，采用自动编码，结构为“类别编码＋序号”，序号长度为5。固定资产系统要求与总账系统进行对账；固定资产对账科目为“1601 固定资产”，累计折旧对账科目为“1602 累计折旧”；在对账不平的情况下不允许结账。

【操作步骤】

①在固定资产管理系统中，打开【设置】|【选项】，当初次使用固定资产系统时，系统将提示“这是第一次打开此账套，还未进行过初始化，是否进行初始化?”。单击【是】按钮，打开【初始化账套向导】对话框。

②选中【我同意】单选按钮，再单击【下一步】按钮，打开【初始化账套向导—账套启用月份】设置界面，查看本账套固定资产开始使用的年份和会计期间，但启用日期只能查看不能修改，如图7－2所示。当确定启用日期后，在该日期前的所有固定资产数据都将被作为期初数据，在启用月份开始计提折旧。

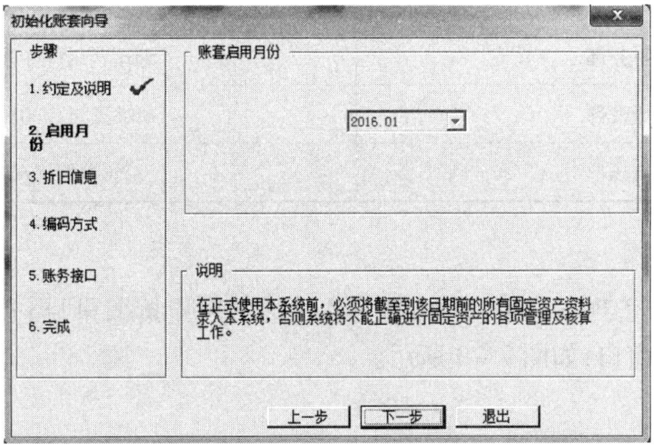

图7－2　账套启用月份

③在【初始化账套向导】窗口，通过单击【下一步】按钮，完成“折旧信息”“编码方式”“账务接口”等其他账套信息的设置。

④在设置完成所有账套信息之后，单击【完成】按钮，系统提示“已经完成了新账套的所有设置工作。是否确定所设置的信息完全正确并保存对新账套的所有设置”，单击【是】按钮，系统提示“已成功初始化本固定资产账套！”。单击【确定】按钮，即进入固定资产系统。

7.2.2 基础设置

在使用固定资产系统进行固定资产原始卡片录入和日常业务处理之前，应检查系统是否已经完成了相应的基础设置。固定资产系统的基础设置主要包括选项、部门档案、部门对应折旧科目、资产类别、增减方式、使用状况和折旧方法。

7.2.2.1 选项设置

由于在建立固定资产子账套时已经进行了有关选项的设置，因此在“选项”中只能对允许修改的参数进行修改，其他参数只能查看。

7.2.2.2 部门档案设置

在部门档案设置中，可以对企业的各职能部门进行分类和描述，以便确定固定资产的归属。部门档案设置在各个系统中是共享的，在固定资产系统中应检查其设置的内容是否完整，在这里可以根据企业的实际需要进行设置或修改。

7.2.2.3 部门对应折旧科目设置

固定资产计提折旧后必须把折旧归入成本或费用，根据不同使用者的具体情况按部门或按类别归集。当按部门归集折旧费用时，某一部门所属的固定资产折旧费用将归集到一个比较固定的科目，所以部门对应折旧科目设置就是给部门选择一个折旧科目。

【例 7－2】设置 666 账套对应折旧科目，如表 7－1 所示。

表 7－1　部门对应折旧科目

部门名称	折旧科目
综合部	管理费用(660206)
财务部	管理费用(660206)
研发部	研发支出(530102)
市场部	销售费用(6601)

【操作步骤】

①在固定资产管理系统中，打开【设置】|【部门对应折旧科目】选项，即可进入【部门对应折旧科目】窗口，如图 7－3 所示。

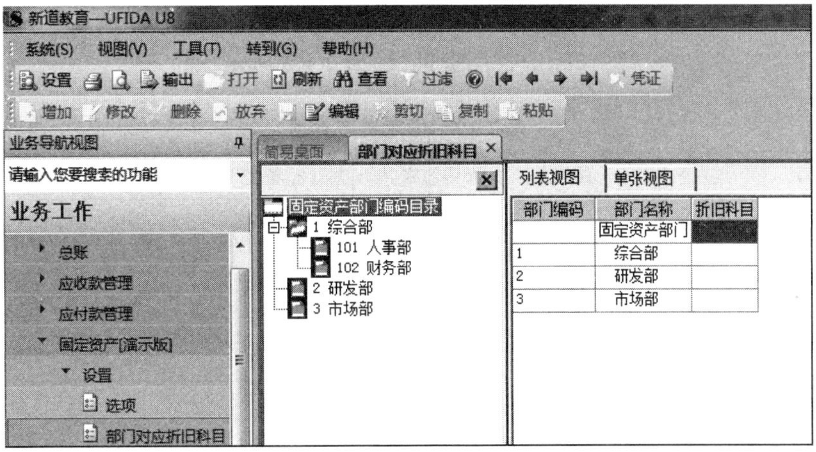

图 7－3　部门对应折旧科目设置

②选择【设置】菜单中的【部门对应折旧科目】命令，打开【列表视图】窗口，在【列表视图】选项卡中显示所有已设置的部门对应折旧科目，单击“综合部”所在行，再单击【部门对应折旧科目】上方工具栏中的【修改】按钮，打开综合部门【单张视图】窗口，如图 7－4 所示。

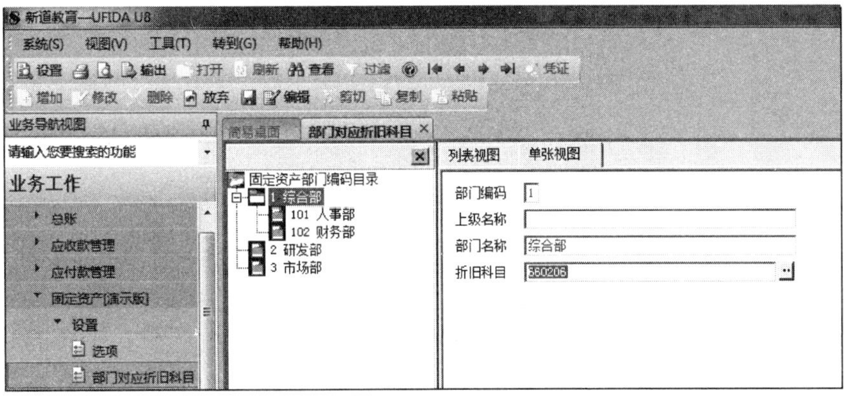

图 7－4　部门编码表的单张视图

③单击“折旧科目”后的参照按钮，弹出【科目参照】对话框，选择“660206，管理费用”，单击【确定】按钮，返回到【部门对应折旧科目】窗口。

④单击工具栏中的【保存】按钮，即可保存设置。单击工具栏上的【刷新】按钮，则自动将上述设置科目所有下级部门的折旧科目替换为同样的折旧科目。

⑤以此方法继续设置“研发部”和“市场部”的折旧对应科目。

7.2.2.4　资产类别设置

固定资产的种类繁多，规格不一，要强化固定资产管理，及时准确做好固定资产核算，必须建立科学的固定资产分类体系，为核算和统计管理提供依据。企业可以根据自身的特点和管理要求，确定一个较为合理的资产分类方法。对固定资产类别可以分别进行增加、修改和删除的操作。

【**例7-3**】设置666账套固定资产类别，如表7-2所示。

表7-2　固定资产类别

类别编码	类别名称	使用年限	净残值率(%)	计提属性	折旧方法	卡片样式
01	房屋	30	2	正常计提	平均年限法(一)	通用样式
02	设备			正常计提	平均年限法(一)	通用样式
021	办公设备	5	2	正常计提	平均年限法(一)	通用样式
022	运输设备	15	2	正常计提	平均年限法(一)	通用样式

【操作步骤】

①在固定资产管理系统中，打开【设置】|【资产类别】选项，即可进入【资产类别】窗口，系统提供了【列表视图】和【单张视图】两种显示资产类别的方式，如图7-5所示。

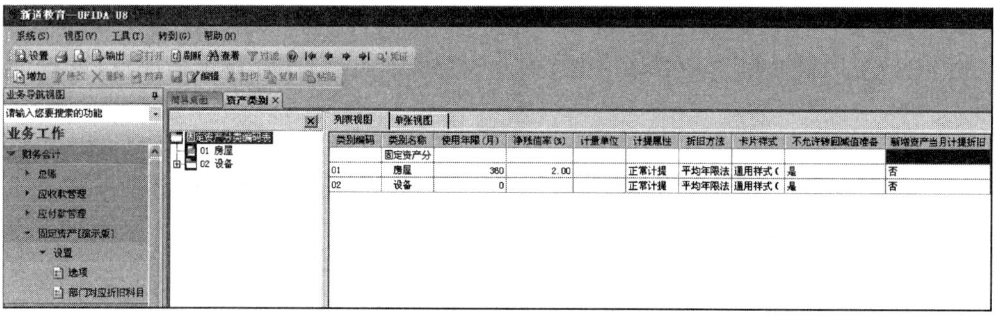

图7-5　固定资产分类编码表

②初次进入资产类别设置时资产类别目录为空。单击工具栏【增加】按钮，系统自动将显示方式由【列表视图】转换到【单张视图】，或单击【单张视图】。

③输入类别编码、类别名称，使用年限、净残值率等信息之后，单击【保存】按钮，即可将设置的结果保存。如果要对已经设置完成的资产类别进行修改，则可通过单击【修改】按钮进行；如果要删除指定的资产类别，则可通过单击【删除】按钮进行，如图7-6所示。

④以此方法继续输入其他的资产类别。最后单击【退出】按钮。

7.2.2.5　增减方式设置

增减方式包括增加方式和减少方式两类。增加的方式主要有直接购入、投资者投入、捐赠、盘盈、在建工程转入和融资租入。减少的方式主要有出售、盘亏、投资转出、捐赠转出、报废、毁损和融资租出等。设置资产的增加和减少的方式主要是用以确定资产计价和处理原则以及对资产进行汇总管理。

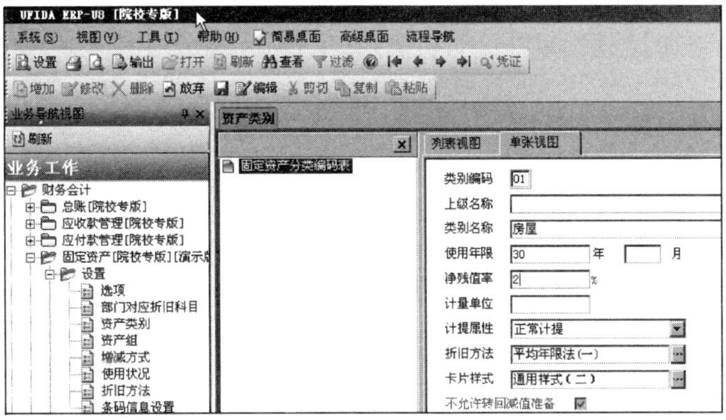

图 7－6　固定资产分类编码表的单张视图

【例 7－4】设置 666 账套固定资产的增减方式，如表 7－3 所示。

表 7－3　固定资产的增减方式

增加方式	对应入账科目	减少方式	对应入账科目
直接购入	银行存款(1002)	出售	固定资产清理(1606)
投资者投入	实收资本(4001)	盘亏	待处理财产损溢——待处理固定资产损溢(190102)
盘盈	以前年度损益调整(6901)	投资转出	长期股权投资(1511)
在建工程转入	在建工程(1604)	报废	固定资产清理(1606)

【操作步骤】

①在固定资产管理系统中，单击【设置】|【增减方式】选项，打开【增减方式】窗口，如图 7－7 所示。

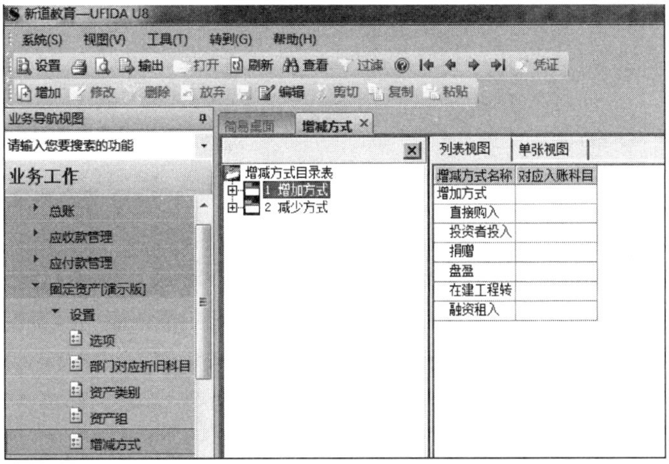

图 7－7　增减方式

②在图 7－8 左侧显示的系统预设的固定资产增减方式中选择想要增加的方式，单击工具栏中的【增加】按钮，即可自动切换到【单张视图】选项卡窗口，如图 7－8 所示。

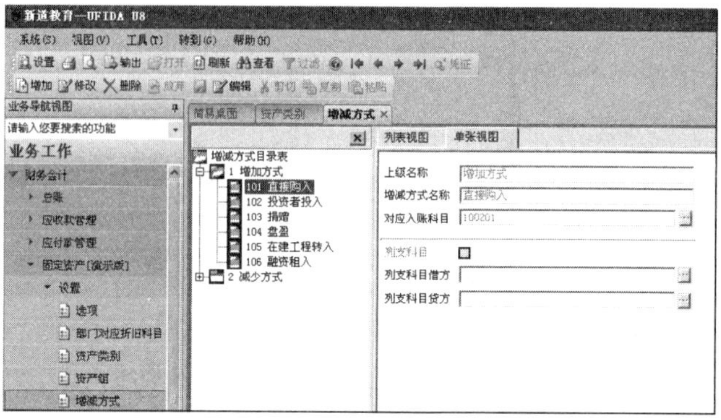

图 7－8　增减方式的单张视图

③单击【增减方式】窗口“对应入账科目”框的参照按钮，选择“100201，银行存款－工行”。单击【保存】。

④以此方法继续输入其他固定资产增减方式所对应的会计科目。最后单击【退出】。

⑤单击工具栏中的【修改】按钮或【删除】按钮，即可修改或删除相应的增减方式。

7.2.2.6　使用状况设置

从固定资产核算和管理的角度，需要明确资产的使用状况，一方面可以正确地计算和计提折旧，另一方面便于统计固定资产的使用情况，提高资产的利用效率。系统预置的使用状况有使用中、在用、季节性停用、经营性出租、大修理停用、未使用及不需用。

【操作步骤】

①在固定资产管理系统中，选择【设置】|【使用状况】选项，即可进入【使用状况】窗口，如图 7－9 所示。

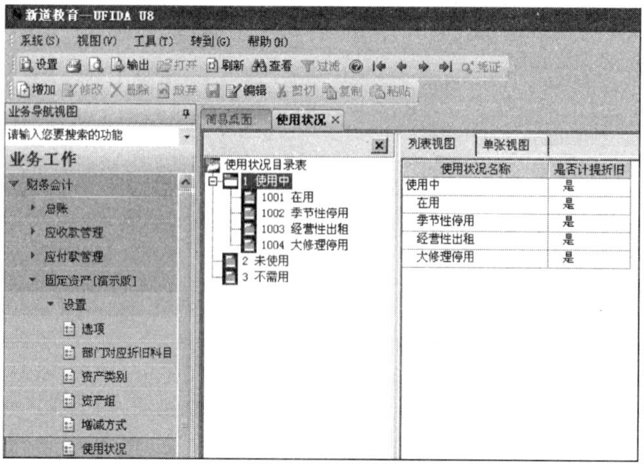

图 7－9　使用状况

②如果想要新增一种使用状况,则可以在【使用状况目录表】中选择一种使用状况的类型之后,单击【增加】按钮,系统将自动转换到该类别的【单张视图】窗口,如图7-10所示。

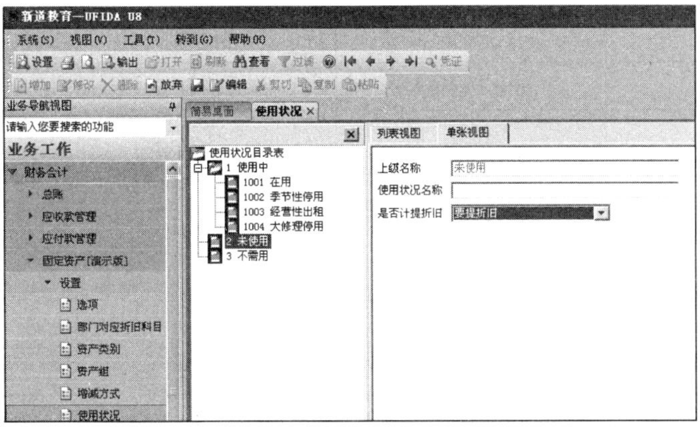

图7-10 增加使用状况

③在输入使用状况的名称并根据实际情况选择是否要计提折旧之后,单击【保存】按钮,即可完成增加操作。

④如果想要修改或删除一种使用状况,单击工具栏中的【修改】按钮或【删除】按钮,即可从使用状况目录中对其进行修改或删除。

7.2.2.7 折旧方法设置

折旧方法设置是系统自动计算折旧的基础。系统给出了常用的几种方法:不提折旧、平均年限法(一和二)、工作量法、年数总和法、双倍余额递减法。这几种方法是系统设置的折旧方法,只能选用,不能删除和修改。另外,如果这几种方法不能满足企业的使用需要,系统提供了折旧方法的自定义功能,可自己定义折旧方法的名称和计算公式。

7.2.3 录入固定资产原始卡片

固定资产原始卡片是固定资产核算和管理的依据,为保持历史资料的连续性,在使用固定资产核算前,除了进行基础设置工作外,还必须将建账日期以前的数据录入系统中,使固定资产系统中有一个完整的数据资料。原始卡片的录入不是必须在第一个期间结账前,任何时候都可以录入原始卡片。

【**例7-5**】录入666账套固定资产的原始卡片,如表7-4所示。

表7-4 固定资产的原始卡片资料

卡片编号	00001	00002	00003
固定资产编号	0100001	02100001	02200001
固定资产名称	办公楼	计算机	汽车

续表

卡片编号	00001	00002	00003
类别编号	01	021	022
类别名称	房屋	办公设备	运输设备
部门名称	研发部	财务部	市场部
增加方式	在建工程转入	直接购入	投资者投入
使用状况	在用	在用	在用
使用年限	30 年	5 年	15 年
折旧方法	平均年限法(一)	平均年限法(一)	平均年限法(一)
开始使用日期	2015 年 1 月 1 日	2015 年 1 月 1 日	2015 年 1 月 1 日
币种	人民币	人民币	人民币
原值	1 200 000	24 000	360 000
净残值率	2%	2%	2%
净残值	24 000	480	7 200
累计折旧	113 400	13 692	68 040
月折旧率	0. 002 7	0. 016 3	0. 005 4
净值	1 086 600	10 308	291 960
对应折旧科目	研发支出	管理费用	销售费用

【操作步骤】

①在固定资产管理系统中,选择【卡片】|【录入原始卡片】选项,即弹出【固定资产类别档案】对话框,如图 7 - 11 所示。

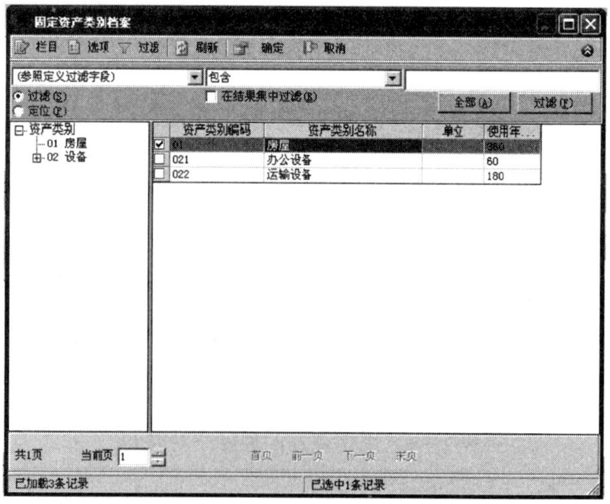

图 7 - 11 固定资产类别档案

②选中资产类别之后，单击【确定】按钮，即可打开【固定资产卡片】窗口，录入原始卡片：00001号卡片。

③单击【使用部门】按钮，即可弹出【固定资产】对话框，单击【确定】按钮，出现【部门基本参照】对话框。

④单击选择“研发部”文件夹，单击【确定】按钮，再单击【固定资产卡片】图上的【增加方式】，弹出【增减方式】按钮，单击【增加方式】按钮，出现【增减方式参照】对话框，单击选择“105 在建工程转入”文件夹。

⑤单击【确定】按钮，在【固定资产卡片】图上单击【使用状况】项目，弹出【使用状况】按钮，单击【使用状况】按钮，出现【使用状况参照】对话框，选择“1 使用中”的“1001 在用”文件夹，然后单击【确定】按钮；在【固定资产卡片】图上单击【开始使用日期】，在【开始使用日期】框中输入“2015－01－01”。

⑥在【固定资产卡片】图上单击【原值】，在【原值】框中输入“1 200 000”。

⑦在【固定资产卡片】图上单击【累计折旧】，在【累计折旧】框中输入“113 400”。

⑧单击【保存】按钮，系统提示“数据成功保存！”。

7.3　日常固定资产业务处理

日常固定资产业务处理主要包括企业平时的固定资产卡片管理、固定资产增减业务管理及固定资产其他变动管理。

7.3.1　固定资产卡片管理

卡片管理是对固定资产系统中所有卡片进行的综合管理，可完成卡片查询、卡片修改与删除的操作。

7.3.1.1　卡片查询

进行卡片查询时，既可查询单张卡片信息，也可查询卡片汇总信息。每张卡片在固定资产列表中显示为一条记录行。通过这条记录行或快捷信息窗口可查看该资产的简要信息，要想查看详细情况，可在卡片管理列表中选择要查看的卡片记录行，双击该记录行，即显示单张卡片的详细内容。查看卡片汇总信息即查看企业实际业务中的固定资产台账。固定资产系统设置了按部门、按类别和自定义三种查询方式。

【例7－6】查询666账套全部固定资产卡片及研发部的固定资产情况。

【操作步骤】

①在固定资产管理系统中，单击【卡片】|【卡片管理】选项，打开【查询条件选择—卡片管理】窗口，如图7－12所示。

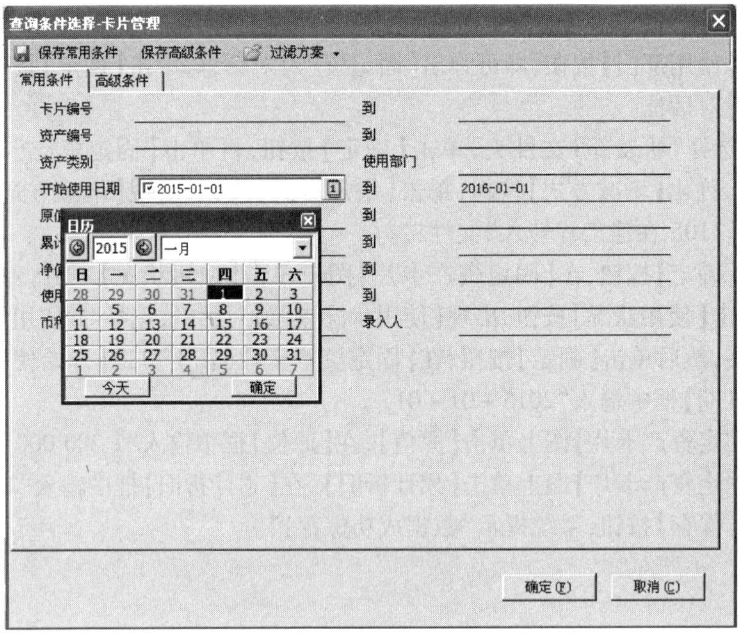

图 7－12　查询条件选择

②单击右下角【确定】按钮，弹出【卡片管理】窗口，如图 7－13 所示。

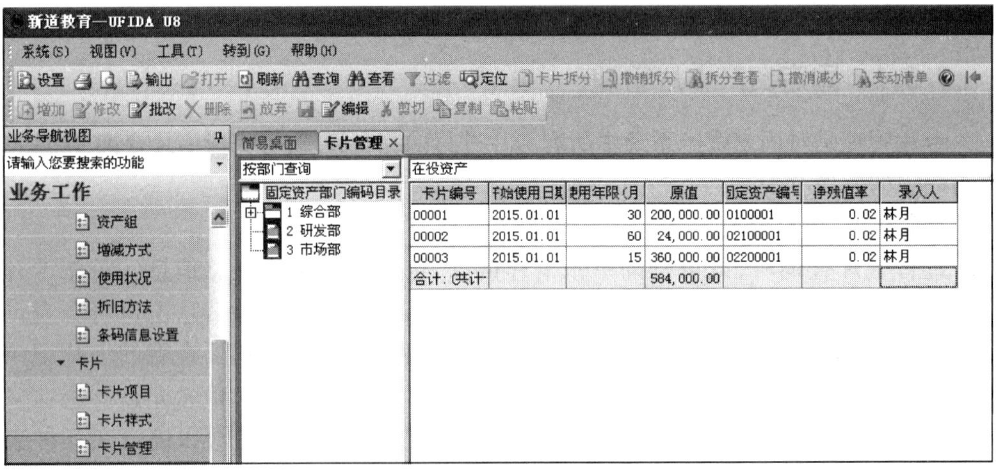

图 7－13　卡片管理

③单击【卡片管理】窗口左侧“固定资产部门编码目录”中的“研发部”，在窗口右侧中显示“研发部”的固定资产情况。单击【退出】按钮退出。

7.3.1.2　卡片修改与删除

当发现卡片录入有错误或资产在使用过程中有必要修改卡片的一些内容时，可通过卡片修改功能实现。这种修改为无痕迹修改，在变动清单和查看历史状态时不体现,无痕迹修改前的内容在任何查看状态都不能再看到。删除卡片是指把卡片资料从系统中彻底删除,并不是资产清理或减少。双击【卡片管理】窗口中需要修改的记录行,在打开的【固定资产卡片】窗口中单击【修改】按钮,可进入修改状态对其进行修改。从卡片管理列表框中选择要删除的固定资产卡片,单击【删除】按钮,可删除该卡片。

7.3.2 固定资产增减业务管理

在系统使用过程中,总会出现固定资产增减业务,固定资产增减管理是在固定资产系统中通过控制固定资产的增减卡片等方式实现的。

7.3.2.1 固定资产增加

"资产增加"即新增加固定资产卡片。在系统日常使用过程中,可能会购进或通过其他方式增加企业资产,该部分资产通过"资产增加"操作录入系统。当固定资产"开始使用日期 = 录入会计日期"时,才能通过资产增加录入。

【例 7-7】2016 年 1 月 9 日,研发部直接购入一台计算机,原值为 26 000 元,预计使用 5 年,预计净残值率为 3%,采用平均年限法(一)计提折旧。

【操作步骤】

① 在固定资产管理系统中,单击【卡片】|【资产增加】选项,打开【固定资产类别档案】对话框,单击选取"设备"中的"021 办公设备",如图 7-14 所示。

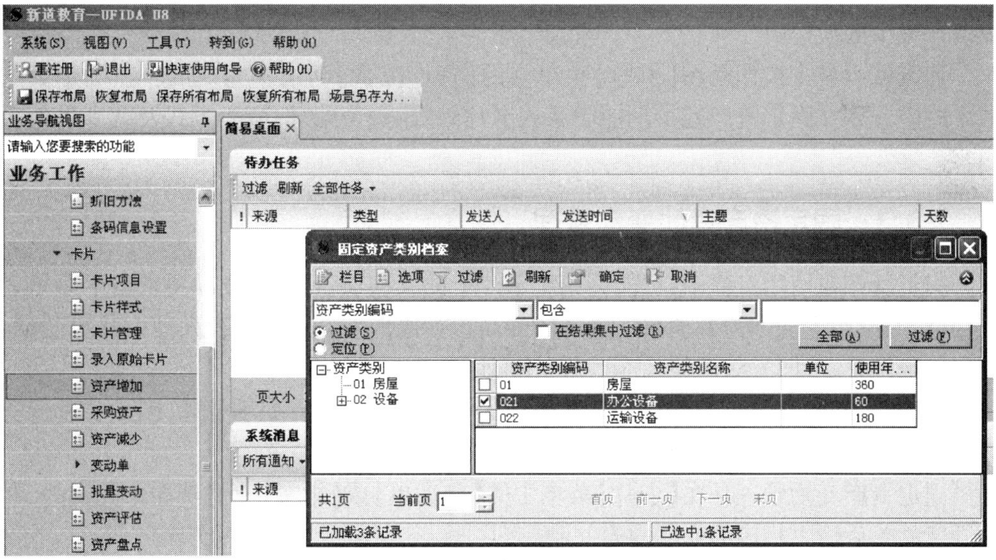

图 7-14 固定资产类别档案

②单击【确定】按钮,打开【固定资产卡片[新增资产:00004 号卡片]】窗口。分别录入或选择"使用部门"为"研发部","增加方式"为"直接购入","使用状况"为"在用","原值"为"26 000","折旧方法"为"平均年限法(一)",如图 7-15 所示。

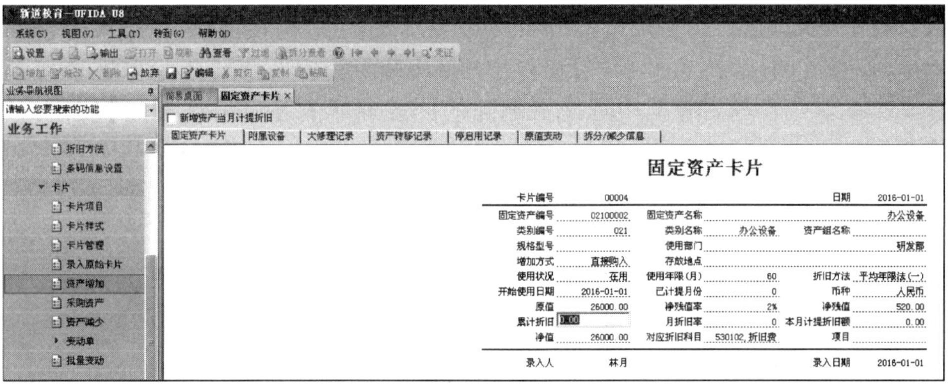

图 7－15　已填制完成的 00004 号资产卡片

③单击【保存】按钮，可对新增加的固定资产卡片进行保存。

7.3.2.2　固定资产减少

固定资产在使用过程中，总会由于各种原因，如毁损、出售和盘亏等退出企业，该部分操作称为固定资产减少。在系统中提供固定资产减少的批量操作，为同时清理一批固定资产提供方便。

只有当账套开始计提折旧后，才能使用固定资产减少功能，否则减少固定资产只能通过删除卡片的方式完成。由于 666 账套还未计提过折旧，所以该账套还不能进行固定资产减少的操作。

固定资产减少操作是在【卡片】菜单中的【资产减少】功能中完成的。在固定资产减少时应分别在固定资产减少功能中录入卡片编号、资产编号、减少方式及减少日期等内容。

7.3.3　固定资产其他变动管理

固定资产在使用过程中，可能会调整卡片上的某些项目，这种变动要求留下原始凭证，制作的原始凭证称为变动单。资产的变动包括原值变动、部门转移、使用状况变动、使用年限调整、折旧方法调整及净残值(率)调整等。

系统约定，本月录入的卡片和本月增加的资产不允许进行变动处理，因此要进行资产变动，必须先计提折旧并制单、记账。

固定资产变动管理是在【卡片】菜单中的【变动单】或【批量变动】功能中完成的，在打开变动单后输入相应的变动内容并制单即可。

7.4　期末业务处理

在固定资产系统中，期末业务工作主要包括计提减值准备处理、计提折旧处理、制单处理、对账与结账处理和账表管理。

7.4.1 减值准备处理

如果是市场持续下跌或技术陈旧等原因导致的固定资产可回收金额低于账面价值，则企业应该在期末或每年年度终了时，将可收回金额低于账面价值的差额作为固定资产减值准备。

【操作步骤】

①在固定资产管理系统中，打开【卡片】|【变动单】|【计提减值准备】命令，可进入【固定资产变动单】窗口，如图 7－16 所示。

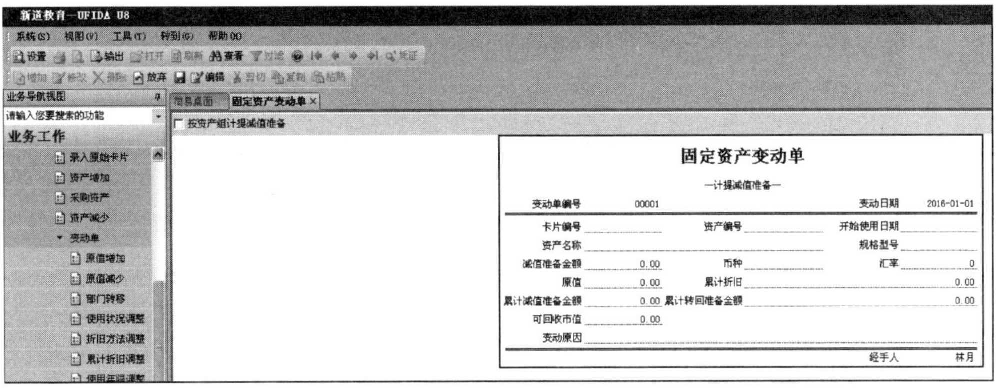

图 7－16 固定资产变动单

②输入卡片编号或资产编号，系统将自动列出资产名称、开始使用日期、规格型号及变动前类别，输入变动后类别和变动原因。

③单击【保存】按钮，完成该变动单的操作。

④如果已经计提的固定资产价值又恢复了，则需要在原本已计提的减值准备范围内进行转回。选择【变动单】|【转回减值准备】命令，可进入【固定资产变动单——转回减值准备】设置界面，在其中进行转回减值准备处理。

7.4.2 计提折旧处理

自动计提折旧是固定资产系统的主要功能之一。系统根据已录入的有关固定资产资料，每期计提折旧一次，并自动生成折旧分配表，然后制作记账凭证，将本期的折旧费用自动登账，并将当期的折旧额自动累加到累计折旧项目。

影响折旧的因素主要有原值、减值准备、累计折旧、净残值(率)、折旧方法、使用年限及使用状况。

【例 7－8】计提 666 账套 2016 年 1 月的固定资产折旧，其操作步骤如下。

①选择【处理】菜单中的【计提本月折旧】命令，系统出现“是否要查看折旧清单?”的提示信息。单击【是】按钮，系统接着出现“本操作将计提本月折旧，并花费一定时间，是否要继续?”的提示信息。单击【是】按钮，系统即可开始计提折旧。在计提折旧

完成之后,系统将自动打开【折旧清单】窗口,如图 7－17 所示。

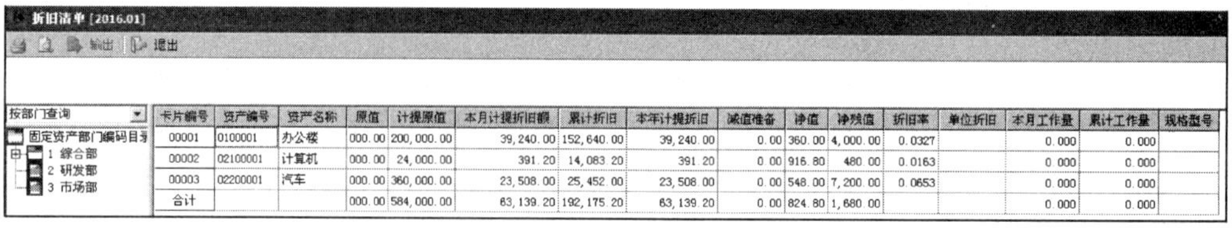

图 7－17　折旧清单

②选择【处理】|【折旧分配表】按钮,打开【折旧分配表】对话框,如图 7－18 所示。

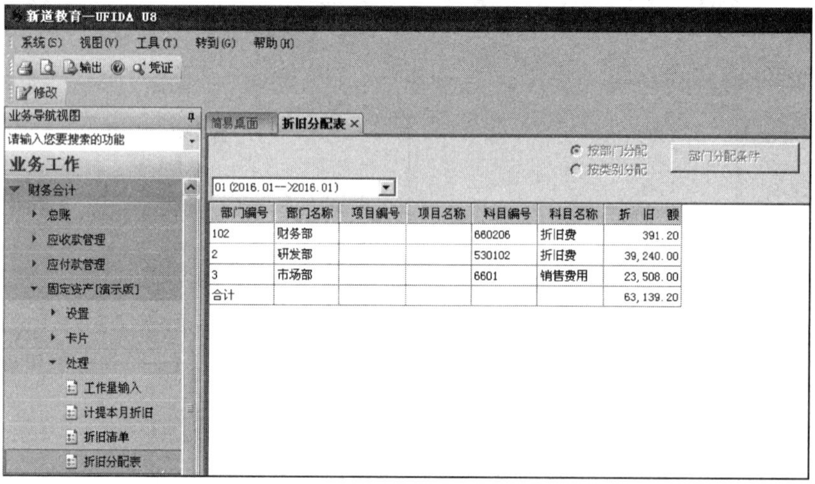

图 7－18　折旧分配表

③单击【凭证】按钮,生成一张计提折旧的记账凭证,选择凭证种类为"转账凭证",单击第四条分录的"科目名称"栏,单击参照按钮选择"累计折旧",再单击【保存】按钮,保存计提折旧的记账凭证,如图 7－19 所示。

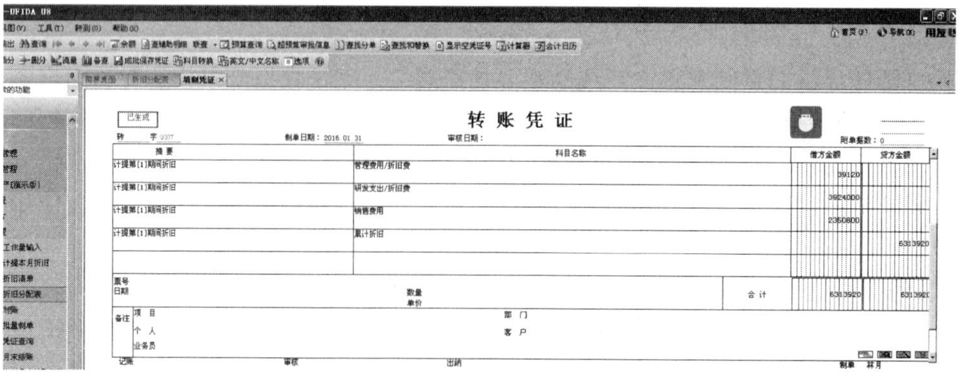

图 7－19　计提折旧的凭证

④单击【退出】按钮退出。

7.4.3 制单处理

固定资产系统和总账系统之间存在数据的自动传输关系，这种传输是通过记账凭证完成的。固定资产系统中要制作凭证的业务内容主要包括资产增加、资产减少、卡片修改（涉及原值和累计折旧时）、资产评估（涉及原值和累计折旧时）、原值变动、累计折旧调整及折旧分配。

制作凭证可采用“立即制单”和“批量制单”两种方法。如果在“选项”中设置了“业务发生后立即制单”，则当需制单的业务发生时，系统自动调出不完整的凭证供修改后保存；如果在“选项”中未选中“业务发生后立即制单”，则可利用系统提供的“批量制单”功能完成制单工作。批量制单功能可同时对一批需制单的业务连续制作凭证并传输到总账系统。

7.4.4 对账与结账处理

7.4.4.1 对账

系统在运行过程中，应保证本系统管理的固定资产价值与账务系统中固定资产科目的数值相等，而两个系统的资产价值是否相等，应通过执行固定资产系统提供的对账功能实现。对账操作不限制执行的时间，任何时候均可进行。系统在执行月末结账时自动对账一次，给出对账结果，并根据初始化或选项中的判断确定对账不平情况下是否允许结账。

只有系统初始化或选项中选择了【与账务系统对账】选项，才可以进行对账操作。对账操作是在【处理】菜单中的【对账】功能中完成的，在选择对账功能后，系统会自动完成对账并给出对账结果。如果对账不平，需要根据初始化时是否选中“在对账不平情况下允许固定资产月末结账”判断是否可以进行结账处理。

7.4.4.2 结账

当固定资产系统完成了本月全部制单业务后，可以进行月末结账。月末结账每月进行一次，结账后当期数据不能修改。结账操作是在【处理】菜单中的【月末结账】功能中完成的。结账后如果发现有本月未处理的业务或需要修改的事项，可通过系统提供的【恢复月末结账前状态】功能进行反结账。本期不结账，将不能处理下期的数据；结账前一定要进行数据备份；不能跨年度恢复数据，即本系统年末结转后不能利用本功能恢复年末结转。

7.4.5 账表管理

在固定资产管理过程中，需要及时掌握固定资产的统计、汇总和其他各方面的信息。固定资产系统根据用户对系统的日常操作，自动提供这些信息，以报表的形式提供给财务人员和资产管理人员。本系统提供的报表分为五类：账簿、分析表、统计表、折旧表和减值准备表。另外，如果所提供的报表不能满足要求，系统还提供了自定义报表的功能。

7.4.5.1 固定资产账簿

在进行固定资产日常业务处理后，系统根据业务内容直接生成有关的固定资产账簿资料。固定资产账簿资料主要包括固定资产总账、固定资产明细账及固定资产登记簿。固定资产明细账包括单个固定资产明细账以及分别按部门和按类别登记的固定资产明细账。这些账簿以不同的方式序时地反映了资产的变化情况，在查询的过程中可以联查到某一时期、某一部门、某一类别的明细资料及记账凭证，从而获得全面的固定资产信息。固定资产账簿可以在【账表】菜单中的【账簿】中查询。

7.4.5.2 分析表

固定资产分析表主要通过对固定资产的综合分析，为管理者提供管理和决策依据。系统提供了四种分析表：部门构成分析表、价值结构分析表、类别构成分析表和使用状况分析表。可以通过这些分析表了解企业固定资产计提折旧的情况和剩余价值大小等内容。固定资产分析表可以在【账表】菜单中的【分析表】中查询。

7.4.5.3 统计表

统计表能为不同管理目的提供统计数据。系统提供了八种统计表：固定资产原值一览表、固定资产到期提示表、固定资产统计表、评估汇总表、评估变动表、盘盈盘亏报告表、逾龄资产统计表和役龄资产统计表。这些表从不同的侧面对固定资产进行统计分析，全面细致地统计了企业对资产的管理，能够为及时掌握资产的价值、数量及新旧程度等指标提供依据。

7.4.5.4 折旧表

系统提供了五种折旧表：部门折旧计提汇总表、固定资产折旧表、固定资产累计折旧表、固定资产折旧计算明细表和固定资产折旧清单表。通过折旧表可以了解并掌握企业所有固定资产本期、本年某部门、某类别固定资产计提折旧及明细情况。

7.4.5.5 减值准备表

为了反映企业一定会计期间各项资产减值准备的增减变动情况，系统提供了三种减值准备表，分别是减值准备明细账、减值准备余额表和减值准备总账。通过减值准备表可以了解各项资产在一定会计期间内减值准备的借方、贷方及余额情况。

8

往来账款系统的核算与管理

8.1 往来账款核算与管理概述

往来账款核算与管理是指对因赊销、赊购商品或提供、接受劳务而发生的将要在一定时期内收回或支付的款项的核算与管理。它包括应收款和应付款的核算与管理两部分:应收款管理系统用于核算和管理客户往来款项;应付款管理系统用于核算和管理供应商往来款项。

8.1.1 往来账款核算与管理系统的特点

8.1.1.1 数据实时性强

采购和销售活动是企业的经常性业务,正常情况下企业每天都会有一定数量的采购、销售业务和货款结算业务需要处理。为了使企业决策者能够及时制定出合理的采购和付款、销售及催款策略,加速资金周转,提高经济效益,就需要实时反映有关采购和应付款项、销售收入和应收款项的动态信息。因此,系统对数据处理的实时性要求高。

8.1.1.2 数据处理可靠性要求高

由企业销售活动所产生的货款结算方式是灵活多样的,如有现金、支票、汇票、托收承付和商业票据等多种结算方式。所有这些业务处理和核算既涉及钱,也涉及物,还涉及税的合理计算,容不得出任何差错。因此,应收款系统对数据处理的可靠性要求高。应付款系统中采购活动涉及订货品种、供应商、结算价格、结算方式等,变化频繁,必然使数据输入与处理的频率高,对数据处理可靠性的要求也高。

8.1.1.3 与其他核算系统间的数据联系紧密

应收款核算系统与销售核算系统、应付款系统、财务分析系统和账务处理系统之间存在着密切联系,系统中的很多信息是从其他子系统转来的。应付款管理系统也不是一个独立的系统,它与存货系统和账务处理系统存在频繁的数据传递关系。同时,应收款管理系统与应付款管理系统之间可以进行转账处理,并向财务分析系统提供各种分析数据。

8.1.1.4 管理要求高

往来账款核算与管理系统的业务处理既涉及钱,也涉及物,还涉及税的合理计算,因此,对往来账款核算与管理系统的输入、处理、核算的要求很高,必须有专人负责。

8.1.2 往来账款核算与管理系统的业务处理流程

往来账款核算与管理系统的业务处理流程主要包括系统初始化、日常业务处理和期末处理三部分,具体流程如图 8 - 1 所示。

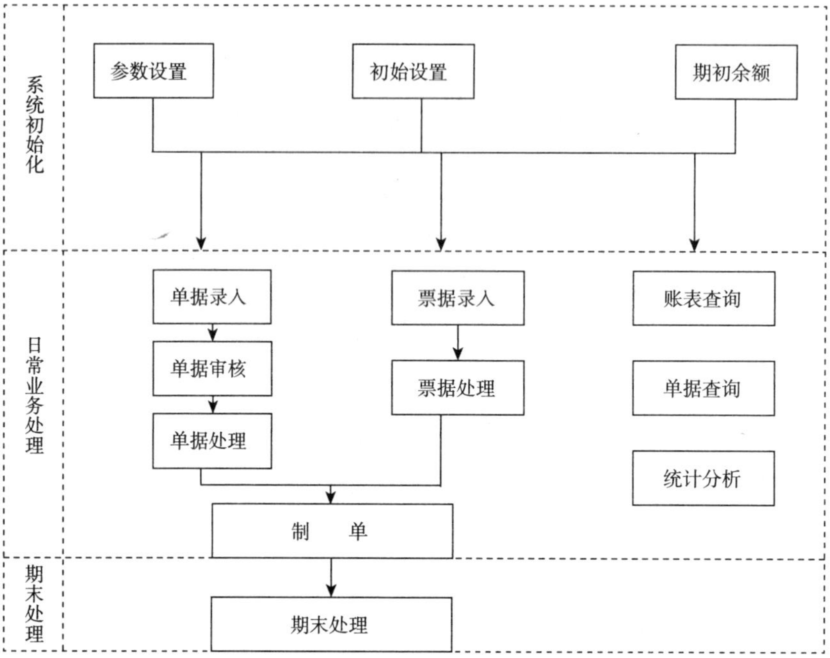

图 8 - 1 往来账款核算与管理业务流程

8.1.3 往来账款核算与管理系统与其他业务子系统之间的关系

往来账款核算与管理系统与其他业务子系统之间主要产生以下数据联系:

第一,销售系统向应收款系统提供已复核的销售发票、销售调拨单及代垫费用单。应收款系统对发票进行审核并据以进行收款结算处理,生成凭证。应收款系统为销售系统提供销售发票、销售调拨单的收款结算情况以及代垫费用的核销情况。

第二,采购管理系统录入采购发票,在应付款系统中核算该发票的款项。应付款系统生成采购以及支付款项等凭证,并传递到总账系统。

第三,应收款系统和应付款系统向总账系统传递凭证,并能查询其所生成的凭证。

第四,应收款系统与应付款系统之间可以进行转账处理,如应收冲应付。同时对既是客户又是供应商的往来业务对象,可同时查询应收和应付往来明细。

第五,应收款系统和应付款系统可以向财务分析系统提供各种分析数据。

第六,应收款系统和应付款系统向 UFO 报表系统提供数据。

往来账款核算与管理系统与其他子系统之间的关系如图 8 –2 所示。

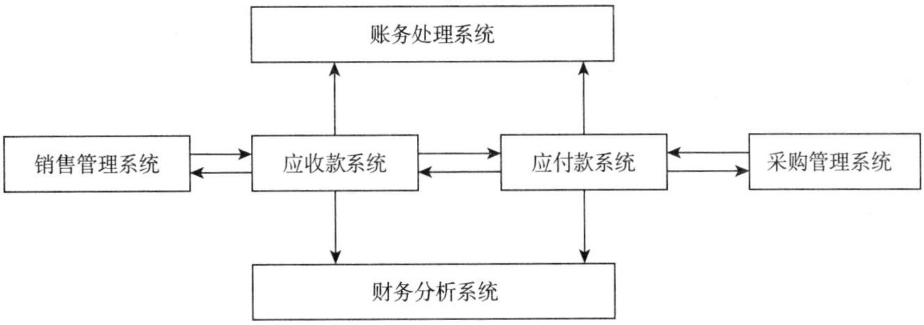

图 8 –2　往来账款核算与管理系统与其他子系统之间的关系

8.1.4　往来账款核算与管理系统的主要功能模块

往来账款核算与管理系统提供系统初始设置、日常业务处理、账表管理、期末处理等功能。

8.1.4.1　系统初始设置

根据系统提供账套参数设置和初始设置,用户结合该企业管理要求进行参数选择,将通用应收款管理系统和应付款管理系统设置成适合企业核算与管理要求的专用系统,系统参数设置是整个系统运行的基础。为了保证数据的连续性与完整性,系统提供期初余额的录入。

8.1.4.2　日常业务处理

系统提供各种原始单据的录入、处理、核销,票据录入、处理和查询,以及转账处理、制单处理、坏账处理和汇兑损益等日常业务处理功能。

8.1.4.3　账表管理

系统提供账表查询和统计分析功能,提供各种总账、明细账等多种账表查询功能,同时提供欠款分析、账龄分析等多种统计分析功能,满足企业决策分析的需要。

8.1.4.4　期末处理

如果当月业务全部处理完毕,就需要执行月末结账功能,意味着当月业务到此结束,下月业务开始。如果发现当月业务处理有错误需要修改,或者发现该月还有未处理的业务,可以执行取消结账功能。

由于应收款管理系统与应付款管理系统在业务处理上非常相似,因此我们将以应收款管理系统为例阐述系统的具体应用。

8.2 应收款系统初始化

需要说明的是,在使用应收款系统之前,应该已经在“系统管理”中建立了企业系统账套,并已启用应收款系统,否则不能启动和使用应收款系统。假设河南郑东置业股份有限公司应收款系统已于2016年1月1日启用。

应收款系统的基础设置内容主要包括账套参数设置、初始设置及录入期初余额等。

8.2.1 期初数据的准备

为便于应收款系统的初始化,应该做以下准备:

8.2.1.1 设置客户的分类方式

为便于按客户分类进行各种统计分析,需要对客户进行分类设置。例如,按客户的性质,可将客户分为工业企业、商业企业和其他客户三类。

8.2.1.2 设置存货的分类方式

为便于按存货分类进行各种统计分析,需要对存货进行分类设置。例如,将所有存货分为原材料、辅助材料、低值易耗品和库存商品等类别。

8.2.1.3 准备与本单位有业务往来的所有客户的详细资料

客户详细资料主要包括客户名称、地址、联系电话、开户银行、信用额度和最后的交易情况等,可按“客户档案”卡片中的内容做准备;用于销售的所有存货详细资料包括存货名称、规格型号、价格和成本等数据,可按“存货档案”卡片中的内容做准备。

8.2.1.4 准备其他相关资料

准备的其他相关资料主要是指设置的会计科目、结算方式、部门及职员等档案资料。上述资料如果在“企业应用平台”的“基础档案”或其他系统的基础设置中已经设置过,那么这里可以直接共享。

8.2.1.5 整理系统

准备好所有客户的应收款、预收款、应收票据等数据,这些期初数据最好精确到每一笔具体的发票或业务。

8.2.2 设置账套参数

在运行应收款系统前,应在【选项】中设置运行所需要的账套参数,以便系统根据所设定的选项进行相应的处理。

【例8-1】以林月的身份在2016年1月6日登录666账套应收款系统,进行以下账套参数设置。

①【常规】选项。单据审核日期依据:单据日期。汇兑损益方式:月末处理。坏账处理方式:应收余额百分比法。代垫费用类型:其他应收单。应收款核算类型:详细核算。

②【凭证】选项。受控科目制单方式:明细到客户。非控科目制单方式:汇总方式。控制科目依据:按客户。销售科目依据:按存货分类。月末结账前全部制单。方向相反的分录合并。预收冲应收生成凭证。凭证可以编辑。

③【权限与预警】选项。根据单据自动报警,信用方式提前7天。启用部门权限。根据信用额度自动报警,提前比率为20%;包含信用额度为零;进行信用额度控制。

④【核销设置】选项。应收款核销方式:按产品和按单据。

【操作步骤】

①在应收款管理系统中,单击【设置】|【选项】,打开【账套参数设置】对话框,单击【编辑】按钮,即可进入修改状态,可根据具体需要对各选项进行设置。切换到【凭证】选项卡,即可看到其中有4个下拉列表框和多个复选框,可根据具体需要对各选项进行设置,如图8-3所示。

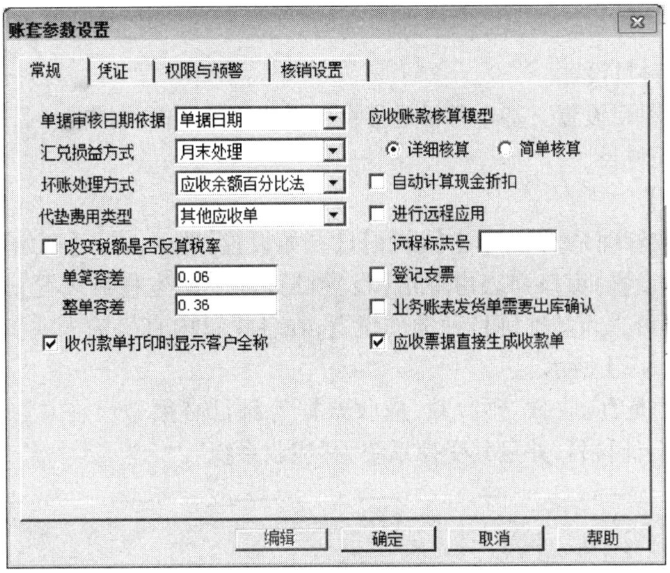

图8-3 凭证

②切换到【权限与预警】选项卡,在其中根据实际情况可以设置【启用客户权限】、【启用部门权限】、【单据报警】、【信用额度报警】、【录入发票时显示提示信息】和【信用额度控制】选项,可根据具体需要对各选项进行设置。

③切换到【核销设置】选项卡,在其中提供【按单据】和【按产品】两种应收款的核销方式。

④以上各选项设置完成后,单击【确定】按钮,可保存所做的参数修改。

8.2.3 初始设置

如果企业应收账款业务类型比较固定且生成凭证的科目也比较固定,为简化凭证生成操作,可将各业务类型凭证中的常用科目预先设置好,生成凭证时系统就会自动把相应科目带入。下面分别介绍初始设置中几种科目设置的方法及步骤。应收账款管理系统的会计科目设置如表 8 - 1 所示。

表 8 - 1　应收账款管理系统会计科目设置

科目设置	应收科目(本币):1122 应收账款;预收科目:2203 预收账款;销售收入科目:6001 主营业务收入;税金科目:22210102 应交税费——应交增值税(销项税);商业承兑科目、银行承兑科目:1121 应收票据;票据利息科目、票据费用科目、现金折扣科目:6603 财务费用
产品科目设置	冰箱、洗衣机、空调:销售收入科目 6001 主营业务收入;应交增值税科目 22210102 应交税费——应交增值税(销项税);销售退回科目 6001
结算方式科目设置	结算方式为"现金",科目为 1001;结算方式为"现金支票",科目为 100201;结算方式为"转账支票",科目为 100202

8.2.3.1　科目设置

第一,基本科目设置。基本科目是指在核算应收款项时常用的科目,可在此处设置应收业务的常用科目。

【操作步骤】

①在应收款管理系统中,单击【设置】|【初始设置】选项,进入【初始设置】窗口。

②在【初始设置】窗口列表中单击【设置科目】|【基本科目设置】选项,然后单击【增加】按钮,即可进入基础科目种类的设置,在各栏目内直接输入或参照输入有关的科目信息,如图 8 - 4 所示。

需要注意的是,应收款、预收款、应收票据等科目必须是已在总账系统中被设为"客户往来"的会计科目,并且其受控系统为"应收系统"。

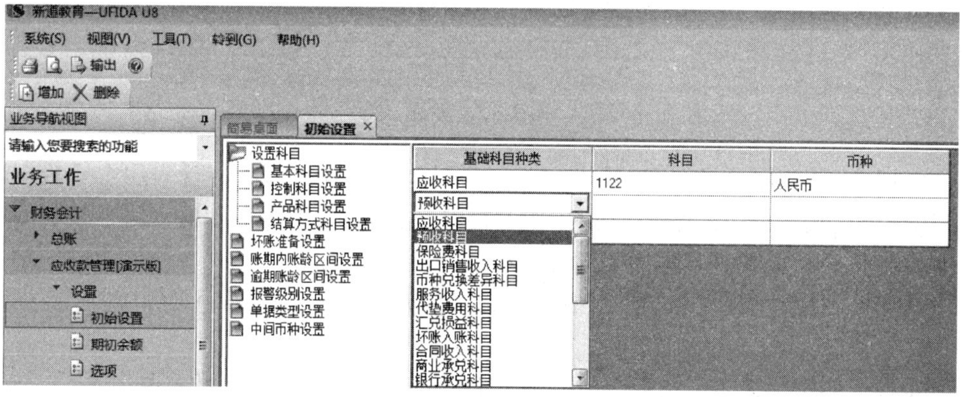

图 8 - 4　基础科目种类设置

第二,控制科目设置。如果企业的应收、预收科目根据客户分类或地区分类不同分别设置了不同的明细科目,则可先在选项中选择设置的依据,并且在此处进行具体的设

置。在【初始设置】界面左边的树形结构列表中单击【设置科目】|【控制科目设置】,即可进行相应控制科目设置,设置的科目必须是末级应收系统受控科目。

第三,产品科目设置。如果不同的存货(存货分类)分别对应不同的销售收入科目、应交销项税科目和销售退回科目,先在选项中选择设置的依据,再在此处设置具体科目(销售收入科目和销售退回科目可以相同)。该操作与控制科目设置类似。

第四,结算方式科目设置。结算方式已在【基础档案】|【收付结算】|【结算方式】中设置,这里主要是针对已设置完成的结算方式,为其设置一个默认的结算科目。在【初始设置】界面左边的树形结构列表中单击【设置科目】|【结算方式科目设置】,即可进行相关设置。

8.2.3.2 坏账准备设置

应收款系统可以根据发生的应收业务情况,提供自动计提坏账准备金的功能。应收款系统选项中选取的坏账处理方式不同,相应的坏账准备设置也不同。

【例8-2】666账套坏账准备参数如下:提取比率为"0.5%";坏账准备期初余额为325.00;坏账准备科目为"1231",对方科目为"6701"。

【操作步骤】

①在应收款管理系统中,单击【设置】|【初始设置】|【坏账准备设置】,打开坏账准备设置对话框。

②分别录入各项内容,如图8-5所示,最后单击【确定】按钮。

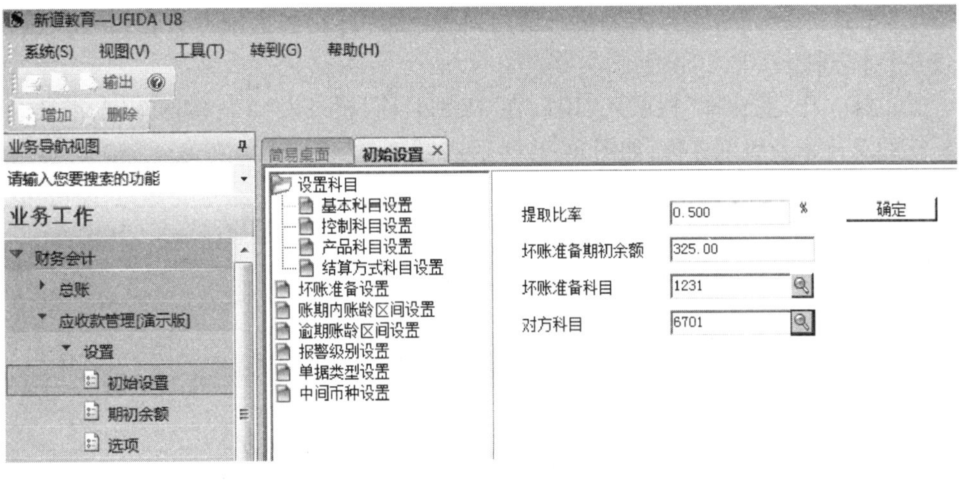

图8-5 坏账准备设置

8.2.3.3 账期内账龄区间设置

为对应收款进行账龄分析、评估客户信誉,并按一定比例估计坏账损失,应设置账龄区间。账龄区间设置包括账期内账龄区间设置和逾期账龄区间设置。

账期内账龄区间设置是指用户定义账期内应收款或收款时间间隔的功能,它的作用是便于用户根据自己定义的账款时间间隔,进行账期内应收款或收款的账龄查询和账龄分析,使用户清楚了解在一定期间内所发生的应收款、收款情况。其操作方法是在

【初始设置】界面左边的树形结构列表中单击【账期内账龄区间设置】，打开账龄区间设置对话框。单击【增加】按钮，输入该区间的总天数，即可在当前区间之前插入一个区间。该区间后的各区间起止天数会自动进行调整。

8.2.3.4　逾期账龄区间设置

逾期账龄区间设置是指用户定义逾期应收款或收款时间间隔的功能，它的作用是便于用户根据自己定义的账款时间间隔，进行逾期应收款或收款的账龄查询和账龄分析，使用户清楚了解在一定期间内所发生的应收款业务以及收款情况。其设置方法与账期内账龄区间设置相同。

8.2.3.5　报警级别设置

通过对报警级别的设置，将客户按照欠款余额与授信额度的比例分为不同的类型，以便于掌握各客户的信用情况。

【例 8－3】666 账套的报警级别设置如表 8－2 所示。

表 8－2　666 账套的报警级别

起止比率(%)	总比率(%)	级别名称	起止比率(%)	总比率(%)	级别名称
0～10	10	A	30～50	50	C
10～30	30	B	50 以上		D

【操作步骤】

①在【初始设置】界面左边的树形结构列表中单击【报警级别设置】，打开【报警级别设置】对话框。

②在第一行“总比率”栏录入“10”，在“级别名称”栏录入“A”，按回车键，继续录入下一行的总比率及级别名称，如图 8－6 所示。

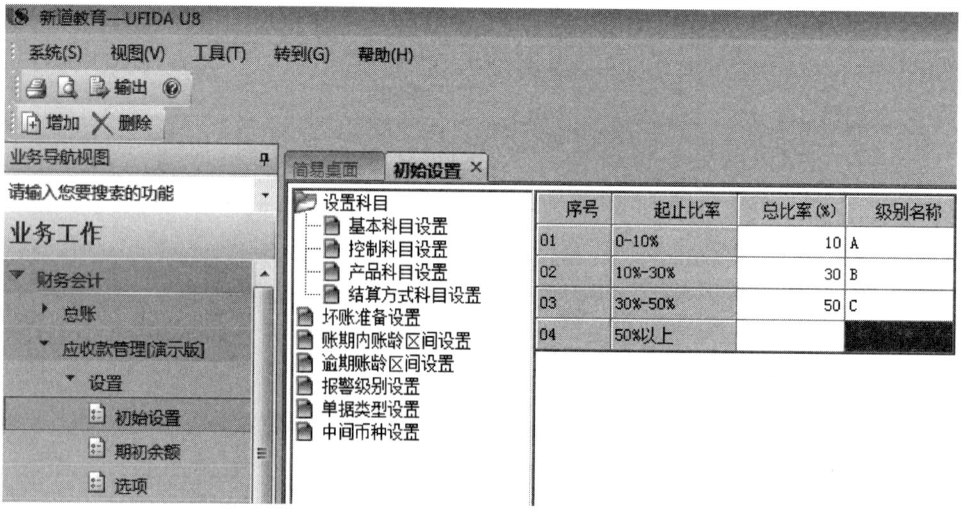

图 8－6　报警级别设置

8.2.3.6 单据类型设置

系统提供了发票单据和应收单据两大类型的单据。如果同时使用销售系统,则发票的类型包括增值税专用发票、普通发票、销售调拨单和销售日报。如果单独使用应收系统,则发票的类型不包括后两种。发票的类型不能修改和删除。应收单记录销售业务之外的应收款情况。在本功能中,只能增加应收单。应收单可划分为不同的类型,以区分应收货款之外的其他应收款,如应收代垫费用款、应收利息款、应收罚款、其他应收款等。

8.2.3.7 中间币种设置

为了满足企业涉外业务的核算,系统提供了中间币种设置的功能,通过该功能可以设置各币种所对应的中间币种汇率、对应本位币汇率以及中间币种所允许的误差。

8.2.4 基础设置

为了能够顺利地进行采购及付款核算、销售及收款核算的管理,在日常业务录入之前需要进行有关的基础设置,如设置存货的种类、内容及计量单位等内容。这些基础设置应在【企业应用平台】|【基础设置】|【基础档案】中进行。

8.2.4.1 存货设置

存货设置的主要内容是存货分类、计量单位和存货档案,具体设置参看本书前面相关内容。

8.2.4.2 开户银行设置

由于企业在开具销售发票时需要列示本企业开户银行的信息,以便与客户之间进行收付结算,因此,在录入销售发票之前应设置本单位的开户银行。其操作步骤如下:

①在【企业应用平台】中单击【基础设置】|【基础档案】|【收付结算】|【本单位开户银行】,打开【本单位开户银行】对话框。

②单击【增加】按钮,录入开户银行编码、开户银行名称和银行账号。

③单击【保存】按钮,再单击【退出】按钮退出。

8.2.5 期初余额录入

初次使用应收账款管理系统时,要将启用应收系统时未处理的所有客户的应收款、预收账款和应收票据等数据录入本系统,以便以后做核销处理并作为期初建账的数据,这样既保证了数据的连续性,又保证了数据的完整性。当进入第二个年度处理时,系统自动将上年度未处理完的单据转为下一年度的期初余额。在下一年度的第一个会计期间可进行期初余额调整。

8.2.5.1 录入期初销售发票

【例 8-4】2015 年 12 月 8 日,市场部向郑州东海公司销售两台设备(增值税税率均为 17%):1 号机床 2 台,无税单价为 22 000 元;3 号机床 1 台,无税单价为 38 000 元。销售部开出增值税专用发票。

【操作步骤】

①在应收款管理系统中,单击【设置】|【期初余额】按钮,打开【期初余额—查询】

对话框,单击【确定】按钮,进入【期初余额明细表】窗口,如图 8 -7 所示。

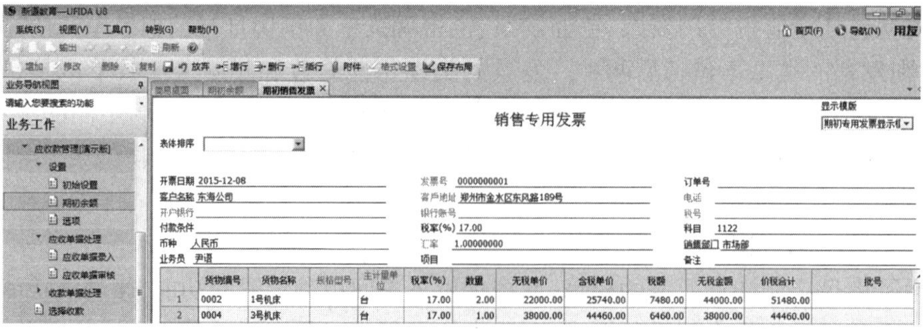

图 8 -7　期初余额—查询

②单击工具栏中的【增加】按钮,打开【单据类别】对话框。

③选择单据名称“销售发票”,单据类型“销售专用发票”,方向“正向”,然后单击【确定】按钮,进入期初销售发票录入窗口。方向为正向表示蓝字单据,为负向表示红字单据。单据类型如图 8 -8 所示。

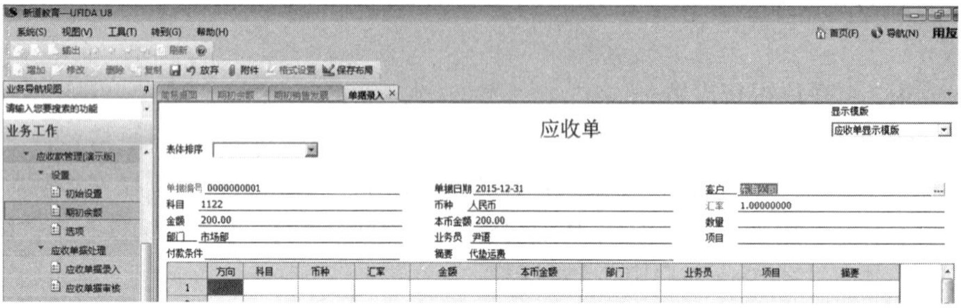

图 8 -8　单据类型

④输入表头和表体各项内容。单击工具栏中的【增加】按钮,在单据表头中录入“发票号”和“客户名称”等内容,在单据中录入具体的“货物编号”、“货物名称”、“税率”和“数量”等内容,如图 8 -9 所示。

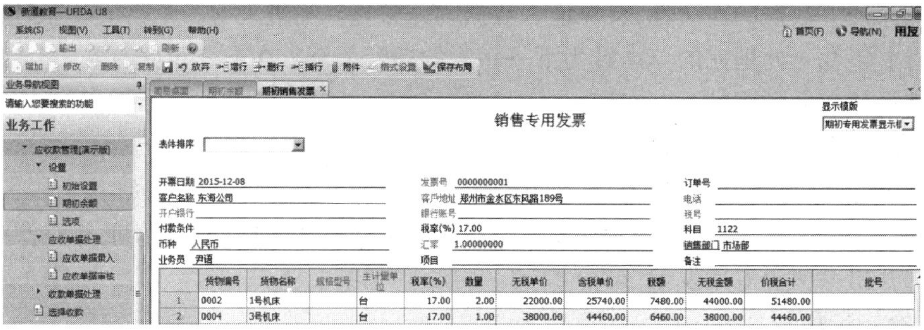

图 8 -9　录入期初销售专用发票窗口

⑤输入完毕后，单击【保存】按钮，即可将该单据信息保存到系统中。单击【退出】按钮，可关闭发票录入窗口。

⑥单击【增加】按钮，继续增加该类型同方向单据。若不是该类型的单据或方向相反，可退出此界面，在余额明细表界面单击【增加】按钮，重新选择单据继续输入。

8.2.5.2 录入期初应收单

【例 8－5】2015 年 12 月 31 日市场部为郑州东海公司代垫运费 200 元。

【操作步骤】

①在【期初余额明细表】窗口，单击【增加】按钮，打开【单据类别】对话框。

②选择单据名称“应收单”，单据类型“其他应收单”，方向“正向”，然后单击【确定】按钮，进入应收单录入窗口，输入应收单各项内容，如图 8－10 所示。

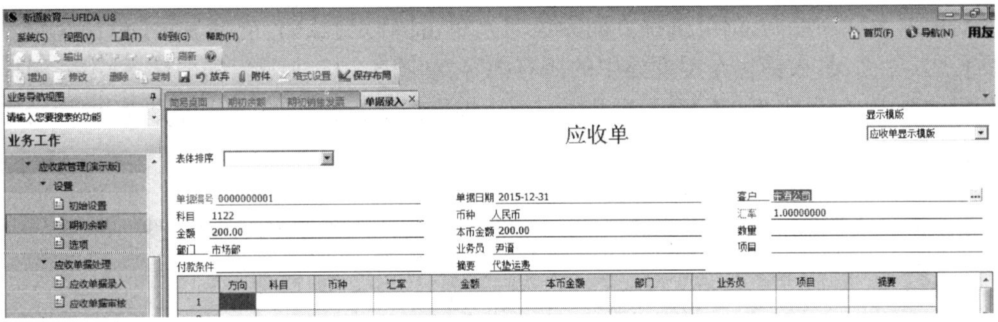

图 8－10 期初应收单窗口

③单击【保存】按钮，保存所进行的操作。

8.2.5.3 期初对账

当完成全部应收款期初余额录入后，应通过对账功能将应收系统与总账系统期初余额进行核对。在期初余额明细表主界面中单击【对账】按钮，可打开【期初对账】窗口，屏幕上将列示出应收与总账的对账结果。

8.3 日常往来账款业务处理

日常往来账款业务处理主要完成企业日常应收款入账、收款业务录入、收款业务核销、应收并账、汇兑损益及坏账的处理，及时记录应收款、收款业务的发生，为查询和分析往来业务提供完整、正确的资料，加强对往来款项的监督管理，提高工作效率。

8.3.1 应收单据处理

销售发票与应收单是应收款系统日常核算的原始单据。如果应收款系统与销售系统集成使用，销售发票和代垫费用在销售系统中录入，在应收款系统中可对这些单据进行查询、核销、制单等操作。此时应收款系统需要录入的只限于应收单。如果没有使用销售系统，则所有销售发票和应收单均需在应收款系统中录入。

8.3.1.1　应收单据录入

首先，录入销售发票。销售发票包括企业为客户开具的增值税专用发票及普通发票。

【例 8－6】2016 年 1 月 18 日，市场部向福州海豚机械有限公司销售 3 号机床 2 台，无税单价为 23 000.00 元。

【操作步骤】

①在应收款管理系统中，单击【应收单据处理】|【应收单据录入】，打开【单据类别】对话框。

②选择单据名称“销售发票”，单据类型“销售专用发票”，单据方向“正向”（若输入的单据为红字单据，则可选择方向为负向），单击【确定】按钮，屏幕显示【销售专用发票】录入界面，录入销售专用发票中的所有内容，如图 8－11 所示。需要注意的是，销售专用发票中“销售类型”需要设置，即先点击【销售类型】，再点击【编辑】界面，增加销售类型信息并保存。

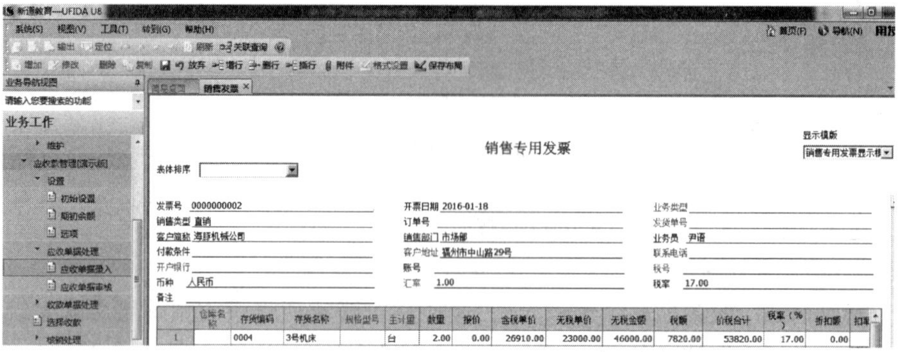

图 8－11　录入销售专用发票

③单击【保存】按钮，即可保存当前新增单据。然后单击【退出】按钮退出。

其次，录入应收单。应收单是记录非销售业务所形成的应收款情况的单据。应收单实质上是一张凭证，表头信息相当于凭证的一条分录，表头中的科目由系统从用户在初始设置的应收科目中取得；表体中的一条记录也相当于凭证的一条分录；表头的金额合计与表体中的金额合计应借贷相等。

【例 8－7】2016 年 1 月 18 日，市场部用现金为福州海豚机械有限公司代垫运费 350 元。

【操作步骤】

①在应收款管理系统中，单击【应收单据处理】|【应收单据录入】，打开【单据类别】对话框。

②选择单据名称“应收单”，单据类型“其他应收单”，单据方向“正向”，单击【确定】按钮，屏幕显示【应收单】录入界面，如图 8－12 所示。

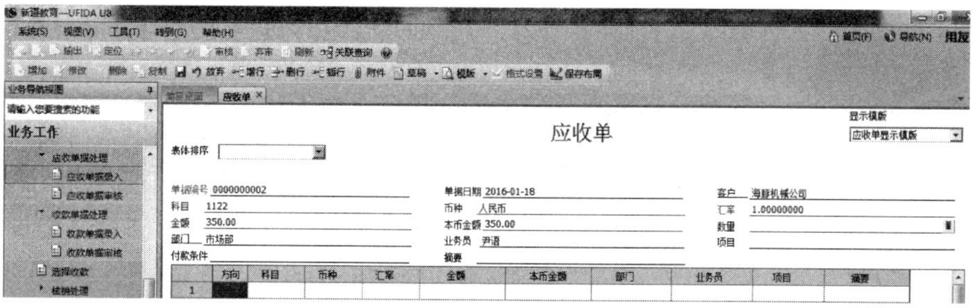

图 8－12 录入应收单

③录入完成后,单击【保存】按钮,即可保存当前新增单据,然后单击【退出】按钮退出。

8.3.1.2 应收单据审核

应收单据既可在单据录入完成后直接审核,也可在【应收单据处理】|【应收单据审核】中进行审核。单据录入完成后直接审核则可以直接进行制单处理,如果此时不进行制单处理则可以在制单功能中再进行制单。

【应收单据审核】功能提供手工审核、自动批审核的功能。【应收单据审核】界面中显示的单据包括全部已审、未审的应收单据,也包括从销售系统传入的单据。做过后续处理(如核销、制单和转账等处理)的单据在应收单据审核中不能显示。对这些单据的查询,可在【单据查询】中进行。在【应收单据审核】界面也可进行应收单增、改、删等操作。

8.3.2 收款单据处理

收款单据处理主要是对结算单据(收款单、付款单即红字收款单)进行管理,包括收款单、付款单的录入,以及单张结算单的核销。应收款系统的收款单用来记录企业所收到的客户款项,款项性质包括应收款、预收款、其他费用等。其中,应收款、预收款性质的收款单将与发票、应收单、付款单进行核销勾对。应收款系统的付款单用来记录发生销售退货时,企业开具的退付给客户的款项。该付款单可与应收、预收性质的收款单,以及红字收款单、红字发票进行核销。

8.3.2.1 收款单据录入

收款单据录入是指将已收到的客户款项或退回客户的款项录入到应收款系统,包括收款单与付款单(红字收款单)的录入。收款单用来记录企业所收到的客户款项,款项性质包括应收款、预收款和其他费用等。其中,应收款、预收款性质的收款单将与发票、应收单、付款单进行核销勾对。

收到客户款项时,该款项有三种可能用途:一是客户结算所欠货款;二是客户提前支付预付款;三是用于支付其他费用。在应收款系统中,系统用款项类型区别不同的用途。如果同一张收款单同时有多种用途,那么应该在表体记录中分行显示。

【例 8－8】2016 年 1 月 20 日,财务部收到福州海豚机械有限公司汇来 2016 年 1 月 18 日销售 3 号机床 2 台货物税款及运费 54 170 元。

【操作步骤】

①在应收款管理系统中,单击【收款单据处理】|【收款单据录入】,打开【收款单】

对话框,如图 8－13 所示。

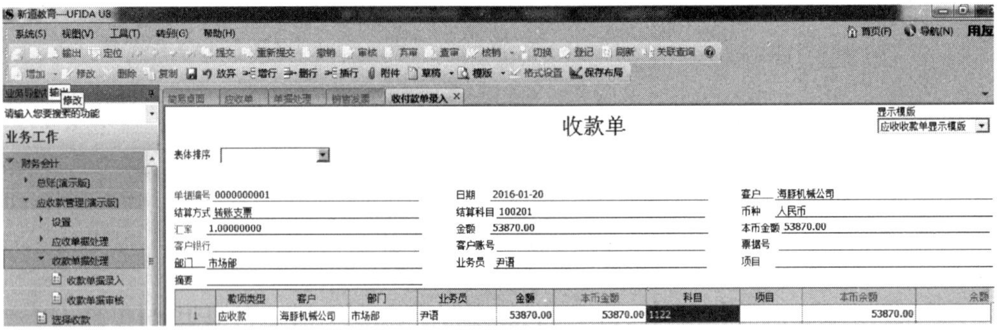

图 8－13　录入收款单

②输入各项内容后单击【保存】按钮。

③单击【审核】按钮,系统提示“是否立即制单”,单击【否】按钮。

④审核后,用户可点击【核销—同币种】按钮,即可实时进行手工核销,即币种相同的发票、应收单与收款单进行勾对。最后单击【退出】按钮退出。

8.3.2.2　代付款的处理

有时收到的客户的一笔款项中,包括为另外一个单位代付的货款。对此,在应收款系统中有两种处理方式:一是将代付的款项单独录一张收款单,将付款单位直接记录为另外一个单位,金额为代付金额;一是将付款单位仍然记录为该单位,但通过在表体输入代付客户信息的功能处理代付款业务。第二种方式的好处是既可保留该笔付款业务的原始信息,又可处理同时代多个单位付款的情况。以下以第二种处理方式为例介绍代付款的处理。

【操作步骤】

①在收款单录入界面,输入一张收款单,表头输入付款单位信息,表头金额为总金额。

②在表体中,输入此笔收款单中代付客户的名称及代付金额。

8.3.2.3　付款单录入

付款单用来记录发生销售退货时企业开具的退付给客户的款项。该付款单可与应收、预收性质的收款单,以及红字应收单和红字发票进行核销。

在收款单录入界面,单击【切换】按钮,可在收款单与付款单之间进行切换。

8.3.2.4　预收款录入

在销售业务发生之前,如果预收了客户的款项,也要在“收款单据录入”中处理。以后可通过“预收冲应收”和“核销处理”使用此笔预收款。

【例 8－9】2016 年 1 月 26 日,江南贸易公司交来转账支票一张,金额为 20 000 元,作为预购 2 号机床的订金。

【操作步骤】

①在应收款管理系统中,单击【收款单据处理】|【收款单据录入】,打开【收款单】

对话框，如图 8－14 所示。

②单击【增加】按钮，录入收款单表头各项内容。单击“款项类型”栏下三角按钮，选择“预收款”。

③单击【审核】按钮，系统提示“是否立即制单”，单击【否】按钮。最后单击【退出】按钮退出。

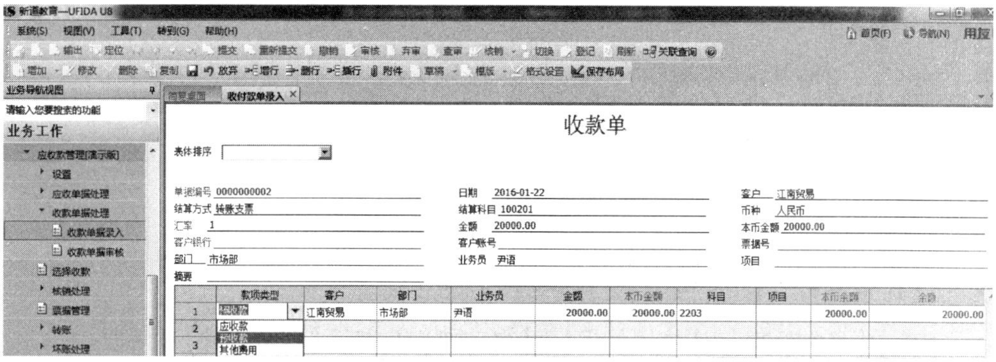

图 8－14 录入预收款

8.3.2.5 收款单据审核

在应收款管理系统中，单击【收款单据处理】|【收款单据审核】，打开【收付款单列表】对话框。系统提供手工审核、自动批审核的功能。【收付款单列表】对话框中显示的单据包括全部已审核与未审核的收（付）款单，可进行结算单的增、改、删等操作。

8.3.3 核销处理

核销处理是指日常进行的核销应收款的工作。单据核销的作用是对收回客商款项和核销该客商应收款做出处理，建立收款与应收款的核销记录，监督应收款及时核销，加强往来款项的管理。

8.3.3.1 核销方式

系统提供结算单据录入时核销、手工核销和自动核销三种核销方式。单据录入时核销的方法即手工核销。

在收款单录入界面执行单据审核后，可直接进行核销处理，也可在【应收款管理】|【核销处理】中进行核销。

【例 8－10】财务部将已收到福州海豚机械有限公司 2016 年 1 月 20 日汇来的前欠货税款 53 820 元和运费 350 元进行核销。

【操作步骤】

①在应收款管理系统中，单击【核销处理】|【手工核销】，打开【核销条件】对话框。

②单击“客户”栏参照按钮，选择“003 福州海豚机械有限公司”。

③单击【确定】按钮，打开【单据核销】对话框。在本次结算金额栏的相应位置分别录入“350.00”和“53 820.00”，如图 8－15 所示。

④单击【保存】按钮，完成此次核销操作。

图 8-15　单据核销

自动核销的操作步骤如下。

【操作步骤】

①单击【日常处理】|【核销处理】|【自动核销】，打开【核销条件】对话框。

②输入过滤条件，单击【确定】按钮，系统进行自动核销，并显示自动核销进度条。

③核销完成后，系统提交“自动核销报告”，显示已核销的情况和未核销的原因。

8.3.3.2　核销规则

在下列两种情况下，对应收单据和收款单据进行的核销都分为同币种核销和异币种核销：

第一，收款单与原有单据完全核销。如果收款单的数额等于原有单据的数额，则收款单与原有单据完全核销。

第二，在核销时使用预收款。如果客户预付了一部分款项，在业务完成后又付清了剩余款项，且要求这两笔款项同时结算，则在核销时需要使用预收款。如果预收款币种与需要核销的应收单币种不一致，则需要将预收款的金额折算成中间币种后进行核销。

【操作步骤】

①收到第一笔款项时，先录入一张收款单，款项类型为预收款。

②收到第二笔款项后，再录入一张收款单，款项类型为应收款。

③在核销处理中，用预收款 + 本次收款核销应收款，这样可以同时对两次（或多次）收款进行一次结算。

8.3.4　票据管理

票据管理主要是对商业承兑汇票和银行承兑汇票进行日常的业务处理，所有涉及票据的增加、修改、贴现、背书、转出、计息、结算等的处理都应该在票据管理中进行。

8.3.4.1　增加票据

【例 8-11】2016 年 1 月 23 日，财务部收到郑州东海公司商业承兑汇票一张，票据编号为 5959，票据面值为 77 050 元，签发日期为 2016 年 1 月 23 日，到期日为 2016 年 3 月 23 日。

【操作步骤】

①在应收款管理系统中，单击【票据管理】，打开【票据查询】对话框，单击【确定】按钮，打开【票据管理】对话框。

②单击【增加】按钮，录入票据内容，如图 8－16 所示。

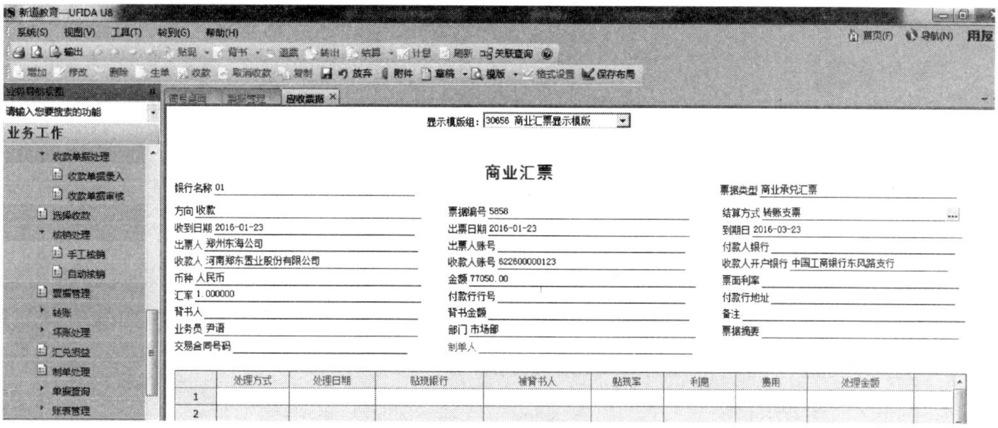

图 8－16　票据增加

③单击【确定】按钮，保存票据。

④单击【应收款管理】|【收款单据处理】|【收款单据审核】，打开【收款单过滤条件】对话框，单击“客户”栏参照按钮，选择“001 郑州东海公司”。

⑤单击【确定】按钮，打开【收款单列表】对话框。

⑥选中要审核的收款单，单击【审核】按钮，审核收到郑州东海公司商业承兑汇票的收款单。

8.3.4.2　修改票据

若发现已录入的票据有错，可利用系统提供的【修改】功能修改票据内容。对应收款单已进行核销的票据不能被修改，已进行过计息、结算和转出等处理的票据不能被修改。

8.3.4.3　票据贴现

票据贴现是指持票人因急需资金，将未到期的承兑汇票背书后转让给银行，贴给银行一定利息后收取剩余票款的业务活动。

【操作步骤】

①在【票据管理】对话框中，选中一张票据，然后单击工具条上的【贴现】按钮，打开【票据贴现】对话框。

②录入“贴现率”等内容后就可对当前的票据进行贴现处理。

8.3.4.4　票据背书

当无法支付其他单位的欠款时，可以将本单位拥有的票据背书，冲减本单位的应付款。

【操作步骤】

①在【票据管理】对话框中选中一张票据，然后单击工具条中的【背书】按钮，打开【票据背书】对话框。

②录入“被背书单位”等内容后就可以对当前票据进行背书处理。

8.3.4.5 票据转出

当票据到期而承兑单位无力付款时，应将应收票据转入应收款。

【操作步骤】

①在【票据管理】对话框中选中一张票据，然后单击工具条中的【转出】按钮，打开【票据转出】对话框。

②录入“应收单科目”等内容后就可以对当前的票据进行转出处理。

8.3.4.6 票据计息

票据分为带息票据和不带息票据。如果票据是一张带息票据，就需要对其进行计息处理。进行票据计息时，只需输入“计息日期”，利息金额由系统自动计算得出，确认后，系统会自动将计算结果保存在票据登记簿中。

8.3.4.7 票据结算

当票据到期、持票收款时执行票据结算处理。进行票据结算时，结算金额不是票据余额，而是通过结算实际收到的现金等。

8.3.5 转账处理

在日常往来的业务中，由于频繁发生往来款项，在账面上对于一个往来单位可能既存在债权关系，又存在债务关系，如果不及时进行清理，一方面会导致往来账过于庞大，不易管理，另一方面也不利于清理与往来单位的债权债务关系。用友 ERP－U8 系统设置了转账处理的功能，可以帮助用户对往来账做进一步的清理。

8.3.5.1 应收冲应收

应收冲应收是指将一家客户的应收款转到另一家客户中。通过应收冲应收功能将应收款在客商之间进行转入和转出，实现应收业务的调整，解决应收款业务在不同客商间入错户或合并户问题。

【例 8－12】2016 年 1 月 23 日，财务部将 2015 年 12 月 31 日郑州东海公司 200 元的应收款转入江南贸易公司。

【操作步骤】

①在应收款管理系统中，单击【转账】|【应收冲应收】，打开【应收冲应收】对话框。

②在【单据类型】框选择“应收单”；在“客户”栏单击参照按钮，选择“001 郑州东海公司”；在【转入】对话框内选择“客户”，并在“客户”栏单击参照按钮，选择“002 南京江南贸易公司”。

③单击屏幕左上角【查询】按钮，然后在“其他应收单”对应的“并账金额”栏录入“200”，如图 8－17 所示。

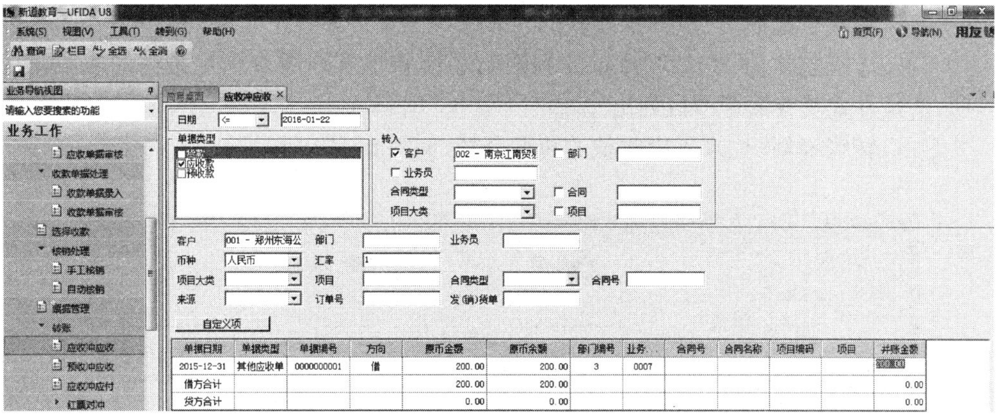

图 8－17 应收冲应收

④单击【保存】按钮，系统提示“是否立即制单”，单击【是】按钮，生成一张转账凭证，如图 8－18 所示。单击【保存】按钮。

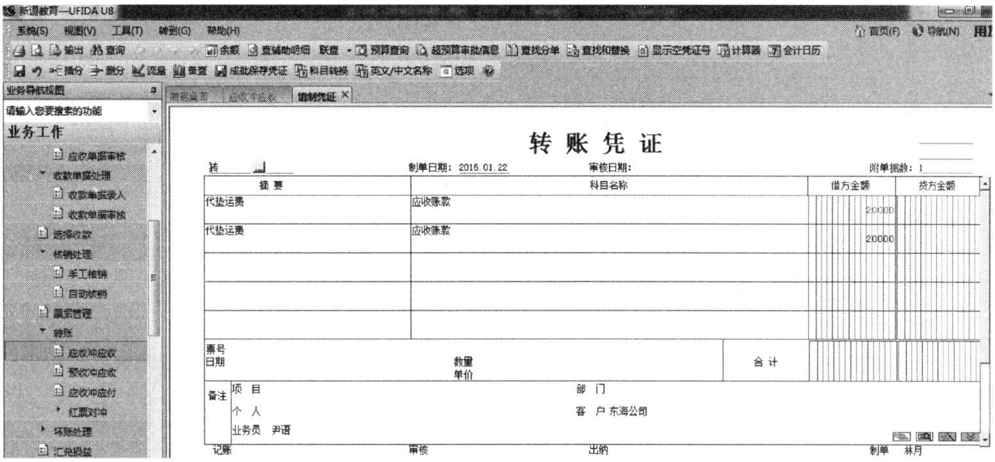

图 8－18 应收冲应收的转账凭证

8.3.5.2 预收冲应收

通过预收冲应收处理客户的预收款（红字预收款）与该客户应收欠款（红字应收款）之间的核销业务。

【例 8－13】2016 年 1 月 24 日，用郑州东海公司交来的 1 万元订金冲抵其期初应收款项。

【操作步骤】

①在应收款、管理系统中，单击【转账】|【预收冲应收】，打开【预收冲应收】对话框。

②在【预收款】页签中，单击“客户”栏参照按钮，选择客户名称，单击【过滤】按钮，

系统将该客户所有满足条件的预收款的日期、结算方式及金额等项目列出。

③在“转账总金额”栏录入预收款的转账金额。

④单击【应收款】页签，单击【过滤】按钮，系统将该客户所有满足条件的应收款的日期、结算方式及金额等项目列出。

⑤在“转账金额”栏录入应收款的转账金额，如图 8－19 所示。

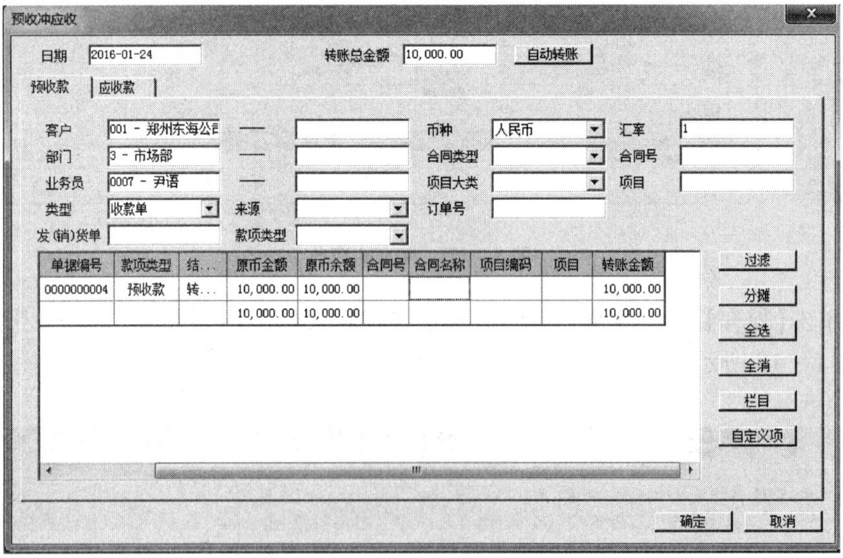

图 8－19　预收冲应收

⑥单击【确定】按钮，系统提示“是否立即制单”，单击【是】按钮，生成一张转账凭证，单击【保存】按钮，如图 8－20 所示。

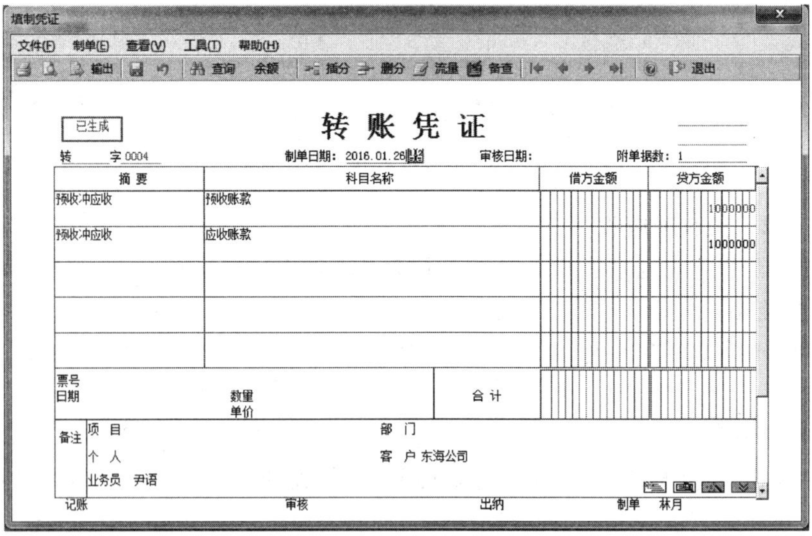

图 8－20　预收冲应收的转账凭证

8.3.5.3 应收冲应付

应收冲应付是指用客户的应收款冲抵供应商的应付款项。系统通过应收冲应付功能将应收款业务在客户和供应商之间进行转账,实现应收业务的调整,解决应收债权与应付债务的冲抵问题。

【操作步骤】

①单击【应收款管理】|【转账】|【应收冲应付】,打开【应收冲应付】对话框。

②如果需要用应收款冲抵应付款,则须选中【应收冲应付】;如需用预收款冲预付款,则须选择【预收冲预付】;如果需要用红字应收单冲销红字应付单,则可以将【负单据】复选框选中。

③分别在录入【应收款】页签和【应付款】页签的内容后单击【过滤】按钮,录入转账金额后单击【确定】按钮。可在此输入本次需要转账的总金额,也可为空,为空时不允许进行自动转账。输入金额后按【确定】按钮,即可完成转账的操作并生成转账的记账凭证。

8.3.5.4 红票对冲

红票对冲可实现客户的红字应收单据与其蓝字应收单据、收款单与付款单之间进行冲抵的操作。系统提供两种处理方式:自动对冲和手工对冲。

自动对冲可同时对多个客户依据红冲规则进行红票对冲,提高红票对冲效率。自动红票对冲提供进度条,并提交自动红冲报告,用户可了解自动红冲完成情况及失败原因。

手工对冲只能对一个客户进行红票对冲,可自行选择红票对冲的单据,提高红票对冲的灵活性。手工红票对冲时提供红蓝上下两个列表,红票记录全部采用红色显示,蓝票记录全部采用黑色显示。

8.3.6 坏账处理

坏账处理是指系统提供的关于计提应收坏账准备的处理、坏账发生后的处理和坏账收回后的处理等。系统可自动计提应收款的坏账准备,当坏账发生时即可进行坏账核销,而当被核销坏账又收回时即可进行相应处理。在进行坏账处理之前,应做好两项准备工作:首先,在系统选项中选择坏账处理方式;其次,在初始设置中设置坏账准备参数。

8.3.6.1 计提坏账准备

企业应于期末分析各项应收款项的可收回性,并预计可能产生的坏账损失,对预计可能发生的坏账损失计提坏账准备。企业计提坏账准备的方法由企业自行确定。系统提供了四种备选的坏账处理方式,即应收余额百分比法、销售余额百分比法、账龄分析法和直接转销法。企业应依据以往的经验、债务单位的实际情况制定计提坏账准备的政策,明确计提坏账准备的范围、提取方法、账龄的划分和提取比例。下面以应收款百分比法为例进行操作。

【操作步骤】

①在应收款管理系统中单击【坏账处理】|【计提坏账准备】,如图 8-21 所示。

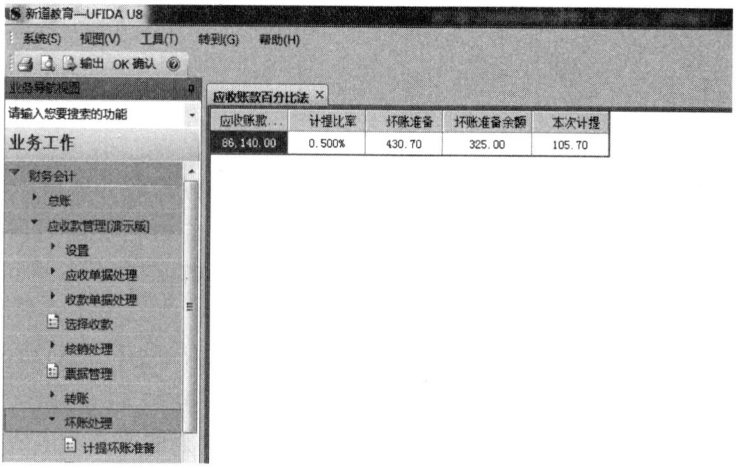

图 8－21 计提坏账准备

②系统自动计算出当年度应收款余额,并根据计提比率计算出本次计提金额。

③如果确认此次计提成功,则单击【确认】按钮。系统提示“是否立即制单”,单击【是】按钮,生成一张转账凭证,单击【保存】按钮,如图 8－22 所示。

图 8－22 计提坏账准备的转账凭证

8.3.6.2 坏账发生

发生坏账是在应收款项不能收回时进行的确认。通过这一功能,用户可选定发生坏账的应收业务单据,确定一定期间内应收款发生的坏账,便于及时用坏账准备进行冲销,避免应收款长期呆滞。

【例 8－14】假设郑州东海公司所欠货款中有 1 万元无法收回,做坏账处理。

【操作步骤】

①在应收款管理系统中,单击【坏账处理】|【坏账发生】,打开【坏账发生】对话框。

②单击客户栏参照按钮，选择“郑州东海公司”，单击【确定】按钮，打开坏账发生单据明细界面。

③在“本次发生坏账金额”栏录入“10 000”，如图 8－23 所示。

图 8－23　坏账发生

④单击【确认】按钮，系统提示“是否立即制单”，单击【是】按钮，生成一张转账凭证，单击【保存】按钮，如图 8－24 所示。

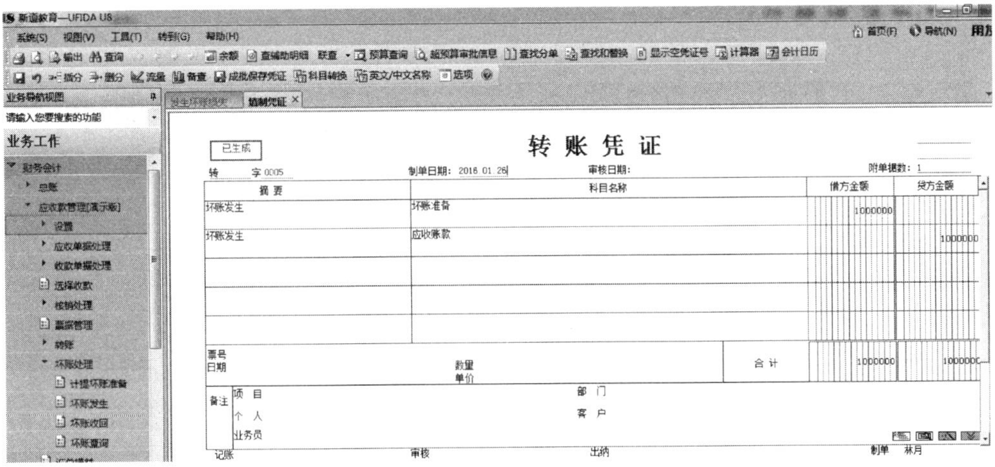

图 8－24　坏账发生的转账凭证

8.3.6.3　坏账收回

坏账收回是指系统提供的对已确定为坏账后又被收回的应收款进行的业务处理。

【例 8－15】2016 年 1 月 31 日，财务部收到郑州东海公司以转账支票（票号 2234）支付货款 1 万元，此款项前期已做坏账处理。

【操作步骤】

①在应收款管理系统中，单击【收款单据处理】|【收款单据录入】，录入一张收款

单，该收款单的金额即为收回的坏账的金额。该收款单不需要审核。

②单击【应收款管理】|【坏账处理】|【坏账收回】，打开【坏账收回】对话框。

③单击“客户”栏参照按钮，选择“001 郑州东海公司”，单击“结算单号”栏参照按钮，选择结算单，如图 8－25 所示。

图 8－25　坏账收回

④单击【确定】按钮，系统提示“是否立即制单”，单击【是】按钮，生成一张收款凭证，单击【保存】按钮，如图 8－26 所示。

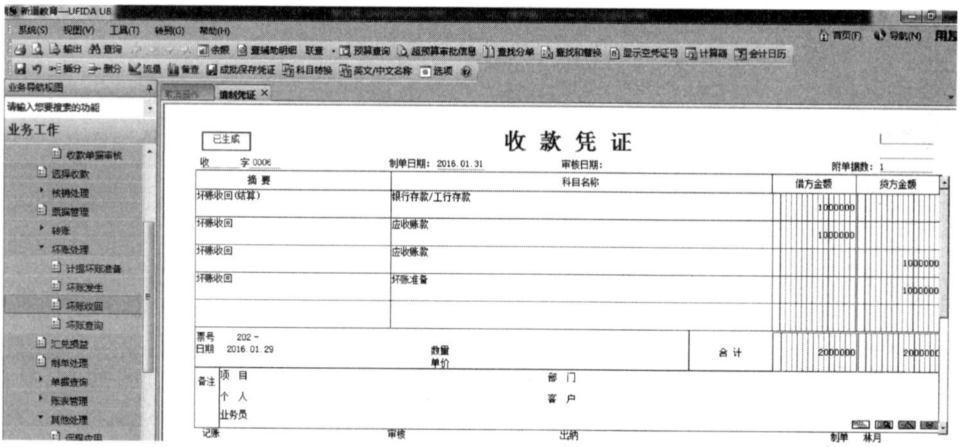

图 8－26　坏账收回的收款凭证

8.3.6.4　坏账查询

坏账查询是指系统提供的对坏账处理过程和处理结果的查询。通过坏账查询可查询一定期间内发生的应收坏账业务处理情况及处理结果，加强对坏账的监督。

【操作步骤】

①选择【坏账处理】|【坏账查询】，进入坏账查询窗口。屏幕显示坏账发生和坏账

收回的综合情况。

②单击【详细】按钮可查看每一笔坏账发生和收回的详细情况。

8.3.7 制单处理

制单即生成凭证，并将凭证传至总账记账。应收款系统在各个业务处理过程中都提供了实时制单的功能，除此之外，系统还提供了一个统一的制单平台，可在此快速、成批生成凭证，并可依据规则进行合并制单等处理。

【操作步骤】

①选择【应收款管理】|【制单处理】，打开【制单查询】对话框，如图 8－27 所示。

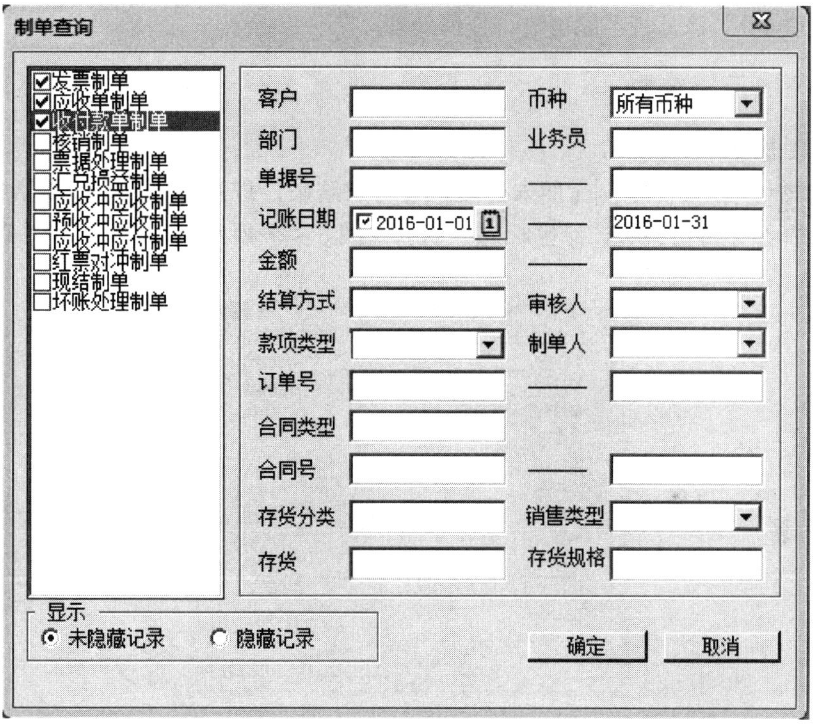

图 8－27　制单查询

②选择“制单类型”，制单类型包括发票制单、应收单制单、收付款单制单、核销制单、票据处理制单、汇兑损益制单等。

③输入查询条件后，单击【确定】按钮，系统会将符合条件的单据全部列出。

④选择“凭证类别”，输入制单日期，并在“凭证类别”栏目处用下拉框为每个制单类型设置一个默认的凭证类别，可在凭证中修改该类别。

⑤在单据的选择标志栏对需要制单的单据进行选择，或单击【全选】按钮选择所有单据制单。单击【制单】按钮，单击【保存】按钮，完成制单的操作。

8.4 期末业务处理

如果当月业务已全部处理完毕，就需要执行【月末结账】功能。只有当月结账后，才可以开始下月工作。进行月末处理时，一次只能选择一个月进行结账；前一个月没有结账，则本月不能结账；结算单还有未审核的，不能结账；如果选择单据日期为审核日期，则应收单据在结账前应该全部审核；如果选择"月末全部制单"，则月末处理前应该将所有业务生成凭证；年度末结账，应对所有核销、坏账、转账等处理全部制单。在执行月末结账功能后，该月将不能再进行任何处理。

8.4.1 月末结账

【操作步骤】

①单击【应收款管理】|【期末处理】|【月末结账】，打开【月末处理】对话框。

②选择结账月份，双击"结账标志"一栏，如图 8－28 所示。

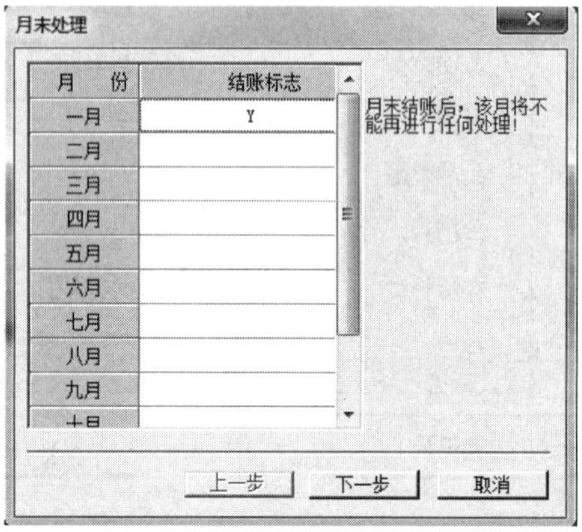

图 8－28 月末结账

③单击【下一步】按钮，系统列示月末结账的检查结果。

④单击【完成】按钮，执行结账功能，系统提示"1 月份结账成功"，单击【确定】按钮。

8.4.2 取消结账

在执行了月末结账功能后，发现该月还有未处理的业务，可以执行取消结账处理。

【操作步骤】

①单击【期末处理】|【取消结账】，打开【取消结账】对话框。

②选择最后一个已结账月份，单击【确定】按钮，系统提示"取消结账成功"。

附录

综合练习资料

实验一　系统管理

【实验准备】

安装用友 ERP－U8 软件。

【实验要求】

1. 以系统管理员身份注册进入系统管理模块
   增加角色和用户，建立新账套
2. 以账套主管身份注册进入系统管理模块修改账套
   设置供应商分类，供应商分类编码级次为 22

【实验资料】

1. 用户及角色（表 1）

表 1　用户及角色

姓名编码	姓名	单位	角色编码	角色	口令
1001	李凡	财务部	01	账套主管	空
1002	王平	财务部	02	出纳	空
1003	张南	财务部	03	总账会计	空
1004	赵玉	财务部	04	工资会计	空
1005	陈默	财务部	05	固定资产、应收应付	空

2. 账套信息

(1)账套信息

账套号:123　　账套名称:郑州荣宝有限公司

采用默认账套路径

启用日期:2019 年 1 月 1 号

非集团财务、不使用 OA

(2)单位信息

单位名称:郑州荣宝有限公司　　简称:荣宝公司

备注一:一般纳税人

联系电话:0371－67834562

税号:123502154632140

(3)核算类型

记账本位币:人民币(RMB)　　企业类型:工业

行业性质:2007 新会计制度科目　　账套主管:李凡

建账时按行业性质预留会计科目

(4)基础信息

客户、供应商、存货均分类,有外币核算

(5)分类编码方案

部门编码级次:12　　会计科目编码级次:4222

客户编码:12　　供应商编码:12

存货分类码:122　　结算方式编码:12

(6)数据精度

对金额、单价等核算时设置小数位为 2

3. 用户权限分配

(1)账套主管:李凡

拥有账套的全部操作权限。具体负责财务软件环境的建立和各项初始设置操作,负责总账系统的凭证审核、记账、账簿查询、月末结账工作,负责报表管理及财务分析工作。

(2)出纳:王平

具有出纳签字权及出纳所有权限。

(3)总账会计:张南

拥有总账系统除出纳、出纳签字之外的所有权限。具体负责总账系统的凭证填制工作、期末处理的全部权限。

(4)工资会计:赵玉

拥有薪资系统的全部操作权限,并拥有“填制凭证”的权限。

(5)固定资产、应收应付:陈默

拥有固定资产、应收应付全部权限。

实验二　基础信息设置

【实验准备】

已完成实验一操作，由账套主管注册进入企业应用平台。

【实验要求】

启用子系统，设置部门档案、人员类别、人员档案，设置客商信息，设置存货档案，设置科目（辅助核算、指定科目、项目目录），设置凭证类别，设置收发结算信息，设置常用摘要，账套输出。

【实验资料】

1. 系统启用

启用总账系统、薪资管理、固定资产、应收账款、应付账款系统，启用日期均为 2016 年 1 月 1 日。

2. 机构人员设置

（1）部门档案（表 2）

表 2　部门档案

部门编号	部门名称
1	行政部
2	财务部
3	销售部
4	采购部
5	生产部
501	一车间
502	二车间

（2）人员类别（表 3）

表 3　人员类别

分类编码	分类名称
10101	管理人员
10102	生产人员
10103	销售人员
10104	采购人员
20101	临时生产人员
20102	临时销售人员

(3)人员档案(表4)

表4 人员档案

人员编号	人员名称	性别	所属部门	人员类别	是否业务员	是否操作员
001	李凡	男	财务部	管理人员	是	是
002	王平	男	财务部	管理人员	是	是
003	张南	男	财务部	管理人员	是	是
004	赵玉	女	财务部	管理人员	是	是
005	陈默	男	财务部	管理人员	是	是
006	原方	男	行政部	管理人员	是	否
007	张诺	男	销售部	销售人员	是	否
008	田培	女	一车间	生产人员	是	否
009	苏秀	女	一车间	生产人员	是	否
010	何霞	女	二车间	临时生产人员	是	否
011	孔方	男	采购部	采购人员	是	否
012	薛天	男	销售部	临时销售人员	是	否

3. 客商信息设置

(1)客户分类(表5)

表5 客户按地区进行分类

地区编号	分类名称
1	东北地区
2	华北地区
3	华东地区
4	华南地区
5	西北地区

(2)客户档案(表6)

表6 客户档案

客户编号	客户名称	简称	地区
001	佳佳百货有限公司	佳佳百货	东北地区
002	大山股份有限公司	大山公司	华北地区
003	尚难股份有限公司	尚难公司	华东地区
004	长信百货有限公司	长信百货	华南地区
005	华鸿股份有限公司	华鸿公司	西北地区

(3)供应商编号(表7)

表7　供应商档案

分类编号	分类名称
1	原料供应商
2	成品供应商

(4)供应商档案(表8)

表8　供应商档案

供应商编号	供应商名称	简称	分类编码
001	东风股份有限公司	东风公司	1
002	爱得股份有限公司	爱得公司	2

4. 财务信息设置

(1)设置外币及汇率

外币:美元;币符:$;固定汇率;1月1日汇率:1美元=6.405 6元人民币

(2)会计科目设置(表9)

表9　会计科目设置

科目名称	辅助核算	方向	币别计量
库存现金(1001)	日记账	借	
银行存款(1002)	日记账、银行账	借	
工行存款(100201)	日记账、银行账	借	
中行存款(100202)	日记账、银行账	借	美元
应收账款(1122)	客户往来	借	
坏账准备(1131)		贷	
其他应收款(1221)		借	
应收职工借款(122101)	个人往来	借	
原材料(1403)		借	
库存商品(1405)		借	
固定资产(1601)		借	
累计折旧(1602)		贷	
在建工程(1604)	项目核算	借	
工程物资(1605)	项目核算	借	
短期借款(2001)		贷	
应付账款(2202)	供应商往来	贷	

续表

科目名称	辅助核算	方向	币别计量
应付利息(2231)		贷	
应付职工薪酬(2211)		贷	
工资(221101)		贷	
工会经费(221102)		贷	
职工福利费(221103)		贷	
应交税费(2221)		贷	
应交增值税(222101)		贷	
进项税额(22210101)		贷	
销项税额(22210102)		贷	
应交城市建设维护税(222102)		贷	
应交教育费附加(222103)		贷	
股本(4001)		贷	
资本公积(4002)		贷	
本年利润(4103)		贷	
生产成本(5001)		借	
基本生产成本(500101)		借	
人工费(50010101)		借	
材料费(50010102)		借	
折旧(50010103)		借	
制造费用(5002)		借	
主营业务收入(6001)		贷	
其他业务收入(6051)		贷	
投资收益(6111)		贷	
公允价值变动损益(6101)		贷	
营业外收入(6301)		贷	
主营业务成本(6401)		借	
其他业务成本(6402)		借	
营业税金及附加(6403)		借	
销售费用(6601)		借	
管理费用(6602)	部门核算	借	
工资(660201)	部门核算	借	
职工福利(660202)	部门核算	借	
办公费(660203)	部门核算	借	

续表

科目名称	辅助核算	方向	币别计量
折旧费(660204)	部门核算	借	
其他(660205)	部门核算	借	
财务费用(6603)		借	
汇兑损益(660301)		借	
利息支出(660302)		借	
资产减值损失(6701)		借	
营业外支出(6711)		借	
以前年度损益调整(6715)		借	
所得税费用(6801)		借	

指定科目设置　现金总账科目:1001 库存现金

银行总账科目:1002 银行存款

(3)凭证类别设置(表 10)

表 10　凭证类别设置

凭证类型	限制类型	限制科目
收款凭证	借方必有	1001,1002
付款凭证	贷方必有	1001,1002
转账凭证	凭证必无	1001,1002

(4)项目目录(表 11)

表 11　项目目录

项目编号	项目名称	是否结算	所属分类码	开工日期	完工日期	负责人
1	1 号研发楼	否	01	2015.01.03		
2	2 号行政楼	否	01	2014.02.01		
3	1 号男宿舍	否	0201	2015.03.02		
4	2 号男宿舍	否	0201	2015.06.09		
5	1 号女宿舍	否	0202	2015.07.03		

①项目大类名称:在建工程

②核算科目:1604 在建工程,1605 工程物资

③项目分类编码:22

④项目库结构:项目编号、项目名称、是否结算、所属分类码、开工日期、完工日期、负责人

⑤项目分类:01 办公楼,02 学生宿舍(分为 0201 男宿舍、0202 女宿舍)

⑥项目档案:1 号研发楼,2 号行政楼,1 号男宿舍,2 号男宿舍,1 号女宿舍

5. 收付结算信息设置(表 12)

表 12　收付结算信息设置

编号	结算方式	票据管理
1	现金结算	否
2	支票结算	是
201	现金支票	是
202	转账支票	是
3	其他	是

实验三　总账系统初始化

【实验准备】

已完成实验一、二的操作,引入账套的备份数据,由账套主管注册进入总账系统。

【实验要求】

设置总账系统参数,输入期初余额,账套备份。

【实验资料】

1. 选项参数

(1)【凭证】

制单控制:制单序时控制;支票控制;赤字控制:资金及往来科目(赤字控制方式为提示);自动填补凭证断号;批量审核凭证进行合法性校验;系统编号。

(2)【权限】

出纳凭证必须经由出纳签字;可查询他人凭证(不控制到操作员);不允许修改、作废他人填制的凭证(不控制到操作员)。

(3)【账簿】

明细账按年排页。

(4)【其他】

汇率方式为固定汇率;部门、个人、项目按编号排序。

2. 录入总账科目期初余额及辅助账期初余额

(1)总账科目期初余额(表13)

表13　总账科目期初余额

科目名称	辅助核算	方向	币别计量	期初余额
库存现金(1001)	日记账	借		59 000. 00
银行存款(1002)	日记账、银行账	借		1 081 000. 00
工行存款(100201)	日记账、银行账	借		1 081 000. 00
中行存款(100202)	日记账、银行账	借	美元	
应收账款(1122)	客户往来	借		4 780 000. 00
坏账准备(1131)		贷		47 800. 00
其他应收款(1221)		借		10 000. 00
应收职工借款(122101)	个人往来	借		10 000. 00
原材料(1403)		借		1 025 000. 00
库存商品(1405)		借		1 815 000. 00
固定资产(1601)		借		6 250 000. 00
累计折旧(1602)		贷		1 634 000. 00
在建工程(1604)	项目核算	借		1 900 000. 00
工程物资(1605)	项目核算	借		
短期借款(2001)		贷		500 000. 00
应付账款(2202)	供应商往来	贷		877 500. 00
应付利息(2231)		贷		6 250. 00
应付职工薪酬(2211)		贷		
工资(221101)		贷		
工会经费(221102)		贷		
职工福利费(221103)		贷		
应交税费(2221)		贷		
应交增值税(222101)		贷		
进项税额(22210101)		贷		
销项税额(22210102)		贷		
应交城市建设维护税(222102)		贷		
应交教育费附加(222103)		贷		
股本(4001)		贷		7 500 000. 00
资本公积(4002)		贷		1 042 370. 00
本年利润(4103)		贷		
生产成本(5001)		借		
基本生产成本(500101)		借		
人工费(50010101)		借		

续表

科目名称	辅助核算	方向	币别计量	期初余额
材料费(50010102)		借		
折旧(50010103)		借		
制造费用(5002)		借		
主营业务收入(6001)		贷		
其他业务收入(6051)		贷		
投资收益(6111)		贷		
公允价值变动损益(6101)		贷		
营业外收入(6301)		贷		
主营业务成本(6401)		借		
其他业务成本(6402)		借		
营业税金及附加(6403)		借		
办公费(660203)	部门核算	借		
折旧费(660204)	部门核算	借		
其他(660205)	部门核算	借		
财务费用(6603)		借		
汇兑损益(660301)		借		
利息支出(660302)		借		
资产减值损失(6701)		借		
营业外支出(6711)		借		
以前年度损益调整(6715)		借		
所得税费用(6801)		借		

(2)辅助账期初余额

①应收账款余额(表14)

表14 应收账款余额

日期	凭证号	客户	摘要	方向	金额	业务员
2015-12-03	转-16	佳佳百货	销售商品	借	4 000 000.00	张诺
2015-12-15	转-45	大山公司	销售商品	借	700 000.00	张诺
2015-12-25	转-67	长信百货	销售商品	借	80 000.00	孔方

②应收职工借款余额(表15)

表15 应收职工借款余额

个人	部门	方向	金额
原方	行政部	借	3 000.00
李凡	财务部	借	7 000.00

③应付账款余额(表16)

表16 应付账款余额

日期	凭证号	供应商	摘要	方向	金额	业务员
2015-12-06	转-11	东风公司	购买原材料	贷	510 000.00	薛天
2015-12-16	转-50	爱得公司	购买原材料	贷	5 722 600.00	薛天

④在建工程余额(表17)

表17 在建工程余额

项目名称	金　额
1号研发楼	400 000.00
2号行政楼	500 000.00
1号男宿舍	350 000.00
2号男宿舍	300 000.00
1号女宿舍	350 000.00

(3)做试算平衡

实验四 总账日常业务处理

【实验准备】

已完成实验一、二、三的操作,引入账套的备份数据,由总账会计注册进入总账系统。

【实验要求】

总账会计:填制凭证。出纳:出纳签字。账套主管:审核凭证、记账。系统管理员:账套备份。

【实验资料】

2016年1月公司发生如下经济业务:

1.1月1日,收到某公司外币投资款1 000 000美元存入中行,转账支票号为 ZZ009。

2. 1 月 8 日,向爱得公司购买一批原材料,取得增值税发票上注明价款 200 000 元,增值税金 34 000 元,货税款未支付。另以银行存款支付运杂费 10 000 元,转账支票号为 ZZ551。

3. 1 月 10 日,收到佳佳百货货款 40 000 元,转账支票号为 ZZ0013。

4. 1 月 11 日,从银行提取现金 10 000 元。

5. 1 月 16 日,支付东风公司欠款 510 000 元,转账支票号为 ZZ2351。

6. 1 月 20 日,销售部张诺向佳佳百货出售商品,开出增值税发票上注明价款 400 000 元,增值税金 68 000 元,货税款尚未收到,结转商品成本 320 000 元。

7. 1 月 29 日,工行存款支付广告费用 20 000 元,转账支票号为 ZZ3245。

8. 1 月 30 日,王平报销业务招待费 600 元(以现金支付)。

9. 1 月 31 日,收到行政部原方借款 3 000 元现金。

10. 1 月 31 日,生产部领用原材料 50 000 元。

实验五　出纳管理

【实验准备】

已完成实验一、二、三操作,引入账套的备份数据,由出纳注册进入总账系统。

【实验要求】

查询日记账,查询资金日报表,设置银行对账期初数,录入银行对账单。

【实验资料】

1. 工行对账期初数据:单位日记账余额为 1 080 000. 00 元,银行对账单期初余额为 1 020 000. 00 元,未达账项有企业已收银行未收未达账项为 100 000. 00 元,企业已付银行未付为 30 000. 00 元,银行已收企业未收为 30 000. 00 元,银行已付企业未付为 20 000. 00 元

2. 工行本月寄来对账单(表 18)

表 18　工行本月对账单

日　期	结算方式	摘　要	票　号	借方金额	贷方金额
2016. 01. 01					
2016. 01. 08	转账支票	支付运杂费	ZZ551		10 000. 00
2016. 01. 10	转账支票	收款	ZZ0013	40 000. 00	
2016. 01. 11	现金支票	付款	XJ2101		10 000. 00
2016. 01. 16	转账支票	付款	ZZ2351		510 000. 00
2016. 01. 29	转账支票	付款	ZZ3245		20 000. 00

实验六 总账期末处理

【实验准备】

已完成总账系统所有的日常业务操作，引入账套的备份数据。

【实验要求】

设置自动转账模板，生成自动转账凭证，审核生成的凭证，记账、对账、结账。

【实验资料】

1. 总账系统期末转账定义

(1)自定义转账设置

①计提本月应付利息(年利率12%)

②计提坏账准备(应收账款1%)

(2)汇兑损益结转设置(汇兑损益入账科目为财务费用——汇兑损益)

(3)期间损益结转设置

2. 总账生成自动转账凭证(审核、记账)

月末美元汇率为:1美元 = 6.2107元人民币

实验七 薪资管理系统初始设置

【实验准备】

已完成之前实验操作，由账套主管注册进入薪资系统。

【实验要求】

建立工资账套，设置人员附加信息和工资项目，建立工资类别，每个类别下设置人员档案、工资项目、计算公式，进行个人所得税代扣设置、银行代发设置、工资费用分摊类型和分配设置，以及账套备份。

【实验资料】

1. 启用薪资管理系统

启用日期为2016年2月1日(注:如果总账系统1月没有进行期末处理，也可于2016年1月1日启用，与总账系统结合练习)。

2. 参数设置

本账套为多工资类别　　不进行计件工资核算

扣个人所得税　　不扣零

3. 人员附加信息设置

人员附加信息为“学历”和“技术职称”。

4. 工资项目(除了系统给定的应发合计、代扣税、扣款合计和实发合计)(表 19)

表 19　工资项目

工资项目名称	类型	长度	小数	增减项
基本工资	数字	10	2	增项
奖金	数字	10	2	增项
职务补贴	数字	8	2	增项
交补	数字	8	2	增项
通信补贴	数字	8	2	增项
车补	数字	8	2	增项
缺勤天数	数字	3	0	其他
缺勤扣款	数字	8	2	减项
住房公积金	数字	8	2	减项

5. 工资类别

(1)正式工:涉及全部部门,启用时间为 2016 年 1 月 1 日

(2)临时工:涉及生产部和销售部,启用时间为 2016 年 1 月 1 日

6. 正式工人员档案

(1)人员档案(表 20)

表 20　人员档案

人员编号	人员名称	所属部门	人员类别	学　历	技术职称
001	李凡	财务部	管理人员	研究生	会计师
002	王平	财务部	管理人员	大学	助理会计师
003	张南	财务部	管理人员	大专	会计师
004	赵玉	财务部	管理人员	大学	助理会计师
005	陈默	财务部	管理人员	大学	会计师
006	原方	行政部	管理人员	大学	经济师
007	张诺	销售部	销售人员	大学	经济师
008	田培	生产部	生产人员	大学	工程师
009	苏秀	生产部	生产人员	大学	经济师
011	孔方	采购部	采购人员	大学	经济师

(2)工资项目(表21)

表21 工资项目

工资项目名称	类型	长度	小数	增减项
基本工资	数字	10	2	增项
奖金	数字	10	2	增项
职务补贴	数字	8	2	增项
交补	数字	8	2	增项
通信补贴	数字	8	2	增项
车补	数字	8	2	增项
缺勤天数	数字	3	0	其他
缺勤扣款	数字	8	2	减项
住房公积金	数字	8	2	减项

(3)计算公式

职务补贴:行政部和财务部的职务补贴为1 000元,其他部门的职务补贴为800元。

交补:销售人员的交补为600元,其他人员为500元。

通信补贴:销售人员和管理人员的通信补贴为600元,其他人员为400元。

车补:销售人员车补为1 000元,其他人员为500元。

缺勤扣款 = 基本工资/22 × 缺勤天数

住房公积金 = 应发合计 ×0.12

(4)个人所得税设置

对应工资项目——应发合计;个税的费用扣除标准为3 500元。

(5)工资分摊

应付工资总额等于工资项目“应发合计”,根据人员属性对上述工资费用进行分配;分摊项目——工资总额(应发合计的100%)、工会经费(应发合计的2%)、住房公积金(12%)。

7. 临时工设置

(1)人员档案(表22)

表22 人员档案

010	何霞	生产部	临时生产人员	大专	助理经济师
012	薛天	销售部	临时销售人员	大专	助理经济师

(2)工资项目(表23)

表23　工资项目

工资项目名称	类型	长度	小数	增减项
基本工资	数字	10	2	增项
奖金	数字	10	2	增项
缺勤天数	数字	3	0	其他
缺勤扣款	数字	8	2	减项

(3)计算公式

缺勤扣款 = 基本工资/22 × 缺勤天数

(4)个人所得税设置

对应工资项目——应发合计;个税的费用扣除标准为3 500元。

(5)工资分摊

应付工资总额等于工资项目"应发合计",根据人员属性对上述工资费用进行分配;分摊项目——工资总额(应发合计的100%)。

实验八　工资日常业务处理

【实验准备】

已完成之前实验操作,引入账套。

【实验要求】

计算工资变动,计算个人所得税,生成银行代发文件,工资分摊并制单,账套备份。

【实验资料】

1. 录入工资数据(表24、表25)

表24　正式工工资数据

人员编号	人员名称	基本工资	奖金	请假天数
001	李凡	4 300. 00	1 800. 00	0
002	王平	4 500. 00	1 500. 00	2
003	张南	4 000. 00	1 500. 00	1
004	赵玉	3 800. 00	1 200. 00	0
005	陈默	3 000. 00	2 100. 00	1
006	原方	5 500. 00	1 500. 00	0

续表

人员编号	人员名称	基本工资	奖金	请假天数
007	张诺	4 500.00	1 500.00	0
008	田培	6 200.00	1 600.00	0
009	苏秀	5 600.00	1 900.00	0
011	孔方	5 400.00	1 700.00	1

表 25　临时工工资数据

人员编号	人员名称	基本工资	奖金	请假天数
010	何霞	4 000.00	1 200.00	0
012	薛天	3 600.00	1 300.00	1

2. 计算工资变动和个人所得税

3. 根据费用分配表制单

工资类别汇总,清零,月末处理。

清零项目:奖金、缺勤天数。

实验九　固定资产管理系统设置

【实验准备】

已完成实验一、二、三操作,由账套主管注册进入固定资产系统。

【实验要求】

建立固定资产子账套,进行基础设置,录入原始卡片。

【实验资料】

1. 启用固定资产管理系统

启用日期为 2016 年 2 月 1 日(注:如果总账系统 1 月没有进行期末处理,也可于 2016 年 1 月 1 日启用,与总账系统结合练习)

2. 对账套初始化

计提折旧方法:年限平均法。折旧汇总分配周期:1 个月。固定资产类别编码规则:1 -2。固定资产档案编码方式:类别编码 + 序号(序号长度 3)。固定资产与总账对接:固定资产总账科目—1601;累计折旧总账科目—1602;当“月初已计提折旧月份 = 可使用月份 -1”时,将剩余折旧全部提足,对账不平衡本系统不能结账。

3. 固定资产选项设置

设置与总账系统的接口,固定资产默认入账科目—1601,累计折旧默认入账科目—1602。

4. 部门对应折旧科目(表26)

表26 对应折旧科目

部门名称	部门对应折旧科目
综合部	管理费用—折旧费
财务部	管理费用—折旧费
销售部	销售费用—折旧费
采购部	管理费用—折旧费
生产部	制造费用—折旧费

5. 固定资产类别(表27)

表27 固定资产类别

类别编码	类别名称	使用年限	净残值率	计提属性	折旧方法	卡片样式
1	房屋建筑物			正常计提	平均年限法	通用
101	办公楼	50年	5%	正常计提	平均年限法	通用
102	厂房	30年	3%	正常计提	平均年限法	通用
2	机器设备			正常计提	平均年限法	通用
201	生产线	10年	2%	正常计提	平均年限法	通用
202	办公设备	5年	4%	正常计提	平均年限法	通用

6. 固定资产增减方式(表28)

表28 固定资产增减方式

增加方式	对应入账科目	减少方式	对应入账科目
购入	工行存款	出售	固定资产清理
在建工程转入	在建工程	报废	固定资产清理
投资者投入	股本	投资转出	固定资产清理
接受捐赠	营业外收入	捐赠转出	固定资产清理
盘盈	以前年度损益调整	盘亏	待处理财产损溢——待处理固定资产损溢

7. 固定资产原始卡片(表29)

表29 固定资产原始卡片

卡片编号	01	02	03	04
固定资产编号	10101	102001	20100	202001
固定资产名称	1号办公楼	1号厂房	X生产线	电脑
类别编号	101	102	201	202

续表

卡片编号	01	02	03	04
类别名称	办公楼	厂房	生产线	办公设备
部门名称	综合部	生产部	生产部	销售部
增加方式	在建工程转入	在建工程转入	购入	购入
使用状况	在用	在用	在用	在用
使用年限	50 年	30 年	10 年	5 年
折旧方法	平均年限法	平均年限法	平均年限法	平均年限法
开始使用日期	2011 - 12 - 02	2005 - 12 - 29	2012 - 12 - 06	2015 - 12 - 30
币种	人民币	人民币	人民币	人民币
原值	1 000 000	3 000 000	2 000 000	250 000
净残值率	5%	3%	2%	4%
净残值	50 000	90 000	40 000	1 000
累计折旧	76 000	970 000	588 000	0
净值	924 000	2 030 000	141 200	24 000
对应折旧科目	管理费用—折旧费	制造费用—折旧费	制造费用—折旧费	销售费用—折旧费

实验十 固定资产管理日常业务处理

【实验准备】

已完成之前实验操作，由固定资产会计注册进入固定资产管理系统。

【实验要求】

增加固定资产，计提 1 月折旧，账套备份。

【实验资料】

公司 2016 年 1 月业务如下：

1. 1 月 12 日，1 号研发楼投入使用，使用年限为 50 年，预计净残值率为 5%，采用年限平均法计提折旧。

2. 1 月 15 日，直接购入并交付财务部使用一台打印机，预计使用年限为 5 年，税费合计 15 600 元，净残值率为 4%，采用平均年限法计提折旧。

3. 1 月 31 日，计提本月折旧。对本月计提折旧的凭证在总账系统中审核、记账、对账和结账。

实验十一　应收账款管理

【实验准备】

已完成前面的实验操作，引入账套的备份数据，由账套主管注册进入“企业应用平台”，启用“应收款管理”，启用日期为 2016 年 2 月 1 日（注：若总账系统没有进行期末处理，则启用月份为 2016 年 1 月 1 日）。

【实验要求】

以应收账款会计身份进行以下应收款业务的处理。

初始化：设置账套参数、初始设置。日常处理：形成应收、收款结算、转账处理、坏账处理、制单、查询统计。期末处理：月末结账。

【实验资料】

1. 控制参数（表 30）

表 30　控制参数

控制参数	参数设置
应收款核销方式	按单据
单据审核日期	单据日期
坏账处理方式	应收余额百分比
是否自动计算现金折扣	√
代垫费用类型	其他应收单
应收款核算类型	详细核算
受控科目制单依据	明细到客户
非受控科目制单依据	汇总方式

2. 设置科目（表 31）

表 31　设置科目

科目类别	设置方式
基本科目设置	应收科目（本币）：1122 应收账款 预收科目（本币）：2203 预收账款 销售收入科目：6001 主营业务收入 应交增值税科目：22210102 应交税费——应交增值税（销项税额） 销售退回科目：6001 主营业务收入 商业、银行承兑科目：1121 应收票据 现金折扣科目：6603 财务费用 票据利息科目：6603 财务费用 票据费用科目：6603 财务费用 收支费用科目：6601 销售费用

续表

科目类别	设置方式
控制科目设置	所有科目的控制科目: 应收科目 1122 预收科目 2203
结算方式科目设置	结算方式:现金 币种:人民币 科目:1001 结算方式:支票 币种:人民币 科目:100201

3. 坏账准备设置(表 32)

表 32 坏账准备设置

控制参数	参数设置	控制参数	参数设置
提取比例	1‰	坏账准备科目	1131
坏账准备期初余额	4 780.00 元	对方科目	6701

4. 账龄区间(表 33)

表 33 账龄区间

序号	起止天数	总天数	序号	起止天数	总天数
01	1 ~ 30	30	04	91 ~ 120	120
02	31 ~ 60	60	05	121 以上	
03	61 ~ 90	90			

5. 期初余额(表 34)

表 34 期初余额

单据	方向	开票日期	客户	销售部门	货物	数量(台)	价税合计(元)
增值税专用发票	正	2015 - 12 - 03	佳佳百货	销售部	冰箱	4	4 000 000.00
增值税专用发票	正	2015 - 12 - 15	大山公司	销售部	洗衣机	3	700 000.00
增值税专用发票	正	2015 - 12 - 25	长信百货	销售部	空调	5	80 000.00

6. 2016 年 1 月发生的经济业务

(1)1 月 15 日,销售部售给山东路路通集团冰箱 8 台,单价 2 000 元,开出普通发票,货已发出,款项未收到。

(2)1 月 20 日,销售部售给大山公司洗衣机 9 台,单价 3 000 元,开出增值税发票,货已发出,款项已收到。

(3)1 月 24 日,确认上个月销售给长信百货的应收账款为坏账。

(4)1 月 31 日,计提坏账准备。

实验十二　应付账款管理

【实验准备】

已完成前面的实验操作，引入账套的备份数据，由账套主管注册进入“企业应用平台”，启用“应付款管理”，启用日期为2016年2月1日（注：若总账系统没有进行期末处理，则启用月份为2016年1月1日）。

【实验要求】

以应付账款会计身份进行以下应收款业务的处理。

初始化：设置账套参数、初始设置。日常处理：形成应收、收款结算、转账处理、坏账处理、制单、查询统计。期末处理：月末结账。

【实验资料】

1. 控制参数（表35）

表35　控制参数

控制参数	参数设置
应付款核销方式	按单据
单据审核日期	单据日期
应付款核算类型	详细核算
受控科目制单依据	明细到供应商
非受控科目制单依据	汇总方式
启用供应商权限，按信用方式根据单据提前7天自动报警	

2. 设置科目（表36）

表36　设置科目

科目类别	设置方式
基本科目设置	应付科目（本币）：1122 应付账款 预付科目（本币）：2203 预付账款 采购科目：1401 材料采购 采购税金科目：22210102 应交税费——应交增值税（进项税额） 商业、银行承兑科目：1121 应收票据 现金折扣科目：6603 财务费用 票据利息科目：6603 财务费用 票据费用科目：6603 财务费用 收支费用科目：6601 销售费用

续表

科目类别	设置方式
控制科目设置	所有科目的控制科目： 应付科目 2202　预付科目 1123
结算方式科目设置	结算方式：现金　币种：人民币　科目：1001 结算方式：支票　币种：人民币　科目：100201

3. 账龄区间（表 37）

表 37　账龄区间

序号	起止天数	总天数	序号	起止天数	总天数
01	1～30	30	04	91～120	120
02	31～60	60	05	121 以上	
03	61～90	90			

4. 期初余额（表 38）

表 38　期初余额

单据	方向	开票日期	供应商	采购部门	货物	数量	价税合计
增值税专用发票	正	2015－12－06	东风公司	采购部	钢材	4 吨	510 000.00
增值税专用发票	正	2015－12－16	爱得公司	采购部	工程塑料	3 吨	367 500.00

5. 2016 年 1 月发生的经济业务

（1）1 月 5 日，从东风公司采购钢材 50 吨，每吨单价为 1 300 元，增值税税率为 17%，货款未付。

（2）1 月 24 日，用工行存款支付东风公司上月应付账款 510 000 元。

实验十三　UFO 报表处理

【实验准备】

已经完成了所有日常业务的实验操作，引入账套的备份数据。

【实验要求】

自定义设置利润表格式、公式，保存报表格式至“我的文档”中“会计报表”文件夹。利用报表模板制作资产负债表。生成公司 2016 年 1 月的利润表、资产负债表，并保存至“会计报表”文件夹中。

【实验资料】

1. 利润表(表39)

表39 利润表

利润表			
单位名称:		年 月	单位:元
项目	行次	本月数	上月数
一、营业收入	1		
减:营业成本	2		
营业税金及附加	3		
销售费用	4		
管理费用	5		
财务费用	6		
资产减值损失	7		
加:公允价值变动收益	8		
投资收益	9		
二、营业利润	10		
加:营业外收入	11		
减:营业外支出	12		
三、利润总额	13		
减:所得税费用	14		
四、净利润	15		

制表: 复核:

财务主管: 报送日期:

2. 报表中的计算公式(表40)

表40 报表中的计算公式

位置	本月数 单元公式	位置	上月数 单元公式
C4	fs(6001,月,"贷",,年)+fs(6051,月,"贷",,年)	D4	Select(D4,年@ =年 and 月@ =月+1)
C5	fs(6401,月,"借",,年)+fs(6402,月,"借",,年)	D5	Select(D5,年@ =年 and 月@ =月+1)
C6	fs(6403,月,"借",,年)	D6	Select(D6,年@ =年 and 月@ =月+1)
C7	fs(6601,月,"借",,年)	D7	Select(D7,年@ =年 and 月@ =月+1)
C8	fs(6602,月,"借",,年)	D8	Select(D8,年@ =年 and 月@ =月+1)
C9	fs(6603,月,"借",,年)	D9	Select(D9,年@ =年 and 月@ =月+1)

续表

位置	本月数 单元公式	位置	上月数 单元公式
C10	fs(6701,月,“借”,,年)	D10	Select(D10,年@ =年 and 月@ =月 +1)
C11	fs(6101,月,“贷”,,年) + fs(6101,月,“借”,,年)	D11	Select(D11,年@ =年 and 月@ =月 +1)
C12	fs(6111,月,“贷”,,年) + fs(6111,月,“借”,,年)	D12	Select(D12,年@ =年 and 月@ =月 +1)
C13	C4 - C5 - C6 - C7 - C8 - C9 - C10 + C11 + C12	D13	C4 - C5 - C6 - C7 - C8 - C9 - C10 + C11 + C12
C14	fs(6301,月,“贷”,,年)	D14	Select(D14,年@ =年 and 月@ =月 +1)
C15	fs(6711,月,“借”,,年)	D15	Select(D15,年@ =年 and 月@ =月 +1)
C16	C13 + C14 - C15	D16	C13 + C14 - C15
C17	fs(6801,月,“借”,,年)	D17	Select(D17,年@ =年 and 月@ =月 +1)
C18	C16 - C17	D18	C16 - C17